JN436936

동문들이 쓰는 사회학과 60년

다시 출발선에 서서

서울대학교 사회학과 60년 편집위원회 편

선인
도서출판

다시 출발선에 서서 -동문들이 쓰는 사회학과 60년-

초판 1쇄 발행 2006년 11월 20일

편 저 ‖ 서울대학교 사회학과 60년 편집위원회
펴낸이 ‖ 윤관백
편 집 ‖ 서혜미
표 지 ‖ 서혜미
교정·교열 ‖ 김은혜, 이수정
펴낸곳 ‖ 선인
등 록 ‖ 제5-77호(1998. 11. 4)
주 소 ‖ 서울시 마포구 마포동 324-1 곶마루B/D 1층
전 화 ‖ 02)718-6252
팩 스 ‖ 02)718-6253
Home ‖ www.suninbook.com
E-mail ‖ sunin72@chol.com

인 쇄 ‖ 한성인쇄
제 본 ‖ 바다제책

정가 ‖ 20,000원
ISBN 89-5933-068-X 03040

책머리에

1946년 서울대학교 사회학과가 출발한 이래 60년이 흘렀다. 이상백교수의 부임을 시작으로 하여 2006년 8월 권태환 교수의 퇴임까지 총 18분의 교수가 사회학과에 봉직하다가 퇴직을 하였고, 현재는 14명의 교수진이 교육과 연구를 담당하고 있다. 졸업생은 총 1,917명이 배출되었다. 졸업생들은 영향력 있는 정치인, 유능한 경제인, 유명한 학자, 깐깐한 기자와 법조인, 그리고 꿋꿋한 사회운동가 등 우리 사회를 이끌고 떠받쳐 온 인재들로 가득 차 있다. 특히 우리 학과는 전국에 있는 대학, 그 어느 학과보다도 더 굵고 뚜렷하게 종합적이고 통찰력이 있는 지성인을 만들어내 국가와 사회의 발전에 이바지했다고 자부한다.

이런 자부심을 바탕으로 하여 지금으로부터 10년 전에 서울대학교 사회학과 50년사가 발간되었다. 학과단위의 역사를 집필하여 출판하는 것은 쉽지 않은 일이었지만, 학과의 모든 성원들이 만들어 온 공동체적 전통과 끈끈한 연대는 이런 어려움을 쉽게 뛰어 넘었으며, 어디에 내놓아도 손색이 없는 50년사를 받아 쥔 모든 성원들은 뿌듯한 긍지를 느낄 수 있었다. 다만, '그때 그 시절 모두가 겪었던 어려움과, 생각하면 할수록 재미있었던 조그만 이야기들'을 공식적인 역사에서 담기가 어려웠다는 점이 약간 아쉬웠다.

⋮

그로부터 10년이 흐른 2006년, 커다란 시간의 흐름 한바퀴를 돌아 다시 처음 그 자리에 선 60주년을 맞아, 어떻게 하면 뜻 깊게 이를 성찰하고 자축할 것인가를 논의하였고, 50주년의 공식적 역사에서 미처 나누지 못했던 비공식적 이야기들을 모아보기로 했다. 음양이 함께 해야 균형이 잡히고 또 새로운 생명을 생산할 수 있듯이, 공식적인 역사와 비공식적인 이야기들이 어우러져야 사회학과가 지나온 60년의 빛과 그림자를 모두 바라볼 수 있다는 생각 끝에 동문들이 직접 참여하여 자신들의 이야기를 써서 이에 값 하려는 생각이 이 책을 탄생시켰다.

지난 60년이라는 세월은 20세기 세계적 냉전체제하에서 한 나라가 세워져 틀이 잡힌 시간이며, 절대빈곤과 정치적 억압에서 탈출한 시간이지만, 대학을 중심으로 바라본다면, 문리대와 사회과학대학을 거치면서 틀이 잡힌 시간이다. 이 시간은 숱한 초기 선배들을 떠나 보낸 시간이며, 선배와 후배가 할아버지와 손자, 손녀로 만나는 세대적 간격을 가진 시간이다. 초창기 선배들이 조선 8도에서 모인 인재들이었다면, 지금은 비록 북쪽의 인재들이 올 수는 없으나 그 대신 일본이나 중국을 비롯하여 세계의 곳곳에서 모여든 인재들이 사회학과의 성원들을 구성하고 있다. 이 시점에서 초창기 선배들의 이야기를 기록하지 않으면 영원히 그 기억들은 땅에 묻히고 말 것이라는 조바심, 그리고 지면으로나마 사회학과 성원들을 가르고 있는 시간적•공간적 간격을 메워 보려는 욕심도 이 책의 기획의도의 한자리를 차지하고 있다. 이와 함께 글자로 역사를 기록함으로써 담을 수 없었던 추억들은 〈영상으로 보는 사회학과 60년〉에 담기로 하였다.

•
•
•

'동문들이 쓰는 60년' 을 기획한 후, 2006년 4월부터 노선배들을 찾아 인터뷰를 하고, 6월부터 동문회의 각 기별 간사를 중심으로 원고를 청탁하기 시작하였다. 처음에는 약 80분에게, 7월에는 2차로 약 40분에게 청탁을 하였으며, 8월 말에는 다시 3차로 30분에게 청탁을 하였다. 이렇게 하여 약 50분에 이르는 동문들의 사회학과에 관한 추억들을 모을 수 있었다. 바쁘신 중에도 먼지 가득히 내린 기억의 창고에서 옛날의 아련한 에피소드 한 토막을 꺼내 잘 다듬어주신 동문들께 감사를 드린다. 누구나 이 책에 실린 이야기를 읽고 들으면 저절로 입가에 웃음이 떠오르고 또 '그때 좀 더 잘 할 것을….' 이라는 회한이 함께 묻어나올 것이다.

여러 가지 사정으로 모든 동문들에게 원고 청탁을 드리지 못하여 죄송한 마음이며, 또한 청탁을 받고도 너무 세상사에 바빠서 미처 글을 다 끝내지 못한 동문들의 아쉬움도 이 책에는 짙게 배어있다.

⋮

이 책은 사회학과의 역사를 따라 4부로 구성하였다. 1부는 사회학과 창설 초창기에 관한 선생님들과 노선배들의 기억을 모은 것으로 모두 인터뷰를 통해 만들어졌다. 주지하다시피 사회학과는 해방 직후 경성대학으로 있던 시기에 창설되었고, 졸업을 기준으로 하여 1회가 결정되었다. 그러나 초창기 역사는 약간 모호하게 남아있다. 해방 후부터 국립 서울대학교가 발족한 1946년 가을 이전의 1년의 역사는 별로 연구된 바가 없고 증언할 수 있는 분도 거의 없다. 서울대 창설 이후 불과 몇 년만에 전쟁이 발발하여 입학생과 졸업생 또한 불분명한 측면이 있다. 이 시기를 증언한 노선배들에 대한 인터뷰는 편집책을 맡은 정근식을 중심으로 하여 대학원 박사과정의 정준영, 조정우, 이승철, 김성은, 나두경 등이 담당하였다. 2부는 전쟁을 겪고 난 이후의 문리대 시절의 사회학과에 대한 추억을 모았다. 서울대 사회학과는 1974년까지 문리과대학에 속했으며, 1975년 서울대학교가 종합화되어 관악산으로 이전하면서 사회과학대학에 속하게 되었다. 3부는 관악 캠퍼스로 이전한 후에 학교를 다닌 세대의 글로 구성하였다. 그 첫 학번들은 72학번부터 75학번까지 넓게 퍼져 있지만, 1975년에 처음으로 사회학과에 진입한 1974년 입학생들의 글부터 담았다. 오늘날 사회과학대학 동문회를 구성할 때 졸업 1회인 72학번을 중심으로 하느냐, 진입 1회인 74학번으로 하느냐, 입학 1회인 75학번을 중심으로 하느냐가 쟁점이 될만하다. 관악산으로 이전한 후 사회학과는 7동에 자리잡고 있다가 1994년 16동으로 이전하였다. 마지막 4부는 현재의 재학생들의 이야기를 모았다. 선배들의 시각에서 보면 요즘 친구들은 어떻게 대학생활을 하고 있으며 무엇을 희망하는가를 엿볼 수 있을 것이다.

모든 동문들이 이 책에 실린 글들을 읽으면서 인생의 꽃, 대학 학창시절에 대한 추억과 함께 사회학과에 대한 사랑과 앞으로 자라날 후배들에 대한 애정이 더욱 깊어지기를 기원한다. 다시 한 번 이 무겁고도 가벼운 책을 만드는 데 성원과 협조를 아끼지 않은 동문들께 감사드린다. 이 책에 실린 50여 동문들의 원고는 대학원 박사과정의 이승철과 나두경이 맡아서 정리하고 편집하였다. 이 자리를 빌어 감사를 표한다.

사회학과 60년이 지나간 자리에 정의를 향한 정열과 진리를 위한 지식인의 고뇌가 드리워져 있었고, 지금도 만만치 않은 도전들이 가로놓여 있음을 새삼 깨닫는다.

2006년 11월 2일

〈동문들이 쓰는 사회학과 60년〉

편집위원회 씀.

Contents

1부

사회학과 창설 초창기에 대한 대화

2부

문리대시절의 추억

Contents

3부

민주주의를 향한 고뇌

4부

재학생들의 목소리

Contents

구 문리대 건물

1948년 제2회 졸업사진 - 백종무 선생님 제공 -

1부

사회학과 창설 초창기에 대한 대화

사회학과 창설

- 사회학과 초창기의 회고 - 고영복
- 입학에서 전쟁까지 - 최홍기
- 1948년의 기억 - 고병국
- 1948년 입학의 기억 - 주락원
- 국대안 파동의 와중에서 - 백종무
- 1946년 국대안 반대의 기억 - 이근수
- 경성대학 졸업 전후 - 배용광
- 사회학과에 부임하기까지 - 변시민
- 해방 직후의 기억 - 이만갑

해방 직후의 기억

이만갑[1]

내가 대한일보에 1972년 5월 한국사회학의 역사에 관하여 연재를 했다. 이 연재는 신문사 쪽에서 우리나라 학문들의 성립에 관하여 써달라고 해서 사회학의 역사에 관해서 내가 썼는데, 즉흥적으로 쓴 것이 아니고 상당히 준비해서 쓴 거지. 한국 사회학의 역사를 말할 때 훌륭한 사람이라고 생각해서 우선 하경덕 氏에 대해서 많이 준비를 했지. 김현준, 한치진 이런 분들이 책을 내기는 했지만, 자기 전공과는 실제로 관련되지는 않으면서도, 사회학 개론을 썼다던가 혹은 사회학 개론 강의를 했다던가 이런 사람에 대해서는 이름이 밝혀진 것만 쓴 거지. 하경덕 선생은 우리나라 사람으로서 그래도 커리어가 상당히 높

1) 이만갑 선생님과의 인터뷰는 2004년 4월 30일 이루어졌으며, 지금까지 별로 알려지지 않은 서울대 사회학과에 부임하기까지의 생애사적 과정을 중심으로 이루어졌다. 이 면담은 선생님이 1972년 5월 10일부터 5월 16일까지 〈대한일보〉에 4회에 걸쳐 연재한 〈韓國의 學譜—人脈으로 살펴 본 한국의 學界: 社會學界〉라는 글을 바탕으로 진행되었다. 이 기사는 구술자가 한국의 초기 사회학계의 형성과정과 주요 사회학자를 조사하여 소개한 글로서 한국 사회학계의 형성과정을 이해하는 데 중요한 자료이다.

은 하버드에서 사회학을 했으니까. 그 사람이 사회학에 관한 책을 영어로 썼고. 하경덕 씨는 해방이 됐을 때, 서울신문사 사장으로 있었는데, 일정시대 때 키워주질 않아서 모르거든. 언젠가 하경덕 선생이 백낙준 씨하고, 고황경 선생하고 셋이서 국제회의에 나가게 됐어. 유엔에 간 것도 있고 해방 후에 신생국가로서 무슨 무슨 국제회의에 참가했지, 그 양반들이 영어도 잘하는 사람들이고 하경덕 씨가 골든 오르포트(W. Allport)랑 친했거든. 하박사가 정치적으로 김규식 박사와 가까웠다는 얘기가 있는데 이 얘기는 아마 백낙준 박사에게서 들었지.

이상백 선생은 내가 노상 접촉이 있었지만, 전공이 사실상 文化史거든. 문화사면서 사회학적인 어프로치에 상당한 관심을 가지고 있었고, 그런데 해방 첫해에 사회학과를 만들었으면 좋겠다는 얘기가 어디서 나왔는지 난 모르지만, 아마 그 당시에 와세다 사람들이 상당히 영향력이 컸을 거예요. 우선 斗溪 이병도 선생, 이병도 선생이 이상백 선생의 선배고, 또 그 양반들이 다 진단학회 멤버고, 斗溪 선생이 진단학회 리더쉽도 상당히 강하게 가지고 있는 사람이고, 그러니까 서울대학에서 좀 공부한다는 사람들끼리 모여서 사회학과 만들자 그런 거죠. 어떻게 해서 그렇게 됐는지 모르지만 사회학과라는 걸 두게 되고 이상백 선생이 책임자가 되고. 그런데 국대안 반대 문제가 나오면서, 학교가 소란스럽고, 강의는 해야 하고, 학점도 줘야 하고 뭐 그런 문제가 있어서 그런지는 모르지만, 고황경 선생이 잠시 강의를 했던 적이 있다고 졸업생들이 그래, 난 사실 모르는데.

나는 1944년 봄에 동경대 사회학과를 졸업했는데, 졸업생 명부에는 경주이씨의 시조 謁平公과 중시조 居明公에서 평자와 거자를 조합하여 만든 이름으로 올라갔지. 만갑이라는 내 이름을 일본어로 하게 되면 좀 안 좋거든. 내 다음 1년 밑에 두 사람이 있었는데 그 사람들은 졸업을 못했어. 허남성과 송범의인데, 송범의는 나하고 동경대학에서 자주 접촉하고, 학문적인 능력도 대단하고, 문학에 관심이 많고. 이 사람은 내가 해방 후 신의주에서 월남해서도 몇 번 만났고, 경기고 선생으로 있었어. 독일어 선생 했었는지 몰라. 좌익관계로, 좀 붙잡혀가기도 하고 그랬어. 그러면 내가 좀 위로해주고 그랬는데. 학생 때 내가 가깝게 지냈기 때문에 아주 안타까워하고 있지. 이 사람은 일본 마쓰모토 고등학교를 나왔지.

경성제대에서 사회학을 가르친 아키바 다카시는 東大 사회학과 나온 사람이야. 강의야 물론 했을 꺼야. 그 사람이 옛날 문리대 박물관장 방을 사용했는데. 그 후에 이상백 선생님이 쓰시고, 그 다음에 내가 썼지.

⋮

사회학의 역사에서 언급할 만한 분이 신진균 선생인데, 그분은 1941년 4월 내가 대학 1학년 때 알았는데, 당시에 그분은 졸업을 하고, 연구생인가 대학원생으로 조교하고 있었을 거야. 신진균 씨가 나 보구선 사회학에서 마키버의 커뮤니티에 대한 문제를 읽어보는 것이 좋을 거라고 말해서 그래서 그 얘기 듣구선 커뮤니티 책을 처음 읽었지. 大邱高普출신이고, 대구사람일거야. 고등학교는 구마모토에 있는 제5고등학교 나오고. 동경제대의 도다 선생이 아주 높이 평가했고, 후에 교수가 된 후쿠다케라는 사람과 동기인데, 후쿠다케와 신진균을 다 같이 훌륭한 사람으로 쳤던 것 같은데, 후쿠다케는 교수로 남았는데, 신진균도 그에 버금가는 것인데, 조선 사람이니까 아마 동대 교수가 안 되었지. 도다 선생이 신진균을 높이 평가하고, 나는 좀 시원치 않다는 식으로 말했지. 내가 도다 선생한테 야단맞은 적이 있거든. 그때 사회학개론과 법학개론 과목이 중복되었는데, 중등교원 자격증 받을 욕심으로 사회학개론을 듣지 않고 법학개론을 신청했더니, 잘못 걸렸어.

내가 1941년에 입학을 했으니까 1943년이면 아직 3학년이 끝나지 않잖아? 그런데 군대 때문에 9월 졸업이거든. 1943년 9월, 우리 동기들은 2년 반으로 해서 졸업시켜 가지고서는 전쟁에 보냈지. 그때 나는 몸이 아파서, 내가 2학년에 올라가서 여름방학에 기침이 나고. 그래서 교토에 있던 형이 나에게 쉬라고, 나를 집으로 데리고 나왔어. 그래서 한 학기 조금 더 있었을 거야. 그 다음 해 4월에 학교에 갔어. 다시 학교에 갔는데, 그해 9월에 동기들은 다 졸업하는데 말이야, 선배 한 사람이 나한테 교수에게 가서 떼쓰고 졸업 해버려라, 가서 한 번 담판 해보라고 말을 해서 도다교수에게 갔더니 자넨 뭐 군대도 안 가는데 왜 졸업을 하려고 하느냐고, 넌 몸이 아파서 쉬었지 않느냐 말이야. 그래서 뭐 말도 못하고 "예 알겠습니다."하고 그냥 나왔지. 그런데 그 12월 달인가 학병문제가 나오는 거야. 그래서 바빠지게 되었지. 그래서 1943년 12월인가 내가 동경에서 공부 집어치우고서는 한국에 나왔지.

그 다음 해 1944년 2월에 군대 가게 되었지. 처음에 평양 70연대로 가서 일단 신체검사를 받았는데 보충병력이거든. 보충병도 군대 가야 하지. 그래서 용산에서 모여 가지곤, 나는 구마모토로 갔어. 거기 21연대가 포병대야. 거기서 한 달 가량 있다가, 콜록콜록 해서 군의관한테 갔더니 검사 맡아라 말이야. 그래서 검사 맡았는데 구마모토 육군병원에 입원하라고 한단 말이야. 보충병은 소집을 해제해야 집에 오는데 해제를 안 해주는 거야. 소집 해제 목적으로 육군병원에서는 나가라고 해서 원대 복귀했거든. 그런데 사단본부에서 다시 입원하라고 했지. 다시 1944년 11월까지 입원하고 있다가 나왔지.

그렇게 해서 1944년 11월에 다시 신의주로 돌아 갔지. 그때 신의주에서 신진균 씨를 만났지. 신진균 씨가 경주이씨 족보에 관해서 조사하려고 하는데 내가 신의주에 있다는 것을 아니까, 찾아 왔어. 그때 신진균 씨는 명륜전문학교에 있으면서 경성제대 조수로 되어 있어. 동기생인 후쿠다케가 쓴 문헌을 보게 되면 조수로 갔다 이거야. 내가 1945년 4월에 서울에 가서 명륜전문학교, 지금의 성균관대학에서 만나서 얘기했어. 아마 그때 명륜전문에서 사회학 가르쳤겠지. 그때 거기 조교수가 아닌가 난 그렇게 생각을 하는데, 그걸 알아봐 달라고 전에 청와대에 있던 서기원 씨한테도 물어보고 그랬는데, 기록이 없대. 그리고 또 이상백 선생이 관장으로 있었던 방으로 가서 만났어. 그때 그 양반이 두 곳에 와 있었거든. 1945년도 4월 당시에 신진균 선생이 경성제국대학의 조수였는지 시간강사로 있었는지, 모르겠고. 거기서 추우니까 라지에이타 불 좀 쪼이면서 얘기하고, 그러다가 다시 그 다음날인가 세상 돌아가는 이야기를 하는데, 신진균 씨가 은밀하게 우리는 소련 밖에는 기댈 데가 없다는 얘기를 했어. 나는 다시 신의주로 돌아갔지. 돌아와서 나는 러시아말 공부도 하고 우리나라 역사도 잘 모르고 하니까 우리나라 역사책도 많이 읽고. 우리나라 문학 책도 읽고. 조선문학전집도 구해서 읽고 그랬는데.

해방 직후 나의 고향인 신의주에서 겪은 경험을 잠깐 말하지. 내가 해방되고나서 11월에 신의주 학생 사건을 겪었지. 그때숨어 있었거든. 그때 소련군이 들어오고 인민위원회가 있었는데, 인민위원회 교육부장인가가 함석헌 씨야. 그때 신의주에 '우리청년회' 라는 게 있었어. 좌익은 아니고, 민족주의 계열도 아니고. 젊은이들이 모인 '우리청년회' 라는 게 있었어. 젊은이들이 모인 것인데, 김 아무개 목사의 아들이야. 나하고 국민학교 동창, 한 반이랬어. 그 사람이 회장이야. 우연히 거기에 끌려 들어가게 되어 내가 무슨 교육부장인가 했지.

내가 들은 건데, 신의주 지방법원이 공산당 본부야. 학생들은 이것이 불만이에요. 왜 일본건물에 들어가 있느냐는 거지. 다다미방이 좋냐는 거야. 거기에 또 학생들이 불만이 있었던 것은 연안독립동맹 문제지. 연안독립동맹이 총 메고서는 압록강을 건너 쫓겨나가는 것을 내가 봤거든. 연안독립동맹이 신의주 역 근처에 있는 동중학교 기숙사에 들어가서 있었는데, 소련군이 이들을 쫓아버렸어. 그런 상황에서 군당위원장 사건이 났거든. 신의주시에 붙어있는 군이 용천군이지. 거기에 용현리 북중면이라고 있었고. 차기벽 선생 고향이야. 군당위원장이 독일에서 공부한 사람이야. 그런데 여자를 소련군에 가서 바치는데, 그 과정에서 먼저 군당위원장이 어떻게 했대. 용암포에서 사건이 터졌는데, 학생들이 그 군당위원장인가를 잡아서 혼내줬대요. 그런데 학생들이 기차통학하는데, 소문이 퍼지고 흥분했지. 불만이 있던 사람들은 우익적이라기보다는 좋게 보면 민족적이고, 토착적인 가치관을 가진 사람들이지. 이북에는 이남처럼 그렇게 가난한 농민이 없어요. 거기는 지주를 지주라 안 그래, 큰집이라 그러지. 소작인은 '달린 사람' 이라고 하지.

그날 아침에 학생들 전부가 다 각자 분담했던 것 같아. 누구는 보안서 간다, 누구는 시당 간다, 누구는 市인민위원회 간다, 누구는 道인민위원회 간다. 나는 道인민위원회 가서 앞에서 봤어. 우연히 거기 가서 봤어. 총 쏘고 그랬단 말야. 내가 한참 보고 있으니까 함석헌 씨가 비서를 데리고 아주 흥분하고 경직된 얼굴로 걸어나와 저 사람 어디가나 그랬지. 그 양반이 내 짐작은 공산당 평안북도 지부, 옛날 법원, 거기 가서 항의를 하러 갔던 거야. 우리 집이 그 근처가 돼서 알지, 거기 사람들이 모여있고, 부상당한 학생 트럭으로 실어 나르고 야단이야. 그걸 보고 있는데, 바로 앞에서 소련군이 개머리판을 치면서 함석헌 씨를 자동차 안에 집어 넣잖아. 함석헌 선생 구인당하는 것을 내가 봤는데 말야. 그때는 양말도, 신발도 없어. 저 양반이 끌려 가겠구나 그렇게 생각했지. 한 달 후엔가 내가 퇴원하고 나서 이야기를 들으니까 그 양반이 풀려났다는 얘기를 들었어. 남쪽에 와서 그 양반을 만났으니까. 몇 명이나 죽었는지 발표가 없으니까 모르고.

⋮

그리고 나서 얼마 후 삭주도립병원에 경성대학교 의학부 나온 나의 사촌 매부가 있었는데, 김병기라고 그 사람이 소개를 해서 1946년 2월, 삭주중학교 교장으로 부임했지. 신설학교고 선생도 나까지 합쳐서 네 사람이었어. 그 네 사람 있는데서 내가 26살에 교장 했고. 그러다가 5월에 신의주 사범학교에서 나보고 오라고 그래. 친구들이 여럿 있으니까. 교육부장 함석헌 씨가 날라가고, 김세형이라고 日政時代 때부터 아는 경성제대 理學部 나온 사람이 신의주 인민위원회 교육부장이 됐는데, 삭주에 있던 내 사촌매부하고 경성제대 친구거든. 그래서 신의주 사범학교 수석 교원자리로 옮겼지. 인류사회발전사 같은 거 가르치고. 수석교원이니까 내가 많이 가르치지는 않지. 그런데 신의주사범학교를 선천에 있는 여자사범학교랑 합치라고, 1946년도 9월에 통고가 왔어. 내가 5월에 갔는데 9월에 합치라고 그래서 뭐 공산당 치하에서 어떻게 해, 합쳤지. 뭐 난장판이지. 거기 있다가 내가 또 몸이 약해져서, 그 다음 해 1947년 4월에 아파서 그만뒀지. 그만두고 해주요양원에 갔었지. 거기 있다가 돈 다 떨어지고 별 수 없게 되었지. 가족은 남쪽에 벌써 내려와 있고. 그래서 8월 27일인가 남으로 넘어왔어요.

⋮

그 전에 1947년도 5월에 평양에서 김석형 선생을 만났지. 김석형 선생이 우리 고종사촌누님의 남편의 동서지. 고종사촌누님의 매부가 약제사거든. 우리 누님도 약제사고. 평양의 누님 집에 얼마 동안 있었는데, 그때 김석형 씨가 찾아 왔어. 같은 지식인이니까 말이 통하지. 김석형 씨가 나보고 이런저런 이야기하고, 남쪽 이야기도 하고. 내 그 양반을 보고 그랬지. 선생님은 뭐 공산주의자가 돼서 여기 김일성대학에 왔습니까 하니까, 아니 그런 건 아니라고 말해서, 뭐 아닌 사람이 왜 여기에 왔느냐 그러니까, 미국 놈들 보기 싫어서 왔다고 말이야. 그때에 김일성 대학이 생겼거든. 그래서 신진균 씨 얘기도 나왔어. 이북에서 신문 보게 되면, 당시 조선신문이라고 소련군 기관지가 있었어. 거기에 나와 있었어. 그거 보니까 신진균 씨가 위조지폐사건 때 법정 밖에서 투쟁하는 것이 나와. 난 신진균 선생이라는 사람은 학자적 성격이 있고, 또 공부도 열심히 잘 하는 사람이고, 그런 정치운동이나 사상 운동하는 사람으로는 생각 안 했거든. 그런데 조선신문을 보게 되면, 상당히 맹렬한 투쟁을 한 것처럼 나오거든. 그래서 나중에 내가 이상백 선생보고 여쭤본 적도 있어, 신진균 씨라고 아시냐고. 그런데 딱히 이야기는 안 하지만, 아까운 사람이라고 이야기한 것 같아. 손범의 씨도 몇 번 들어갔다 나왔다 했다 그랬잖아. 그 사람은 조직에 깊이 관련도 되지 않았었는데, 그 정판사 사건 때 보면 신진균 씨는 실제 상당히 관련이 되어 있어.

내가 남으로 내려오다가 붙잡혔어. 38선을 건너가는데. 그때 붙잡혀 있던 사람이 수갑 찬 채로 도망을 가다가, 도망쳐서 비상이 걸려 있었는데, 쫙 깔려 있다고 그랬는데, 그걸 모르고선 가다가 걸렸지. 그래서 심사를 받고서 풀려났지. 넘어 온 동기는, 내가 판단을 어떻게 했냐하면, 2차 미소공위가 결렬됐다, 그리고 남쪽을 점령하고 있는 미국하고 북쪽을 점령하고 있는 소련하고 합의에 도달하지 않는다, 그러면 38선은 굳어지는 거다. 여운형 씨가 암살을 당했어. 여운형 씨는 그 당시에는 민족 전체의 통일의 히어로로 취급되고 인민위원회 위원장을 지냈던 사람인데, 그 사람이 암살당했단 말야. 그러면 통일은 틀렸다 말야. 그래도 공부했다는 녀석이 말이지, 제 나라에서 제 나라로 도망가는 것은 말도 안 된다 그렇게 생각하고 있었는데, 통일도 안되고 이제 가망 없구나. 그래서 넘어왔지. 걸어서 맨발로 고무신 신고서.

넘어온 다음에 돈이 떨어져 가지고 말이지. 피곤하고 말이지, 여관에 들어가려고 해도 돈이 있어야지. 시장이 있는데, 저 속에 아는 사람 없을까 하고 봤는데, 있어. 그 사람한테 내가 아무개 아들인데, 우리 아버지 서울에서 변호사 개업했다는데 모르십니까라고 물었더니 한 사람이 아는 사람이 있는데 아, 광화문 옆에 가면 간판 붙어 있더라고 말하더라고. 내가 지금 남으로 와서 있는데, 돈 다 떨어져서 있으니까, 나 좀 데려가 달라고 좀 전해 달라고 부탁했지. 내가 추워서 팔을 이렇게 모으고 기다리는데, 어머니가 오셨어. 38선 근처 청단에. 청단이 이북이랑 왔다갔다하는 중요한 지점이었거든.

지금부터 서울대와의 인연을 말하지. 내가 1947년 8월에 신의주에서 서울로 내려왔고, 서울대학에서 그 다음 해 1948년에 3월인가 4월인가 강의를 시작했지.[2] 서울대에 오기 전에 1947년도 가을이나 겨울에 내가 연대 쪽과 접촉한 일이 있어요. 사실 내 바로 위의 형님이 바스켓볼 선수고 연전 출신이거든. 성함이 이만걸. 연세농구 50년이라는 책에 나와요. 연대 선생에 염은현이라고 서양사 교수가 있는데 그분이 농구 선수였어. 우리 형님의 조금 후배로 베를린올림픽에 갔어. 내가 그 양반 소개로 연대에 직접 교무총장을 만났는가 옛날 이야기라서 가물가물한데, 정말인지 아닌지 모르지만 김선기라는 사람이 아마 연세대 교무처장을 했을 거야. 내가 만난 것이 김선기 씨 아닌가하고 생각하는데. 그 사람이 미국에서 사회학자가 오기로 되어 있다고 하는 것을 내가 들은 것 같아요. 그거 거짓말일 거라 생각해. 미국에서 온 사람이 없으니까. 그 사람이 나중에 문리대에 왔었거든. 내가 군대 갔다 오고 미국 코넬대학에 갔다 서울대에 오니까, 그 사람이 와 있데.

이것은 서울 문리대에 있을 때 6 · 25 전에 강의를 하려고 講義案에 자료를 넣어서 모아 놓은 것인데, 그때 노트가 이런 거야. 1권, 2권은 어디 가서 없어. 내가 1949년 3월에 결혼했거든. 단칸방 세 들어서 살고 있을 때 밥상을 책상으로 해서 공부할 때 만든거지.

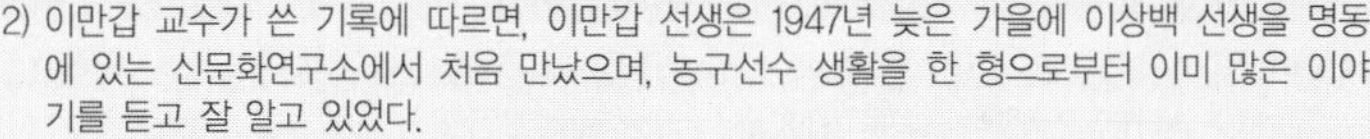

2) 이만갑 교수가 쓴 기록에 따르면, 이만갑 선생은 1947년 늦은 가을에 이상백 선생을 명동에 있는 신문화연구소에서 처음 만났으며, 농구선수 생활을 한 형으로부터 이미 많은 이야기를 듣고 잘 알고 있었다.

사회학과에 부임하기까지

변시민[3)]

일본이주와 오사카 생활

내가 여섯 살 때 그러니까 1923년, 고향인 제주도에서 일본으로 이주했지요. 내가 지금도 기억하는데 이주 후에 동경대지진이 일어났을 거야. 땅바닥이 흔들렸어. 아버지가 오사카로 가서 츠다(津田)라는 것에 정착했지. 거기서 아버지가 포목 장사했어. 나는 츠루하시에 있는 제1심상소학교를 다녔고, 그 후에는 오사카에 있는 야오(八尾)중학교로 갔지. 소화 6년인가에 소학교 나왔으니까. 그때 일본 중학교에서 조선 사람 차별이 심해서 잘 안받아줘요. 이쿠노 중학에 알아보니까 "조선 사람이 시험을 보는데, 성적이 좋으면 받아 주겠는가?"라고 교장선생이 물으니까, 일언지하에 "노"하고 조선 놈은 안 받는다고 그러더래요. 그래서 이제 선생이 교장선생과 의논해서 어디로 갈까

3) 전 서울대 사회학과 교수, 전 제주대 학장, 변시민 선생님과의 인터뷰는 2004년 5월 5일, 제주 서귀포 자택에서 이루어졌다.

하니까, 야오에 한국 학생이 하나가 있는 거 같으니까 거기 한번 가봅시다고 한 후 교장이 일부러 또 야오 중학까지 갔대요. 가서 교장을 만나서 얘기를 했더니, 공부를 한다면 받겠다고 해서 내가 시험을 본 거라네.

⋮

중학교에 가보니까 조선 학생으로 2년 선배 백씨가 하나 있었어. 내가 들어갈 때 또 하나 조선인이 있었고. 내가 중학 때 유도만 했는데, 공부를 그렇게 좋아하지도 않았지. 그렇다고 해서 안 할 수도 없고. 그런데 선생이 나를 키우고 싶었는가봐. 선생이 나더러 너는 대성한다, 대성한다는 얘기를 하데. 내가 중학교 3학년 때 유도 초단이야. 4학년 때는 2단. 3학년 때는 府의 개인선수권대회에서 준우승했어요. 결승전에는 내가 졌지만. 그런데 고등학교 가려고 하는데, 신경쇠약에 걸려버렸어, 말라 가지고 뼈와 가죽밖에 안 남았어. 내가 그때 전라도 해남에 요양하러 왔다고. 내가 가나자와에 있는 4고 시험 보러 갔다 하도 시험을 못 봐서 집으로 못 들어가고 바로 해남으로 갔어. 해남으로 와가지고, 거기서 공부를 하는데 밤새면서 공부를 했을 거라. 그냥 마 외우다시피 했을 거라. 하여튼 공부 많이 했어요. 1학기를 내내 공부하고 다시 경도에 갔지. 거기에 문리학원이라고 예비고 재수학원이면서 교원양성소도 하는 곳인데, 거기서 공부하며 4고에 입학했지. 당시 일본 고등학교는 1, 2, 3, 4, 5 이런 식으로 가야해. 2는 좋지 않아, 3번은 쿄토, 4번에 가나자와, 5번에 쿠마모도, 6번에 히로시마, 7번은 그렇게 좋지 않아, 가고시마니까. 그러니까 넘버스쿨도 그런 등급이 있어. 당시 입학생이 독어반 40명. 영어반 80명으로 갑, 을이 있지. 리과도 있으니까 다 합치면 200여 명 되지. 재학 중에 四高에서 조선인유학생사건이라는 큰 사고가 있었어요. 일본의 '신체제'를 비판하다가 몽땅 잡혀 들어가서, 나도 조사받고 시끄러웠지.

京都帝大에서의 사회학 수학

우여곡절을 겪고 1942년 3월에 四高를 졸업하고 바로 4월에 경도대학에 입학했지. 일본의 고등학교에서 대학에 갈 때는 무시험이에요. 한군데로 많이 모이면 부득이 시험을 봐. 동경대학의 정치학과, 법학과, 그런 데는 좀 많이 모이니까 시험 보지. 나머지는 안 봐. 옛날 고등학교라는 것이 그래서 좋은 거야. 교양을 쌓는다, 자기 읽고 싶은 거 읽고 공부하고 싶은 거 공부하고, 취미생활 다 하는 거야. 그러면서 공부도 하고, 머리도 좋은 아이들이니까. 내가 京都대학 문학부 철학과로 가게 된 것은 이유가 뭐냐하면, 4고 사건으로 잡혀가서 조사를 받고 나와 보니 법과 시험은 끝났어. 당시 대학 지원은 대학마다 날짜가 달라. 경도대학의 문학부는 나중에 있어서 거기를 지원했거든. 강의를 가서 들어보니까 사회학 강의가 맘에 들어. 그래서 내가 사회학에 남았어. 그런데 아버지가 야단이야. 사회학은 하기가 어려워요, 왜? 경찰이 따르니까. 그렇지만, 우쓰이 선생의 강의가 마음에 들어서 경도대학 문학부의 사회학 전공으로 결정했지. 우쓰이 선생은 독일에 유학도 가고 프랑스도 가고 영국도 가고, 미국도 보고 왔는데, 영독불 다 하셨는데, 내가 강의 들어서 맘에 드니까 내가 법학과를 안가고 사회학 하겠다고 선생님을 찾아갔어. 나를 다 환영했어, 좋다고 오라고. 우쓰이 선생님은 당시에 유명한 니시다 키타로[西田幾多郎]선생의 제자지.

학생 시절부터 활동가가 되어서 농촌 조사도 처음 시작했어요. 그때 우쓰이 선생님한테, “선생님 우리 조사 좀 하는 것이 좋겠습니다.” 하니까 “해봐라.”하고 책 딱 갖다 주는데, 아이고 뭘 조사해야 되는지 몰랐어요.

사회학 전공자가 경도대학에 일본 학생까지 포함해서 9명인가 10명인가. 정원이 15명 이내니까. 15명을 초과할 수 없어요. 조선인은 나 혼자지. 우쓰이 선생님 전공은 민족론인데, 입장은 客觀說이지. 당시 교토 대학 경제학부의 주임 교수 다까다 야스마는 主觀說이야. 주관설은 한국의 김두헌 씨도 주장했잖아요. 다까다 선생 모셔다가 민족론 이야기를 했는데, 주관설을 주장하니까, 내가 반대하면서 논쟁을 했는데, 우쓰이 선생이 가면서 “자네, 내가 하고 싶은 얘기를 다 해줘서 고맙다.”고 ‘하하하’, 다까다가 선배니까 직접 얘기할 수는 없고, 자기가 하고 싶은 것을 대신 잘 얘기해 줬다고 칭찬했지.

京都帝大 졸업과 징병 체험

원래는 1945년 3월달에 졸업을 해야하는데 전쟁 때문에 1944년 9월에 빨리 졸업을 했어. 졸업하기 전에 군대를 갔지. 나도 군대에 빠지자고 교수하고 의논을 했더니. 일본학생들에게는 문부성에서 지시가 왔대요. 군대에 안 간다는 놈 몽땅 퇴학시켜라. 아주 강경하게 나왔지. 그래서 일본학생들이 먼저 군대 갔지. 우쓰이 교수가 “자네하고 나하고 둘만 남아서 공부는 잘 되겠다.” 좋아하고 있었거든. 그런데 한국사람도 다 가야한다고. 서류상으로는 1944년도 9월 22일에 졸업한 걸로 나와있지만, 그 전 1944년도 2월달에 군대간 것으로 기억나는데. 실제로는 군대를 가고 졸업장을 나중에 받는 거지. 나고야에서 훈련받다가 참 운이 좋아서 살았어요. 미군이 나고야를 맨 먼저 폭격했어요. 폭격당하고 조금 있으니까 진지 구축해라 해서 바닥에다 진지 구축했어. 그리로 한 달인가 있다가 견습 사관인가 합격했으니까 이제 북쪽에 후꾸지야마라고 있는데 거기로 가서 편안하게 살았죠. 나중에 배치는 동경만 사령부인데. 전쟁 끝나기 조금 전에 갔으니까. 사령부 작전에 근무했지. 전쟁 마지막에 "자네 이거 어디 가서 파묻어."라고 그래. 그게 독약이야, 독약.

군대 제대하고 나서 형님 둘이 운영하는 동경 국제산업주식회사라는 곳에 10월 1일 常務取締役으로 이름을 걸어 놓았지. 고무공장인데, 타이어 · 튜브 · 돈 엄청 벌었지. 지금 재일교포인 롯데 사장도 "이거, 부탁합니다." 하면서 왔어. 그렇게 국제 산업 주식회사 常務取締役으로 등록을 해 놓고 그다음에 바로 경도제대 문학부 사회학 연구실로 다시 우쓰이 박사한테 돌아갔거든요. 그때는 연구실에서 연구하는 거지. 대학원이라는 게 없었어. 그렇게 공부하고 종종 동경에 가서 일도 보고. 그때 연구한 것은 社會集團論이라던지, 사회학 방법론, 이런 걸 아마 했을 거야. 막스 베버 연구를 많이 했고. 그렇기 때문에 나의 학문의 기초가 막스 베버이거든요. 형식 사회학의 단계를 넘어서서 문화 사회학적인 단계로 넘어갔지. 이런 걸 보면 확실히 우쓰이의 연구가 많이 앞서 있었어요.

그러다가 1947년 가을에 밀선타고 제주도로 들어왔어. 와보니까 공기가 불안해. 그때 형님이 제주도에 있었는데, 조금 이상하니까 오래 있지 말라 그래요. 하루는 한라산 놀러 가자 하데. 나는 눈치 빠르거든요. 가만히 보니까 그 경관들도 좀 이상하데. 도민을 우습게 알고 있었어. 섬놈들, 섬놈들 하면서 깔보는 의식이 있었어. 심지어 제주도 여자는 전부 비늘이 돋아있다, 그런 이야기를 노골적으로 다 하대요. 제주도 사람에 대한 노골적인 차별과 멸시가 있었지.

그래서 빨리 서울로 가자고 해서 서울로 갔지. 그런데 제주도가 우스운 데가 아니에요. 왜냐면 일본에 사는 교포가 많거든. 문화 수준이 상당히 높단 말이야. 여기는 농산물이 잘 안 되니까 생활은 어렵더라도, 토지 값이 비싸잖아. 서울에 있을 때 4 · 3 사건이 났는데 하루는 경찰에서 찾아왔데. "제주도 4 · 3 사건 아십니까?", "몰라. 왜?", 어디 있었냐고 물어. 그래서 맨날 여기 있었다고, 난 제주도 그리 오래 있지 않았다고 말했지. 그러니까 "알았습니다." 그러고는 갔어.

⋮

서울대 사회학과 부임

내가 서울에 올라갔죠. 서울에 오정복이라고 제주도 출신으로 서울 문리과 대학 정치학과 학생이 있었지. 이 양반이 김봉호 씨하고 옛날 일본 교토의 우리 집에 찾아와서 인사 받은 적이 있어. 일본의 국제산업에 있을 때 오정복하고 김봉호 씨가 일부러 한 번 왔어요. 살기 어려우니까 도와 달라 해서 "아, 형이 아마 도와 주실거야."라고 말한 적이 있었는데, 서울에서 만났지. "너 어디 다니냐?"고 물었더니 사각 모자 딱 쓰고 서울대 다닌다고 그래. 아 그러냐고. 그래서 오정복이라는 학생이 안내해서 맨 처음 만난 것이 임원택 씨지. 임원택은 교토의 三高 나왔거든요. 좋은 학교 나왔단 말야. 그러니까 나를 존경하고 서로 좋아한다 말야. 그래서 임원택이가 "선생님 와서 강의하셔도 좋겠다."고 말했지. 임원택교수는 동경에서 전임강사였는데 해방에 되어서 이쪽으로 왔어. 동경대학에 있었다고 하는 것 같았지. 임원택 씨하고 오정복이 학장을 알고 있다고 해서 "학장님 한번 만나보시는 게 어떻겠습니까?" 나도 대학에 자리를 잡을 생각을 처음부터 가지고 있었고 그래서 그때 문리과 대학 학장을 만났지. 아마 1947년 10월경일거야. 한국에 돌아와서 곧 갔으니까. 그때 문리과 대학 학장은 경도 대학에서 교수하던 이태규 박사야. 이태규 박사는 내가 경도대학에 있을 때 인사한 적은 없지만 잘 알고 있어요. 머리가 굉장히 좋은 사람이에요. 당시 일본의 제국대학에서는 천지가 무너져도 한국사람한테 교수자리를 안 주는데, 워낙 머리가 뛰어나니까 교수를 시켜준 사람인데, 그분 찾아가니까 "편지 잘 왔어?"라고 물어요. 아마 이태규박사가 학생 편에 편지를 보냈던 모양인데, 그때 편지 잘 안 와요. 이태규 박사가 말씀하시기를 "동창회 명부를 전부 찾아봐도 사회학 졸업한 사람은 선생님밖에 없더라. 그래서 강의를 좀 해줬으면 좋겠다. 사람이 너무 없으니까." 이렇게 썼다고 해요. 그랬는데, 나는 편지를 안 받았네. 그러면서 "학교에 있을 생각이냐?"라고 물어서 "있을 생각이다."라고 답하니 "그럼 이력서를 내라." 그래서 이력서를 냈어요. 이태규 박사가 서류를 내라 해서 서류 내고 했는데. 그때는 군정 시대이거든요.

⋮

그때 이미 이상백 선생이 대학에 와 있었지만, 만나지 못했고. 내가 수속하는 데 일체 관여하지도 못했죠. 그러니까 됐죠. 혹시 반대할지도 모르지요. 당시 교수 발령은 문리과대학 인사위원회가 있어서 거기서 통과되면, 미군 군정으로 가서, 군정에서 싸인 하는 거니까. 내가 이태규 박사한테 이력서를 냈지요. 학장이니까. 그러니까 학교에서 올린 거야. 그래서 1948년 2월 1일 서울대학교 문리과 대학 전임강사 발령을 받았지. 당시 경도대학 출신은 이태규 박사, 공과대학에 이승기교수가 있었어요. 이승기 교수도 경도대학에서 조교수였거든요. 석유화학으로 유명해요. 이북으로 가버렸지. 아까운 사람이지. 경도대학 출신으로는 자연과학에 조 무슨… 선생이 있고. 또 최상학, 이태봉, 이종진, 현봉길, 이런 분들이 전부 경도대학 출신이야.

사회학과 처음 발령 받은 분이 이상백 선생, 두 번째가 양회수 선생, 그다음이 나인데, 이상백 선생은 별로 강의도 안 했고. 양회수 선생은 '사회조사론' 좀 하고 싶은데 책이 없냐고 물었지. 그때 나도 그런 거 안 했으니까. 도다 치사노가 쓴 책이 있는데 그런 거 없냐고 물어본 적이 있고. 양선생은 사회철학과 나온 사람이라서 나하고는 뜻이 맞질 않아요. 그 양반은 조금 하다가 그만두고 말았거든. 나 다음에 이만갑 씨가 들어왔어. 그다음에 고려대학인가 거기서 조윤제 선생 그 일파가 있었는데, 그 양반들이 한꺼번에 몰려 들어왔어. 교육학의 이인기 선생, 최문환 선생, 조윤제 선생. 한꺼번에 들어오니까 갈 데가 없어요. 최문환 선생이 사상사를 하니까, 사상사는 엄밀히 말하면 사회학이 아니거든요. 이데올로기 연구, 그건 철학이지 어떻게 사회학이냐? 내가 그렇게 묻기도 했는데. 당시 상대는 사정이 복잡했지.

⋮

배용광 교수는 연배가 나하고 비슷한데, 군대에서 알았어요. 같은 군대에 있었거든. 배선생은 경성제대 법과 나왔다가 사회학과로 다시 들어간 거야. 서울대학에 와서 나한테 몇 번 왔지요. 배용광 씨를 이상백 씨가 그렇게 따뜻하게 생각한 것은 아니어서, 경북대학에 사회학 교수 자리가 나왔을 때, 내가 "거기 가서 하라고. 얼마나 좋은 자리냐고." 그래서 거기 가서 하게 된 거야.

경도대학의 사회학과 학풍은 딜타이와 리케르트의 신칸트학파의 영향이 컸는데, 정책은 안 해. 우리 선생도 "정책은 연구하지마."라고 해요. 그런데 나는 그렇지 않아. 학문에는 정책이 있어야 한다고 생각했지. 우리 선생하고 다른 거야. 경제학에도 경제정책이 있지 않냐. 그러니까 사회학에도 정책적인 분야가 필요하다, 이게 내 주장인데, 우리 선생은 뭐라 하면 정책은 주관이 들어가기 쉽고, 시대가 바뀌면 보는 관점이 달라지기 때문에 연구할 가치가 없다는 거지. 그러나 나는 먼저 정책이 잘못될 수 있지만, 그때는 수정을 하면 되는 거고, 하나의 단계에 있어서는 하나의 정책이 있을 수 있다는 것이 나의 주장이거든. 그래서 사회정책이란 것을 문리과 대학에서도 강의했고 법대에서도 하다가 그만뒀어요. 왜? 보니까 노동정책 사회현상은 노동만이 아니다, 이거야. 사회정책이 어떻게 노동정책이냐? 정치적 · 경제적 정책, 그런 것도 있는데 어떻게 노동만을 할 수 있나 그래서 집어치웠는데, 1960년대 들어와서 다시 사회복지, 사회정책, 사회개발이란 것을 중앙대에서 강의하는데 학생들이 모여들어 좋았어.

1948년에 부임했을 때는 국대안 문제가 일단 수습이 된 후였고, 학생들 생활이 어렵지. 지방에서 올라온 사람들 하숙비 내려면 어렵고. 그러니까 자취하는 학생들이 많았지. 그때 내가 월급이 고등관 대우로 520원 하다가 일 년 후에 530원 받았어. 그렇지만, 상당히 생활이 어려워 가지고 책값이나 그런 건 없고, 교수가 넥타이도 헐어서. 전쟁 몇 년 했으니까. 와이셔츠도 헐어 가지고 형편없지. 시절이 상당히 어려웠던 건 사실이야. 나는 일본에 있는 형이 좀 도와주고 원래 또 재산도 좀 있고 하니까 괜찮았는데. 참 어려운 시기야. 군정 시절에 월급 받아봤자 쌀 한 말을 아마 못 샀을 거야. 서울대학교 총장이라고 하는 사람이 웃겨요. 아마 중고등학교 교장인가 하던 사람이었을 거야. 그러니까 나는 한 번도 만난 본 일도 없고, 얼굴도 모르고, 이름도 자세히 모르고. 내가 있던 그 근처에서 산보하다 보니까 문패가 있어서, '여기가 총장집이구나' 느꼈지만은, 학문이 어떤 것인가, 대학이란 건 어떤가, 그런 걸 잘 몰랐던 것 같아. 그런 생각하는 사람 별로 없었지만 있다 하더라도 진짜 대학이란 것은 어떤 것이란 걸 잘 몰랐지. 동경대학은 관료주의니까, 진짜 관료 양성소이고 경도 대학은 교수가 많이 된 학문의 전당이거든. 거기 사람들은 전부 독일 같은 데 갔다 온 사람들이거든. 그래서 동경대학 출신보다는 경도대학 출신들이 정통으로 학문을 한 사람들이라고 하는 생각이 굉장히 강했던 것 같아요.

• • •

처음 서울대학에서 강의하신 분들에 관해 말한다면, 신진균 선생은 잠깐 서울대학에 강의를 나오셨다고 나는 그렇게 알고 있어요. (경성대학시절에) 무슨 조교수인지 전임강사인지 했는데, 전쟁법 위반으로 해임됐다는 얘기를 들었어요. 확실하게 들었어. 김현준 선생은 내가 들어간 이후에 한 달 동안 강의를 했는데, 회중시계 가져오고 곧 그만 뒀어요. (물론 고황경 선생도 강의를 하셨고.)

나는 처음에 서울대학에서 막스 베버의 社會學論, 그리고 未開社會

論을 강의했지. 미개사회론을 강의하니까 아주 학생들이 좋아해. 나는 '封鎖性 社會理論'을 갖고 그걸 풀어요. 불란서 누구, 누구의 학설도 전부 이야기하면서, 설명을 이렇게 한다. 그러니까 학생들도 좋아했어요. 당시 학생들은 한자들은 잘 읽는데, 공부하는 태도나 열의는 별로 없었어. 왜 없었냐면 생활이 어려웠으니까. 머리들은 괜찮은 사람들이 있었는데 내 사회학 책을 아마 문리과 대학 학생들은 읽어서 이해를 못했을 거야. 굉장히 어려워서. 어렵게 썼어요. 왜 어렵게 썼냐? 세계 수준의 대학생 수준에 맞춰서 쓰자. 그러니까 상당히 어려운 편이었지. '생각'은 '표상'이란 말을 쓰고, 현실과 표상, '의미 연관' 이런 말 쫙 나오거든. 그러니 학생들이 잘 모르는데. 법과대학 학생들한테 강의를 했는데 법과대학 학생들은 책을 읽으면 이해하기 어렵지만 강의를 들으면 이해가 된다는 거야. 나는 문리대 교수이지만, 법대에서도 강의를 했어요. 법대는 '社會學'하고 '社會政策論' 두 가지 강의를 했지.

전쟁기 대학

일요일 날 공부하는데, 우리 식구가 바깥에 갔다오더니 "선생님 삼팔선 터졌습니다, 삼팔선 터졌습니다.", "뭐가 터져?", "전쟁이 터졌습니다.", 그래. 조금 있다가 '타타타타타' 총을 막 쏘는거야. 비행기가 아주 저공비행을 하면서, 북한 비행기가 프로펠러 달려서 속도는 느리지만. 6월 25일날 터지자마자 저녁에 북한 비행기가 서울에 왔어. 우리 집 위로 '쉐엑' 지나갔어요. 이튿날 강의를 하는데 삼팔선 터졌다고 좋아서 술 한잔 먹고 온 학생이 있었어요, 건방진 놈이지. 난 기분이 좋지 않았어. 근데 대포 소리가 '팡팡' 울려요. 내가 공산주의 들어왔다고 막 좋아하지 말라, 공산주의 사회에서는 하루도 못산다. 왜? 정치적 자유가 없다. 자유가 절대적으로 없으니까 공산주의 치하에서 나는 한시라도 살 생각 없고 너희들도 살지 마라. 이렇게 내가 강의를 끝냈거든.

사회학강의였는데, 내가 출판사에 출자한 게 있었는데, 은행에 가서 돈을 20만 원인가 받아서 나오는데 이상백 씨를 만났어요. 그 본정통 충무로에서. "아, 학생들한테 아무 말 하지 말라."고 말해요. "아, 알았어요."하고는 조용히 하고 글 쓰고 있으라고 그렇게 말을 했어요. 속으로. 나는 돈 찾아 가지고 다른 준비를 했지. 집에 가서 일단 피난을 갔어요.

나중에 수복 후에 평양에 시찰하러 갔다가 혼나기도 했지. 그때 이북에서 책을 많이 샀다고. 집 뜰에 쌓아놓고 그냥 온 거야. 돈만 버리고 왔어. 일본에서 학생시절에 갖고 있던 책이 한 2000권 이야. 그거 졸업한 후에 한 권도 못가져 왔지. 6·25 사변 때 한 3000권에서 3500권 서울에 가지고 있었어요. 그것을 피난할 때 다 가져가지 못해서 얼마만 가져갔는데 부산에서 다 처분하고, 원서들은 850권 정도 남아 있었지. 일본에서는 퇴임하는 교수의 책을 전부 사줘요. 싼값으로 사요. 방 하나가 꽉 차는데 뭐 이거 어떻게 할 수가 없어요.

전쟁으로 부산에 갔을 때는 미국에서 온 참 고마운 사람을 만났는데, 미국에서 사회학교육에 필요한 것을 무상 원조해 주겠다고 해서, 내가 책 목록을 만들었어요. 한 300권 정도 될 거야. 냈더니 잘도 해 주데. 미국이 몽땅 해서 줬어. 환도하니까 전부 문리과 대학의 도서실로 들어갔어. 일주일 지나서 가보니까 하나도 없어. 학생들이 다 가져간 거야.

경성대학 졸업 전후

배용광[4)]

경성제대 입학까지

초창기 서울대 사회학과의 역사에서 1948년부터 6 · 25 때까진 변시민 선생이 아무래도 제일 밝을 거고, 변선생이 오기 전에는 내가 좀 알지. 내가 변선생을 처음 만난 것은 일제 말기 일본군대에 끌려가서지. 내가 1943년에 경성제대 법학과를 나오고, 바로 사회학 쪽으로 다시 학사 편입을 또 했거든. 편입과 동시에 2학년이지. 그래서 2학년 재학도 되고 한편 또 졸업도 되니까 이리 저리 학병대상이 되었지. 1944년 1월 20일, 이른바 1 · 20학병이라고 나고야에서 가까운 기후라는 곳에 들어갔는데, 거기에 변선생이 있는 거야. 사회학하는 친구라는 거야.

나는 1921년 5월생으로 대구에서 태어났고, 대구고보, 그러니까 경

4) 전 경북대학교 사회학과 교수, 1948년 서울대 사회학과 강사. 배용광 선생님과의 인터뷰는 2004년 6월 17일 이틀간 대구가든호텔에서 이루어졌다.

북중학을 다녔어요. 그때 대구고보가 한 학년이 두 반이야. 한 반에 50명씩, 100명. 일학년부터 오학년까지 전부 합쳐봤자 500명 안되지. 우리 졸업할 때 한 90명 가량 졸업했어. 경성제대 예과를 1938년에 입학했는데, 경성제대 시험은 주관식이 대부분이야. 여러 과목 다 쳤지. 일본어, 영어, 서양사, 수학. 우리 들어갈 때 처음으로 200명 정원인데, 조선사람은 그때 70명. 그 전에는 훨씬 적지. 우리 들어갈 때부터 이공학부가 생겼거든. 이공학부 1회가 되면 1943년에 졸업이야. 해방 두 해 전에 졸업했다고. 경성제대는 일본애들은 성적이 얼마 안 되도 다 들어갔다고. 원래 우리 다음부터 갑류가 법과로 가고 을류가 문과로 가고 이랬는데 우리 때는 그 구분이 없어 어떻게 해서 우리 쪽으로 많이 들어왔어. 뭘로 그 기준을 했는가는 모르겠는데. 당시에 선과라는 것도 있었는데, 예과를 안 마쳤으니까 선과야. 대학에 들어올 수 있는 실력이 있다고 인정되는 사람은 선과로 해서 본과로 오지. 박종홍도 처음에 선과로 들어와 가지고 선과 3년 하고 또 본과 3년도 해서 친구가 많지. 김성칠 씨가 원래 선과거든. 들어왔는데 아, 머리 좋아요. 공부를 열심히 해 가지고 1년 만에 완전히 자격을 획득을 해서 그만한 실력이 있으니까 본과로 와서 우리하고 동기가 되지.

⋮

당시 경성제대 법문학부는 법학과가 다시 제1, 2, 3으로 나눠지는 거야. 제1부류, 제2부류, 3부륜데 제1부류가 순 법학과야. 제2부류가 요즘 말하는 정치학과, 행정학과에 해당하는 거야. 3부류는 경제야. 그리고 문학과가 있는데 이것이 내용적으로 다시 셋으로 나누어집니다. 문학과, 철학과, 사학과. 문학과는 일본문학, 조선문학 그리고 영미문학 이렇게 전공이 나누어지고, 철학과는 순철학전공, 사회학·인류학 전공, 사학 전공 이렇게 나누어진다고. 문학은 1류, 2류, 3류라고 말하지는 않지. 그러니까 큰 문학과가 있고, 그 아래 문학 전공, 사학 전공, 철학 전공 이렇게, 정확하게 문사철로 나눠져 있었어.

사회학 전공은 철학과에 속해 있었지. (면담자 : 문과 을류 1939년도 입학생 중에 이상욱, 신종식 이 두 분의 전공이 사회학 전공으로 되어 있거든요.) 기억이 없는데.

당시 일본에서 사회학을 제대로 하는 건 동대[東京大]밖에 없었어. 여기의 사회학을 말하려면, 사실 한 사람이 있어야 되는데, 신진균이라고. 일본 동경대학의 후쿠다케 씨와 동기동창인 사람이 신진균 씨야. 이 양반이 대구고보를 나왔거든. 나보다 4년 선배야. 후쿠다케 교수가 늘 "조선사람이지만 내가 존경한다."고 말했지. 경성제대의 사회학의 정식 강좌는 일본사람 교수 한 사람만 됐지. 아키바라고, 그리고 늦게 스즈끼라고 농촌사회학하는 사람이 오고. 그러면 됐지, 조선사람 쓰지 않았어요. 신진균 씨는 미군정에서 좌경됐어요. 해방 직후 (경성대학 시기에 이상백 선생과 사회학과 조직에 참여했다는 말도 있다는 면접자의 질문에 대하여) 강의 안 나왔어. 그분이 하여튼 알짜배기 책을 다 갖고 있었는데.

당시 예과가 3년이었는데 예과 마칠 때쯤 법학부 제2류로 가기로 했지. 본과 1학년 때인 1941년에 태평양전쟁이 나서 졸업이 단축됐잖아. 우리가 그대로 있으면 1944년 3월에 졸업할 건데 1943년 9월에 졸업했다고. 그러니까 전쟁 일어난 첫해에 석 달 단축되고 그 다음 해 또 석 달 단축되고. 본래 가을학기가 둘로 쪼개진 거야. 여름방학 지나고 돌아와서 겨울방학 전에 한 학기를 하고 겨울방학을 짧게 해서 1월부터 3월까지 또 한 학기를 짧게 했어.

사회학강좌는 아끼바 선생이 있었고 나중에 스즈키 씨가 또 왔고. 스즈끼가 경성제대에 오기 전에는 일본에서 호도농림 교수였지. 우리가 들어가기 전에는 누가 사회학과 학생으로 있었는지 분명치 않은데. 내가 처음 경성제대 사회학교실에 들어가서 아끼바 씨한테 강의를 들을 때는 조선 사람이 나밖에 없는 거 같았어. 신영동이라고 하는 사람 혹시 없는가? 그때 같이 다녔는데 북으로 갔어. 신진균 씨가 여기 있으면 다 알 텐데 일제 말기에는 나도 그만 시골로 내려가 있는 바람에 잘 모르겠어요. 절에 들어가 버렸단 말이야. 법과지만 사회학 쪽의 조사부 활동에 많이 참석 했던 법대의 김증한 교수가 있는데, 이 얘기할 만한 사람들이 가 버려서. 일본인 학생 중에 이즈미라고 이 친구도 사회학강좌를 들었지. 인류학 전공으로 되어 있는데 사실은 아끼바 제자로, 내가 1965년에 일본 갔을 때 아주 반가이 맞이했어. 친구 왔다고 말이야. 당시 문과의 학과들은 말이야 몇 해만에 한번씩 사람이 들어오는 거야.

⋮

인제 내 얘기 깊숙이 들어가면 예과 시절에 본과 교수가 와서 강의하는 게 두 과목 있어. 하나는 법학통론이고 다른 하나는 경제학원론인데, 법학 가르친 분이 오다까거든. 꼬리 미자에다가 높을 고자를 써[尾高]. 이분이 동대 법학부를 나오고 경도대학에 사회학전공으로 들어간 거야. 변시민 교수의 대선배지. 변시민 선생이 늘 은사로 모신 우스이 교수하고 동기야. 그러니까 내가 오다까 길을 밟은 거야. 법학부를 나오고 사회학과를 전공했잖아. 오다까 교수가 자주 강의시간에 사회학을 이야기했어. 또 센다이에 있는 동북대학의 교수로 오래 있었던 사람이 신베이 마사미치거든. 이 신베이 교수가 경성제국대학에 왔어. 내가 신베이 영향을 상당히 받았어. 왜 그러냐면 예과 다닐 때 철학을 가르친 양반이 자꾸 신베이 얘기를 하면서 사회학 얘기를 하는거라. 그래서 난 벌써 내 마음에 사회학 전공을 했으면 하는 생각이 들었는데 그러나 내 선친께서 "NO, 한국사람이 일본사람하고 맞설려면 법학 아니면 의학이다." 내가 대학원 들어가서 사회학할라고 했거든. 그런데 민법에서 낙제를 하는 바람에 대학원에 못갔지. 그래서 내 지도교수 소가와 씨하고 아끼바 씨하고 숙의를 해 가지고 '철학과 사회학 전공이다. 이렇게 하자.' 그렇게 됐어요. 내가 사회학 전공으로 편입을 했지.

에피소드 하나를 말하면, 우리 다닐 때는 사회정책을 강의하는 양반이 모리타닌데, 森谷. 모리타니가 9시부터 11까지 강의를 하는 건데 10시가 다 되어도 안 온단 말이야. 왜? 그러니까 자기 행동을 컴프라치하기 위해서 일본 경찰에 꼬리를 안 잡힐라고 어딜가느냐 하면 말이야 지금은 묵정동이지. 그때 뭐라 그랬나? 거기가 유곽동네라. 거기서 자고 오는 거야. 일부러 그런 거 같애. 이 사람이 말이야 9시 50분쯤 나타나는 거야. 전차가 늦어서 이래 됐다, 이런 식으로 말하지. 그리고 나서 속사포로 강의를 하는 거야. 딴 사람 두 시간 할 거를 이 사람은 60분 동안 다 하는 거야. 아주 혼났어. 모리타니가 약각 빼딱했어요.

사회학교실에 들어갔지만, 곧 내가 몸이 좀 불편해서 아끼바 선생한테 인사하고 내려왔지. 집에 와 있었어. 그러다가 1·20 학병으로 끌려간 거야. 가서 간부 후보생이 됐지. 난 일본 군대서 일본사회학회에서 나온 잡지 받아보고 그랬어. 아주 특수했지, 대단했지.

해방되고 나서 귀국은 내가 좀 늦었어요. 마지막에 내가 어디갔냐 하면 말야. 소화 20년 봄에 나고야서 조금 떨어진 곳에 일본 삼중현의 현청소재지 쯔다에 갔지. 나고야 사단 경기부 경작대야. 이런저런 사정으로 9월 25일날 대구로 돌아왔어요. 돌아오니까 나고야 있던 친구들이 중심이 되어서 학병 조직을 만들었더만.

⋮

경성대학 졸업

1945년도 말에 일단 서울로 올라갔어요. 옛날 학과를 찾아갔지. 그때 경성제대가 경성대학으로 바뀌었고, 이상백 선생이 말이야 벌써 자리를 잡고 계시더만. 좀 있다가 책을 빌려서 내려와 졸업 논문 준비했지. 이상백 선생이 학생을 부를 때, 보통 성에다가 '군' 자를 붙이는 걸 잘 안하는 어른이거든. '김', '이', '박' 이러지. '군' 자를 잘 안붙였다고. 근데 나한테는 꼭 '군' 자를 붙였어. 왜냐하면 벌써 학사 학위를 가지고 있으니까. "배군! 배군 우짤끼고, 할 건 다 해야 한다. 시험은 쳐야 된다." 그렇게 말씀하셨지. 그래서 마지막 졸업식에는 시험을 쳤다고. 그래서 1946년도 7월 초에 졸업을 한거지. 그것이 경성대학 졸업생이야. 그것이 마지막 졸업생이야. '제국' 두 자 빠진 경성대학 졸업생이야. 그 다음 해부터가 서울대학교 1회가 되는 거지.

대구사범 교수를 거쳐 서울대 강사로

졸업을 하고 나서 그 전의 경력을 연구 경력으로 인정받아서, 연구 경력으로 80프로 인정을 받아서 대구사범대학교 전임 강사로 부임을 했지. 그때가 1946년 9월이지. 바로 10 · 1 사건 나기 한 달 전이지. 10 · 1 사건을 내가 증언할 수 있어. 내가 발령을 받은 것이 9월 1일이거든, 1946년 9월 1일. 근데 그 사건 터진 게 10월 1일이라고. 그때 사범대학 초창기에 내 강의를 들은 사람이 대구고보 후배도 있고, 여하튼 나하고는 학생들하고는 연령 차이가 별로 없으니까, 뭐 '단 위에서는 교수지만 단을 내려오면 친구다.' 이런 식으로 내가 마음먹고 강의를 했지. 그때 사회학 강의를 시작한 지 한 달만이거든. 꼭 한 달이지. 9월 1일 발령을 받고, 9월 첫 주부터 강의를 시작했으니까 근 한 달 가까이 됐지. 그때부터 사범학교가 정식으로 4년제 대학이야. 그 전까지는 사범전문이야. 그래서 9월 1일부터는 사범대학 4년제가 되는 거고. 비록 미군정 법령에 의했지만은, 정규 4년제 대학이 됐다고. 그래서 내가 4년제 대학의 교수지, 사범대학의 교수. 그래 강의를 한 지 벌써 한 달 가까이 됐거든.

그날, 이건 야사에 들어가는 얘긴데, 나보다 먼저 전문사범교수로 들어온 사회학자가 있다고. 누구냐면 말이야. 일본 동대 사회학과에 다니던 내 대구고보 동긴데, 6 · 25 때 북으로 가버렸어. 이름이 허남성이야. 남쪽 '南', 별 '星'. 이 사람이 일본 동경제대 사회학과 출신인데. 그러니까 이만갑 선생 1년 후배인데 나중에 동기가 돼 버렸어. 히로사키(弘前) 고등학교를 나오고, 그때 일본 사회학과 들어가는 게 어렵지 않았다고. 그러니까 신진균 선배보다 몇 해 후배지, 그런데 허남성이 학병 걸렸지. 학병 걸려서 히로사키 근처에 숨었다는 말이 있어. 자세한 건 본인에게 못 물었어. 해방 후에 만났는데 묻지 못했어. 1 · 20학병에 걸렸는데 어떻게 했는지 도망나왔다고 하는 말이 있고. 그 친구가 전문 시절에 먼저 교수로 왔지. 그해 해방되고 나서 얼마 안 있다가 1945년 말인지 1946년 초인지 그건 분명치 않아. 아무튼 벌써 얼마 동안 근무를 했지. 10월 1일날 아침에 그 친구가 "오늘 좀 시끄러울거다! 자네도 그리 알아라! 내가 안 정보로 그렇다." 그렇게만 하고는 그만이야. 나중에 뭐 사표 내고 서울에서 충무로 입구에서 운동구점 했어. 그 운동구점 이름은 내가 모르고. 그 친구는 6 · 25 때까지 계속 운동구점을 했지. 6 · 25 나서 며칠 후에 내가 국민대학 강사 맡았거든.

내가 대구 사범대학에 있었는데, 1948년 정부 수립 하던 해 2월달에 대구사범대학에서 끔찍스런 사건이 터졌어. 좌익 학생이 우익 학생을 도끼로 내리쳐서 죽인다고 하는 끔찍스런 사건이 터졌어. 대구 시내 한 복판에서 말이야. 그때 내가 사범대 부학생과장이야. 학생과장이 둘이야. 정학생과장은 마침 고향에 내려가고 없었어. 내가 학교에 있었기 때문에 내가 인책당했어. 책임졌단 말이야. 그래 사표내라 이래 됐단 말이야. 사표를 내더라도 내가 그 사건에 인책한다는 말은 없고 일신상의 사정으로 물러간다, 그렇게만 쓰라고 해. 그렇게 썼지. 그래서 4월 초에 물러앉았잖아. 그래서 서울 올라간 거야. 그래서 서울대학교 사회학 합동연구실이 내 차지가 됐지.

당시 서울대학교 사회학과의 정식교수는 이상백, 양회수, 변시민 선생이 있었는데, 내가 올라갔을 때 정식으로 발령을 받았는지 잘 모르겠다. 양선생은 아마 이상백 선생이 후배로서 당겼을 거야. 양선생의 약점이 뭐냐하면 졸업장을 못 받았거든. 그래 양선생이 나중에 대구에서도 문교부에 서류를 올릴 때 말이야. 졸업 안 했다고 부교수의 자격이 되어 왔잖아. 정교수 자격이 안 되고. 그래서 양선생이 아주 섭섭했던 모양이야. 그래서 딱 2년 있고, 그만뒀다는 거 아니야. 다음에 그 자리를 메운 사람이 정철수 씨야. 경북대학에 사회학과를 만들 때 이야기지. 나 다음에 최홍기 선생이 왔지. 그때 하기락이라고 철학교수가 있었어.

나하고 이만갑 선생하고 처음 만난 게 1947년이야. 내가 대구사범 학생과장 대리를 맡았다고 했잖아. 그때 사범대학 학생 과장이 일본 동경대학 정치학과 나온 분인데, 그 양반 집에 이만갑 선생이 선배라고 찾아 왔는거라. 내가 마침 가니까 이만갑 선생이 있는 거라. "전공이 사회학인데 잘 만났다! 장차 우리나라 사회학 잘 해보자." 이랬지. 이만갑 선생은 자기 어른 묘소가 경주 근처에 있잖아. 그래 꼭 내려와서 대구에 들렀지.

⋮

내가 1948년 가을부터 서울대학에서 강사를 했어요. 내가 서울대학교에서 영어 원서 강독하고 불어 원서 강독하고, 고대에 가서는 독일어 원서를 내가 하고 영어 · 불어를 내가 다 했다고. 기억나는 것으로는 1948년에 입학생이 제일 많았어. 20명 들어왔거든. 서울대학교 예과 마지막 졸업생이 사회학과에 제일 많이 들어왔어. 그때 사회학과 20명 들어온 중에 한 10명가량이 교수가 됐잖아. 고영복, 최홍기 교수 이외에 윤종주도 있고, 나중에 편입해서 동기가 됐지만 최재석 씨도 있고, 최재석 씨는 예과 출신이 아니고, 공과대학의 전신, 高工 출신이야. 시험 쳐서 들어왔잖아. 순수 예과 출신이 여기 경북대에 눌러앉은 유시중, 정철수, 최홍기, 고영복, 김대환, 임용규 그리고 장기선, 하여튼 20명 중에 절반이 아마 교수로 진출했을 거야. 이 사람들이 내가 서울대 사회학과에서 전임 수석할 때 내 강의를 들었지. 이들보다 선배가 황성모, 이해영 씨인데, 황성모 씨는 내 강의를 들었지. 이해영 씨는 내 강의에 안 들어왔고. 황성모 씨는 내 시간에 들어왔기 때문에 나중에 자기 책을 만들어서 나한테 '스승님께 드립니다' 라고 책을 내려논 적이 있지.

그때 부학장을 이희승 선생이 했거든, 이희승 선생이 후배를 끔찍이 사랑하셔 가지고, 우리 학교에 사회학이 필요한데 배선생 좀 들어오는 게 어떻겠냐 뭐 서류 좀 준비해 보라고 말씀하셨는데, 한창 서류 준비할 때 6 · 25가 터졌다고. 그래서 부산가서는 모든 게 올 스톱되었지. 내가 전임 수석했다는 건 이만갑 선생도 모르는 얘기야. 이희승 선생이 이제 세상을 떴으니까. 이희승 선생이 살아계시면 어디든지 말씀을 해 주실 수 있지만(서울대학에서 전임 수석을 하실 때 학교 내에 이희승 선생이랑 경성제국대학 출신들이 '이 학교의 주인' 이라는 생각이 있을 수 있었을 것 같은데), 그게 그렇지 않았어. 그게 참 미묘했어. 연합대학이야, 연합대학. 말은 종합 대학이지만, 실은 여전히 연합 대학이지. 의과대학도 의학부만 하면 될 텐데 경성의전이 들어왔고, 또 공과 대학은 따로 없이 고공도 들어오고, 전부 4년제 대학으로서 맞지 않았단 말이야. 그래서 미군정 쪽에서 볼 때는 고개를 갸우뚱 하는 일이 많았다 이거야. 그럼 제일 중심이 뭐냐? 과연 법대는 자기들이라고 말하고, 문리대는 문리대 자기들이라고 말하고. 또 의학부는 경의전 제쳐놓고 말이야. 또 이과대학, 옛날 이공학부는 이공학부대로 참 미묘했어. 서울대학교라는 국대안 문제가 보통 골치아픈 게 아니야. 이것은 대구에도 영향을 줬다고. 대구도 대구대학하고, 지금 대구대가 아니고, 옛날 대구대하고 몇몇 대학 하고 국립대구대학 만들자고 하는데, 종합대학 하나 하기가 얼마나 힘든지, '문리대를 모아야 돼!' 이런 것도 있었어.

1946년 국대안 반대의 기억

이근수[5)]

가족적 배경

나는 전주이씨로 지금 살고 있는 충남 해미에서 태어났어요. 여기가 당산리. 집 堂자 뫼 山자. 이 산이 鷄鳴山, 닭이 우는 산. 명당이라. 닭산이 변해서 당산이 된 거지. 아버지는 왜정시대니까 그냥 선비로 지냈는데, 농사를 천 석 가까이 했지. 우리 집은 보다시피 해미의 유지라고 할 수 있는데, 우리 집에서 몇 년 전만 해도 가든파티를 했어요. 서산시장, 서산법원장, 검찰지청장, 해미위원장 다 모아서 해마다 가든파티를 했지. 증조부는 삼도통제사를 하셨고 성함이 문용이며, 조부는 해미주사가 마지막 벼슬이었는데, 한일합방이 되어 그만두었고 우리 집은 제법 토지가 많았는데 농지개혁 때 다 나갔지. 옛날에는, 이 동네 거의 다가 우리 거야. 다른 사람들은 소작이지. 증조부, 조부 때

5) 이근수 선생님과의 인터뷰는 2006년 4월 충남 해미의 선생님 자택에서 약 2시간 동안 이루어졌다.

마련한 건데 사실 좋은 현상은 아니지. 해미에서 가장 유력한 지주집이었는데, 해미에서 해변까지 땅이 있었는데, 농지개혁 때 싸구려로 다 분배되었고, 집 아래 15,000평만 우리 집으로 남았어요.

나는 해미에서 심상보통학교를 다녔고, 서울 배재 중학교에 입학을 하였는데 그때는 시험 날짜가 학교마다 달랐어요. 제일 먼저 시험 보는 데가 배재였는데, 배재가 뭔지 선친께서도 잘 모르시고 맨 먼저 시험을 봤는데 붙여 주었지. 내가 14살인가, 15살 때였어요. 배재학교에 같이 다니던 학생은 이제는 거의 없어졌는데, 한 사람 남은 사람이 장경순이요. 김제출신의 군인으로 박정희시절에 국회부회장을 했는데 유도가 10단인데, 우리 집에 잘 왔었지.

배재학교에 입학한 때가 1935년 무렵인 것으로 생각됩니다. 1학년 때인가, 2학년 때인가, 베를린 올림픽을 했으니까. 나는 여태껏 1등이라고 해 본 적이 없어요. 해미에서 2등 해본 게 제일이지. 누가 1등 했는지도 몰라요. 배재학교가 기독교 학교이기는 하지만 교회는 안 갔어. 관심 없었어. 일주일에 한번 예배보는데, 나는 관심 없었어요.

배재학교 졸업하고 시험봐서 보성전문에 갔지. 그것도 아주 쉬운 것은 아니지. 보성전문에 다닐 때의 기억은 잊어 버렸어. 내가 보전 졸업하고 학병에 끌려갔지. 그때 돈암동에서 살았는데, 거기에서 보전 다녔는데, 거기서 학병에 갔어요. 아유, 머릿속이 와글와글하네.

학병은 부산으로 갔는데 원수 같은 놈들이지, 그래서 나는 다른 데 여행은 많이 갔지만 일본은 절대 가지 않았어요. 원수 같은 놈의 나라라서. 그런데, 일본 와세다 대학의 가기사키 교이치 교수라는 사람이 우연히 서울대에 와서, 그때 연구조사 사업을 서울대에서 했는데 그 사람이 우리 집까지 와서 같이 조사하고 그랬지. 해미를 조사한 것이 아니고, 나의 고모댁이 의령 남씨인데, 대호지면. 도리리의 남씨 동성촌의 종가거든. 그래서 내가 거기를 소개했지. 가기사키 교수가 자꾸 일본에 오라고, 초청장을 보내고 그랬지만, 학병 기억 때문에 절대로 일본에 가지 않았어요.

부산에 배치되어 일했는데, 그 부대는 병사들을 배치하는 부대로, 사이판이고 어디고 다른 데로 병사들을 배치하는 곳인데, 나는 2년 동안 용케도 거기에 머물러 있었어요. 학병 끌려가서 계급은 이등병, 일등병, 상등병까지 올라갔어. 장교는 지원해서 가는 거지. 끌려간 것만도 억울한데, 장교 해서 뭐하게? 중대장 어떤 놈인가, 그놈이 나를 괜찮게 봤던 모양이야. 그래서 일부러 날 안 보냈나봐. 아이고 비위 맞추느라고 혼났어. 일본 군대는 한국 군대하고 또 달라. 가령 총검술 시합해서 지잖아. 지면 물러나지 않고, 그 다음 놈 쓰러트릴 때까지 해야 해. 보초 서다가 총 땅바닥에 내려놓으면 사형이야. 일본 놈들 지독하다고. 그래서 사회 나가면 세상 못할 게 없을 것 같았어.

그때, 내가 몰래 일기 쓴 것이 있었는데, 일본은 동양귀라고 일기장에 욕을 막 썼지. 그리고 해방이 됐어. 산굴 같은데 혼자 사는 할매한테 일기장 맡겨놓았다가 찾아왔는데, 없어졌어. 내 원고가 3000~4000장 되는데, 6 · 25 때 우리 둘째 누님이 잘못 알고서 불쏘시개로 썼어요. 그 안에는 학술적인 것도 있고, 수필도 있고, 시도 있고, 단편소설도 있었는데, 6 · 25 나고 난리 나니까 나는 피난 못 가고 서울 명륜동에 있으니까 거기서 불쏘시개로 썼지.

서울대 입학과 국대안 반대

해방 다음 해에 대학이 문을 열었는데, 그때 시험을 봤어. 1946년 경성대학 시험칠 때, 그거 하나는 기억이 나는데, 경쟁률이 4대 1인데 동경제대에서도 오고 경도제대에서도 오고 다 시험을 봤다. 시험 장소는 경성대학 자리, 옛날 문리대 자리였지. 그때는 학생이 많지 않으니까 청량리에서 안 보고 옛날 경성대학 자리에서 시험을 쳤어요. 4대 1이라는 경쟁률은 확실히 알겠는데, 그것이 사회학과인지 문리대 문과 경쟁률이었는지 모르겠지만 하여튼 경쟁이 심했어요.

1946년도에 처음 시험칠 때, 시험 과목은 논문하고 어학하고 두 가지야. 어학은 영어, 불어, 독일어, 중국어 중 하나인가. 입학자격은 일본에서 전문학교 3년 이상을 다녔거나, 대학에 재학 중인 사람. 일본에서 동경제대 · 와세다 · 경도제대 다니던 사람, 경성제대 다니던 사람 다 시험 봤어요. 경쟁이 셌는데, 나를 합격시킨 것은 채점 잘못한 거라고, 하하. 최근 갑자기 기억력이 떨어져서 기억이 잘 나지 않아요.

사회학과에 지원했는데, 내가 2회지요. 1회는 내 위에 있던 재학생들이고. 그런데 1회는 학교도 거의 안 다니고 졸업 자격을 가졌으니까, 내가 실제로는 1회나 마찬가지지. 1회 중 기억나는 사람은 없어요. 나하고 같이 입학한 학생 7명은 기억하지만 대부분 죽었고, 이름도 기억이 안 나요.

⋮

내가 사회학과 다닐 때, 국대안 반대 했지. 왜 반대했나 지금은 까막까막한데, 삐라가 우리 집에 궤짝으로 있었어. 내가 선두에 나섰어. 설명문, 삐라를 우리 집에 갖다놓고 맹활동을 했다고. 내가 학교 다닐 때, 사회학과 학생들만 있는 연구실, 거기에 책도 많이 놓고. 안 뺏기려고 거기서 그냥 잠도 자고. 사회학과 연구실이라고 불렀어. 그 방이 기억나는데 옛날 도서관 자리야. 대학로 냇가 바로 옆이 도서관인데, 거기 2층이었어. 1년 이상 내가 그 방을 지켰어. 당시 사회학과가 7명밖에 없는데. 똘똘 뭉치지도 않았는데, 하여간 국대안 반대는 굉장했어. 왜 반대했지? 기억이 안나요.

특별히 국대안 반대가 사상문제인 것도 아닌데, 하여간 철저히 반대했던 것은 기억나. 조직은 기억나지 않지만, 국대안 반대에 열심히 참석했던 거 어렴풋이 기억나지. 구체적인 건 몰라. 그때 교수들은 거의 안 움직인 걸로 아는데.

사실은 내가 처음엔 영문과 지원하려고 하다가 사회학과로 바꿨어. 영문과에서 사회학과로 진로를 바꾼 것은, 솔직한 애기로 사회주의에 대한 관심도 있었거든. 아직 어리니까 판단력이 별로 없고, 사회주의를 하나의 정의감으로 받아들였거든. 결국은 지금 모양으로 정치적 이용물이 된다는 것까지는 생각이 미치지 못했지. 그래서 나름대로 사회적 정의감을 실현한다고 생각했는데, 말하자면 일종의 순수성이야. 실제로 들어가 보니까 사회학과는 사회주의하고는 별로 관계가 없더라구. 점점 사회주의에 대한 관심도 희박해지고.

당시 교수진으로 변시민 교수가 있었어요. 내가 먼저 학교에 있었는데, 맨 처음에 이상백 교수 한 분 계셨는데 내가 입학한 후 양회수 교수가 오셨고, 실제로 2년밖에 안다니고 1948년에 졸업을 했어요. 옛날에 예과가 2년이거든. 전문학교가 3년이고. 어찌 되었든 간에 1946년 3월에 들어갔다가 1948년도 8월달에 졸업했는데, 2년 반만에 졸업했어요.

취직과 전쟁

대학 다닐 때, 특정한 직업을 가지겠다는 생각은 거의 없었어요. 해방 후고 사회가 질서 있게 안정된 것도 아니니까. 사회가 바뀌는 상황을 봐서 나는 어떻게 해야 하나를 결정했는데, 학문적인 게 내 몸에 와서 닿고, 우연히 이화대학에 뭐랑 관계도 있고, 그래서 학교에 가게 되었지.

졸업하고는 어디 가야 할 텐데, 갈 때가 있어야지. 김태경이라고 나중에 서강대에 계셨는데 이분이 중앙고등학교에 오라고 해서 가서 얼마 있다가 동란 났잖아. 1년도 못 있었을 거야. 전쟁나고 몇 년 동안 난리지. 결혼은 1949년에 했고, 6 · 25 전쟁이 나자 큰아들 배서 배부른 상태로 피난 갔지. 당진 도리리로. 6 · 25 이전에 남겨놓은 사진, 앨범은 없어요. 난 평생 사진을 별로 안 찍었어. 서울대에서 셋이 잔디밭에 엎드린 사진이 있었는데 어디 있는지 모르겠네.

⋮

전쟁 때는 해미로 내려 왔다가 당진군 고모댁으로 피난했어요. 거기는 동네 전부가 남씨여서 반감, 대립이 적으니까. 거기서 해를 두고 살았어. 다 안정된 후 다시 여기 해미로 왔었지. 그 후 중앙고등학교는 별로 생각이 없어서 안 가고 이리저리 알아보다가 묘하게도 이화대학에 손이 닿았어. 내가 아는 분이 이화대학에 있었는데 그분 소개로 김활란 총장을 직접 만나서 한참 대화를 나눴어. 나도 시험 본 거지. 면접. 그런데 괜찮게 봤나봐, 하하. 당시 이화대학만 해도 취직하기가 하늘에 별따기야, 김활란 총장이 진지하게 얘길하더라고, 그래서 나도 진지하게 대답하고. 그래서 또 갔지. 토론 비슷하게 하고. 관심을 가져줘서 천만 다행이지.

이화대학에서 '농촌문제연구소' 소장을 하였는데, 새마을운동과는 관계없고. 새마을운동은 정치적인 목적이 담겨 있었지. 그냥 농촌문제 연구했지. '농촌문제연구소' 소장은 한 10년 했지. 그리고 '인구와 미래연구소' 소장인가. 인구문제에 내가 각 대학의 교수들을 한 5~6명씩 교수를 초빙해서 파트별로 청강생이 700명 됐어. 대강당이 미어질 정도로. 농촌문제에 대해서는 일찍부터 관심을 갖고 있었지.

⋮

딴 얘긴지 모르겠지만 막스 웨버(베버)의 에토스론 있잖아. 말하자면 자본주의 성립 과정 문제에 대해서. 이웃을 사랑하기 위해 열심히 일을 하고, 이윤취득을 위해 한 게 아니고. 각 집단 각 민족 민족별로 나름의 에토스가 있잖아. 가령 대원군이 말한 것처럼 일종의 에토스에 대한 상징적 표현이라고 할까. 함경도 사람들은 살기가 어렵잖아. 맹호출림이라고 했지. 경상도는 이전투구지. 경상도 사람들은 원래 함경도 사람들이 동해안으로 배타고 와서 뿌리박은 거야. 전라도가 풍전세류지. 바람에 나부끼는 버들잎처럼 요리조리 흔들리고. 우리나라에서 평야지대가 제일 많잖아. 만경평야. 먹고 살자니까 남의 눈치 봐야지. 경기도 사람들은 경중미인, 거울 속에 비친 미인처럼 겉만 번지르르, 알맹이는 없다. 충청도는 나무랄 게 없어. 청풍명월이잖아. 그것도 나름대로 지역의 에토스를 얘기한 거야. 국민성 자체도 하나의 에토스가 아니겠어? 한국 사람들의 에토스는 뭐냐? 국토는 좁고 산악지대에서 부지런히 먹고 살아야 하니까 옛날 사람들은 굉장히 일들을 많이 했어. 여자들은 매일 쭈그리고 앉아 일해서 체형이 바뀌어. 얼마 전까지도 눈에 띄었는데 지금은 없어. 우리의 에토스는 부지런하지 않을 수 없어서 부지런하다. 인내성과 근면성. 이것이 우리가 다른 민족들보다 뛰어난 에토스지. 이것은 가설이니 증명을 해야지. 그걸 증명하려고 시작한 게 이 농촌조사야. 한동안 헤매서 자료를 많이 구했어.

말하자면, 우리의 생태적 환경이 사람들의 몸과 마음을 어떻게 바꾸어 놓았는가 하는 연구인데 이걸 하려면 한문 모르면 못해. 이건 자랑이 아닌데 어려서부터 한문 공부 열심히 했지. 초등학교를 8살, 9살에 들어갔는데 그 전에 천자문, 계몽편, 동몽선습 다 읽고 통감 첫째 권 읽는 도중에 초등학교 들어갔어. 자랑이 아니야. 초등학교 들어가기 전에 다른 사람 한문편지 대신 써줬어. 진해 당숙이라고 계신데 돈은 많고 부잔데 뭘 모르셔. 선친께서 편지 대신 써주라고 시켰지. 테스트였지.

(자료를 보여주며) 이게 농서인데. 이게 다 복사한 거야. 한참 이 자료 찾느라고 고생 많이 했네. 나이 먹고 어쩌고 하다 보니까 흐지부지 됐어.

해미읍성이 꽤 오래된 읍성이에요. 조선 초기에 고관들이 많이 와서 있었고. 또 여기가 유명한 게 대원군 때 천주교 박해가 있었는데 학살당한 사람이 1000여 명이 넘어. 읍성 안에 나무가 있어. 회화목이라고. 거기에 목매달아 죽였지. 조산이라고 물텀벙이 있는데 산채로 물텀벙에 생매장시켰지. 생매장 터가 있어. 서문 밖에 가면 사람 묶어서 돌에다 때려 죽인 그 돌도 아직 남아 있어. 우리나라에서만 유명한 게 아니라 세계적으로도 유명하지. 덕산 가는 큰 국도를 사창벌이라고 불러. 쏠 射 찌를 槍자. 그게 바로 저기야. 대원군 시대에 대원군 선산이 덕산 바로 여기 있잖아. 천주교 학살지로 유명하지. 최근에는 해미읍성 안에 옛날 집 모습을 다시 복원시키려고 120억인가 예산이 책정된 걸로 알아. 그러면 관광지로 뭘 한다는 얘기도 있고.

국대안 파동의 와중에서

백종무[6)]

나는 현재 부산광역시, 옛날에는 경상남도 동래구 남면 수영이 출생지입니다. 1925년생입니다. 그때 호적에 올리는 출생신고는 전부 음력입니다. 음력 12월 16일은 양력으로 이듬해 정월이 되지요. 곧 서울로 이사를 하였는데, 몇 년간 매동에 살았고, 매동 보통학교에 입학을 했는데, 다시 수영으로 이사를 하여 결국 수영보통학교를 졸업하고, 동래중학에 입학했어요. 그때 수영보통학교라는 게 참 시골 조그만 보통학교였어요. 중학교 합격자는 2년에 1명 정도 들어가는 학교죠. 내가 중학에 입학할 때는 동래고보였는데, 입학한 해에 학교 제도가 바뀌어서 동래중학으로 되었습니다. 그게 1938년이죠. 동래중학은 5년제 학교였어요. 동래중학을 1943년 3월에 졸업하고 동경을 갔어요. 우리 나이 19세 땐데, 그때 얘기를 자세하게 할 순 없지만 그때는 졸업

6) 백종무 선생님과의 인터뷰는 2006년 5월 28일 명일동 자택에서 이루어졌다.

하고 대학에 안 들어가면 징용 아니면 징병 가야하니까 동경의 중앙대학 법과에 들어갔습니다.

법과를 다닌 지 2년쯤 경과가 되었는데, 그때는 일본 동경이 거의 공습경보에 휩쓸려 있을 때입니다. 만 18세 이상은 소년항공병으로 북해도로 가거나 아니면 다른 곳으로 가야하는 상황이었고, 학교가 정상적으로 움직이지 않았다고 볼 수 있죠. 내가 일본 소년항공병으로 가는 것을 피하기 위해서 아버지가 한국에 나오라고 했어요. 나와 가지고 일본 의사에게 일종의 허위 진단서를 받았어요. 폐렴이라고 학교에다 부치고 휴학원을 내고, 학교 안 가고 1년 있었는데, 8 · 15 해방이 되었어요. 그러니까 1943년 4월에 중앙대학교 입학을 한 다음에 1년 지나고 나서 2학년 때 진단서를 끊어서 허위로 내고 쉬고 있었던 것입니다.

징용을 피하는 길은 또 뭐냐면 국민학교 훈도가 되는 것입니다. 정식교사만 징용이 면제가 되었어요. 그래서 시험을 쳐서 훈도가 되어 해운대 국민학교에서 훈도로서 1년을 근무했는데, 그러다가 해방이 되었어요.

1946년 3월 1일에 서울에 왔어요. 그래, 그해 4월에 경성대학 법문학부 사회학과에 들어갔지. 그때 일본에서 온 학생들은 편입학이 되었지요. 당시 법률은 모두 일본 법률인데, 해방이 되어서 못 쓰는 줄 알았지요. 일본 민법이 그 후에 근 10년 가까이 개정이 안 되고 그대로 사용되었지만, 해방 직후에는 법과는 이제 필요없다고 생각하고 사회학과에 들어간 거지. 그게 사회학과에 인연을 맺게 된 일입니다.

그때 사회학과 주임 교수가 이상백 선생. 내가 알기로는 그때 사회학과의 사회학 강의를 해주신 교수로서는 이상백 교수와 고황경 교수가 있는데, 고황경 교수가 사회학 강의를 학교에 나와서 한 것도 딱 1번이고, 이상백 교수는 주임교수인데 그분은 사회학과에 강의하기 위해서 서울대에 있는 교수라기보다는 여운형 씨 계통으로 정치운동에 치중을 했어요.

이상백 씨가 시인 이상화 씨와 형제고, 대구의 큰 부자지요. 그때 학교가 어떻게 돌아갔는지를 얘기해볼까. 우리가 수강신청을 하고 학교에 나가면 휴강이라는 간판이 붙어 있지, 거의 1년에 10달이 휴강이야. 그분 외엔 교수가 없으니까. 언젠가 한번 찾아가서 항의를 했어요. 우리는 몰랐는데 그 후에 알고 보니까 그분이 바쁜 것이 여운형 씨 계통으로서 어디로 주로 왔다갔다했냐하면 북경에 왔다갔다했어요. 그분이 전혀 국내에서 대학에 나와 강의하거나 할 시간이 없었지요. 왜 안 나오시냐고 한 번 내가 개인적으로 항의를 했습니다. 그러니까 아 무슨 강의 신청을 했냐고 그래. 그때 사회사상사 강의인데 매일 안 나오셔서 왔습니다고 말 하니까. 그분 말씀이 웃겨, 아 강의를 받아서 뭐하냐 책 보면 되지. 대답이 그래. 그러니까 그때 사회학과가 사회학과, 종교학과, 심리학과, 순수 철학과, 순철학이라고 그래 우리가. 이것 모두 합쳐 가지고 철학과라고 했지. 사회학을 하는 교수는 안 나오고. 크게 얘기하면 철학과 안에 있었으니까 내가 강의를 받은 것은 주로 안호상 씨, 박종홍 씨, 김두헌 씨, 이 셋이야. 그때 김두헌 씨는 윤리학 강의를 참 성실히 하셨어요. 박종홍 교수는 인상에 남는 참 좋은 선생님이었습니다. 고대 희랍 철학을 가르쳤는데 참 좋았고, 안호상 씨는 잘 아시다시피 학생들 별명도 있었습니다만 철학 강의나 논리학 강의나 분간을 못했어. 달변가이지만, 맨날 똑같은 얘기하시는 것 같아. 그러니까 주로 철학 강의를 들었고 심리학 강의는 우리가 듣기에는 너무 강의 수준이 높아서 잘 못 들었어. 그 심리학 교수는 그 후에 말 들으니까 월북을 했고. 그때 국문학은 이희승씨, 법문학부장이 조윤제 선생, 이 분들한테 국문학 강의를 받았고, 그런 식이었지요. 그러고 있다가 얼렁떨렁하는 사이에 국립서울대학교안이 발표가 되었어요.

국대안 반대 데모가 이렇게 해서 시작되었는데, 학생 전체가 내조를 해서 휴학을 했지요. 그때 경성대학 학생대회라고 하는 것은 주로 어디에서 했냐면, 지금 건물이 있는지 모르겠습니다만, 북쪽에 북강의실이 있었어요. 북강의실에서 하거나 아니면 대학 본부의 남강의실 강당, 거기에서 하는데 그때에 경성대학뿐만 아니라 우리나라 대학 전체가 좌익이냐 우익이냐 중간파냐, 이 세 개로 갈려서 시끄러웠지요.

⋮

학생 단체가 이철승 씨가 주도하는 학련 계통이냐. 아니면 학동이냐, 그랬고, 그 외에 중간파도 있었는데, 점차 중간파는 그림자도 없어졌어. 좌익이나 우익이나 한 쪽으로 몰려 버렸지 없어져 버렸어. 내가 말씀드리고 싶은 것은 그때 학생대회를 하게 되면 경성대학 법문학부 대표자, 이공학부 대표자, 그리고 의학부 대표자, 이 세 사람이 사회를 교대로 하면서 회의를 진행했어요. 근데 나중에 알고 보니까 그 경성대학 학생회가 민전의 지시대로 움직이더라고, 남대문 기차역에서 올라오면 왼쪽에 조선민주주의민족전선 사무국이 있었는데, 거기 사무국장이 이강국인데 그 이강국의 지시에 따라 움직이는 확연한 세포 앞잡이가 법문학부 대표였어요. 이름도 알아요. 이영석이라고. 길 영자, 주석 석자. 기억이 확실한데. 발언권을 주는 순서, 발언 내용, 전부 지령을 받고 하는 것을 나중에 알았습니다. 내 기억에는 그래요.

이래 가지고 국대안 반대운동이 근 1년이나 가고 학생들은 학교에도 못 가고 참 견딜 수가 없어요. 그때 나는 어디에 소속되었는가하면, 소속이라기보담도 단체인데, 서울대학교 기독동문회라는 것이 있습니다.

그 기독동문회, 우리가 창설멤버입니다. 그 모임이 '일신회' 라고 합니다. 한 '일' 자, 믿을 '신' 자, 일신회. 여기는 학생운동 하는 데가 아니죠. 학생들 모여서 예배 보는 데였어요. 일신회 멤버가 학교에서 예배를 보고, 학교상황을 논의하면서, 이건 그냥 방관할 수 없지 않느냐 해서 누구를 찾아가기로 했지. 일신회 멤버들이 누구를 찾아갔느냐하면, 문교부장관을 만나러 갔지요. 지금은 철거되고 없지만 조선총독부 건물, 그렇게 웅장하고 화려하고 멋진 건물인지 몰랐어요. 처음 들어가 봤어요. 참말로 어마어마하더만. 완전히 바닥에서부터 잘못 걸으면 미끄러지는 대리석으로 깔렸는데, 옛날 조선총독부 국장실이죠. 가니까 그 전날 문교부장관이 서울대학교 학생들에게 국대안 반대를 그만하라고 열렬한 연설을 해 가지고 목이 아파서 말을 못하겠다고 할 정도였어요.

그때 갔던 일신회 멤버가 홍창희, 곽창섭, 김철현, 이런 사람들입니다. 한 분은 서울대학교 의과대학 교수가 되었고, 한 분은 철학과 미학전공, 다른 한 분은 종교학과 학생으로, 부산 고려신학대 교수가 되었죠. 안병무 선생은 우리보다 후배지만 일신회 일등 멤버고, 또 계훈제 씨도 사진에 있는데. 계훈제 씨가 무슨 과인지, 사회학과가 정상적으로 수강 하는 날 같이 교실에 모여 앉아서 수업을 받은 적이 몇 번 안 되니까, 모르죠.

문교부장관을 찾아갔더니 "어제 내가 이렇게 해서 목이 쉬었다."고 하면서 지금 서울대학교 학생운동 조직이 어떻게 되어있는가 하는 것을 보여주겠다고 그러면서 이강국 민전사무국장 얘기를 쭉 다 합디다. 간부가 누구의 계통이고, 학생들 이름까지 세포조직을 낱낱이 말하면서, 연락을 줬으니까 중부경찰서 사찰계장을 만나러 가라고 그래요. 지금 중부경찰서 그 자립니다. 그때 사찰계장이 지금으로 말하면 정보과장인데, 만나니까 그분이 백지에다가 그림을 그렸어요. 배후에서 움직이는 사람, 학생회에서 발언하는 사람, 다 알고 있어요. 이것은 모두 민전사무국에서 하는 일이라고 하면서, 그런 것을 도표로 그려줬어요. 그것이 1947년 3월 4일쯤 되었어요. 3월 5일에 학생대회를 소집하자고 했지. 3월 5일 학생대회를 소집한 얘기가 내가 쓴 책에 나옵니다.

⋮

어떤 학생이 그 대회에 나가서 보고를 하느냐가 중요한 문제야. 듣는 학생들이 이런 내용을 말하면, 아 저건 학련 계통이다, 들으나마나 우익이 말하는 것이니까, 필요없다고 생각하는 분위기였지요. 따라서 소속이 없는 순수한 학생이 말해야 설득력이 있는데, 큰 문제였기 때문에 아무도 나가서 발언하려고 하지 않았습니다. 당시 우익에서 발언권이 센 사람이 누구였냐면 국회의원을 한 박용만이라고 있었어요. 또 국회의장한 채문식이 내 기억에는 거시기한 사람들이야. 좌익대표들은 이름을 잘 모르겠어요. 역사학과 학생 하나가 참 대웅변가야. 결국 선발이 된 게 누구냐면, 내가 선발이 되었어요. 할 수 없잖아요. 일신회 학생으로서 불가피한 일이었어요. 그래서 3월 5일에 나가서 학생대회를 했다고. 그때 아까 말했던 내용, 즉 조선민주주의민족전선 사무국, 이 강국, 하나도 빠짐없이, 칠판에다가 분필로 전부 '싹싹' 그림을 그리면서 말했는데, 나는 잠깐 얘기하려고 했는데 시간이 늘어나 한 50분 동안 얘기하고 나니까 목이 잠겨서 말을 못하겠더라고. 그렇게 학생대회가 끝났죠.

나오니까 이태규 박사가, 좌익 학생들은 학생대회 열면 책상도 걸상도 내던지며 싸운다, 그런데 왜 자네들은 그리 못하느냐고 참 격려를 합니다. 민전 사무국도 있지만, 이승엽이가 하는 신민당이라고 있었어요. 이 신민당이 아주 수재 엘리트가 모인 곳인데, 그 신민당 서울특별시 당부 위원장이 이승엽이었어요. 여기서는 학생들 운동에 대해서는 훤하게 알고 있었어요. 거기 소속되어 있는 학생 하나가 제 중학교 동기동창의 친형이었어요. 한종석이라고 그 사람이 사실은 좌익입니다. 그런데 그 사람이 우리 집에 찾아왔더라고. 만나자고. "자네가 내 동생의 동기동창이 아니면 나 이런 말 안 하는데, 내가 신민당 당원이야, 신민당 대학생 명부에 빨간 연필로 동그라미 쳐놓은 학생이 여럿이 있어. 이것은 뭐냐면 당에서 결정되어 있는 암살 대상 학생이인데, 자네가 그 동그라미 쳐있는 걸 내가 확인하고 왔으니 서울에 있지 말고 시골 가라."는 겁니다. 하여튼 자기가 하는 말을 확실히 알고 여기 있지 말고 피하라는 겁니다. 그래서 서울을 떠났어요. 그 한종석이를 그 후에 지금까지 만난 적이 없습니다. 그 동생 한규석이는 그 후에 부산대학교 영문과 교수하다가 몸이 약해서 세상 떠났고 그 형 한종석 씨는 어떻게 되었는지 몰라요.

3월 5일 학생대회 끝난 이후 서울대학교 안에는 이영석이는 물론이고 좌익학생들은 모두 다 사라졌어, 한 사람도 없이. 그래서 바로 학교 등록을 시작하고 국립서울대학교 문을 연 것입니다. 내가 발표한 직후에 표결을 했더니 등교하자는 표가 300 몇 표가 되었어요. 지금 확실히 기억이 날 리가 없지만, 과반수는 확실했고 국립서울대학교가 문을 열게 되었습니다. 그래서 내가 국립서울대학교 사회학과 학생이 되었지. 그렇지만 뭐 학년만 올라가고 공부도 안 하고 졸업 때가 되어 졸업하고 말았지. 사회학 공부는 무슨 공부를…. 그때 교수나 학생이나 공부할 수가 없었어요.

당시 서울대학교 학생들은 정확히 누가 누군지 알 수 없어요. 학생회에 들어오는 사람이 학생인지 사회인인지 알 수가 없었습니다. 또 그때 학생은 거의 중국, 일본, 한국 여러 곳에서 모여서 전학을 해왔기 때문에, 그 속에는 공산당 당원도 있고 근로인민당 당원도 있을 것 아니겠습니까. 그래서 한 번은 학생회에서 학생대회 연다고 북강의실 입구에서 조사를 했어요. 공산당 당원증 가진 학생이 못 들어왔습니다. 공산당 당원이든 사회당 당원이든 학생이 아니면.

이상백 교수 때문에 한국에 농구가 들어왔다는 말이 있어요. 그 유명한 스포츠맨이지, 큰 칠판에 깨알 같은 영어 원문을 씁니다. 글씨도 참 잘 씁니다. 그러나 강의를 잘 하지는 않고, 그게 내가 본 옛날 사회학과입니다. 허허.

⋮

서울대학교 2회 졸업식 때 찍은 사진인데, 가운데가 이태규 박사가 있어요. 김아무개라는 친구가 전라도 분인데 나하고 아주 친했어요. 서울에 인민군이 들어와서 하도 갈 데가 없어서 이 친구한테 갔더니 첫 대답이 뭐냐면 인민군이 서울 점령해서 참 잘 됐다고 말해요. 그래서 전혀 그 후에 출입을 안 했습니다. 사진에 찍힌 사람들의 반 또는 반 이상이 월북을 했어요. 안병무는 교실에서 만난 기억은 안 나지만 그 후에 사회에 나와서 알게 되어 교회에 같이 나갔어요. 그래서 차차 가깝게 되었죠. 사회학과 친구이기도 하고. 사회학과를 다닐 때보다도 기독교로 알게 되었죠.

내가 문리과 대학 졸업을 하고 법과대학 2학년에 편입을 했는데, 법과대학에서 2학년 첫 강의 두 번째 주 일요일에 육이오 사변이 일어났고, 3개월 동안 피란을 못가고 서울에 있었거든. 그때 김일성 치하 3개월은 얼마나 고통스럽고 무시무시하고 공포천하였는지 그때 거기에서 지내보지 않은 사람은 모릅니다. 수복과 함께 소위 도강파라 해서 9·28 경찰 선발대가 서울을 점령한다고 들어왔죠. 맥아더가 인천상륙작전을 한 이후인데, 그때 경찰관 선발대라는 것은 뭐냐면 이북의 치안대나 마찬가지야. 생사여탈권을 다 쥐고 있었는데, 내가 체포 되었지요. 젊은 청년인데, 신분이 뭐냐니까 서울대학교 학생이라고 대답하니까, 서울대 학생이 김일성 밑에서 3개월을 아무 일 없이 살아난 것을 보니까 학통 아니냐. 그 심문을 남산에서 했습니다. 수복 직후였습니다. 이승만 정부 들어오기 전 선발대가 와서 체포되었는데, 나는 그 대장한테서 정식으로 심문을 당하고 사형선고를 받았습니다. 탄환까지 찰카닥 재는 소리가 났다고, 저쪽 방에 가 있어라, 부르면 올라가는 거지요. 내가 학동도 학련도 아니라고 말하니까 그런 일이 있을 수 없다는 겁니다. 그 심문관 말이, 학동도 학련도 아니면 부역자가 틀림없다는 것이지. 그때 부역자가 아니고는 생명을 유지하고 살 수가 없다고, 3개월 동안이나 어떻게 버틸 수가 있느냐는 것인데, 사실상 나는 이것도 저것도 아니고, 내가 어째서 살아났느냐하면, 우선 인민군이 딱 들어오니까, 밥을 먹을 수가 없잖습니까. 완전히 굶었다고. 그것을 딱하게 생각했던 사람이 과거에 우리 아버지에게 크게 신세를 진 어떤 사람이 있어요. 사상적으로는 좌익 쪽 사람인데 인민군이 들어오자 감옥에서 석방이 되어가지고 나오지 않았습니까. 개인적으로는 우리 집하고 가까이 알아가지고 연락을 했기 때문에 그 사람에게 우리 아버지와 어머니가 아들이 사형선고를 받았다고 말하니까 이 사람이 뛰어갔다고. 그럴 리가 없다고 말이야. 그 사람을 사형시킨다는 것은 지나쳐도 보통 지나친 것이 아니라고 구명운동을 하였지. 잡혀간 지 삼일 째 되니까 아버지가 들어오더라고. 그래서 아버지와 같이 처형하려고 부르는가 보다 해서 갔지요. 그때 학련도 학동도 아니었다고 해도 동네에서 소문이 나기로 빨갱이가 아닌 것만은 분명하다고 해서 석방이 되었어요.

이렇게 혼이 나서 1·4 후퇴 때 내가 먼저 부산에 가게 되었어요. 이때는 학생 신분으로서 내려갔지. 내가 법과대학 3학년 때 6·25 사변이 나지 않았습니까. 피난 가서 고시공부를 하기 시작했어요. 어째서 고등고시 사법과를 시험 칠 생각을 했냐면 너무 장황한 얘기인데, 사회학을 하다가 법률을 공부하면 제대로 못 합니다. 사회학은 학문 자체가 참 재미있거든. 참 재미있는 학문입니다. 다양하기도 하고. 그런데 법학은 달라요. 이거는 처음부터 민법 1조부터 외우고, 무슨 재미가 있냐 말입니까. 도저히 못 하겠더라고. 그래서 그만두고, 역시 사회학을 해야겠다고 생각할 때, 6·25 사변이 일어나서 피난가게 되었습니다. 피난을 가보니까 세상 꼴이 너무 더러워. 이거 옛날 동경에서 법과 인연도 있었지만 나는 법과를 하기 싫어도 해야 되겠구나 생각해서 시험을 쳤습니다. 그래서 고등고시 4회로 합격이 돼 가지고, 1955년 6월에 판사로 임관했지요. 그래서 부산에서 6년, 서울에서 7년, 다시 서울에서 13년, 합쳐서 이십 몇 년 있었는데, 고등법원에 있다가 지방법원 부장으로 있다가 지금 남부지방법원이 창설될 때 제가 초대원장이었어요. 남부지방법원이 처음에는 영등포에 있었어요. 영등포지원이라고 그랬어요. 중앙지방법원과 서부지방법원이 있고. 영등포지원 창설 때 원장으로 있다가 유신 시작하자 나가라고 그래서 나왔죠. 껄그러운 사람들은 그때 쫓겨났지요. 1973년 4월 1일에 내가 변호사 개업을 했습니다. 박정희시절인가, 제가 사회학과 총동창회 회장을 10년간 했습니다. 그렇지만 한 번도 동창회 참석한 적이 없어요.

1948년 입학의 기억

주락원[7)]

광산전문시절

나는 일제 말기에 경복중을 다녔다. 당시 중학입시는 시험으로 결정했는데, 경쟁률은 2.5 대 1이나 3 대 1 정도 된 것 같다. 당시 경복중에 한국인 교사는 한 대여섯 명 정도 있었고, 조선어 선생으로 김성무 선생이 계셨는데, 중학 2학년 올라가면서 조선어과목이 폐지되었다. 경복중 졸업하고, 1942년에 광산전문학교로 가게 되었는데, 실은 경성제대 예과에 떨어지는 바람에 지원해서 가게 된 겁니다. 그런데, 거기서 2학년쯤 다니다가 흑백당 사건 때문에 학교를 더 이상 다니지 못했다.[8)]

나의 민족의식은 경복중에서 형성되었는데, 경복중 동기였던 이현상

7) 주락원 선생님과의 인터뷰는2006년 5월 4일. 서울 대치동 은마 아파트 자택에서 약 2시간 동안 이루어졌다.
8) 흑백당 사건에 관한 자세한 이야기는 주락원 선생이 쓴 신동아 논픽션 당선 글에 있다.

이 중심인물이다. 이현상 아버지가 임시정부의 고관이어서 거기에서 정보를 얻고, 그것이 큰 계기가 됐다. 광산전문 2학년 때 우리가 중경에 있는 광복군에 들어가려고 북경에 갔다가 거기서 잡혀 국내로 압송돼서 대전형무소에 수감됐다. 종로 경찰서에서 취조를 받았는데, 사이가 히사시노라는 형사한테 고문을 받고 우리 일당은 5년에서 7년 형을 받았다. 내가 아직 미성년이라 조금 적게 받았다. 이현상은 나랑 같이 북경으로 도망갔다 잡혔다. 같이 대전 형무소에 있었다. 나는 형무소에서 설사를 오래해서 몇 달 전에 병보석으로 나왔다. 그래서 집에 있었다. 8월 16일날 형님이 와서 해방됐다고 알려주었다.

⋮

해방 후 서울대학교 진학

나는 해방 이후 도서관 학교에 다녔다. 국립도서관장이 만든 사서 양성하는 학교인데. 학교는 특수학교였지만 강사는 일류였다. 국문학자 방종현 씨 등이 선생이었다. 서울대학교는 도서관학교 졸업하고 1946년 9월에 입학했는데, 시험은 그 이전에 치뤘다. 당시 입학생은 같이 입학했지만, 졸업은 모두 달랐다. 입학 이전의 학력에 따라 학년이 모두 달랐기 때문이다. 예과 출신이 아니면 방계라고 불렀는데, 예과 출신은 3년이었고, 우리는 4년이었다. 같이 입학해도 1년 차이가 있었다.

나는 처음에 광산전문 다닌 게 있어서 물리학과로 들어갔는데, 한 학기만 다니고 사회학과로 전과했다. 물론 전과가 자유롭지는 않았는데, 이태규 학장에게 허락을 받고 전과했다. 그러니까 사회학과는 1학년 2

학기부터 다닌 것이다.

당시에 문리대에 들어 오려면 중학교 졸업 학력만으로는 안되고 전문학교 2년 이상은 있어야 됐는데, 입학자가 적어서 그런지 많이 봐준 것 같았다.

현재 사회학과 동문 수첩에 입학동기라고 되어 있는 사람들 중에서 김철한, 변세진은 이북으로 간 것 같고, 김희창과 김기주, 장남기, 김한우는 모르겠고, 백종무는 법조계로 갔다. 동기는 아니지만, 신진균이란 분은 얘기는 들은 것 같은데 보지는 못했다. 이해영은 1년 선배인데, 언젠가, 제동에 있는 집에 놀러갔던 적이 있었다. 자기 서재에 들어갔는데 부인더러 술하고 안주하고 가져오라 했는데 찌그러진 은주전자를 유심히 봤더니 왕가의 문양이 있었다. 이해영 선생은 왕족으로 자라서 그런지 행동도 달랐다. 황성모 선생하고는 친하고 지냈다.

⋮

학창 시절

입학 후 국대안 반대 운동이 있었다. 들어가자마자 그것 때문에 정신없었다. 이상백 선생은 아예 학교에 한 학기 동안 안 나오고, 실제로 수업은 거의 안 한 것 같다. 고황경 선생은 선생들이 부족해서 강사로 나왔다. 나는 고선생을 남대문 교회에서 이미 알고 있었는데, 고황경 박사가 강의를 두 달 채못하고, 무슨 회의인가 때문에 미국에 갔고, 그 후 강의를 거의 못했다. 한 가지 에피소드는 고황경 박사가 강의하는데 뒤에서 안병무 학생이 일어나서 "왜 사회학이 미국에만 있냐?"고 항의한 적이 있다.

이상백 씨는 거의 강의를 안했다. 당시에 IOC 위원이고, 항상 빠릿빠릿한 구두에다 하얀 양복을 입고 다녔다. 이상백 선생이 거의 학교에 안 나왔기 때문에 학생들이 이상백 선생이 자주 다니는 단골 다방에 찾아가서 강의 좀 해 주시라고 요청했다. 그날 마침 비가 오던 날인데, 선생 말씀이 오늘 같은 날 학교 가면 내 구두 버린다고 했다는 얘길 듣고 정말 이상백 씨답다고 생각했다.

• • •

그 이후에 양회수 선생이 농촌 사회학 교수로 왔고, 사회조사를 가르쳤다. 곧 이어 변시민 선생이 왔는데, 그분은 체격도 좋고, 막스 베버 원서를 강독했다. 그때 전명제, 이해영, 나 셋이 배웠다. 배용광 선생도 강의를 했었는데, 타르드 원서를 강독했고, 최문환 선생은 케네 원서를 강독했다. 이덕성 선생은 아마 중국에서 온 것 같은데, 그때 강의가 '고대사회론'이었다. 그분이 굉장히 열정적인 강의를 했는데, 그 후에 어떻게 됐는지 모르겠다. 그때 우리보다 한 7,8세나 위였을까.

이만갑 선생도 강사로 왔다. 그와 관련된 에피소드가 있다. 그때 내가 사회학과 연구실 구석에서 레포트를 쓰고 있었는데, 남루한 옷을 입은 사람이 들어오더니 이상백 선생 강의실이 어디냐고 물었다. 그래서 난 이상백 선생에게 외상값 받으러온 분인가 해서 쫓아냈는데, 나중에 선생으로 들어와 있었다. 그때 이만갑 선생은 마키버를 강의했다.

졸업 후

1950년에 졸업을 하고, 6 · 25가 일어나기 한 달 전인가, 경동고인가 경동중학인가에 취직했다. 그때 취직이 어려웠다. 근무 시작한 지 한 달만에 사변이 나서 그만 두었다. 6 · 25 때는 피난도 못가고 서울에서 숨어 다녔다. 서울 수복된 후 매제의 소개로 국군에서 통역일을 보았다. 그리고 나서 한 1년 있다가 미 해병대 통역 모집에 들어가 부산에 갔고, 이후에 잠깐 국제신보사에서 주식관계 기사를 번역하는 일을 했다. 그러다가 다시 매제 추천으로 전북대 영어 강사로 갔다. 전북대 농과대학에 2년간 근무하였다. 그때 전북대 총장이 김두헌 씨였는데, 2년 지나니까 냉큼 전임대우를 시켜줬다. 사회학과가 없어서 내가 사회학 강의랑 같이 윤리 · 불어 · 영어 다 겸해서 강의하였고, 그 후 전임강사가 되었다. 그러다가 이근수 선생이 이대로 오라고 불렀다. 이때 거의 동시에 김두헌 총장이 나를 하버드-엔칭에 추천해줬는데 그게 됐다. 그래서 미국에 갈까 이대로 갈까 갈등하다가 이대로 갔다. 1970년에는 한국사회학회 회장도 했다.

⋮

1997년에 흑백당 사건으로 독립유공자 신청을 하였다. 돌이켜보면, 흑백당사건은 사회주의 계열과는 아무 관련이 없고, 맑스나 이런 것도 안 읽었다. 대학 다닐 때도 좌익 계열이 강했는데, 사회학과에도 좌익 계열이 있기는 있었지만, 다른 과에 비해 특별히 많지는 않았다. 난 누가 리더였는지 잘 모른다. 우익계열로는 백종무 선생이 열심히 했다.

대학 다닐 때, 농촌 조사나 이런 것을 한 적은 없었고, 이상백 선생이 숙제 내줘서 고아원을 간 적은 있다. 농촌 사회학에 대한 관심은 이대에 농촌문제연구소가 있었고, 이근수 선생이 거기에 있고 해서 생긴 건데, 그 바람에 농촌 문제에 대해 몇 편 글을 썼다.

1948년의 기억

고병국[9)]

나는 1921년 음력으로 9월 3일에 함경남도 북청에서 태어났네. 임술생인데, 나의 아버지는 보통학교 교사였어. 15년을 쭉 학교에서 교사로 있던 가운데 내가 태어난 거지. 북청에서 보통학교 졸업을 하고. 북청에는 일제에 반대하는 사상범이 많았어요. 일본군 가정을 습격하기도 하고. 나는 함흥에 있는 상업학교에 입학을 했어요. 함흥상업은 함경남도에서는 아주 유명한 학교인데 5년제였지요. 보통학교 때부터 나는 야구 선수였는데, 함흥상업에서도 5년간 쭉 야구선수로 활동을 하였고, 매년 서울대회의 예선대회가 열렸는데, 예외없이 거기에 뽑혀서 서울에서 게임을 하게 됐어.

상업학교 4학년 때 부턴가, 대학에 가려고 마음을 먹고, 운동하고 와서는 밤에 공부하고 이런 식으로 해서 몇 년간 대학입시를 준비했지만

9) 고병국 선생님과의 인터뷰는 2006년 6월 10일 성신여대 입구의 모 제과점에서 이루어졌다.

떨어졌어. 1941년 졸업했는데, 몇 차례 떨어져서 1943년에 동경에 가서 동경의 유명한 고등보습학교에 들어갔어요. 고등보습학교는 대학가기 위한 예비학교야. 일본 제일 가는 성북 고등보습학교에 들어갔지. 거기 들어가기가 어려웠어. 내가 운동하러 다녀서 공부를 많이 못했단 말이야. 그 학교는 한 클라스에 50명이 있었는데, 몇 명씩 제1고등학교를 그 클라스에서도 여러 명 보내준다는데. 매달 시험을 쳤어요. 거기서 두세 명씩 고등학교에 들어가고 그랬는데. 왜정 말년에 일본이 어렵게 되니까 1944년에 다시 고향으로 돌아왔어요. 당시에 시험을 칠 때 교장 추천을 받게 되어 있었는데, 한국 사람, 한국에 있는 학교를 졸업한 사람들은 그게 어려웠어요. 더구나 나는 졸업한 지 여러 해 되고, 또 그때 나 또래 사람들은 징용으로 군대에서 뽑아가고 강제로 막 뽑아가니까 그걸 피할 겸, 아버지가 얘기해줘서 북청시내에 있는 보통학교에 교원으로 갔지요. 1944년부터 1945년 해방될 때까지 교원을 했어요. 당시 교원은 징병 대상에서 빠졌지. 내가 개띤데, 쥐띠부터는 징병에 해당되었지. 내 나이 사람들은 징병은 안 됐고. 지원병으로 가야 되는데 그걸 피해서 교원을 한 겁니다. 1945년 4월에 결혼을 했어요.

해방 전후에 소련군이 들어오는 것도 보았지. 북청 안에 남대문이라고 옛날 성과 건물이 남아 있는데 그 옆에 연병장이 있었는데, 소련군이 거기 주둔하고 그랬어요. 거기 지나가면서 노래 부르는 것도 보았고, 인민위원회도 만들어지고, 또 공산당에 반대하는 사람들이 인민위원회를 습격한 것도 기억하지요. 내가 해방 후에도 보통학교 선생을 계속 했는데, 평양에 잠깐 강습 차 간 적도 있어요.

함흥상업 사람들을 만나서 얘기해보면, 함흥상업 졸업한 사람들 중에서 함경남도 공청 위원장 나형순이라고 있었고, 지금 생각해 보면 가난한 사람이지. 학교 선생 중에 중국어 선생이 있었는데, 소련군 들어오니까 모여서 노래도 같이하고. 거기에 함흥 출신 교수가 하나 있었는데, 경성고상 나온 사람인데 유물사관 이런 분야에서 상당히 이름이 있다고 들었어요.

해방된 후 1946년 4월에 같이 선생하던 동기들 5명이 함께 같이 38선을 넘어서 서울로 왔어. 함흥에서 동두천으로 왔는데, 38선 오기 전에 기차에서 내려 가지고 안내원이 오라는대로 따라가서 보따리 메고 임진강으로 건넜어. 동두천 들어와서 DDT맞고. 난 그때 학업을 계속해 보자, 대학가서 계속해 보자는 각오로 내려왔어. 그런데 우선 먹고 살면서 뭘 해야 되니까 처음엔 돈암동 거기서 신문배달하고 그랬지. 같이 내려온 교원들 5명 중 한 사람은 공전, 한 사람은 사범학교, 다른 한 사람은 사관학교 들어갔고.

⋮

서울로 내려올 때는 가족 중에서 나 혼자왔지. 혼자 와서 친구들 집에 얹혀 살다가 1947년인가, 그럴 때 안식구가 금방 딸하고 38선 넘어서 찾아왔어. 그래서 지금까지 생활하지. 안식구도 취직해서 있고, 어머니도 또 내려왔어. 이북에선 살 수 없으니까. 안식구도 벌고 그렇게 하면서, 난 나대로 직업을 얻어서 공부할 수 있는 여력이 되는 직업을 얻었어요. 시험 쳐서 상공부 무역국이라는 데에서 근무했다고. 아버지는 이북 학교에서 계속 근무하고. 아버지는 해방 후엔 그 학교 교장이 돼가지고 있었으므로, 어머니만 동생하고 같이 내려왔어. 아버진 작은 집이 있었으니까. 아버지는 북청군에서 이리저리 돌아가면서 교장한다는 소리를 들었는데, 그 후로는 소식이 끊겨서 생사를 모르지. 지금쯤 돌아가셨겠지, 100살이 좀 넘었으니까.

상공부에서는 내가 영어를 잘했으니까 무역국에 가서 이름은 통역인데, 그 보다 번역일이 많았지. 거기에 근무하면서 학교에 다녔는데, 그때 그런 학생들이 많았어요. 이북에서 온 사람들은 다 그런 처지지. 점차 적응하게 됐는데.

그래 가지고 조금 있다가 입학시험 쳐서 서울대에 입학했어요. 난 고등보습학교를 1년 마친 걸로 해서 시험자격이 주어져서. 그때 대학이 신제가 됐어. 서울대 입학할 때, 어려웠지, 어려웠을거야. 경쟁률은 잘 모르는데, 열 몇 명인가 그 안에서도 나와 같은 어려운 사람들이 몇 사람 있고, 어렵지 않은 사람들이 네 댓 사람 있었고, 주락원 씨처럼 집 사정이 좋아서 학교에 잘 나오는 사람들이 여러 명 있었다고. 우리가 들어올 때, 나는 고등보습학교 자격을 인정해줘서 시험을 치룰 자격을 줬고. 중학교만 나온 사람들은 예과를 거쳐서 왔는데, 예과라는 게 지금 청량리 건너편에 사범학교 있지. 거기서 다녔어. 나중에 예과는 없어졌지. 신제, 4년제가 도입되었으니까.

우리는 구제로 옛날 경성대학으로 시험쳐서 합격해 놨는데, 입학을 딱 하니까 그때부터 옛날 학제를 바꿔 국대안이란 것을 정부에서, 그때는 미군정이지, 미군정에서 국대안이란 걸 냈어요. 우리는 신제로 해서 9월에 입학했지. 일부는 예과로 들어갔고, 우리는 바로 신제 1학년으로 입학했는데, 나는 고등보습학교 1년을 마친 증명이 있었으니까, 학교 당국에서 신제 1학년으로 배치했지요. 이해영 선생이나 황성모 선생은 구제여서 우리보다 1년 더 빨리 졸업하고. 학교 다닐 때, 함경도 출신이 많았는데 강성훈과 이한승이 함흥고보출신, 난 함흥상업 출신, 이홍석은 북경성고보출신, 권재혁이라는 사람은 이남출신인데, 간첩사건으로 잘못 됐지.

당시 대학은 좌우갈등으로 몸살을 앓았는데, 우익이 오전에 집회하면, 좌익은 오후에 하고, 사회학과에서 좌익계통과 닿았던 분은 김병모, 정해 이런 분들인 것으로 느껴지는데, 특히 김병모씨가 국대안 반대 때 중요한 인물인 것 같이 기억됩니다. 동기들 중에서 6·25 때 월북한 사람은 잘 모르겠는데. 이명재인가, 임영재인가 내가 서울 시내에서 한 번 만났는데, 창경원 옆 종로 뒷길을 지나가는데 우연히 거기서 만났어. 그런데 그 사람도 모르는 체 피해가는 것 같더만. 친구들 중에 나중에 초대 조교를 한 변세진이라고 있었는데, 나중에 얘기들어보니까, 재미난 얘기지. 사회학과에 나이 든 여자 학생이 하나 있었는데, 배여사라고. 그 두 사람이 짝짜꿍이라는 소문이 있었는데, 나중에 보니까 둘이 같이 없어져서 아, 정말 그렇구나라고 생각한 적이 있지.

나는 대학 때도 야구했어. 고학하면서 옛날하던 솜씨로 해라 그래서 그때 같이 했지. 문리대야구팀은 우리가 옛날 야구하던 사람들 모여라 해서 만들었는데, 박용만, 윤천주 등이 함께 했고, 내가 캣처하고. 서울운동장에서 국학대학하고 시합을 하는데 싸움이 벌어져 가지고. 국학대학 깡패들하고 붙었는데, 우리 선수 중에, 나중에 육군 무슨 정보 장교가 되어서 날린 사람이 있었는데, 그 사람이 우리 서울대학교 안에서 유일하게 주먹이 있어서 그쪽 대표랑 "야 너 어디서 만나자." 이래 가지고 동대문 어디 가서 서로 싸웠어. 그래서 여기가 찢어지고 병원에 갔었던 일도 있지. 국학대학은 서대문 쪽에 있었는데, 나중에 국민대학이 되었나. 야구부 외에는 다른 운동부가 있다는 걸 듣진 못했고. 문리대 때 농악팀이 있었는데, 그것은 예과 쪽 전통을 따른 것인지 모르겠어요.

나는 직장이 있으므로 학교에는 자주 나오거나 그러지는 못하고, 학교는 뭐 자기 일이 끝나고 시간 돼서 가면 졸립지. 사회학과는 해방된 후 생겼는데, 일본 쪽에서 공부한 분들이 사회학과를 만든 사람들인데, 이상백 선생이 구심점이 됐지. 우리도 마음으로 아주 존경하고. 이상백 선생이 이만갑, 변시민 이런 사람들 다 모아 가지고. 사회사상 가르친 최문환 교수도 와세다 계통이지. 이상백 선생님은 우리나라 고전에서 사회학을 해 가지고 그 분야를 잘 키울려고 많이 노력했는데. 변시민 교수인가, 어느 분인가가 국가시험을 치는데 사회학과목을 넣어야 한다고 주장하신 적이 있어요. 졸업 때에는 전부 선생님하고 그 대문 있는 데서 삥 둘러서서 찍었는데, 그 사진을 잃어버렸어요.

⋮

나와 같이 사회학과에 입학한 동기 동창에 청주 출신이 있었어. 그 사람은 나보다도 형편이 더 나은 사람이었지. 청주에서는 그 아버지가 청주 제일교회라고 청주의 제일 큰 교회인데 그 교회 장로였어. 그 교회에서 학교를, 고등학교를 세우자는 이야기가 나와서, 그 집 아버지가 자기가 가지고 있던 재산 전부를 재단에다 기부를 하고. 그래서 세광중학교를 만들었어요. 그 친구가 이태희인데, 나하고 사회학과 동기동창이여. 내가 졸업할 때가 1950년 5월인데, 6 · 25 사변이 일어나기 직전이지. 난 5월 10일인가 졸업했어. 사회학과 4회지. 그래서 주변에 취직을 하려고 있었는데. 그 친구가 찾아왔어. 찾아와 가지고 덮어놓고 “야 나와 같이 학교를 하나 짓자.”고 그래. 그때 나로서는 여러 가지 생각이 있었겠지만, 일단 생활을 해야 되겠다고 생각해서 그대로 내려갔지. 내려가서 교회 안에 있는 조그만 집에서 가정집 생활하면서 지냈어요. 3년 후에 세광고등학교를 만들었는데, 그분이 교장을 하고, 내가 첫 번에는 교무주임을 맡았다가 교감을 맡았지, 둘이 손잡고 전심 전력을 다 했지.

입학에서 전쟁까지

최홍기[10)]

일제가 2차 대전에서 궁극적으로 패망하고 말 것이라는 것은 거의 모두 믿고 있었지만 조국의 해방이 그렇게 갑자기 오리라고 예측한 국민은 그리 많지 않았다. 따라서 민족적인 환희와 감격이 그만큼 컸으나, 걷잡을 수 없는 사회적 혼란도 그와 함께 따랐다. 나라의 새로운 건설을 추구하려는 폭발적이고 다양한 정치적 지향과 함께 새 나라에서 새로운 삶을 설계, 추구하려는 온 국민의 열망이 일시에 분출하였기 때문이다.

나는 대구농림을 1945년 3월에 졸업하고 일제의 징병영장을 받고 8월 20일의 입영 날짜만을 손꼽으며 기다리고 있었다. 대구 80연대로 가거나 함경도의 20사단으로 갈 운명이었다. 8월 15일 고향인 하양의 면사무소에 들렀다가 해방소식을 들었다. 해방 후 고향에서 이쪽저쪽

10) 48학번, 서울대학교 명예교수. 이 글은 최홍기 선생님이 쓰신 원고에 정근식이 2006년 10월 초에 이루어진 인터뷰 내용을 추가한 것임.

모두 같이 일하자고 손을 내밀었으나 나는 못다 한 학업을 먼저 마친 다음에 새로운 국가건설에 참여하기로 방향을 잡았다. 그래서 10월에 서울로 올라왔다. 그러나 당시는 밥 먹기가 어려웠던 시절이어서 최문환 선생이 소개하여 군정청 해사국 총무과 문서계에 취직을 했다. 총무과장이 나중에 화순에서 국회의원을 한 구흥남이었는데 와세다 영문과 졸업생이어서 최총장과 잘 알았다. 당시 해사국 책임은 칼슨 중령이었고, 통역관으로 정인섭이 일 했는데, 압수한 일본 배들을 임의로 팔아치우는 일이 많았다.

•
•
•

1946년 7월경에 경성대학의 예과 시험이 있었다. 시험칠 때는 경성대학이었으나 국대안이 발표되면서 입학은 서울대학교로 했다. 국립서울대학교로 개편되면서 마지막으로 남게 된 예과였다. 예과는 한때 3년제였다가 일제 말기 전쟁이 나면서 2년제가 되었는데 해방 후에도 그대로 2년제였다. 경쟁률은 4~5 대 1 정도였다고 기억나지만 확실하지는 않다. 문과가 250명 정도였을 것이다. 국대안이 발표되자 이에 반대하는 학부생들이 바리케이트를 치고 입학생들에게 등록을 하지말라는 선동과 나아가 등록저지투쟁을 하였다. 당시 예과나 학부생들은 전문학교 학생들과 동일한 대학의 학생이 되는 것을 싫어했지만, 반대로 전문학교의 학생들은 좋아했다.

국대안 반대 투쟁은 사범대, 상대 등이 특히 심했다. 이 반대투쟁 과정에서 학생들이 모자라니까 당국은 우익학생들 특히 서북 출신의 학생들을 많이 집어넣었다. 당시 국학대학이라는 것이 생겼는데 거기는 돈만 주면 수료증을 주니까 그 수료증을 받아서 서울대로 편입한 사람도 있었다. 그 와중에서 수업을 제대로 못했기 때문에 여름방학에 학기를 열어서 억지로 학점을 주었고 겨울에도 역시 학기를 열어 학점을 주었다. 예과에는 기숙사가 있었지만, 나는 동대문에서 청량리까지 트럭을 잡아 타거나 그것도 없으면 걸어서 다녔다. 예과부장은 현선생, 최선생등이 했고 6 · 25 때는 유응호 교수가 했다. 예과는 반으로 편성되었다.

1948년 9월 예과를 수료한 다음 서울대의 모든 학과에 자유로이 진학할 수 있던 당시의 제도하에서 내가 사회학과를 택하게 된 것은 그러한 사회적 혼란과 함께 새로 전개될 사회의 발전방향을 체계적으로 이해하려는 소박한 욕구에 그 바탕을 두고 있었다. A. Comte, G. Simmel, F. Toennies, M. Weber. E. Durkheim 같은 개척자들이 새로운 시각으로 근대적인 사회의 구조와 발전을 파악하려던 사회학이 그와 관련하여 매력적으로 느껴졌기 때문이다.

사회적으로 팽배하던 당시의 정치 지향성을 반영하여 예과 문과 수료생 250명 중에서 반 수 이상이 법학과와 정치학과에 진학하고 사회학과 진학은 예과 출신뿐 아니라 6년제 중학교에서 바로 입학한 학생을 합하여 모두 30명 정도로서 비교적 인기가 있는 과에 속했다. 졸업생은 19명인가 20명인가이고 빠진 사람은 죽거나 북으로 간 사람들이다.

해방 후 창설 당시의 사회학과 교수진은 이상백, 양회수, 신진균 교수님으로 짜여졌다가 신교수는 곧 월북하고 뒤에 변시민, 이만갑 교수님이 합류하여 네 분으로 구성되어 있었다. 신진균 선생은 내가 학부에 진입하기 전에 학교 연구실에서 본 적이 있는데, 좌익은 아니고 사회학을 해서 개방적이고 진보적이었다고 할 수 있는데, 여기 하는 꼴보고 가버렸다고 생각된다. 양회수 선생은 일본에 있을 때 오하라연구소에 있었기 때문에 사회통계를 담당했다. 양회수 선생은 6 · 25가 나면서 집이 폭격을 당하여 가족들이 큰 화를 당하였다. 너무 어렵게 되어 나중에 김두헌선생이 전북대 총장으로 있을 때 전북대 교무처장으로 불렀다. 그렇지만 그 후에도 무척 어렵게 살았다.

⋮

6 · 25 사변 전까지 변세진(초대), 전명제(2대) 두 분의 조교도 한 강좌씩 강의를 담당하였지만, 개설강좌의 수와 함께 다양성이 제한될 수 밖에 없었다. 거기에다 1948년에 우리 동기가 진학하기 전의 과 선배들은 종전 때까지 일본의 여러 대학에서 이수한 학력을 바탕으로 그 전공과는 관계없이 해당 학년에 편입한 분들이 대부분이었다. 그러한 상황에서 대학원생을 제외한 학생들은 각자의 관심에 따라 학년과 관계없이 선후배가 함께 수강을 하였다. 그리고 과 학생 중에는 배부인으로 통하던(경기중학생의 아들을 둔) 여학생이 있었는데, 누구나 함께 서슴없이 어울릴 만큼 과 분위기가 그때부터 어느 학과 보다 개방적이고 민주적이었다.

종전 직후라 시중에 전공을 위한 교재는 물론 참고할 만한 서적도 거의 구할 수 없어 수업시간에는 모두 교수님의 강의를 정신없이 받아 필기 하느라 팔이 아파 흔들어 대는 것이 교실의 흔한 광경이었다. 거기에다 추운 겨울에는 난방이 안 되는 교실에서 찍어 쓰는 펜의 잉크가 얼어붙는 경우도 적지 않았다. 그러한 처지에서 최소한의 학점 취득 이상으로 사회학에 관심을 갖는 학생들에게는 조교 사무실에 갖추어진 장서를 그 관심분야에 따라서 빌려 과 사무실, 도서관 또는 집에서 공부하는 것이 할 수 있는 수단의 전부였다. 하지만 과에 비치된 전공서적이라야 극히 제한되어 있었기 때문에 각자의 관심에 따라서 공부하였다기보단 비치된 서적에 관심을 맞추어서 공부했다는 것이 더 맞을 것이다. 그러면서도 과의 민주적인 분위기 속에서 학생들은 새롭고 낯선 학문에 대한 호기심을 충족시키면서 학원 밖에서 전개되고 있는 정치 사회적 혼란에 대한 당장의 관심을 억누르고 새로운 사회의 건설과 발전에 이바지할 나름대로의 꿈을 키우고 있었다.

⋮

그러나 청천벽력 같이 닥친 6 · 25 동란이 모든 것을 하루아침에 허물어 놓고 말았다. 3학년 때의 일이다. 동란 발발 3일째 아침 서울에 인민군이 진주했을 때에는 이미 정부의 주요기관들이 몰래 피란하면서 하나밖에 없는 한강다리를 폭파한 뒤였다. 하루아침에 인민군 치하에서 고립하게 된 서울은 걷잡을 수 없는 혼란에 빠지면서 오직 생존을 위한 몸부림만이 전개될 뿐이었다. 나는 문리대에서 인민군 중좌를 본 기억이 있다. 인민군이 점령하고 며칠 후에 수의과대학 강당에서 학생회 모임이 있었다. 포항에서 올라온 정치학과 친구가 나에게 들어가지 말라고 하여 나는 집으로 돌아온 기억이 있다.

그러한 상황에서 한편에서는 소수이긴 하지만 의용군으로 지원하여 인민군에 가담하기도 하고 다른 편에서는 인민군 치하의 서울을 필사적으로 탈출, 남하하여 뒤에 국군에 지원 입대하는 학생도 있었다. 그러나 대부분의 학생들은 불의의 사태에 당황하면서 정세의 추이를 지켜보는 편이었다. 하지만 집으로부터의 보급이 중단된 상태가 길어지면서 택할 수 있는 하나의 호구책으로서 인민군에 지원 입대하는 학생이 생겨나고, 더 뒤에 가서는 새로운 체제에 의한 가택 수색과 노상 검문 등으로 의용군에 강제적으로 편입되어 가는 경우도 없지 않았다. 인민위원회를 중심으로 하는 새로운 체제의 질서가 잡혀 가변서 7월 중순이 넘어서는 서울에서 더 이상 버틸 수단이 궁해져 가까운 친구 몇 사람과 함께 나는 도중에 전선을 넘어야하는 위험을 무릅쓰고라도 남하하기로 작정하였다. 그런데 공교롭게도 출발 전날 밤에 급성 맹장염에 걸려 부득이 계획을 포기하고 환자로서 9 · 28 수복 때까지 서울에 머물 수밖에 없었다.

⋮

한편 학교는 인민군이 서울에 진주한 후 문리대 학장에 언어학과의 유응호 교수, 중앙도서관장에 심리학과의 성백선 교수를 임명하는 등으로 그 기구는 갖추고 있었지만 기능은 거의 정지된 상태에 있었다.

그러다가 UN군이 인천에 상륙하면서 학교를 점령하고 있던 인민군이 도서관의 귀중도서를 북으로 반출할 기미를 보이자 도서관장으로 있던 성백선 교수가 그것을 감지하고 중앙도서관의 모든 열쇠를 가지고 잠적함으로서 그 계획을 저지한 것은 정말 큰 다행이었다. 성백선 교수는 도서관장을 맡아 북측 체제에 협력한 혐의를 두려워 하여 9 · 28 수복 후 도피 은신하면서 평소부터 알고 지내던 나를 불러 도서관 열쇠 꾸러미를 학교에 전달하라 하여 낡은 가죽 가방에 가득한 무거운 열쇠 뭉치를 학교에 전달한 일이 있다. 조그마한 조연을 한 것이지만 하나의 보람으로 지금도 잊혀지지 않는다. (그 후 유응호 교수는 월북하고 성백선 교수는 서울대를 떠나 고려대로 옮겼다.)

⋮

남쪽으로 피란한 대학은 뒤에 임시수도 부산에서 다시 문을 열면서 정부의 임시 조치로 전국 주요 도시에 설치된 전시연합대학에서의 학점 취득을 함께 인정하는 제도를 강구하였다. 나는 9 · 28 수복 후 연락장교의 보좌관으로 일했던 친구의 도움을 받아 대구로 내려갔고, 대구에서 연락장교단에 군속으로 취직했다. 군속으로 일하면서 대구의 전시연합대학에서 취득한 학점을 가지고 졸업을 했다. 당시 학교 서류나 학적부등이 불타서 여러 가지를 대조하여 졸업학점을 채워 주었다. 그때 학생들은 잔류파다 도강파다 해서 나뉘어 있었고, 학생회에서 이른바 잔류파학생들을 심사하여 학생으로 등록해 주었다. 당시에 부산의 학과를 지킨 사람은 변시민 선생이었는데, 내가 부산으로 등록을 하러 갔을 때 변선생이 학과장으로 나를 면접하였고, 자기 기억에 없다고 가짜 학생이 아니냐고 물어본 기억이 선명하다. 나는 그때까지 변선생 강의를 듣지 않았기 때문에 모를만 했다.

1952년 3월 부산 광복동의 본교의 졸업식장에 가보니 나와 함께 입학한 과 동기는 4명뿐이었다. 그때 졸업생이 몇 명 되지 않았는데, 이승만대통령이 졸업식에 왔었다. 그 뒤에 각자의 형편에 따라서 취득한 학점에 의해서 졸업한 동기를 모두 합해도 20명이 채 되지 않는다. 그리고 보면 30명 정도의 입학 동기 중 3분의 1 가량이 6 · 25라는 격동의 와중에서 면학의 꿈을 중도에 접고 학교에 돌아오지 않게 된 셈이니 지금 되새겨도 안타까운 마음을 금하기 어렵다.

사회학과 초창기의 회고

고영복[11)]

내가 1941년도에 함양국민학교를 졸업하고, 중학을 가는데 한 번 떨어졌어. 그래서 국민학교 6학년을 한 번 더 다녔지요, 처음 해에 중앙중학을 쳤는데 떨어져서, 그 다음 해에 경성공업을 들어갔어. 현재 대방동에 있는 학교인데, 들어갈 때는 5년제였는데, 졸업할 때는 4년제로 되었지. 그러니까 1943년부터 4년제로 되었지. 그리고 나서 서울대 예과 들어갈 때가 1946년이지. 원래는 3월달 졸업인데, 졸업이 늦어졌지. 해방 때 내가 공업학교 4학년이고, 학기가 연장되면서 더 다녔지. 해방되고 나서 제대로 한글공부도 하고 역사공부도 했지. 그때 처음 했어. 해방되고 나서 대학 입학시험 칠 때까지 한글이랑 역사를 배웠지.

당시 경성공업학교에서 서울대학 예과를 한 30명 쳤는데 단 2명만

11) 고영복 선생님과의 인터뷰는 2006년 10월 30일에 이루어졌다.

붙었어요. 문과에서는 내가 혼자 들어왔는데, 일제시대 공업학교는 수준이 낮았다고. 교과서를 보면 수준이 낮아. 그래서 내가 서울대학교 들어와서 혼났단 말이야. 영어를 못해서. 처음에 예과를 네 반을 뽑았는데, 처음 발표한 명단에서는 내가 떨어졌는데, 한 달 후에 한 학급을 더 뽑아서 내가 들어갔다니까. 못 들어갈 뻔했지. 나는 친척이 원효로에 있어서 전차 타거나 트럭, 닥치는대로 아무거나 타고, 어떨 땐 걸어서 예과를 다녔어요. 예과에서 수업은 별로 안 들었어. 그때 국대안 반대했거든. 예과 학생은 전부 무조건 반대했다니까. 경성대학이 나머지 법전, 약전 등이랑 합한다니까. 경성대학 학생들은 무조건 반대했지. 그때 예과 총회를 했는데, 예과 대표가 기억이 난다, 한한균, 그 친구가 의장이 됐고. 이북서 왔지. 나중에 정치과 갔어. 웅변 잘하고 말을 잘해서 청중을 휘어잡았지.

•
•
•

예과 시절에 이승윤 선생이 예과부장이었고, 고석구 선생이 영어 선생이었고. 국어반, 불어반이 있었는데, 박홍규 선생이 불어 가르쳤고. 그 양반이 철학관데. 손우성 선생이 다른 반을 했고.

사회학 강사는 나중에 중앙대에서 선생 했던 사람인데. 성이 김 무엇인데 그 사람이 게만샤프트 처음으로. 철학개론을 가르치고 아마 국회의원 출마해서 떨어졌을걸. 그때는 중앙대 전임이 아니었는데. 내가 철학개론 배웠을 때는 고형곤, 박종홍 선생 두 사람한테 배웠어.

그렇게 일년 반 지나고 난 다음에 1947년 7월달, 그러니까 여름에 2

학년이 되고나서 공부를 했다니까. 학생들의 등교가 1차 · 2차로 나뉘어 이루어졌는데 내가 1차에 등교를 했고, 한 서너 개월 했을거야. 안 들어온 사람이 2학급쯤 되고 들어온 사람이 4학급쯤 되는데, 문과가 전체 6학급인데 아마 이과도 비슷할거야. 나중에 여러 곳에서 학생들을 보충하여 2학급이 들어 왔어.그 다음 해 8월에 학부로 들어갔고, 2차에 등록을 한사람은 학점이 모자라니까 나중에 조건부로 들어갔고. 그렇게 예과를 이년 했는데 절반을 놀고, 절반은 공부했고. 정부 수립되고 나서 본과로 간 거지. 그때 학생들이 상대는 옛날 고상이라고 안 갈라 하고, 법대는 법전이라서 안가고, 될 수 있으면 문리대 안에서 살라고 해서, 거의가 문리대 중에서 정치학과와 사회학과로 왔다고.

⋮

학부로 갈 때 모르는 학생들이 많이 왔지. 국대안 반대투쟁이 끝나고 우리도 모르게 편입생을 많이 받았어요. 소위 우익학생을 막 집어 넣었어. 이북출신 서북청년회나 다른 우익학생들을 막 집어넣었단 말이야. 김영삼 대통령이 고등학교 때 나랑 같은 학년인데, 졸업은 나보다 일년 빨랐어. 때로는 예과에 떨어진 사람들이 고등학교로 들어가 5, 6학년으로 들어가서 졸업하고 학부에 먼저 들어가기도 했고. 예과출신은 서로 다 알잖아요. 그런데 다른 데서 막 들어왔거든. 클래스도 없었어. 입학할 때만 모이고 만난 적이 없어.

나도 심리학과랑 사회학과를 두고 망설였거든. 철학과도 있었고 사학과도 있었지. 그때 예과 출신 중에서 똑똑한 친구는 사학과로 많이 갔지. 정치학과랑 사회학과는 좀 떨어졌다고. 사회과학 계통은 사학과, 문학계통은 영문과, 독문과, 불문과로 많이 갔고, 국문과는 인기가 별로 없고. 정치학과보다는 사회학과가 좀 세고. 정치학과는 한 100명 거의 아무나 들어갔어. 사회학과는 40명 정도 돼.

⋮

1948년 9월에 학부로 들어오니까 이상백 선생이 주임이지. 신진균 선생은 본 적이 없고, 내가 들어갈 때 없었어. 이여성 선생한테는 직접 배운 적은 없는데, 사학과랑 사회학과랑 강사를 같이 했어. 그때 상과대엔 좌익선생이 몰려서 데모를 심하게 했거든. 그때 문리과 대학 교수랑 상과대학 교수랑 겸임한 사람이 많이 나갔다고. 그때 경제과 선생들은 거의 좌익이지. 전석담도 그렇고. 아지트니까. 6 · 25 났을 때 쑥밭이 났지.

그때 이상백 선생이 사회학개론, 변시민 선생이 사회학특강, 독일어로 한 거였어. 이상백 선생이 원시사회론이란 것 하셨는데, 일본에 고대사회론, 중세사회론 등의 과목이 있었는가봐. 사회조사는 변시민 선생이 했어. 내가 배웠다고. 사회학 강독은 여러 사람이 다 했지. 배용광 선생이 불어강독, 독일어 강독은 변시민 선생이 했고, 최문환 선생이 사회학사, 사회사업개론은 하상락 선생, 양회수 선생은 농촌사회학, 가족제도를 한 것 같아. 사회관계론, 사회구조론은 이만갑 선생이 하셨고. 사회의식론은 만하임의 이데올로기 그거 배웠어. 사회학 특수연구야 일종의 강독이지. 집단론은 이만갑 선생이 한 것 같고. 영국사회학은 영어 강독이지. 현대학설사는 이상백 선생이 하셨고.

6 · 25 나기 전에 학기가 다시 바뀌어 1학기 시작이 3월로 바뀌었단 말이야. 다시 올라갔지. 두 달 3학년 하고 6 · 25가 터진 거지. 잘 모르겠지만, 사회학과의 틀은 한참 지나고 나서 잡혔다고, 몇 회 졸업생 때야 비로소 졸업파티를 했다고. 학교 다닐 때는 자기들끼리도 모르지. 자기 혼자 공부했으니까. 한 학기에 한두 시간 강의하고 말았지. 문제 가르쳐 주고 하나 내고.

열심히 강의하신 분은 변시민 선생인데, 불행히도 독일어계통이니 환영을 못 받았지만 열심히 했지. 별로 재미가 없잖아. 당시 분위기가 영미권이었으니까. 이만갑 선생이 6 · 25 나서 학교를 떠났지만, 그래도 2년이나 했고. 당시 책을 볼 수 있는 게 영어밖에 없잖아. 독일어 못 읽으니까. 미국의 지아이 책이 돌아다녔거든. 거기에 사회학이 많이 있었던 것 같어. 내가 배웠던 것은 오그번의 '소시롤로지'[12]인가, 그걸 교재로 많이 썼어. 미국 군대에서 사용하는 교과서야. 그걸 입수했거든. 영어로 된 것, 한 학기 동안 불과 50페이지 정도 공부하지. 교재가 없으니까.

전공학점제도 그리 엄하지 않았다고. 시험 쳐놓고 요건 넣어주고 빼달라면 바꿔졌다고. 그땐 학적과라는 게 제대로 작동을 하지 않았고, 나는 갈 데가 없으니까, 사회학과 연구실에 매일 있었지. 전명제 선생이 조교했어. 조교자리가 구석에 있었지. 변세진은 대학원에 있었는데,

12) William Ogburn의 Sociology를 말한다.

당시 대학원은 수업 안했어요. 그냥 학기 초에 말이지 수강신청하면 선생님한테 인사하고, 너 뭐뭐 읽어봐라 그러고 나면 학기 끝날 때쯤 가서 이야기하면 학점 나오고.

⋮

당시 조교가 한 일은 주임교수 시험치면 채점, 점수 내는 거지. 조교가 무급이라. 변세진 선생은 대학원에 있으면서 연구실에 나왔지. 자기가 책상 하나 사 가지고 있었다고. 내가 연구실에 자주 나오니까 변선생이 나에게 사회학과의 여학생인 배여사의 고등학생 아들 가정교사를 하라고 주선해 줘서 그 집에서 몇 달 살았어. 집이 명륜동인데 적산이었다고. 6 · 25 전에 한 6개월, 아니 거의 1년 있었지. 배여사는 청강생으로 들어왔지. 청강생도 과가 있다니까. 변세진 선생은 나중에 이북에 갔는데 좌익이라 해서 간 게 아니라 사회학계에서 푸대접 받아서 간 측면이 있어요. 배여사도 이북 갔지. 그 집은 나중에 국군출신이 접수를 했다고. 일사후퇴 이후에.

사회학과도 6 · 25 때 많이 피해를 당해서 너댓 명이 안보이고, 너댓 명은 죽었다하고. 6 · 25 때 인민군이 접수를 해 가지고 학장도 바뀌고 예과부장도 바뀌고 초기에 한 1~2주 특강도 했어. 학생들 모으기 위해서 그랬던 것 같은데. 학생회를 소집해서 의용군으로 그 자리에서 바로 데려 갔다니까. 의용군으로 간 사람들은 대부분 밥먹을 곳이 없어서 갔지. 나는 친척집에 있었는데, 8월 말쯤 되니까 식량이 없어 어렵게 되었지. 밥 주는 사람도 눈칫밥 주니까. 그때 학생들은 시골로 가느냐 군대 가느냐 두 길밖에 없었어. 시골가는 길에 다 군대로 잡혀가는데, 그때 서울대학 강사진도 많이 갔어. 나도 맨 마지막 갈 때, 수송국민학교에서 모여서 바로 원산으로 갔어. 그때는 인민군이 낙동강전선에서 고전하면서 후퇴하기 시작할 때야. 내가 8월 말에 원산까지 일주일 동안 걸어 갔다가 다시 기차로 해서 평안도 순천에 가서 훈련을 받았는데 압록강으로 후퇴하면서 뿔뿔이 흩어졌지. 그러다가 10월에 수용소로 갔지. 순천에서 훈련받을 때 공산주의는 안되겠다는 느낌이 들더라구. 그 후 평양을 거쳐 거제도 수용소에 있다가 나왔지.

...

내가 서울대학이 부산에 있을 때 재입학했어. 그때 학생회의 심사를 받았는데, 이상백 선생이 보장한다고 해서 통과했지. 그때 학생회장이 성균관대 교수하던 이명영씨지. 물론 사람들은 내가 포로수용소에 갔다 온 줄 모르지. 반공포로 석방 때, 이승만 박사가 남쪽을 선택한 사람은 죄를 묻지말라고 해서 서류를 다 없애 버렸어. 그런데 주위에서 자꾸 국군을 가라고 압력이 많아서 내가 현지 입대를 했어. 그쪽에서 나오자마자, 대학에 다니면서 서울에 있는 상사에 파견근무를 했어. 몇 달 있으니 조교하라고 그러더라고. 살기 힘드니까 그때부터 조교를 했지. 학교도 다니면서 월급 받고 거기서 이북의 화폐를 구한다거나 그런 일을 했지. 1956년에 제대했어. 조교를 하다가 전임이 안 되고 생활이 곤란하니까 이해영 선생이 소개해서 보성고등학교 선생을 했지. 거기서는 한 2년 못했어. 중간 중간 강사로 나가니 학교에서 싫어했어. 천관우 선생은 대학원 때 배웠다고. 대학원 다닐 때 내가 내 점수를 냈다니까. 그땐 그게 됐다니까.

57학번, 사회학과 동기들과 이상백 선생님과

농촌 조사를 마치고 - 김경동 선생님 제공 -

이해영 선생님과 함께
- 인구 및 발전연구소 창립 20주년 기념사진 -

2부

문리대시절의 추억

전쟁경험과 부산에서의 입학

김채윤[13)]

나는 우리 일족이 사백년을 세거해 온 동족촌 농가에서 태어났어. 거창이라는 산중에서는 비교적 큰 농가였고 아주 넉넉하게 살았지. 우리 집은 엄격한 유교가정이라 접빈객 봉제사를 가장 중요한 가치로 생각하는 그런 가정적인 분위기였어. 그래서 우리 집에는 늘 손님이 끊이지가 않았어. 그리고 제사도 많았어. 당시에 우리 사랑에 많은 명사들이 찾아왔었어. 우리 아버지는 접빈객 봉제사 다음에는 자녀교육에 깊은 관심을 갖으시고 거기에 온 정열을 다 쏟았지. 그래서 형님이 그때는 한 군에 몇 사람밖에 없는 의과대학에 입학을 했어. 우리 아버지는 자식에 대한 학구열이 지나칠 정도로 대단해서 나를 5, 6세부터 한문을 가르쳤지. 내가 아홉 살쯤에 천자문, 명심보감을 다 뗐어. 그때 벌써 내가 고문진보에 실려 있는 제갈량의 출사표, 소동파의 적벽

13) 김채윤 선생님과의 인터뷰는 2006년 11월 1일과 6일에 실시하였다.

부를 뜻도 잘 모르면서 다 외웠어. 그러다가 국민학교에 입학을 했네.

월천국민학교가 거창읍에서 십리 떨어진 시골인데, 우리 동기가 30명이야. 그래서 이른바 복식수업이라는걸 했는데, 1학년과 6학년을 한 방에 모아놓고, 선생님 한 분이 삼십 분씩 교대로 가르치셨어. 그때 내 학우들 가운데에는 벌써 장가 간 사람도 있었고 코밑에 수염이 시커멓게 난 사람도 있었어. 내가 아홉 살에 들어갔는데도 제일 어린 편이었어. 그러다가 월천국민학교를 4년 수료하고 거창읍 국민학교로 전학을 했어. 그때 거창읍 국민학교는 한 학년이 다섯 클래스였는데 경상남도에서는 진주에 있는 어떤 국민학교 다음으로 학생수가 많은 학교였어. 그런데 내가 거기서 성적이 좋았지. 1945년 3월에 거창에서 가장 가까운 인문중학인 김천중학교에 원서를 냈는데 그때 입학시험 제도가 본시험이 없고 1차 전형이 서류심사인데 여기에 합격되는 사람만 간단한 2차 시험을 쳤지. 그런데 내가 어떻게 됐는지 1차 전형에서 불합격이라. 지금까지도 그게 불가사의한 일이라. 틀림없이 내가 1등을 했는데 나보다 못한 애들은 다 됐는데 내가 떨어졌으니까. 참 서글픈 재수를 시작했어. 그런 상황에서 1945년 8월에 광복이 됐어.

그 다음 해 1946년에 제1회로 김천중학교에 입학을 했어. 당시 김천중학교는 동서남북 4개 반이 있었는데, 나는 우연한 기회에 당시 학교 구내에 있었던 기숙사 사감장 사택에 유숙을 하게 되었는데, 그때 사감장님이 정윤진 선생님이지. 그 어른의 자녀가 칠남매인데 그 뒤에 칠남매 모두가 한결같이 입신양명을 해서 지금 생각하면 우리나라 최고의 명문가족이 됐어. 그 선생님의 장남이 뒤에 법무부 장관과 청와대 비서실장을 역임한 정해창씨이지.

내가 학교 다니는 중에 중학교 학제가 바뀌어서 6년제 중학교가 중고등학교로 분리가 되었어. 그런데 내가 다니던 김천중학교는 분리가 되지 않았기 때문에 나는 6년제 중학교를 졸업했어. 그때 기숙사에 있으면서 나는 많은 소설을 읽었어. 그중에 가장 기억에 남는 것은 이기영의 고향이라는 장편 소설과 정지용의 백록담이라는 시집 등이지. 지금도 내가 제일 좋아하는 정지용의 시는 요즘 가곡으로 부르고 있는 '향수'와 '고향'이라는 두 시야. 그 가운데서도 곡이 제일 아름답고 내용도 가장 좋은 것은 고향이라고 생각해. 고향은 정지용 시에다가 채동선이 작곡했는데 곡도 아름다워. 지금도 내가 술을 한 잔 먹으면 18번이 정지용작사, 채동선작곡의 고향이야. 그걸 잘 불러.

⋮

그러다가 1950년에 중학교 5학년 때 6 · 25 사변이 났어. 그래서 학교가 자연히 조기 여름방학을 시작해서 나는 고향인 거창으로 돌아갔어. 거창에 가니깐 이미 점령당했더라구. 인민군 정규군이 김천을 점령하기 전에 먼저 거창이 더 남쪽인데도 점령이 됐는데, 나중에 알고 보니까 정규군이 아니라 지리산 빨치산에게 점령이 된 거야. 그래서 우리 가족이 모두 산중으로 피난을 갔어. 거창은 지리적으로 보면 골짜기가 3개인데 오른쪽은 전라도 장수와 경계고, 왼쪽은 해인사와 경계고, 우리 고향은 그 사이에 있는 협곡이었어. 나는 인민군이 거창에 온다기에 해인사 골짜기로 피난을 갔어. 산중에 피난을 하고 있는데 내 성질이 예나 지금이나 한 군데 지그시 앉아 있지를 못하고 여기저기를 쏘다니는 버릇이 있잖아. 인민군이 거창을 점령해서 거창읍내는 못 갔지만, 호기심에 피난 간 가조면의 면사무소가 있는 곳을 살살 내려갔지. 가보니 온 동네 사람들이 모여 가지고 야단법석을 하는데 가만히 보니까 집 채만큼 쌓인 보리집단을 둘러싸고 장총을 맨 소위 치안대 요원들과 마을 사람들이 있더라고. 미군이 거기 숨어있으니까 불을 지른거야. 견디다 못해 미군이 뛰쳐나왔는데 보니까 미군 낙오병이 바지를 잘라 반바지를 만들어 입었더라구. 그때 미군을 처음 본 셈이야. 그 미군은 치안대원들에 잡혀서 거창읍으로 끌려간다고 하면서 그 마을에서 사라지는 광경을 난 멀리서 바라보다가 다시 피난처로 왔어.

⋮

그러다가 이제 다시 집이 궁금해서 우리 집으로 왔어. 거창읍을 통과해서 집으로 오다가 보니까 거창읍이 폭격을 당해서 완전히 잿더미가 됐어. 그때 우리 형님이 논을 다 팔아서 거창 읍에 건물을 사서 의사 개업 준비를 다 해 놓았는데 그 병원 건물이 개업도 하기 전에 완전 소실이 되어 버렸어. 그때 우리 집안은 퇴락을 한 셈이야. 그때 우리 집이 마을에서 몇 채밖에 없는 기와집인데 인민군 작은 부대의 본부가 되어 있더라고. 장교들과 사병들 10명 정도가 우리 집을 점령을 하고 유숙을 하고 있는데, 장교들은 이따금 거창 읍을 내려가고 우리 집에는 사병들 몇이 남아서 우리 안방에 앉아서 놀고 있어. 그 사람들이 전부 나와 비슷한 나이였어. 내가 물어보니까 초급중학교 3학년생이야. 나보다 나이가 두어 살 밑에 있는 어린 애들인데 얼마나 몸이 약한지 매고 있는 장총이 땅에 끌릴 정도이더라고. 그 사람들에게 이북의 사회제도에 대해서 많이 묻기도 했지. 밤에는 옆집에 가서 자고, 낮에는 집으로 돌아와 그 인민군들과 섞여서 이런저런 이야기도 하면서 지냈는데, 추석날 연합군이 인천상륙을 했다는 전단이 뿌려지고 곧 인민군이 다 사라졌어. 그때 인민군들 속에는 여자병사들도 섞였는데, 그때 서울에 있는 여고학생이라고 자신을 소개하는 여병사를 만난 일이 있어. 그때가 낙동강 전선에서 격전을 할 때인데 결국은 연합군에게 밀려 인민군이 후퇴를 한 거지.

추석날 우리는 난리 중에도 종전과 같이 차례를 모시는데, 비행기가 왔다갔다해 우리 집에서는 못하고 산골짜기에 있는 큰댁 과수원에서 차례를 모신 기억이 지금도 생생해. 그때도 인민군 낙오병을 공격하기 위해서인지 미군비행기, 호주비행기들이 날라 와서 정찰하는 것을 많이 봤는데, 그때마다 당숙께서 흰 옷을 흔든 기억이 생생해. 그러다가 거창이 수복 됐는데, 낙오병이 근처에 있었던 것 같아. 하루는 미군 일개 소대가 마을 앞에 진주를 했어. 그때 내가 미군탱크를 처음 봤어. 그 탱크에는 대포가 하나 있는데 그 대포가 하필이면 우리 마을을 겨냥해 가지고 있는 것을 보고, 얼마나 놀랐는지를 몰라. 그러다가 또 내가 겁없이 그 미군부대를 갔어. 짧은 영어로 몇 마디 지껄였더니 그렇게 반가워하더라고. 그래서 담배도 주고 초콜렛도 주고. 이틀간을 미군들이랑 유치한 영어를 하며 보냈지. 그러다가 미군들은 다시 다른 지방으로 이동을 했어.

이제 남쪽을 연합군이 수복 한 뒤라 김천중학교가 어떻게 됐는지 궁금해서 우리 친구 세 사람과 함께 김천까지 걸어갔어. 그 거리가 64킬로야. 64킬로를 하루에 걷는다는 것은 지금 생각해도 굉장히 무리야. 김천에 도착하니 발가락이 다 터졌더라고. 학교를 가봤더니 미군 부대가 되어 있어. 그리고 방이 붙었는데 한 달 후에 학교가 개학한다고 그래. 그래서 그 이튿날 다시 64킬로를 걸어서 집으로 돌아왔어. 김천과

거창 사이에 우두령이라는 큰 재가 있는데 거기 인민군낙오병이 많아서 위험하다고 그러는데도 나랑 친구들은 거기를 걸어서 돌아왔어. 그 뒤, 시월 초쯤에 학교가 개학했다는 소문이 들려서 학교를 갔어. 드디어 개학이 됐는데 학생들은 인민군에 간 사람도 있고 국군에 간 사람도 있어 네 클래스가 두 클래스로 줄어 있더라고.

•
•
•

나는 김천중학교에서 구내 공기를 제일 많이 마신 사람이라고 자부해. 왜냐하면 구내 기숙사에 있었으니까. 그것이 인연이 되어서 내가 최근까지 김천중학교 재단 이사를 했어. 지금은 눈이 나빠서 그만 뒀지만. 그때 선생님을 소개한다면 사감장 정윤진 선생님과 또 훌륭한 국어선생님 두 분이 계셨어. 그리고 잊을 수 없는 선생님은 한문과 영어를 같이 가르치던 선생님이야. 나는 가장 질이 높은 분에게 영어를 배운 셈이야. 유명한 한문 문자를 흑판에 써놓고, 우리말로 번역을 하고 다시 영어로 번역하는 식의 영어 교육을 받았어. 그게 효과적인 게 한문과 영어는 신텍스가 비슷하단 말이야. 또 잊을 수 없는 분이 김재규 선생인데, 박정희 대통령을 시해한 그 양반이 내 은사였어. 그분은 체육을 가르치셨는데 체구도 작고 또 성격이 굉장히 쾌활했어. 어떻게 잘 웃으시는지 늘 파안대소를 하고, 내가 급장을 했는데 체조를 하나도 못했어. 키는 큰데도 달리기는 늘 꼴찌고, 턱걸이 하나도 못하고, 그랬는데도 김재규 선생이 나를 미워하지 않으셨어. 재미있는 것은 비오는 날은 교실에서 체육 수업을 하시는데 그때 나를 급장이라고 꼭 옛날 이야기를 하라 그래. 내가 역사책을 많이 읽은 것을 알고 있기에 그랬나봐. 추측컨대 내가 이야기하는 조건으로 체육점수도 잘 주신 것 같아. 그 네분을 지금도 잊을 수가 없어.

거기서 5학년 · 6학년을 마치고, 1952년에 부산에 피난 와 서울대학교 문리대에 입학을 했어. 입학시험은 아직 전쟁 중이라 부산, 대구, 광주, 전주, 대전 여러 도시에 분산해서 쳤어. 그때는 어지간하면 다 들어갔어. 많은 학생들이 종군을 했으니까. 그래서 서울대 학생이 됐는데 부산에서 입학을 하니까 사회학과 선생님으로는 이상백, 최문환, 변시민 세 분께서 전임교수시고, 몇 분의 시간강사가 계셨는데, 그중에 한 분이 이해영 선생이었어. 그때 공부하는 데에 가장 큰 애로는 사회학 책이 없었다는 사실이지. 그런 상황에서 1953년 환도 직전에, 변시민 선생께서 사회학이라는 책을 냈어. 그게 단행본으로 해방 후에 나온 첫 사회학 책이야. 그 전에 우리말로 된 사회학 책이 두권 있었는데, 하나가 이재훈 저 사회학이지. 그건 마키바의 엘리멘트 오브 소시올로지라는 책을 번안한 건데 아주 좋은 책이라고 생각을 해. 그리고 독일 유학을 한 김현준 선생의 사회학이라는 책이 있었어. 그런 건 다 절판되고 없고 우리는 변시민 선생의 사회학 책을 가지고 공부를 했지.

당시 유행되던 건 실존철학이라. 나는 영어와 독일어 공부에 열중하며 실존철학, 카뮈, 사르트르 이런 사람들의 일본 번역판을 몇 권 읽었던 기억이 나. 그리고 내가 국사책을 비교적 많이 읽었어.

그럭저럭 부산서 세 학기를 보내고 1953년 9월 서울에 올라왔어. 유명한 정치가이면서 국사학자인 민세 안재홍 선생이 납북이 됐는데, 그 댁에 하숙을 했어. 그때는 어수선한 땐데, 낭만은 있었어. 학교 앞 동숭동에 썩은 물이 흐르는 개천이 있었어. 우리는 그것을 세느강이라고 불렀지. 그리고 교문 들어가는 다리를 미라보 다리라고 했어. 개천둑에는 개나리가 노랗게 피고, 학교 안에는 운동장 라일락 숲이 있었고 그 밑에서 낮잠도 자고 그랬어. 그리고 마로니에 나무 밑에 벤치가 있었는데 나는 예나 지금이나 꼭 공부를 하기 위해서가 아니더라도 하루도 학교를 안 가면 직성이 안풀려. 그래서 매일 학교를 나갔어. 마로니에 밑에 벤치에 앉아 지나가는 친구들 다 불러 모아 학문적 토론도 하고 그랬어. 나랑 가장 많이 이야기했던 게 국문과의 이어령 선생이라. 이상백 선생님한테 사회학사를 배우고 최문환 선생이 하는 사회사상사를 배웠는데, 그때 마침 최문환 선생님께서 근세사회사상사를 내셨어. 나는 거기에 감동을 받았어. 그중 르네상스의 사회사상에 빠졌어.

⋮

나는 그때 공부를 열심히 하기보다는 술을 많이 마셨지. 술집이 둘 있었는데 하숙비가 좀 남았을 때는 진아춘에 가서 빼갈을 마시고, 돈이 좀 모자라면 의대 옆 판자집에서 막걸리를 마셨어. 그 이름이 쌍과부집이라. 과부 두 분이 경영한다고 해서. 신분증을 맡기고 막걸리를 많이 마셨어. 신분증 안 찾아간 학생들이 수백 명인데도 인심이 좋아 술을 주고 그랬어. 다방이 두 개 있었는데 하나가 대학다방, 거긴 교수님들이 가시고 우리는 학림다방에 갔어. 거기 가면 '미스 리'라는 올드 미스가 디스크 자키인데 주로 명곡만 틀어줘. 나 같은 산골 사람도 제일 좋아하는 게 베토벤의 심포니, 모차르트 같은 오스트리아 출신 음악가의 음악을 많이 들었어. 그때 또 한 분, 양회수 선생님이 강의를 하셨는데, 사회조사방법, 농촌사회론, 이런 걸 가르치셨는데, 젊은 때는 소문에 의하면 굉장히 활발한 분이고 머리도 좋고 또 호남에 큰 부자집 아드님이라. 그런데 사변 중 폭격에 가족을 잃었어. 그분이 유명한 호남 양반 이정래 선생의 사위이신 거라. 나중에 전시연합대학, 전북대, 중앙대, 경북대 등 여러 학교를 전전하시다가 비교적 오래 사시고, 한 10여 년 전에 작고하셨어. 그 어른이 루네 쾨니히의 '아인필룽 인디 소시올로기', 즉 사회학 입문을 번역하셨어. 나한테 한글 맞춤법을 맞춰 달라고 했는데 끝내 출판을 안 하셨어. 우리는 그때 이상백 선생을 오귀스트 콩트라고 부르고, 최문환 선생은 막스 베버, 이만갑 선생은 란드버그 선생이라고 불렀어. 그리고 변시민 선생을 퇴니스라고 불렀지.

⋮

1956년에 내가 대학 졸업하고 대학원에 진학했어. 그때는 대학원을 진학하면 입대가 연기 됐어. 그래서 학생들이 전부 대학원시험을 쳤는데 내가 요행히 대학원에 합격했어. 그때 조교가 고영복 선생이었는데 그분이 나를 데리고 이상백 선생한테 가서 거창 촌놈이 들어왔으니 제 후임으로 조교를 시켜주십시오, 그러시더라고. 그래서 그날부터 나와 사회학의 깊은 인연이 시작된 거라. 그때가 1956년이야. 물론 무급 조교야. 그때 한 달에 돈을 조금 주는데, 한 달 담배값이 좀 안됐어. 그때부터 내 고생이 시작된 거야. 그때는 미국유학생이 없었고, 황성모 선생이 처음 독일 유학가셨었지. 내가 조교로 있으면서 시간표도 다 짜고, 이상백 선생 대강도 많이 했지. 내가 아주 젊어서부터 시간강사를 했어. 그런데 그것이 잘못이었는지, 전임은 내 연배에선 가장 늦게 됐어. 1967년에 전임이 됐으니 조교 시작한 지 11년 만에 전임이 된 거야. 그때부터 나와 서울대학의 인연이 깊게 되서 지금까지도 나는 하루도 서울대 구내를 안 가면 답답해서 살 수가 없어. 그래서 대학캠퍼스의 공기를 가장 많이 마신 사람이 나라.

내가 조교시절에 이상백 선생님의 회갑을 맞이했는데 회갑 논문집 원고청탁으로부터 원고수집, 일교에서 삼교까지의 교정, 이것을 전부 내가 다 했어. 그런데 내가 논문집 교정을 보다 보니, 그 논문집에 실린 여러 가지 논문을 다 읽을 수밖에 없잖아. 그런데 그것이 큰 공부라, 배운 게 참 많았어. 내 뒤의 조교가 정홍진 선생이고 그다음 조교가 한상복 선생이라. 그 둘하고 나하고 가장 가까이 지냈어.

⋮

감상적인 이야기인데, 제일 후회가 되는 게 공부를 참 열심히 하지 않았던 것이지. 거기에는 여러 가지의 이유가 있었어. 어떡하다 보니 내가 보직을 많이 하게 됐어. 이를테면 대학신문 주간, 사회대 학장, 대학원장 이런 보직을 자꾸 하다 보니, 더욱 공부를 못했어. 그게 가장 후회가 돼. 그래 내가 젊은 후배들한테 참 공부 열심히 하라는 것을 늘 권하곤 했는데, 나는 못했지만. 정년을 하고 나서 가장 후회가 되고 부끄러운 것이 바로 서울대학교 교수라는 막중한 자리에 있으면서 변변한 공부를 하지 않았던 것이지. 그 생각을 하면 눈물이 날라고 그래.

많은 사람들이 나를 마당발이라고 그래. 그런데 사실은 내가 아는 교우의 범위가 한정돼 있어. 중고등학교 동창과 사회학과 사람들을 빼면 없어. 잘 몰라서 하는 소리야. 유일한 즐거움은 후배나 제자나 우리 사회학과 출신이 입신양명을 하는 것, 높은 자리에 갔다거나 큰 학자가 됐다거나 좋은 책을 썼다는 소식이 가장 기뻐. 아마 대학 교수는 그 재미로 사나 봐. 제자들이 나를 위하는 사람이 그렇게 많아. 내가 정년 후에 다행히 잘 견디다가, 5년 전에 갑자기 눈이 나빠져 지금 장애인이 되서 집에 칩거를 하고 있으니 별별 생각이 다 나. 내가 있었던 40년 동안의 생각이 계속 나. 한 가지 기쁜 것은 내 동문들이 그렇게 잘 된 사람이 많아. 좋은 책을 쓴 사람도 많고, 큰 벼슬을 한 사람도 많고. 특히 나는 요즘 우리 사회의 논객들이 사회학과 출신들이라는 것을 얼마나 뿌듯하게 생각하는 줄 몰라.

내가 젊은 때부터 당시를 좋아했어. 지금도 내가 수십 수를 외우고 있어. 특히 두보를 좋아해. 이백은 풍월을 읊었다고 하면 두보는 사회 부조리를 고발하는 시가 많고, 사회학적인 게 많아. 내가 권유하고 싶은 것은 두보의 '석호리'라는 시야. 또 하나는 내가 눈이 나쁘고 나니, 우리나라의 시를 잘 읽는데, 그중 청록파를 좋아해. 내가 눈이 안 좋으니 박목월의 '윤사월'이라는 시를 읽으면 지금 나를 묘사한 것 같아.

송화가루 날리는 외딴 봉우리
윤사월 해 길다
뻐꾸기 울면 산지기 외딴집 눈먼 소녀사
문설주에 기대어 엿듣고 있다.

내가 자꾸 눈먼 소녀 생각이 난다. 이 순간에 또 생각하는 것은 이 가을, 주자의 시야. 내가 대충 번역을 하면 이런 뜻이라. 지금의 내 심정 같아.

소상강에 낙엽이 떨어질 때
소상강가를 산책하는 나의 옷에 달린 장신구에서 가을바람이
이는 구나
날은 저문데 슬프다 어디로 갈 것인고
떨어지는 낙엽이나 강가를 걷는 나나
모두가 찬 강물을 따라갈 뿐이로다

서울대 사회학과와 나의 인연

김낙중

나는 왜 사회학과를 지망했나?

내가 서울대학교 문리대 사회학과에 입학한 것은 1952년, 부산 피난 중에 서울고등학교를 졸업하고 나서였다. 만약 1950년 6·25 전쟁이 일어나지 않았다면, 나는 인생이 무엇인지를 찾으려는 철학과를 지망했을 것이다. 왜냐하면 나는 중학교 1학년 때 폐병이 걸려서 학교를 휴학하고 시골에 가서 요양을 하는 몸이었고 당시 '폐병이란 곧 죽음'이라고 인식되어 있었기 때문에, 어린 나는 죽음 앞에서 삶과 죽음의 문제를 가지고 치열하게 고민하는 구도자가 되지 않을 수 없었기 때문이다. 1950년 6·25 전쟁 직전까지 나는 "조문도면 석사가의"(朝聞道, 夕死可矣)라고 하신 공자님의 말씀을 이해하려는 심정으로 열심히 새문안교회의 목사님과 태고사(현재의 조계사)의 스님 그리고

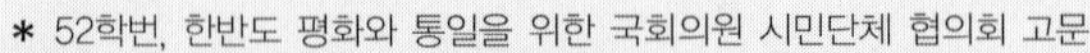

* 52학번, 한반도 평화와 통일을 위한 국회의원 시민단체 협의회 고문

철학 교수님들과 도서관을 찾아다니며, 인생이 무엇인가를 목마르게 묻고 다녔다.

그런 가운데 나는 1950년 고등학교 2학년생의 몸으로 6 · 25전쟁을 맞게 됐다. 나는 일제 시대에 초등학교 입학이 늦었었고, 또 중학교 1학년 때 휴학을 했던 관계로 6 · 25 당시 이미 20세의 청년이 되어 있었다. 그렇지만, 인생이 무엇인지를 찾으려는 목마른 구도자였던 점은 고교생이 된 뒤에도 여전히 변함이 없었다. 그러니 내가 만약 대학에 진학한다면, 당연히 철학과에 입학원서를 제출할 수밖에 없었을 것이다.

⋮

그러나 1950년 6 · 25 전쟁은 내 삶의 진로를 내가 가고 싶은 곳으로 가도록 그대로 놓아두지 않았다. 전쟁이 터진 지 며칠이 안 되어 서울은 인민군 점령하에 들어갔고, 나는 인민군을 돕기 위해 따발총을 들고 '의용군' 에 참여할 것을 요청받았다. 그리고 또 몇 달 후 9 · 28 수복이 되자 이번에는 다시 M-1 소총을 들고 국군에 입대하여 인민군을 사살하라는 요청을 받게 되었다. 아직 삶과 죽음의 의미에 대한 해답을 찾지 못했던 나는, '국가' 라는 힘의 요구에 따라 동포형제를 죽이는 일을 강요받는 처지에 있는 자신을 발견하게 되었다. 인생이 무엇인지, 삶이 무엇인지 골몰하던 나에게, 6 · 25 전쟁은 그 의미가 무엇인지도 알 수 없는 이데올로기를 위해서 사람이 사람을 죽이도록 강요하는 매우 낯선 강압적 사건일 뿐이었다.

나는 일제하의 초등학교 시절 아침 조회 때마다 "나는 대일본제국의 신민입니다."라고 외우고, "귀축 미 · 영 격멸"을 외쳐대며 자랐다. 그러던 어느 해 가을, 나는 8 · 15를 맞았고, 또 갑자기 총 들고 나타난 미국 군인들을 향해 "해방군 만세!"를 외쳐야 했다. 그러다 또 6 · 25는 그 미군을 쫓아내기 위해 총 들고 전선으로 가야 한다며 '의용군' 입대를 권유받는 처지가 된 것이다. 그리고 또 몇 달 안 되어 나는 인민군과 그들을 위한 '의용군'이 된 초등학교 동창생들을 향해 총을 들고 싸워야 하는 처지를 강요당하는 자신을 발견해야만 했다. 6 · 25 당시의 나에게는 대한민국이 뭐며, 조선민주주의인민공화국이 또 무엇인지, 아무 것도 이해되는 것이 없었다. 오직 총으로, 외국인이든 같은 동포이든 따질 것 없이, 서로 입장이 다른 적이라고 부르는 그 누군가를 죽여야 한다고 강요당하는 자신의 모습을 보아야 했다. 이것이 나의 '인생'이고 이것이 나의 '삶의 현실'이었다.

⋮

인생이 무엇이며 삶이 무엇인지 치열하게 묻고 있는 어린 구도자에게, 내가 태어난 사회는 인생을 알려고 들지 말아야 하고, 우선 자기들의 요구대로 누군지를 "죽이라"는 요구에 순종하라고 강요했고, 이것이 '삶'의 현실이었던 것이다. 하기야 내가 이 세상에 사람으로 태어난 것도 나의 선택적 의지에 의해서 결정된 것이 아니듯이, 나는 나의 의지에 관계없이 나에게 어떤 행동을 강요하는 '사회' 속에 살고 있다는 현실을 외면할 수가 없었다. 나는 '인생'을 알려면, 현실적으로 나에게 어떤 행동을 강요하고, 또 내가 그 속에서 삶을 살아갈 수밖에 없는 이 '사회' 라는 게 무엇인지를 탐구하지 않을 수 없었다. 이것이 인생이 무엇인지를 탐구하기 위해 철학과를 지망하려던 내가 사회학과를 선택하게 된 이유였다.

⁝

사회학과를 자진 퇴학 한 사연

그런데 내가 3학년이 되어야 할 1955년 4월, 아버지가 나의 등록금을 납부해 주신 상태에서, 나는 동숭동에 있는 서울대학교 사무처에 가서 자진 퇴학원서를 제출했다. 서울대학교의 역사에서, 학생운동을 하는 과정에서 제적을 당했던지 아니면 등록금을 못 내서 중퇴를 한 경우는 많이 있었겠지만, 아마도 등록금을 이미 납부한 상태에서 학교에 의해 제적당하지도 않았는데 스스로 '퇴학원서' 를 제출하고, 학교를 중퇴한 경우는 별로 없었을 것으로 생각된다.

그러면 1955년 내가 서울대 사회학과에 자진 퇴학원서를 제출한 까닭은 무엇이었을까? 1952년 4월 사회학과에 입학했을 때, 내게는 어떤 수업이 나의 전공과목이냐 아니냐 혹은 그것이 내가 수강신청을 한 과목이냐 아니냐는 것은 별로 중요하지 않았다. 목마른 자에게 중요한 것은, 어디 가면 '물' 을 얻을 수 있느냐 하는 것이다. 나는 목마른 짐승이 물을 찾아 헤매듯 사회과학 관련 과목이면, 정치학이든 경제학이든 어느 강의실이든 찾아다니며 뒷자리에서 도강을 서슴지 않았다. 학교에서 나의 시간표는 일주일 내내 꽉 차 있었다. 나는 '사회'는 무엇이며, '국가'와 '민족'은 대체 무엇이기에 왜 나에게 동포 형제, 이웃 사람들을 죽이라고 강요하는지 알아야겠다고 생각했다. 그러나 강의실에서 진행되는 교수님들의 강의는 나에게 아무런 대답을 주지 않았다. 교수님들의 강의는 옛날 어느 학자 또는 외국 어느 학자의 주장이 이렇다 저렇다고 지식을 전달해 주는 것이었을 뿐, 내가 찾는 대답은 들을 수 없었다. 더욱 안타까운 것은 교수님들은 현실적으로 진행되고 있는 전쟁의 성격에 관해서나 공산주의나 사회주의의 내용이 무엇인지에 대해서는 결코 입을 열지 않았다는 것이다.

⋮

그런 반면, 나는 부산 부두에서 밤이면 매일같이 전방으로부터 실려오는 부상병들과 군인들의 시체를 보면서, 철도 차량의 점검 수리작업을 도와야 하는 야간작업으로 생활비를 벌면서 학교에 다니고 있었다. 그리고 1953년에 대학생이었던 나는, 아침이면 학교에 가서 정부의 지시에 따라 학도호국단의 인솔로 "휴전반대 북진통일"을 외치는 가두시위에 동원되어야 하는 처지에 놓여 있었다. 부산으로 피난 와서 학교에 등록하기 전까지 나는 의용군에 나가든지 아니면 국군에 나가기를 강요받았지만, 1953년경 후방으로 피난 와서 학생이 된 나는 합법적으로 징집 보류의 혜택을 받으며, "휴전반대 북진통일"을 외치는 가두시위를 해야 할 처지에 놓이게 된 것이다. 전방 일선지대에서는 남과 북의 젊은이들이 계속 서로 총질을 해대며 싸우고 있는데, 정부와 학교 당국은 나에게 "휴전반대 북진통일" 가두시위를 하라고 요구할 뿐이었고, 교수님들은 내가 왜 그렇게 해야 하는지 납득할 만한 설명을 해주지는 않았다. 당시 젊은 내 양심으로는 도저히 "휴전반대 북진통일"을 외치는 가두시위에 나갈 수가 없었다. 자신은 조선민주주의인민공화국 치하에서 의용군에 나가지 않았고, 또 대한민국 치하에서 국군에도 나가지 않았으면서, 다른 젊은이들이 매일같이 서로 죽고 죽이는 상황 속에서 "휴전반대"를 외치며 가두시위를 할 수 없었기 때문이다.

⋮

1953년 7월 27일 휴전협정이 체결된 뒤에도 1954년 한반도의 평화적 통일을 위한 제네바 국제회의는 이승만 대통령의 강력한 반대로 결렬되었고, "북진통일"을 외치는 가두시위만 계속되고 있었다. "휴전반대 북진통일"을 외치는 가두시위에 나갈 수 없었던 나는, 결국 "전쟁반대 평화통일"을 외치며 혼자 부산 광복동거리를 누비며 단독시위를 시작할 수밖에 없었다. 몇 시간도 못 되어 나는 북부산 경찰서에 잡혀가서 엄중한 취조와 함께 "학생 녀석이 공부나 하지 무슨 놈의 평화통일이냐?"고 야단을 맞았다. 하지만 나의 발길은 이미 내친 걸음이 되어 있었다. 학교가 서울에 올라오고 나도 학교에는 나갔지만, 교수님들의 강의에는 아무 것도 기대할 수가 없었다. 그래서 나는 도서관들을 찾아다니며 사회와 국가 그리고 나의 삶의 현실에 대한 의문들을 치열하게 풀려고 노력했다. 그렇지만 도서관에서도 공산주의나 사회주의에 관한 책들은, 도서목록에는 있어도 대출은 되지 않아 볼 수 없는 형편이었다.

나는 이 땅의 젊은이들이 제대로 까닭도 알지 못한 채, 국가에 의해서 살인행위를 강요당하는 상황에서 해방되는 일이 무엇보다 긴급한 내 삶의 과제라고 생각하게 되었다. 그래서 나는 남과 북의 청년들을 모두 강요된 전쟁에서 해방하고 '평화통일'의 길을 찾는 것만이 우리 민족이 살길이라는 장문의 호소문을 만들어, 판문점에 있는 중립국감독위원회 위원들을 통해 남북 쌍방당국에 전달하려 시도하였다. 그러나 남한 당국은 나를 국가보안법 위반 혐의로 구속했고 취조 결과 처벌할 근거를 찾지는 못했는지, "학생의 신분으로 공부나 할 일이지 무슨 평화통일이냐?"며 미친놈 취급을 하고 훈계 방면했다. 살인적 전쟁을 반대하고 평화통일을 주장하는 사람이 '미친놈' 소리를 듣는 이 세상, 나에게는 이 세상이 온통 미친 것으로만 생각되었다.

⋮

대한민국 헌법에 보장된 국민의 청원권에 따라, 다시 한 번 정식으로 이승만 대통령에게 '평화통일'을 위한 청원서를 제출하기로 결심했다. 그래서 나 나름대로 열심히 '평화통일방안'을 연구·작성했다. 그리고 이 평화통일방안이 어느 정도 윤곽이 잡혀서 제출을 결심했을 때, 나는 당시 동숭동에 있었던 서울대학교 문리과대학 사무처에 가서 자진 퇴학원서를 제출했던 것이다. 내가 평화통일을 주장하다 경찰에 잡혀갔을 때마다 경찰관들은 "학생이 공부나 하지…." 운운하는 것이 나에게는 매우 불편했기 때문이다. 학생의 신분을 벗어나서 25세나 된 한 시민으로서, 국가의 운명을 위해 헌법이 보장한 청원서를 제출하는 것이 당연한 일이 아니냐고 항변하고 싶었던 것이다. 결국 이것이 내가 '자진퇴학' 이라는 형태로 서울대학교 사회학과와의 인연을 마무리하게 된 경위다.

•
•
•

대통령에게 청원서를 제출한 나에게 대한민국 경찰 당국은 더 이상 "학생의 신분으로…."를 운운하지는 않았지만, 이번에는 "북측에서는 다시 남침하기 위해 공산당들이 전쟁준비에 급급하고 있는 판에 무슨 놈의 평화통일이냐?"며 나를 미친놈 취급 했다. "북측에서도 전쟁의 방법으로 통일을 시도해 봤으나, 국토는 초토화하고 수백 만의 사람만 죽었으니 이제는 생각이 달라질 수 있지 않았겠냐?"라고 항변해 보았으나, 나의 주장은 허공을 향한 메아리 없는 외침이었다. "그렇다면, 임진강을 건너 북녘 땅에 가서 북측 당국에게 평화통일을 말해 보자." 1955년 6월 25일 나는 홀로 휴전선을 넘어 북쪽으로 넘어갔다.

결국 이와 같은 길이 나로 하여금 '평화통일' 을 향한 가시밭길 한 평생을 걷게 한 이유가 되고야 말았다. 그러나 이렇게 살아서 조용히 겨레의 운명을 지켜볼 수 있으니 감사할 뿐이다.

사회학이 맺어준 삼성과의 인연

이만우

나는 1953년 피난지 부산에서 서울대 문리대 사회학과에 입학하였다. 6 · 25 전쟁으로 서울대학이 부산으로 잠시 옮겨 왔던 시절이었다. 나 같은 경상도 촌놈으로서는 언감생심 꿈에도 생각 못했던 행운이었다. 그러나 졸업이 임박하여 더 이상 학문을 계속할 형편도 아니어서 여기 저기 취직자리를 알아볼 때가 되자 어려움이 닥쳤다. 사회학이란 학문 자체가 해방 후 처음 들어온 학문인 데다가, 그 당시 사회학에 대한 일반의 인식 또한 좋은 편이 못 되었다. 극소수의 우수한 졸업생들은 간혹 언론계나 금융기관으로 진출하는 경우가 있었지만, 일반적으로 취직자리 얻기가 매우 어려웠다. 심지어 사회학과를 다녔다는 이유로 사회주의 좌경사상을 지닌 위험인물로 기피하는 경우마저 있었다.

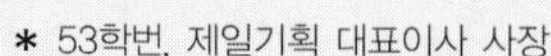

* 53학번, 제일기획 대표이사 사장

나는 어쩔 수없이 졸업 이후에도 재학 중에 잠시 강사로 일했던 시골 고등학교에 교사로 계속 머물면서 나름대로의 인생진로를 새로 모색할 수밖에 없었다. 2년 남짓 시골에서 살고 있는데, 삼성에 근무하는 절친한 친구로부터 삼성에 사원공채시험이 있으니 급히 상경하라는 전보가 날라 왔다. 그는 중고등학교와 대학의 동기동창으로 졸업 직후 바로 삼성의 공채시험에 합격, 수습 후 부산소재의 제당공장에서 잠시 근무하다가 본사로 옮겨 신규사업 팀에서 근무하고 있는 죽마고우였다. 그가 부산에 있는 동안 나도 공채시험에 도전해 보고 싶다고 내 뜻을 밝힌 적이 있었기에, 그 일을 잊지 않고 내게 보내 온 연락이었다.

⋮

동기들보다 2년 뒤늦게 입사시험을 보겠다고 상경하였지만 응시자격을 얻는 데 곤욕(困辱)을 치렀다. 그 당시 민간 기업으로서는 유일하게 삼성만이 공채시험을 통해 사원을 뽑았지만, 응시자격을 엄격히 제한되어 있었다. 서울대, 연세대, 고려대의 상경계와 이공계 학과 당년도 졸업생으로서 출신대학의 학장 추천을 받은 자만이 입사시험을 칠 자격이 있었던 것이다. 시험장에 들어가 보지도 못하고 귀향하기가 너무나 억울하여 인맥을 찾아 동분서주 끝에, 삼성의 임원으로 근무하는 고향 선배를 만나 지원서류를 접수하고 가까스로 필기시험의 관문을 통과했다. 그러나 면접시험과정에서 나는 더 혹독한 시련을 겪어야만 했다. 고위 임원 한 분이 내가 사회학과 출신이란 사실이 못마땅했던지 칼 마르크스의 잉여가치설을 주제로 신랄한 질문 공세를 펴는 바람에 진땀을 뺐다. 사회학과 출신으로서는 입사시험 합격을 기대하기 어려울 것 같다는 실망감을 안은 채 다음 면접시험장으로 향했다. 그러나 마지막 사장 면접에서는 사회학과 출신이란 사실이 호재로 역전하여, 내가 사장의 마음을 사로잡는 일이 벌어지고 말았다. 인생의 황혼기에 접어든 지금에 이르러, 젊은 시절 겁 없이 덤볐던 당시의 일을 회상하면 회심의 미소를 짓지 않을 수 없다.

⋮

내가 사장 면접실에 들어서자 수험생을 기다리던 사장은 나를 미소로 반갑게 맞아 주었다. 앞 면접장에서 나에 대한 면접이 오래 끄는 바람에 사장은 한참 동안 수험생을 기다려야만 했던 모양이었다. 그때문에 다음 면접자의 지원서류를 꼼꼼하게 챙겨 보았던 탓인지 첫 질문이 "응시자격도 없는데 어떻게 시험을 보게 되었는가?" 하는 것이었다. 나는 사회학과를 나와 마땅한 취직자리를 얻지 못했다는 사실과 삼성에 근무하는 친구를 통해 삼성이라는 회사를 알게 되어 가까스로 지원서류를 접수시키기까지의 경위를 솔직하게 털어 놓았다. 그러자 사장은 "자네가 아무리 이 회사에서 일 하고 싶어해도 자네 같은 사람이 할 만한 일이 없지 않은가?"하고 두 번째 질문을 던지는 것이었다. 그 순간 나는 내가 사회학과 출신임을 염두에 두고 하는 질문이란 생각이 들어 잠시 할 말을 잊고 머뭇거리지 않을 수 없었다. 그러나 이 질문의 답변여하에 따라 판가름이 날 것이란 생각이 들어 치기어린 용기를 내어 다음과 같이 답했다.

"네, 사장님 말씀대로 지금의 삼성이라면 제가 할 일이 아직 없을지도 모르겠습니다. 그러나 저는 10년, 20년 뒤의 삼성은 지금과는 많이 다를 것이라고 확신합니다. 지금의 삼성은 불과 수천 명의 종업원을 거느리고 있을 뿐이지만 향후 5만, 10만이 넘는 수많은 직원을 거느리는 대 조직으로 발돋움했을 때 기계를 매만지는 엔지니어나 금전을 다루는 관리자만으로는 결코 원만하게 조직을 이끌어 갈 수 없을 것입니다. 저는 장차 삼성이 큰 조직으로 발돋움했을 때 조직을 관리하고 사람을 다스리는 전문가로서 회사에 기여할 일이 많다고 믿기 때문에 삼성에서 일하고 싶어하는 것입니다."

⋮

내 답변을 경청하던 사장께서는 답변이 끝나자, "자네, 스트라이크에 대해 공부했는가?"하면서 기업의 노사갈등문제에 대해 심도 깊은 질문을 하기 시작했다. 나는 그런 문제를 산업사회학이나 노동사회학이란 학문영역에서 다루고 있다는 설명과 함께 학부 졸업생으로서 원론적인 수준을 벗어나지 못했지만 장차 그런 문제에 대해서도 깊이 공부하면서 실무를 다루어 보고 싶다는 내 소견을 밝혔다. 사장께서 나의 답변에 매우 호의적인 반응을 보이면서 나의 가정환경과 성장과정에 대해서도 자상하게 캐 물으셨다. 그분과 동성동본이란 점도 나에 대한 호감을 증가시키는 요인으로 작용한 듯싶었다.

입사 후 제일모직의 대구공장에서 약 3개월 동안 수습을 마치고 그 해 신설된 사장비서실에 배치발령을 받았다. 그러나 막상 비서실 말단사원으로 일상적인 잡무에 내몰리면서 명색이 고등학교 교사로 "선생님!" 소리를 듣다가 "신입사원! 미스터 리!"로 불리며 하루하루를 보내자니 심란하기 그지없었다. 그러던 어느 날 나는 사장실의 서류를 정리하다가 내가 치렀던 면접시험기록을 발견했다. 내 이름의 비고란에 '사회 노동문제' 라고 사장께서 친필 메모한 것을 보고 다른 임원들이 탐탁치 않게 생각했던 사회학과 출신을, 다른 시각으로 평가하고 비서실에 발령한 저간의 경위를 확인할 수가 있었다.

⋮

그 후 나는 사장의 기대에 부응하기 위해 혼신의 노력을 다 했다. 나름대로 외국의 사례들을 수집 · 참고하면서 조직 인사관리에 필요한 데이터베이스를 구축하여 장래에 대비하였다. 그 결과 4 · 19 후에 일어난 제일모직의 노동분규 수습이나 문화재단의 설립, 학교 언론 사업에로의 진출을 비롯하여, 인재제일주의 삼성의 경영이념정립과 인사 교육제도의 구축 등 삼성의 초창기 성장과정에 내 나름대로 상당한 기여를 할 수 있었다. 삼성의 무노조경영 신화의 이면에는 면접시험에서 만용을 부린 한 무명 사회학도를 회사에 유용한 인재로 알아 보고 발탁한 창업주 고 이병철 회장의 용인술이 놓여 있는 것이다. 사회학이 맺어준 나와 삼성의 인연을 생각할 때 삼성의 인사관리 저변에는 사회학적 이론과 실험이 숨쉬고 있다 해도 좋을 것이다.

참스승의 사회학과

김진현

내가 동숭동 캠퍼스를 밟은 것은 1954년, 휴전으로부터 1년도 채 안된 때였다. 당시는 청계천 하꼬방의 가난이 일상이고 밤 9시만 되면 전기가 나가며, 전쟁으로 뿔뿔이 헤어진 이들의 사연이 화제였던 시절이었다. 그렇지만 당시에도 서울대학 입학은 자랑과 부러움과 긍지의 대상이었다. 나를 따르던 애인이 하나 있었는데 입학 후 갑자기 사라졌다. 나중에 사연을 알고 보니, 서울대학 입시에 떨어져 숙명여대로 간 그는 자신이 숙명여대를 갔다고 서울대를 간 내가 자신을 무시할 것 같아 아예 피했다고 한다. 지금 돌이켜보면 그 지독한 가난, 혼돈, 위험 속에서도 연애, 자랑, 질투 같은 마음의 원형이 작동하고 있었다는 것이 신기하기도 하다.

나 스스로는 특별히 그런 우월감을 갖고 있지 않았다. 아버지가 신문

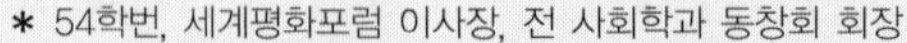

* 54학번, 세계평화포럼 이사장, 전 사회학과 동창회 회장

기자였던 적이 있고, 나도 초등학교 때부터 신문기자 되겠다고 결심했었기 때문이었다. 따라서 대학보다는 학과가 문제였다. 고3 대학입시철이 되어 선생님께 신문기자 되려면 어느 학과에 가야 되느냐고 물었더니 선생님께서는 대답을 못했다. 그때는 언론학이니 신문방송학 같은 말 자체가 없었기 때문이었다. 그때 때마침 서울 법대 출신의 자형이 법대에서 변시민 교수의 사회학 강의를 들었는데, 사회학이 신문기자 되는데 도움될 것 같다기에 사회학과에 지원하게 되었다. 당시 사회학과는 서울대학교밖에 없었다.

•
•
•

1954년 4월 서울대학교 문리과대학 사회학과 입학생의 첫 사회학개론 시간은 그야말로 큰 실망이었다. 이상백 교수님의 강의는 일본책을 들고 읽으시는 강의였다. 읽으시다 글씨가 잘 보이지 않으셨던지 책장을 쭉 찢어서 들고 읽어가셨다. 그러기를 한 20분인지 30분인지 하시더니 경상도 말씨로 "공부는 자기가 하는 기라. 너희들 돈 없어 책사기도 힘들 테니 책방에 가서 이 책 저 책의 목차를 보며 장(章), 절(節)을 이 저자는 어떻게 나누고 저 저자는 어떻게 다르게 분류했는지를 보면서 공부하면 된데이."라고 말씀하셨다. 정확한 시간 길이는 확실치 않지만 한 시간은 전혀 채우지 않으셨고, 이후 사회학개론 강의는 한 학기 내내 없었다. 학기 말 시험은 조교가 대신 문제내고 답안지 거두어 가는 것으로 끝났다.

그러나 스승은 강의로 결정되는 것이 아님을 증명하듯이, 이상백 선생님의 품격은 금방 우리들 가슴을 따뜻하게 적셨다. 당시 도서관 1층에 있던 선생님의 교수실에는 커피가 있었고 정담(情談)이 있었다. 교수실에서 커피 향기가 난다는 것은 당시로서는 예외적인 일이었다. 당시 비(非)미국유럽 유학파 교수로는 유일하게 독보적으로 세계를 활보해 보았던 선생님은, 우리 같은 우물 안 개구리들에게 세상 바깥에 눈을 뜨게 하는 섬광이었다. 미국, 중국, 일본, 유럽의 체험담, 그중에서도 지금까지 진리같이 뇌리에 박힌 말은 우리나라가 세계에 견줄 금수강산이 아니라는 것, 자연의 아름다움으로 치면 우리 땅보다 좋은 데가 얼마든지 있다는 것, 그래도 세계와 견줄만한 것이라면 포항에서 원산까지의 경치라는 것이었다.

⋮

이상백 선생님께서는 여러 가지로 이단아였던 셈이다. 이상백 선생님은 조선사 연구자로 사회학과 교수가 되셨고, 그 외 농구선수, 일본농구협회, 일본체육회 간부의 체육계 인사로 활약하셨고, 해방 전후기에는 여운형 선생님과의 특별한 관계로 '주류' 밖에 계셨던 분이었다. 학교 강의를 한 학기에 한 시간도 채우지 않은 사정도, 알고 보면 대한체육회와 IOC 활동 때문이었다. 우리 재학시절 사회학과의 큰 사건 중 하나는, 일생을 독신으로 지내시던 선생님이 늦장가를 드신 일이었다. 사모님도 화제가 될 만한 분이셨다. 신당동 자택으로 모두 몰려가 사모님이 차린 상을 받은 기억이 새롭다. 당시 이상백 선생님과 학생들의 관계는 오늘날의 사제 관계를 깊이 반성케 한다. 개인적으로도 집이 선생님 댁과 아주 가까워서 가고 오다 버스에서 뵐 때가 많았다. 큰 그릇의 선생님이 때를 제대로 만나지 못하여 꽃을 다 피우지 못하신 것이 못내 아쉬울 뿐이다.

나에게 있어 이해영 선생님은 사회학과가 던져 준 하나의 충격이었다. 2학년 때였을 것이다. 영문사회학강독 과목인데 전원 F학점을 받았다. 재시험 끝에 D학점이란 오점을 남기게 만드신 이 선생님의 엄격하심은, 가끔 매질을 하신단 소문과 함께 워낙 유명했다. 졸업 후에는 가장 먼저 취직걱정, 주변걱정 해주셨던 이해영 선생님의 모습이 지금까지도 그립다. 우리 학생시대는 혼돈과 가난과 불합리의 시대였지만, 우리를 가르치셨던 스승들 이상백, 최문환, 이만갑, 이해영 선생님들은 한결같이 스승다우셨다는 기억이 정말 자랑스럽게 떠오른다.

⋮

우리 제자들이 과연 스승에 응답할 재목으로 컸는지는 자신이 없다. 다만 우리 동기들의 다양성, 사회학과 졸업생의 폭넓은 사회적응은 언급될 만하다. 우리 동기 20명의 직업도 신문기자, 대학교수, 고등학교 교사, 은행원, 관리, 기업 등 다양하다. 이렇게 일반화하면 이해가 잘 안 될 것이다. 좀 더 자세히 써보자. 졸업 후 느닷없이 중이 된 친구, 학교 때부터 그림 그리다 서양화학과 교수가 본업이 된 친구, 시를 쓰다 미국 가서 철학으로 학위 받고 브로드웨이에서 드라마 작가 겸 연출하다 귀국해서 극단을 만들려고 노력하더니 제주도 가는 여객선에서 자살한 친구, 군복 염색한 옷 입고 이리저리 뜻 모를 소리하고 돌아다니더니 북한으로 자진 월북하는 바람에 많은 동창들을 중앙정보부에 끌려가게 해서 고생시킨 친구 등등. 나 역시 사회학과 출신으로는 최초의 국무위원이 되었다. 그것도 사회학이나 언론학과는 완전히 동떨어진 과학기술처 장관을 맡게되고, 더욱 엉뚱하게도 원자력 폐기물처리장 설치문제와 관련한 과학기술처 프로젝트를 사회학과 연구소에 맡길 수 있게 된 것들은, 모두 기연이라면 기연이다.

⋮

나는 국민학교 때서부터 커서 신문기자 되겠다는 것이 꿈이었으니까 사회학과 졸업 후 바로 언론계로 나가는 것이 당연했다. 그리고 그 후 사회학과 출신으로 가장 많이 진출한 분야가 언론계가 되어, 내가 사회학과 출신 언론인들의 접점 노릇을 할 수 있었던 것은 일생의 큰 영광이다. 한때 문화일보 사장 시절엔, 동아, 조선, 한국, 서울, 문화일보와 연합통신 MBC 편집책임자들이 모두 사회학과 출신이어서 참으로 흐뭇하고 자랑스러웠다.

이런 것들이 인연이 되어 사회학과 동창회가 사실상 부활하고 사회학과나 동창회나 본격적인 기금까지 마련할 수 있었던 것은 사회학과의 큰 수확이다. 스스로를 예일대학 출신으로 생각하고 사회학과와는 인연을 멀리했던 박성용 금호그룹회장을 다시 끌어들인 데는 사회학과 출신 과학기술처 장관으로서의 역할 때문이었다. 광주(光州) 하이테크 단지 설립 과정에서 박 선배를 끌어드려 이사장을 맡긴 것이 인연이 되어 후에 박 선배는 사회학과 동창회장직을 맡으셨다. 고인의 사회학과 동창회에의 기여를 이 자리를 빌어 감사드린다.

50년대 한국지성의 보금자리 동숭동 대학로의 추억

오도광

어쩌다 볼 일이 있어 모처럼 동숭동 대학로를 찾을 때면, 번번이 전과는 너무도 달라진 주변 분위기에 놀라 한동안 어리둥절해 지곤 한다. 동숭동의 대학로는 10대를 벗어나 인생에서 가장 아름다운 청운의 시절이라고 불리는 20대의 초반을 보낸 곳이어서, 젊은 날 낭만의 흔적과 옛 추억의 파편이 여기저기 묻혀 있는 마음의 고향으로만 여겨진다. 그래서 대학로를 찾을 때마다 부질없는 기대라고 느끼면서도 옛 추억의 파편 몇 조각을 되살릴 수 있을 것이라고 막연하게 기대하게 된다. 그러나 막상 전철역 출구를 나서면서부터는, 무리지어 바삐 움직이는 젊은이들의 북새통에 휘말려 그 부산스러움과 어수선함에 갈피를 잡지 못하고 헤메이곤 한다.

동숭동 대학로의 분위기는 너무도 달라졌다. 서울대학교가 동숭동캠

* 55학번, 전 한국일보 논설위원.

퍼스를 떠나 강남의 관악캠퍼스에 자리 잡은 지도 한 세대가 넘었으니, 동숭동 대학로가 옛 모습을 그대로 남아있기를 기대하는 것이 요즈음 같은 급변의 시대에는 아마도 시대착오적인 생각일 것이다. 그나마 대학본부가 자리했던 문예진흥원의 정원과 마로니에 숲이 옛 모습을 희미하게 전하고 정원 한복판에 옛 서울대학교 문리대캠퍼스의 모형도가 제법 큼직하게 조성되어 그 모형도 속의 여기저기를 짚어가며 옛 추억을 되살릴 수 있는 것이 대학로를 찾는 보람이라고나 할까.

서울대 13회인 우리 동기들은 환도 후 혼란의 소용돌이에서 서울대에 입학한 전후 1세대로서 사회학과를 노크했다. 1953년 휴전협정의 성립으로 한국전쟁의 포화가 멈추고 피난지서 돌아온 뒤 최초로 입학한 기가 1954년에 입학한 12회이고 그다음이 1955년 입학한 13회다. 우리들이 진로를 놓고 이 대학 저 대학을 기웃거리며 한참 고민하던 1954년 가을, 서울은 더할 데없이 황량한 폐허의 도시였다. 포화로 파괴된 건물들의 일그러진 잔해가 길가 곳곳에 그대로 널려 있었고, 빈터도 수두룩했다. 파괴된 건물의 잔해가 빚어내는 그 살벌한 분위기, 한마디로 그 시대는 희망의 빛줄기라고는 찾을 수 없이 암담하기만 했던 칠흙의 시대였다. 동숭동의 대학로를 처음 찾은 것은 1954년 늦가을, 살벌하고 황량하며 처절했던 시대상황 속에서도 앞날을 위해 확실하게 진로를 찾아야 한다는 절박감에 쫓기던 시절이었다. 아무래도 사립대학은 양에 차지 않아 선택의 폭은 국립 서울대학교밖에 없었으므로 지원을 하기 전에 맞선 보듯 캠퍼스주변의 분위기나 살펴보자는 생각으로 동숭동 대학로를 찾은 것이다.

처음으로 찾은 동숭동 대학로는 분위기부터가 조용하고 고즈넉하여 살벌하고 황량하기만 했던 시대분위기와는 전혀 달랐다. 포화를 맞고 파괴되어 흉한 모습을 드러낸 건물들의 잔해도 보이지 않았고, 단풍이 곱게 물든 플라타너스 가로수 옆의 보도는 오가는 행인도 드물었으며, 시내버스가 이따금 지나갈 뿐 차량왕래도 뜸했다. 보도 아래로 흐르는 대학천도 자분하게 가라앉은 분위기와 어울렸다. 무언가 고민하고 사색하는 분위기를 동숭도 대학로는 조용하면서도 인상 깊게 전해주는 것이었다. 첫 만남서부터 지성이 잔잔하게 깔려있는 사색과 명상의 거리임이 피부에 와 닿았다. 그 시절 대학로는 정동의 덕수궁 돌담길, 원남동의 창덕궁~창경원 고개길 효자동의 경복궁 돌담길과 함께 서울서 손꼽히는 산책로이자 아베크 코스이기도 했다. 대학로의 분위기는 첫 만남서부터 감수성 민감한 10대의 마음을 사로잡기에 충분했다.

⋮

동숭동 대학로의 분위기를 접한 뒤 나의 진로는 확고하게 정해졌다. 서울대학교, 그중에서도 문리대였다. 이과에는 처음부터 뜻이 없었고, 상과는 너무 세속적이라고 내려 보았고, 문과에서도 인문과학보다는 사회과학 쪽으로 마음이 기울었는데, 당시 문리대 문학부의 사회과학 계통의 학과 중에서는 정치학과의 인기가 상종가였다. 그러나 정치인의 아내로서 평생 동안 편할 날이 없으셨던 어머님은, 정치학과 지망을 한사코 반대하셨고 6 · 25 전쟁 중 아버님이 납북되신 뒤 홀로 가정을 이끌어 오신 어머님의 뜻을 거역하기에는 나는 너무도 심약했다. 또한 권모술수가 지배하는 정치의 생리와 위선적인 측면에 대해 혐오감을 느끼던 내게, 정치학과는 처음부터 선택에서 제외되어 있었다. 어머님은 법학과를 권하셨다. 그러나 10대 시절 종교 쪽으로 기울었던 나는 사회정의와 질서를 바로 세운다는 법의 기본정신에 동의하기에 앞서 이른바 원죄의식에 발목이 잡혀 "죄인이 어떻게 죄를 다스리고 심판할 수 있느냐?" 는 회의에 빠져서 법과 지망마저도 선뜻 내키지 않았다. 딱딱한 법조문을 따지는 것 또한 무미건조하게 여겨졌다.

사회과학계열에서 정치학과 법학을 제쳐놓고 보니 남는 것이 사회학이었다. 정확히 사회학이 어떠한 학문이라는 것을 제대로 알지도 못한 채, 그저 막연히 사회의 여러 현상과 구조를 연구한다는 일반적이고 기초적인 지식밖에 없었으나 새로 일어서는 미개의 학문이어서 발전의 가능성이 높아 보인다는 것이 매력으로 작용했다. 그러나 사회학과를 지망한다고 하자 주위에서는 갑작스럽게 사회주의자가 되려고 하느냐, 그것이 아니라면 사회사업에 뜻이 있느냐며 의아한 눈초리로 바라보는 것이었다. 사회학에 대한 이 같은 오해와 편견은 아직까지도 완전히 불식되지 않고 있는 것 같다.

국립서울대학교 문리과대학 사회학과에 입학하고 보니, 문리대(文理大)는 스스로 "대학 중의 대학"이라고 칭하며 남다른 프라이드를 앞세웠고, 그중 사회학과는 귀공자풍의 댄디한 노신사 이상백 교수를 정점으로 하여 작달막한 키에 막스 베버의 이론을 열정적으로 강의하는 최문환 교수, 제주도사투리에 일본식 억양이 강한 변시민 교수가 삼각정립의 형상을 이루고 있었다. 또한 왕실의 후손답게 온화하고 단아한 성품의 선비 이해영 교수와 교환교수로 미국연수 중이던 이만갑 교수가 얼마 뒤 대학에 복귀했다. 고영복 선배는 그 무렵 시간강사로 원서강독을 맡았고 김채윤 선배가 조교로 임기를 마칠 단계에 이르렀다. 큼직한 체구에 거므스레한 안색을 한 김채윤 선배는, 국내최고의 상아탑에 들어섰다고 의기양양한 우리들에게 투박한 경상도 말씨로 "대학은 학문을 배우는 곳이 아니라 학문하는 방법을 배우는 곳입니다. 여러분이 앞으로 4년 동안 학문을 어떻게 하느냐는 방법이라도 깨우치고 떠나면 성공이지요. 대학서 4년간 학문하는 방법을 배운 후에야 비로서 학문을 배우기 시작하는 것이에요. 학문이란 평생을 두고 도전해야 할 만큼 심오한 것입니다."는 말을 들려주었다. 나는 그의 말을 처음에는 겁주는 말이라고 여겼으나, 돌이켜보니 두고두고 인상에 강하게 남고 여운이 되새겨지는 명언이었다.

첫 만남서 흠뻑 빠져들었던 동숭동 대학로의 조용하고 아늑한 분위기는, 대학에 입학한 뒤엔 더욱 우리들을 감싸 안았고 문리대정원의 마로니에 숲과 의대캠퍼스의 함춘원 풀밭은 우리들이 열심히 인생을 논하는 토론장이었다. 함춘원 풀밭 너머로는 음대 캠퍼스가 있었고 음대캠퍼스 바로 아래쪽에 교수회관이 있었으나 지금은 흔적조차 찾아 볼 수 없다. 의대담장을 따라 혜화동으로 빠지는 길목에 자리한 별장다방도 즐겨 찾았다. 학림다방은 우리가 대학을 떠난 뒤에 문을 열어, 우리보다 몇 년 후배들이 많이 이용했으며 우리 시절에는 별장다방이 대학로의 간판격인 다방이었는데 요란스러운 팝뮤직이나 구성진 대중가요가 아니고 클래식을 주로 트는 낙원동의 르네상스와 같은 격조 높고 분위기 있는 음악다방이었다. 별장다방서 조용히 흐르는 클래식 선율에 파묻혀 강의를 빼먹으며 주체할 길 없는 우수를 달래다가 학기말에 이르러 학점 때문에 악전고투한 F학점의 수재들이 어디 한두 명이었던가.

삼선교에 자리한 동도극장은 우리들의 Cinema Pradiso였다. 재개봉관에도 들지 못하는 변두리극장인 동도극장은 이름있는 외화가 상영될 때마다 학생할인권을 동숭동캠퍼스에 뿌려 주머니사정이 얄팍했던 우리들에게 「바람과 함께 사라지다」, 「누구를 위하여 종은 울리나」, 「셰인」 그리고 히치콕 감독의 스릴러를 싼값에 즐기게 해 주었다. 저마다 아마추어 영화평론가처럼 행동했던 우리는 학보병제도가 생기자 일부는 1년 반 복무의 병역혜택을 받고 군대에 들어갔고 나머지는 쓸쓸히 동숭동에 남아 취업의 문이 바늘구멍만큼이나 좁았던 시절 취직걱정을 하며 3~4학년을 보냈다. 김채윤 선배가 일러준 대로 학문하는 방법을 터득한 학우들은 대학에 남고 학문하는 방법을 터득하지 못한 학우들은 사회로 진출했다.

⋮

우리가 대학을 졸업한 뒤 동숭동 대학로는 학생 데모의 중심지가 되었고, 이를 견디다 못한 정부가 서울대를 멀찌감치 관악산 밑으로 옮기고 이름만 남은 대학로는 이제 젊은이들이 넘쳐흐르는 환락의 거리로 탈바꿈했지만 우리는 학생 데모가 자리 잡기 전 졸업하여 데모 한 번 않고 대학을 떠났다. 13회가 대학을 떠난 다음 해인 1960년 자유당의 부정선거를 규탄하며 터진 4 · 19 학생의거가 동숭동 대학가를 휩쓴 최초의 데모였다. 이제는 총장실 점거, 전경들과의 격렬한 몸싸움, 철야단식농성 등 과격학생데모가 한국대학들의 상징처럼 되어있는 시대에, 4년 동안 데모 한번 못한(어쩌면 안한)것이 자랑일까, 수치일까?

윗 학년(12회)과 아래 학년(14회)에는 여학생이 한두 명씩 끼여 있었으나 13회에는 유독 여학생이 단 한 명도 없었고, 교양과목을 함께 들었던 사학과에 여학생이 4명이나 되어 모두 그들을 부러운 눈으로 건너다보기만 했다. 그래도 사회학과 13회에는 인재가 많았다. 특히 13회의 동기들은 한국사회학의 정립과 발전에 뚜렷한 학문적인 업적을 남겼다. 우리가 입학할 당시 서울에는 서울대학에만 사회학과가 있을 뿐 타 대학에는 사회학과가 없어 타 대학과의 교류가 전혀 없을 정도로 사회학은 불모에 가까웠다. 그 뒤 김경동, 오인환, 임희섭, 한완상, 강신표, 윤용진 등 여러 동기들이 학문하는 방법을 일깨우고 학계에 남아 한국사회학의 기초를 확실하게 닦았고, 서울의 명문사대와 전국 각대학의 사회학과 창립과 육성을 주도했다. 우리가 입학할 때까지만 해도 외국학자의 이론을 소개하는 데만 그쳤을 뿐 한국사회에 대한 올바른 분석과 연구가 전혀 이루지지 못했던 한국사회학이, 한국사회의 본질과 특징적인 현상을 심층 분석하고 체계적으로 정리하여 토착화에 성공한 데에는 대학 강단에 남은 13회 동문들의 연구와 노력이 결정적이었음을 전해 듣고 있다.

⋮

학계뿐만 아니라 타 분야에서도 13회 동기들의 활약과 기여는 높이 평가된다. 방송계서는 홍두표, 경제계서는 조남홍, 언론계서는 이문희 동문 등이 많은 업적을 남겼고 교육계와 관계서도 여러 동문이 충실하게 제몫을 다해 사회학과의 저력을 입증했다. 13회의 입학정원은 30명이었는데 총동문회명단을 보니 36명이 올라있다. 아마도 정원 외 20%의 여유가 있던 모양이다. 그중에서 6명이 타계했다. 한두 명은 졸업직후 아까운 나이에 요절했고 나머지는 중년의 턱을 넘기는 고비에서 떠나갔다. 소식이 두절되어 회원명부를 보고서야 어렴풋이 기억나는 학우들도 있다. 미국 등 해외에 거주하는 동문은 2~3명뿐으로 의외로 적다. 국내에 남아있는 동문들은 자주 어울리지는 못해도 철이 바뀔 때마다 한자리에 모여 회식하며 추억과 회고담을 나누곤 하는데 회식장소의 마감시간이 지나도록 화제가 끊이지 않고 이어져 언제나 아쉬움을 남기고 자리에서 일어나곤 한다. 회식 때마다 유지가 스폰서를 자청하고 나서서 회비 없이 모이는 것이 13회의 또 하나의 특징이다. 이제는 고희를 넘겨 머리는 반백(半白)이 아니라 완전백두(完全白頭)거나 무모(無毛)이고 준수하기만 했던 얼굴엔 주름들이 깊게 패이고 퇴행성 질환에 지팡이를 짚거나 절룩이기까지 하는 학우들도 있으나, 마음만은 동숭동서 처음 만났을 때와 다름없이 언제나 푸르기만 하다.

총동문회 3대 회장 조남홍이 13회에서 나오기도 했지만, 13회는 총동문회에도 매우 협조적이고 내부적으로 결속이 탄탄하기로 소문났다고 한다. 우리 동기들이 끈끈한 정으로 뭉칠 수 있는 것은 만년 영구총무로 예나 지금이나 궂은 일을 마다 않고 뒷바라지를 하고 있는 홍기화 동문의 성실하고 끊임없는 봉사가 밑거름으로 작용했기 때문이다.

쌍팔학번과 나의 추억

조남홍

想白 李相佰, 崔文煥, 李海英, 邊時敏, 李萬甲, 黃性模, 高永復 그리고 조교 金彩潤과 외래 강사 이효재와 박권상, 이런 분들이 50년대 중후반의 서울대 사회학과의 대표적 얼굴들로 지금도 그들의 강의 모습이 기억에 생생하다. 이들 중에는 이미 고인이 되신 분들도 계시고 또 연로하시지만 아직도 이 혼탁한 사회 환경 속에서 우리 후학들에게 무엇인가 무언의 가르침을 주고 있는 분들도 계시다.

필자가 사회학과에 입학한 해는 서기 1955년, 단기 4288년이다. 그래서 88학번이라고도 했고 또 "双八 學番"이라고도 했다. 입학 동기생들의 주종은 1936년생이나 1937년생들이다. 이들 세대는 초등학교 3학년까지 일본의 식민지하에서 세계 2차 대전을 겪으면서 1945년 해방을 맞아 대한민국 건국의 감격적 현장을 어린 눈으로 목격을 했다.

* 55학번, 한국경영자총협회 고문

그리고 1950년 6·25 전쟁 당시 감수성이 아주 민감한 나이에 참담한 전쟁 피난생활을 몸으로 체험한 연배들이다. 이들이 6·25 동난 이후 국내 정치사회의 혼란 속에서 서울대학교 사회학과에 입학한 것이다.

당시 우리 문리대 사회학과에 대한 일반의 인지도나 선호도는 그리 높은 편은 아니었다. 왜냐하면 졸업 후 취업기회의 문이 상대적으로 좁다고 인식되었기 때문이다. 그럼에도 불구하고 입학 경쟁률은 높은 편에 속했다. 그 이유는 당시 입학지망생들의 순수학문에 대한 열망이 꽤나 높았기 때문이 아니었나 생각된다. 그런 연유 때문인지는 확실치 않지만 우리 13회 입학생들의 숫자가 그 무렵으로 보아서는 이례적으로 많은 38명을 기록하고 있다.

⋮

당시 문리대 생물학과에 3년 차 다니는 친소관계가 두터운 학교 선배가 있었다. 그는 나의 중·고교생활에서부터 영향을 주었을 뿐 아니라 사회학과 선택에 결정적 영향을 주었다. 그는 사회학에 대한 학문적 가치와 비중을 어느 여타 영역의 학문보다 높게 평가하고 있었다. 생물학도가 사회학을 그렇게 높게 평가하고 있다는 사실이 나에게 보다 큰 신뢰감을 안겨 준 것은 지금 생각해 보아도 참으로 기이한 일이다. 그는 동숭동 문리과 대학 정원의 모습을 이렇게 표현하곤 했다. "봄이 오면 노란 개나리가 정원을 현란하게 뒤덮고, 개나리 지면 라일락의 향기가 학교정원을 가득히 채운다. 그리고 라일락이 질 무렵이면 싱그러운 마로니에 그늘 아래 자유와 민족과 학문을 이야기하며 사색한다." 이 얼마나 위대한 학문이며 또 이 얼마나 멋진 교정인가! 이것이 그 당시 필자의 생각이었다.

서울대학교 문리과대학 사회학과를 지망하는 입학원서의 빈칸을 모두 채우고 나서 '취미' 란에 이르렀을 때 나는 한참을 생각했다. 그러고 나서 '사색' 이라고 썼다. 이것이 나중에 나에게는 짧지만 잔잔한 고통을 안겨주었던 기억과 그리고 이로 인해 훗날 최문환 선생님과의 사제지간의 정이 남달랐던 기억은 지금도 가슴이 뿌듯하다. 구두시험장에서 있었던 이야기이다. 가슴 조이는 지망생들 앞에 근엄한 모습의 여러 교수들이 앉아계셨던 것으로 어렴풋하게 기억되나 그중에 또렷한 기억은 최문환 교수님과 그 옆에 황성모 교수님 그리고 좀 떨어진 곳에 이상백 교수님이 마지막으로 앉아 계셨던 모습이다. 이들 교수들이 유별나게 기억에 남는 까닭은 그들 세분이 나에게 혹독(?)하게 구두질문을 하였기 때문에가 아닌가 싶다. 지금도 기억이 생생한 최문환 교수님과의 일문일답은 이러했다. "취미가 사색이라니! 어떻게 사색이 취미가 될 수 있다는 말인가?", "네. 저는 생각하는 것이 취미입니다." 좀 무엄하다는 표정을 지으며 계속해 질문을 하셨다. 물론 말씀의 톤은 상당히 높아진 상태였다.

⋮

"무엇을 생각한다는 말인가?" 필자는 겁이 나기도 했지만 그래도 조금 더 좋은 구두시험 점수를 얻어야 하겠다는 생각이 들어, 사회학과 지원동기에 대한 사전에 암기해 놓은 답안을 일사천리로 읊었음을 지금도 잊지 않고 있다. "사회는 하나의 살아있는 유기체입니다. 유기체인 인체의 병을 고치는 사람을 의사라고 하듯 저는 사회 병을 고치는 사회의 의사가 되고 싶습니다. 사회학은 위대한 학문이라고 생각합니다." 스스로 멋지게 답변했다고 생각했고 또 나름대로 그런 신념을 갖고 있었다. 그런데 최문환 교수님의 표정이 그리 만족스러운 것이 아니었고 선생님의 미간에 방금 생긴 주름을 목격했다. 더 이상 질문은 없었으나 무엇을 말씀하고 계신지는 마음으로 읽을 수 있었다. 당시 19세 소년은 부끄러워 땅 속으로 숨고 싶은 심경이었다. 이 짧은 한 교수와의 대좌 경험이 내 평생의 정신세계를 지배하고 있다. 다음은 황성모 교수이시다. 'Sociologie' 라는 단어가 표제에 붙은 빛바랜 한권의 책을 내 앞에 펴신 다음 단어 하나하나의 뜻을 물으신다. 무난하게 답변했던 것으로 기억된다. 왜냐하면 학술 용어인 경우 영어나 불어가 그 어원이 같아 어렵지 않았기 때문이었다. 그런데 그다음 이어진 황성모 교수님의 말씀이 실망스러웠다.

⋮

"이 성적 가지고 되겠나! 학생은 공부를 더해야 하겠어!" 나의 입학 관련 서류를 보며 하신 말씀인지라 불합격의 간접통보라 생각했다. 마지막 이상백 교수님의 차례다. 그는 검정색 두터운 오바 코트를 입고 계셨으며 다소 긴 얼굴에 크지 않은 눈을 갖고 계신 온후한 인상을 풍기고 계셨다. "학생 이름은?" 이렇게 물으시고 내 얼굴과 서류를 번갈아 보시고는 더 이상 질문 없이 "가 봐요." 라고 서류에 시선을 두고 말하신다. 이런 분위기는 낙방의 신호탄임에 틀림없다고 확신하게 되었다. 그래서 나는 지방으로 여행을 떠났고 방(榜)이 붙은 날로부터 일주일쯤 후에 그 생물학과 선배로부터 나의 합격 통보를 전해 들었다. 이렇게 해서 자랑스러운 문리대 사회학과의 학창생활이 시작되었다.

이상백 교수의 제일 첫 번째 과제는 일종의 사회조사의 연습이었다. 각자 거주지 동(洞) 단위의 주민 이동상황에 대한 조사였던 것으로 기억된다. 이를 위해서는 주민들의 입주퇴거 관련 동사무소의 문서 열람이 필수였다. 동사무소 직원들은 '서울대학교 사회학과' 에 대한 편견을 갖고 있었다. '사회주의 학생' 을 도울 수 없다는 것이다. 이것이 성년이 된 필자가 첫 번째 경험한 사회적 좌절이라고 표현할 수 있으리라. 우여곡절 끝에 조사서를 작성완료하고 학교에 기한을 넘겨 제출했다. 그 이후 그렇게 어렵사리 작성한 조사보고서에 대한 평가를 학교의 아무에게도 받아 본 기억이 없다.

⋮

이상백 선생님은 결강이 비교적 많으셨던 것으로 기억이 된다. 그럼에도 불구하고 그는 학생들로부터 존경을 받고 있었다. 강의보다는 읽어야 할 서적들의 이야기로 지도해 주셨던 특이점을 갖고 계셨던 것으로 기억이 남아 있다. 시험 때는 두어 문제 중 한 문제를 선택, 답안을 요구하고 시험장 밖으로 사라지신다. 당시 이상백 교수의 채점방식에 대한 괴담(?)이 학생들 간에 퍼져 있었다. 답안용지를 공중으로 집어던진 후 흩어진 학생들의 답안지를 가까이 있는 것부터 멀리 떨어져 있는 순서대로 C학점부터 채점해 나간다는 것이다. 이렇듯 그는 점수라는 평가를 중요히 생각지 않으셨다는 이야기이다. 그러나 이 괴담은 사실이 아니었다. 훗날 느낀 것이지만 동(洞)주민의 이동조사서에 대한 학교의 평가는 중요한 것이 아니었다. 사실 그 조사를 실행하는 과정에서 문제의식의 자각과 보다 폭넓은 사회적 안목과 경험을 그리고 스스로 문제를 해결하는 지혜를 몸소 배웠다는 것을 느꼈다. 이것이 이상백 선생님이 후학들에게 노리셨던 교육 포인트였을 것이라고 지금도 필자는 믿고 있다.

⋮

최문환 교수님의 '사회사상사'는 인기 있는 강의였다. 타과 학생들도 많이 청강을 했다. 그는 이 강의를 통하여 한번은 이런 이야기를 했다. 한 사회를 지배하고 변혁을 이끄는 집단을 '압력집단'이라고 명칭하는데 우리사회의 그에 상응하는 집단은 '학생집단'과 '군사집단'뿐이라고 갈파 했다. 훗날 그의 사회과학의 학자적 예단이 적중했음을 감탄하지 않을 수 없다. 그는 사회학 불어원서 강독 특강도 하셨다. 실제로 수강하는 학생 수는 4~5명에 불과 했지만 4~5백 명을 상대로 강의하시듯 목청 높이며 열강 하시곤 했다. 함께 열심히 수강했던 11기 정홍진 선배가 기억난다. 이 강의가 끝난 뒤면 선생님은 이따금 필자에게 '사색'이 잘 되느냐 농을 거시는 여유와 자상함도 함께 갖고 계셨다. 그의 학문적 열정과 양심과 용기 그리고 학자적 혜안이라는 관점에서 그는 나의 흠모의 대상이었으며 정말로 잊을 수 없는 은사님이시다. 필자의 인생의 고비 고비마다 선생님의 가르치심이 거기에 함께 있어왔다. 그러나 1975년 선생님 타계하실 적에 해외에서 명복을 빌 수밖에 없었던 일이 지금도 못내 아쉽고 스스로 송구스러운 마음 늘 금할 수 없는 심경이다.

변시민 선생님의 게마인샤프트와 게젤샤프트, 이해영 선생님의 가족제도와 인구학, 갓 미국에서 돌아오신 이만갑 선생님의 당시 신선했던 사회조사방법론 강의, 황성모 선생님의 norme sociale, 고영복 선생님의 병아리의 pecking order 등이 아득히 먼 옛날 모교 사회학과에 대한 아릿한 추억의 편린으로 남아있다.

1960년 4 · 19 학생의거와 필자와의 관계는 그리 긴밀하지 않다. 군복무를 끝내고 복학한 형편이어서 그랬을 것으로 기억이 된다. 그러나 최문환 선생님의 사회개혁과 압력집단에 대한 강의가 자꾸 머리에 떠올랐다. 3 · 15 부정선거는 용납될 수 없는 일이었다. 동숭동에서 종로 5가로 향하는 시위대에 참여했다. 대열 속 내 주위에는 낯설은 후배들이 많았다. 운이 없게도 필자는 경찰관에게 쉽게 붙들렸으며 곧바로 동대문경찰서에 유치되었다. 그리고 3시간쯤 후에 훈계 방면되었다. 이것이 필자가 겪은 4 · 19혁명 당시의 경험의 전부이다. 곧이어 자유당 정권이 무너지고 장면 정권 1년 만에 5 · 16 군사혁명이 일어났다.

⋮

학교를 떠난 후 필자는 군사정권하의 경제개발계획에 참여하기도 했고 대외통상 관련 업무 등에 종사하면서 30년에 가까운 긴 세월을 보냈다. 그리고 뒤늦게 '노사관계'를 다루는 민간단체에 합류하여 보낸 10년이라는 세월은 필자에게는 참으로 보람찬 제2의 인생이었다. 그것은 한참을 잊고 지냈던 사회학과 동문사회에로의 귀환이었다. 노사문제와 밀접히 관계가 있는 국민연금, 의료보험, 고용보험 등과 같은 기초사회보장제도와 그리고 사회정책으로서의 노사관계라는 영역 속에서 필자는 10년을 하루 같이 동문들과 함께 일했기 때문에 "본가에 귀환"이라고 말하고 싶은 것이다. 김금수(15회), 이광찬(16회), 최승부(18회), 차홍봉(20회), 장석준(22회), 박길상(30회), 엄현택(33회), ILO의 이창휘(40회) 등은 나의 제2의 인생을 활기차게 만들어 준 잊을 수 없는 이름들이다. 이들은 우리사회의 강건한 초석의 역할을 해 왔고 또 지금도 하고 있다. 그래서 우리 사회학과가 자랑스러운 것이며 필자는 지금도 그들의 도움을 감사하게 생각하고 있다. 그리고 필자를 사회학과에 인도한 옛날 그 생물학과 선배(金啓中)에게도 늘 감사한다. 그는 현재에도 미네소타 대학에서 강의를 하고 있으며 우리나라 DMZ 내의 생태계 보존을 위한 국제적 운동에 앞장서고 있다. 그는 아직도 동숭동 문리대의 아름다운 정원 이야기와 당시 교정 길 건너편에 위치했던 '별장다방' 이야기를 한다. 이 다방은 당시 학생들의 안식처였으며 토론의 장(場)이기도 했다. 현재의 변모한 대학로를 지날 때면 옛 문리대 사회학과 시절이 가슴 속 깊이 그리워진다.

⋮

고석원, 김경삼, 김성태, 서상모, 이문희, 최윤목, 한종수, 이들은 13회 입학 동기생 중 유명을 달리한 동문들의 이름이다. 사회학과 창립 60년을 맞아 그들의 명복을 빈다. 그리고 서울대 사회학과가 오래오래 융성하여 위대한 학문의 본당으로 발전하길 진심으로 기원한다.

한국 사회학의 전환기, 55학번의 위상

김경동

우리 동기는 서울대학교 제13회 졸업반으로 사회학과에 입학한 해는 1955년이다. 지금은 55학번이라 칭하지만 당시는 단기력을 쓰던 때라 우리는 88학번이라 일컬었다. 돌이켜 보면 참으로 천진하던 학창시절이었던 기억만 남아 있지만 학사적인 관점에서 보면 이 시기는 우연하게도 한국사회학이 중요한 학풍의 전환기를 열었던 시점이라 할 수 있다. 당시 나라의 사정은 무척이나 어려웠다. 전장의 초연이 사라진 지 2년, 국민은 서서히 전쟁의 상흔을 씻기 시작하고 있었다. 그러나 경제는 잉여농산물에 의지하며 바닥을 헤매고 정치는 혼미를 향해 줄달음질 치고 사회는 온갖 사건으로 얼룩지고 문화적으로는 전후 데카당스의 징후들이 여기저기서 우리의 가치와 규범을 좀먹고 있었다.

* 55학번, 서울대 명예교수, KDI국제정책대학원 초빙교수, 대한민국학술원 회원

이러한 시대적 여건 속에 사회학 공부를 시작하기는 했지만 처음 한 두 해는 학문의 성격에 대한 이해 부족으로 인하여 제대로 갈피를 잡지 못하고 지적 호기심이나 채우려 실존주의에 심취하기도 하고 미국의 대중문화에 빠져들기도 하며 한동안 방황하였던 게 사실이다. 그러던 중에 보기에 따라서는 완전히 새로운 성격의 학문으로서 사회학이 우리에게 다가왔다. 그때까지만 해도 학과 교수진의 교육과 학문 배경으로 보아 우리가 소개받은 사회학은 일본식 독일 관념주의 사회학의 테두리를 크게 벗어나지 못하고 있었다. 입학 당시 사회학과에는 이상백, 변시민, 최문환 세 분 교수가 전임이었고, 우리가 졸업하기 전에 이만갑, 이해영, 두 분 교수가 전임교수로 취임하였다. 주지하는 대로 앞의 세 분은 일본에서 사회철학, 사회학, 경제학 등을 전공한 분들이고, 이만갑 교수는 일본에서 사회학을 전공하고 나서 1950년대 중반에 미국에서 교환교수로 1년간 연구를 했으며, 이해영 교수는 본과 출신으로는 처음으로 학과 전임교수가 취임했지만 역시 우리가 학생 때인 1950년대 후반 미국에 1년 유학하였다.

⋮

우리가 2학년이 되던 1956년에 이해영 교수가 미국 노스 캐럴라이나 대학에서 귀국하여 강사로서 인류학 강의를 시작했고, 1958년에 전임으로 부임하게 된다. 우리가 3학년 때인 1957년에는 군복무를 마친 이만갑 교수가 미국 코넬대학에서 귀국, 전임으로 복귀하면서 조사방법

강의와 파슨즈(Talcott Parsons), 머튼(Robert Merton) 등의 구조기능주의에 대한 소개를 시작하였다. 이 시점을 시발로 우리 사회학과에 비로소 본격적인 미국식 신실증주의 경험적 사회학의 소개가 시작된 것이다. 우리 동기는 바로 이와 같은 대전환의 한 가운데서 사회학 공부를 집중적으로 하게 된 세대가 되는 셈이다. 물론 11회 53학번과 12회 54학번도 동시대에 학교를 다녔지만 이들은 두 분 교수가 미국에서 귀국한 시기에는 이미 졸업반이었거나 학교를 떠나고 없었다. 이에 비해 우리 동기는 2, 3, 4학년이라는 계란 노른자를 미국사회학의 집중세례를 받으며 학교를 다닌 것이다. 우리는 이만갑, 이해영 두 분 교수 외에도 미국 출신으로 사회학과에서 강의를 했던 이효재 이화여대 교수와 윤영구 박사 등으로부터도 미국사회학의 조류에 직접 접하는 기회를 갖게 되었었다.

⋮

그뿐 아니라, 우리가 4학년이던 해에는 고황경, 이만갑, 이효재, 이해영 네 분이 공동으로 서울시 가족에 대한 표본조사를 실시했고 이만갑 교수는 경기도 광주(현재 분당)의 농촌현지조사를 시도하였다. 내가 졸업하고 사회학과의 조교가 되던 해(1959)에는 위의 네 교수가 공동으로 가족을 주제로 한 전국 표본조사도 수행하였다. 이런 실증연구에는 나 자신이 연구조교로 참여하면서 56(14회), 57(15회) 학번의 동문들도 학생 면접원으로 활약할 기회를 가졌다.

지금도 기억나는 것은 당시 가정교사를 해서 생긴 돈으로 광화문 외국도서 취급 전문서점에 가서 파슨즈의 『사회행위론』이라든가 구드와 해트(W. Goode & Hatt)의 『사회조사방법론』 원서를 구입하여 거의 암기하다시피 탐독한 일이다. 그리하여 재학시절부터 동기들끼리 미국 사회학의 주요 원서를 중심으로 세미나와 토론회를 가졌을 뿐 아니라 심지어 후배들도 지도한다는 명목으로 동참시켜 활발한 학회활동을 벌이기도 하였다. 특히 57학번과 58학번(16회)이 우리의 그러한 모임에 동원된 주 대상이었다. 거기에 그치지 않고 우리는 4학년 때인 1958년에 선배들과 함께 학생이 주축이 된 학과단위의 잡지 『사회학보』 제1집을 간행하였다. 이 학보는 비록 등사판으로 찍어낸 초라한 것이었지만 우리나라 사회학계에서 '사회학'이라는 이름을 내걸고 출간한 최초의 정기간행물이었다. 이런 저런 일로 해서 바로 아래 학번(56학번) 동문들 일부는 은근히 반발했던 일을 지금까지 잊을 수 없다.

⋮

그처럼 유난을 떨었던 우리의 활동에 대한 주위의 반작용에는 단순한 개인적인 정서만이 작용했던 것은 아니었다. 우리 동기가 후배들을 데리고 교수들의 조사연구에 참여하고 세미나 등 학문 활동을 하고 잡지를 발행하고 하는 데 대해서 마음에 들어 하지 않았던 일부 학생들은 미국식 실증주의 사회학이 지나치게 경험위주의 계량적인 성향으로 흐르는 데 대해서 불만을 토로하곤 하였다. 이것이 시발이 되어 사회학과에는 크게 두 갈래의 학풍이 서서히 조성되기에 이른다. 한편으로는 이만갑, 이해영 교수가 주축이 되어 새로이 도입한 실증주의적 경험적 사회학을 추구하는 쪽이 있었고, 다른 한편에는 주로 최문환 교수를 중심으로 민족주의적인 지향을 강하게 띠고 사회경제사와 사회사상사를 선호하는 그룹이 있었다. 변시민 교수는 우리가 재학하던 중에 문교부 문화국장으로 학교를 떠나게 되었다. 이상백 교수는 청년시절에 한국사 연구의 중요한 업적을 남겼고 그 분야에서 우리 학계를 주도하던 위치에 있었지만 이 두 가지 흐름에 대해서는 일단 중립적인 태도를 보였던 것 같다. 한 예로, 내가 졸업 후 미국에서 귀국하여 처음으로 한국인의 유교가치관 연구를 하려고 했을 때 진단학회의 연구비를 마련해 주면서 격려를 해 주었다. 그런데 그 연구결과물에는 여러 가지 형태의 자료를 포함하고 있었다. 조선조와 일제 시대, 그리고 연구를 실시했던 1960년대 현지조사 자료를 분석했는데 그 내용 가운데서도 역사적인 접근보다는 오히려 현지에서 경험적으로 태도조사를 한 부분에 더 관심을 보인 일도 있었던 것을 기억한다.

사회학과 안에서 일고 있던 그러한 두 가지 흐름은 후일 이른바 해외유학파와 국내파로 구분할 수 있는 갈래로 나누어지게 되었다. 그런데 당시로서는 '새로운 사회학'으로 자타가 공인하던 미국학풍의 신실증주의 경험적 사회학을 직접 접하고 도입하는 하나의 코호트(cohort,

동시대 경험자집단)는 역시 일단 미국으로 유학하여 박사학위를 가장 많이 수여받았던 서울대 13회 우리들 55(당시는 88)학번 동기였다. 우리 동기에서 교수가 된 사람은 모두 8명이었는데, 그중 미국 박사학위 취득자는 강신표, 김경동, 오인환, 임희섭, 정계훈, 최윤목, 한완상이었다. 다만 강신표는 인류학으로, 오인환은 언론정보학으로, 정계훈은 경영학으로 전환하였고, 최윤목은 고인이 되었다. 또 한 사람의 교수는 국내에서 고고인류학으로 전공을 바꾼 윤용진이다. 그리고 본과에 교수로 재직하게 된 것은 한완상과 나, 두 사람이었다.

⋮

앞에서 지적한 대로, 1950년대는 경제가 말이 아니었으므로 대학을 나와도 취업하기가 그야말로 하늘의 별 따기던 시절이었다. 사회학과 같은 기초학문을 전공한 사람이 마땅히 취업할 만한 종류의 직업이 없었던 것도 한 이유가 되었겠지만, 우리 동기를 전후한 세대가 교수로 진출한 비율이 상당히 높은 편이었다. 가장 많은 9명이 교수가 된 동기가 56학번(오갑환, 한상복 동문 등), 57학번(신용하, 김진균 동문 등) 및 17회 동문인 59학번(권태환, 이문웅 동문 등)이었다. 다음으로 8명이 교수가 된 동기는 8회 동문 48학번(고영복, 최홍기 교수 등)과 우리들 55학번이었다. 그러나 한 가지 차이가 나는 현상을 주목할 필요가 있다. 교수가 된 동문들 중에서 1960년대에 미국에 유학하여 박사학위를 취득한 수가 가장 많았던 것이 바로 우리들 55학번이었는데 그 수가

7명에 이르렀던 것이다. 그 뒤로도 25회 67학번(임현진 동문 등)이 7명, 38회 80학번(장경섭, 이재열, 서이종, 정일균 동문 등)이 6명의 외국 박사학위를 배출하였지만 1960년대와 1970~1980년대의 일반적인 나라 사정이 다른 점을 고려하면 55학번에서 7명의 외국 학위소지자를 냈다는 점은 특이하다 할 만하다.

⋮

그런데 본과에 교수로 취임했던 한완상과 나는 여러 면에서 아주 대조가 되는 동기생이 되었다. 본인이 기억할지는 모르지만 언젠가 신용하 교수가 이런 농담을 한 적이 있다. "우리 학생들은 한완상의 이름을 보고 서울대학교 사회학과에 입학했다가 졸업할 때는 김경동의 사회학을 배우고 나간다."고 했다. 나로서는 당연히 과분하고 당혹스러운 농담이지만 이 말이 시사하는 바는 한 번 다시 새겨 볼 만하다 할 것이다. 여기서 또 한 가지 미묘한 분화를 사회학과 안에서 발견하게 되기 때문이다. 한편으로는 순수 학문에 치중하는 '아카데미즘 사회학'과, 다른 한 쪽에는 이념과 실천과 현실참여를 강조하는 '실천사회학'으로 갈리게 된 것이다. 말하자면 한완상은 후자의 대표주자로서 실제 현실참여로 길을 틀었고, 나는 전자를 고수하다가 정년을 맞이한 사례로 분류가 되는 셈이다. 그리고 나는 대한민국학술원의 회원이 되었다. 지금 학술원 사회학 분야에는 이만갑, 홍승직, 임희섭, 김경동 이렇게 4명이 회원이다. 이 중에 서울대 사회학과 출신은 임교수와 나 둘인데 우리는 둘 다 55학번 동기다.

다시 간단히 정리를 하자면 이렇다. 우리들 55학번 동기는 한국사회학의 획기적 전환기에 학교를 다녔다. 우리들 시대를 전후하여 새로이 등장한 신실증주의 경험적 사회학을 일찍 습득하고 이를 우리 사회학과와 사회학계에 토착화하는 데 앞장선 세대로 간주할 수 있다. 물론, 우리보다 선배로서 미국에 유학한 분으로 김일철 교수(11회 53학번)가 사회학과에 재직하였고, 59학번의 권태환 교수가 호주에서 인구학을 도입하기도 하였다. 특히 59학번에는 미국 박사가 5명이나 있다. 이들을 포함하여 1950년대에 대학을 다닌 사회학과 출신 가운데 약 40명이 대학교수로 활약을 하였고 이 세대가 새로운 사회학의 학풍을 세우는 데 기여하였다. 다만 우리 동기가 그중에서도 핵을 이루는 세대가 되었다는 사실에 긍지를 느낀다는 점을 강조하려 한 것뿐이다.

영원한 공동체 56학년 동기들의 우정

이근무

한 달에 한 번씩 모이는 동기 모임이 얼마 전 가연(서울 강남구 역삼동)에서 있었다. 이날은 9명이 참석하는 조촐한 모임이었다. 퇴근 후에 모이던 것이 3, 4년 전부터 점심시간으로 옮겨졌다. 나이가 들어 저녁 출입이 조심스러워지고 모두 정년퇴임을 해 점심시간에 모이기로 한 것이다. 초월회로 시작해서 2목회로 갔다가 이제는 1금회로 바뀌었다. 매월 첫 월요일에 모이던 것이 둘째 목요일로 바뀌었다가 다시 첫 금요일로 바뀐 것이다. 퇴임 교수 중에 아직 강의를 나가는 동기가 있어 이를 존중해 주기 위해 모임의 시간을 바꾸어 온 것이다.

우리들이 입학할 때는 모두 32명이었다. 그중에 여학생이 2명으로 '대구에서 올라온 촌닭과 서울의 모 여고를 나온 소녀' 였다. 2명 모두 대학교수로 정년퇴임해 이제는 권위가 넘쳐 흐르는 할머니들이지만 그

* 56학번, 아주대학교 명예교수

때는 참 꽃다운 청춘이었다. 뭇 총각들의 시선을 모았던 것은 물론이다. 수작을 부려보려고 능청을 떤 친구(2명의 제대 군인이 동기였다.)도 있었지만 대부분이 숫기 없는 소년티를 벗지 못해 남녀 공학에 적잖이 당황해했다.

문리대 서부연구실 북쪽에 테니스장이 있었다. 입학한 지 얼마 안 되었을 때다. 한번은 동기 남학생이 연식 정구를 하다 그만 공이 담장 밖으로 나갔는데 공교롭게도 '촌닭과 소녀'가 앉아있는 벤치 앞에 떨어졌다. 요즘 같으면 말하지 않아도 그 공을 집어 던져 주겠건만 그때는 눈앞에 있는 공을 두고 두 여학생이 꼼짝을 못했던 것이다. '소년'도 집어 달라고 소리쳤을 법한데 한마디도 못하고 입과 발이 얼어붙었던 것이다. 이제는 웃으면서 서로를 '촌닭', '쑥맥'이라고 놀리지만 당시는 어지간히 순진했던 때였다. 대구에서 올라온 시골소녀가 이화여대 사회학과에서 정년퇴임한 이동원 교수고 서울소녀가 미국으로 건너가 그곳에서 전공을 바꿔 영문학을 연구한 최월희 교수다.

우리가 입학할 당시는 6 · 25의 상처가 아직 덜 아문 때여서 대학도 정상적으로 운영되기 어려운 때였다. 사회학과에서 가장 권위 있는 교수님이었던 이상백 교수님은 휴강이 많기로 유명했다. 강의 일 수보다 휴강일 수가 훨씬 많았기 때문이다. 국내외에서(특히 일본에서) 사회학자보다 스포츠계 인사로 더 유명했다고 할 수 있다. 일본 와세다대학의 유명 농구선수로 일본농구협회를 창설했으며 베를린 올림픽때는 일본 올림픽 대표단의 총무였고 일본체육회의 전무이사를 역임했기 때문이다. 1950년대에는 이 교수님이 대한체육회 부회장, 올림픽 한국대표단장 등으로 활약하시는 바람에 한 학기의 평균 수업일 수가 열 손가락을 채우기가 힘들었다. 어떤 때는 학기 초와 학기 중간, 시험을 앞둔 학기 말에 한 번 등 한 학기 강의가 3시간으로 끝난 때도 있었던 것으로 기억된다. 이분이 후에 IOC위원으로 피선되어 국위를 선양했기에 망정이지 요즘 같았으면 등록금 환불하라는 학생데모가 일어나지 않았을까 싶다. 이교수님은 신언서판(身言書判)을 갖춘 국제신사였는데도 50대 중반까지 총각으로 남아있었다. 대한민국 여성들의 눈이 삐어있었나 보다.

입학 후 얼마 안 되어 우리들은 종로 5가 막걸리 집까지 진출했었다. 변변치 않은 안주에 막걸리를 퍼마시고 취한 김에 "황태자의 첫 사랑" 흉내를 많이 냈다. 영화의 배경인 하이델베르그를 본따서 우리들의 모임을 SNUSBERG라고 즉석에서 작명도 했었다. 막걸리 모임 이후 술 모임이 잦아졌는데 당시에는 대부분 주머니 사정이 넉넉지가 않아 시계와 가방이 수난을 당했다. 툭하면 식당에 잡히는 신세가 되었던 것이다. 그래도 서울대 교복을 입은 학생들을 너그러이 보아주어 돈 안 되는 가방을 담보로 외상을 주었던 것이다.

⋮

술 모임이 잦아지자 활동무대를 넓히기로 의기가 투합해 등산으로까지 이어졌다. 1학년 2학기 때의 일로 생각되는데 백운대 산행은 지금까지도 수없이 되풀이 되는 이야기 거리다. 당시 문리대 산악회 멤버였던 한상복 동문이 주동자였으나 나머지는 거의 다 초행등산이어서 그야말로 모험이었는데 혈기 넘치는 청년들이라 겁없이 산에 올라갔었다. 백운대 밑에서 텐트를 치고 그날 저녁을 거기서 지냈다. 이때의 일들을 지금도 못 잊는 것이다. 술을 억수로 마신 경상도친구가 자다 말고 "물좀 도"라고 한 경상도 사투리가 지금까지도 놀림감이 되고 있다. 이날 밤에 소나기가 한바탕 지나갔다. 빗줄기가 하도 세차서 아이고 이제 큰일 났구나, 했는데 이른 아침 깨어나서 쳐다 본 하늘과 산, 나무, 풀숲, 그 신선함과 나무 풀숲에 비쳐진 햇빛의 찬란함과 영롱한 물방울은 지금도 잊지 못하는 장면이다. 비온 뒤 아침 산속의 풍경은 자연미의 극치였다. 70 노인들이 다된 마당에 지금도 모이면 그때 일들을 엊그제 일처럼 이야기하며 소년들처럼 즐거워한다. "놀이집단은 영원한 공동체"라더니 이때 다져진 우정이 반세기가 되어서도 변함이 없는 것이다.

동기생들의 모임은 50년의 역사를 자랑한다. 입학 후 시작된 것이 50년이 된 지금도 계속되니 말이다. 막걸리파티와 산행으로 시작되던 모임은 군 입대가 시작되면서 축소되기 시작했다. 입대한 동기생들이 모처럼 휴가를 나오는 날이 모이는 날이 되곤 했다. 논산훈련소에서 '큰일' 을 보고 있던 도중에 철모를 빼앗기고 혼난 일, 크리스마스날 특식으로 30명 소대원에게 배급된 특식 꽁치 3마리를 나눌 수가 없어 소금국에 가까운 꽁치국을 끓여 먹은 이야기는 이때 들은 이야기들이다.

우리들이 학교를 다니던 시절에 남학생의 경우 "빵빵 군번"이라고 해서 재학 중 입대하면 군 복무기간이 단축되는 혜택이 있었다. 대학재학 중 입대하면 군복무기간이 1년여가 단축되는 특전이 있었는데 동기생 중 한상복군이 잽싸게 제1차로 입대 하여 위문대를 전달한 이동원 여학생의 손목을 처음으로 잡아본 남학생이 되었다.

자주 드나들던 다방이 학림다방과 대학다방이다. 대학다방에는 교수님들도 드나드셔서 학생들은 학림다방을 더 많이 드나든 편이다. 레지라고 불렀던 여자 종업원들은 학생들의 주머니 사정을 잘 알아서 담배꽁초를 모아 두었다가 주머니 사정이 좋지 않은 학생이 나타나면 내주는 친절까지 베풀었다. 중국집인 진아춘과 쌍과부집도 학생들이 애용하던 곳이다.

2학년이 되면서 학구파와 비 학구파가 드러나고 학구파도 취업준비파와 학문지향파로 갈라졌다. 중앙도서관의 1층 열람실은 고시파와 취업준비파들이 진을 쳐 다른 학생들이 자리를 잡기는 힘들었고 2층 열람실이 학문지향파들의 본거지였다.

1958년경부터는 사회조사가 본격화하기 시작해 학생들도 현지 사회조사에 참여하기 시작했다. 서울시 중심의 가족조사부터 시작해 경상남북도와 전라도남북도의 농촌조사에 많은 학생들이 참여했는데 농촌조사에는 이화여자대학교 학생들도 동원되어 우리 남학생들이 신이 나서 조사에 참여했다. 사회학과에는 여학생이 얼마 되지 않아 이화여대생들이 참여했는데 이것이 계기가 되어 뒤에 서울대 사회학과와 이화여자대학 사회학과 학생들 간의 교류가 잦아져 몇쌍의 커플까지 나오게 되었다.

⋮

전라남도 담양군 일대의 사회조사 때의 일이다. 조사책임자는 이해영 교수님이었다. 이교수님은 학생들 사이에 인정이 많은 분으로 평이나 학생들이 선호하는 교수님이었다. 담양 조사팀에는 1957년 입학생인 권호연 군이(미 시카고 노스 파크대 교수) 참여했었는데 숫기가 좋고 붙임성이 있는데다 우스개 소리를 잘하는 편이어서 여학생들에게 인기가 있었다. 윗 학년 이대생들에게는 무조건 "누님"이라고 부르며 따라서 남녀학생들 간에 친목도모에도 앞장을 설 수 있었다. 엄한 편이셨던 이해영 교수님도 권호연 군이 웃기면 웃음을 참지 못하셨을 정도다. 조사를 마치고 돌아오는 길에 넉넉히 받은 수당도 있어 담양 대나무시장에서 담양죽제품을 한두 가지씩 샀었다. 문제는 서울역에서 기차를 내린 뒤에 터졌다. 학생들이 모두 자기가 산 죽제품만 가지고 내리고 제일 중요한 사회조사 질문지는 아무도 챙기지를 않은 것이다. 기차에 두고 내렸던 것이다. 이해영 교수님이 노발대발하신 것은 물론이다. 권호연 군의 진두지휘로 이대생들과 기차간에서 즐거운 여행을 하다 끝에 가서 큰 낭패를 당한 것이다. 다행인 것은 신촌 차고지로 들어갔던 열차 안에 질문지가 그대로 남아있어 땀은 좀 흘렸지만 찾아 올 수 있었다.

경기도의 광주와 이천 지역조사는 이만갑 교수님이 책임자였다. 이 조사에는 여자 응답자들이 답하기 곤란한 질문이 없어서 남학생들만 동원되었는데 1955년, 1956년, 1957년 입학생들이 동원되었다. 3팀으로 나뉘어 광주와 이천 지역조사를 마치고 귀경길에 오르게 되었을 때 얌전하던 1955년 입학생 김경동 선배가 후배들을 꼬드겼다. 시골에서 잘 먹지 못했으니 서울에 가서 한번 잘 먹자고. 반대한 사람이 하나도 없이 의기투합. 서울역에서 하차한 후 서울시청 앞에 있는 중국집으로 갔다. 음식을 주문하는데 이미 고인이 된 오갑환 군과 이정배 군이 당돌하게 이만갑 교수님이 시킨 것 외에 배갈과 안주를 덧 붙였던 것이다. 그것도 선생님의 허락도 구하지 않고 일방적으로 종업원에게 '명령'을 했던 것이다. 이 사건이 학교 선배의 사주로, 그것도 당시에는 이만갑 교수님의 '애 제자'로 알려졌던 김경동 선배의 사주로 발단이 된 것이고 만장일치의 합의하에 두 사람은 총대를 메었을 뿐이라는 것을 이교수님도 50여 년이 다 돼서야 이 글을 통해서나 알게 되실 거다. 우리 동기생들은 죄가 없거나 가볍다는 것을 이 자리를 빌려 밝힌다. 오래된 누명(?)이 벗겨지기를.

농촌조사를 다니면서 놀란 것이 하나 있었다. 낮에 인터뷰를 끝내고 저녁때면 동네 어른들이 우리들 숙소에 마실을 오곤 했다. 동네 어른들한테서 자연스레 나온 이야기가 시골에서는 숫처녀 찾기가 힘들다는 것이었다. 보리밭과 밀밭이 많아 처녀들이 동네 청년들한테 이끌려 밭으로 들어가면 꼼짝을 못한다는 것이다. 사람 눈이 많은 도시보다 한적한 농촌의 성도덕이 더 문란할 수 있다는 것을 1950년대 말에 알게 된 것이다. 그 후 서울 등 도시에도 여관이 동네 교회나 약국보다 훨씬 많이 생겼는데, 아마도 이것은 장사꾼들이 사회 트렌드를 학자보다 더 빨리 읽어낸 것이 아닐까. 시골의 보리밭이 현대 도시의 러브텔의 원조라는 가설을 내세울 수 있다고 생각한다.

이런 연유로 사회조사는 학생들에게도 유행하기 시작해 우리 동기생 중의 한 사람은 종로 3가의 윤락가에 직접 참여조사를 통해 얻은 조사자료를 기초로 하여 “종로 3가 윤락가의 실태연구”를 졸업논문으로 제출했다. 이 논문이 교수님 심사를 통과했을 뿐만 아니라 두고두고 ‘명논문’ 중의 하나로 후배들에게도 회자되었다. 이 논문의 주인공은 뒤에 지방 국립대학교수로 취임했는데 이름만은 본인이 어떻게 생각할지 염려되어 밝히지 않기로 한다. 한 가지 덧붙일 것은 논문의 주인공이 역대 서울대의 ‘최고 주먹’이었다고 할 수 있다는 것이다. 이 ‘주먹’을 대학교수로 변신시킨 분이 바로 이해영 교수님이시다.

우리들 모임은 졸업 후에도 계속된다. 그러나 졸업 후 얼마 동안은 직장에서 자리 잡느라, 결혼하느라 별로 모이지를 못했다. 결혼 후 첫애가 2~3세가 넘어야 다시 모임이 가능해질 수 있었다. 뒤뚱거리는 애들과 함께 부부모임이 다시 시작되었다. 안양유원지와 남이섬 나들이도 했다. 본격적으로 부부모임이 활성화된 것은 자녀들이 대학 진학 후 좀 한가해지면서부터다. 소규모 계가 발전해 기금까지 마련하게 되었다. 이 기금 마련에는 이정배 동문의 추진력에 힘입은 바 크다. 1998년 이후에는 기금의 이자가 넉넉해 봄가을에 버스를 대절하여 관광에 나섰고 일본 벳부 온천 나들이도 했다. 나들이에는 남자 동문들보다 부인들이 훨씬 더 적극적이다. 32명의 인생은 다 각각이다. 그러나 대부분의 사회학과 출신들이 그렇듯이 56학번도 언론계와 학계, 공무원, 회사원으로 진출을 많이 했다. 학계로 진출한 동기생이 가장 많아 입학동기생의 3분의 1이 넘는 12명이 학계로 진출했다. 그다음이 언론계로 9명이 언론계에 진출했었다. 그러나 언론계에는 끝까지 남은 사람이 1명이다.

학계로 진출한 동기생이 강현두(서울대 신문방송학과), 김성우(미국, 경영학), 김한초(정신문화연구원, 사회학, 작고), 김현조(경상대 사회학과), 오갑환(서울대 사회학과, 작고), 유의영(미국 캘리포니아 주립대학교 사회학과), 윤병태(영남대 행정학과), 임영률(한양여자대학, 관광과), 이동원(이화여자대학교 사회학과), 이근무(아주대 사회학과), 최월희(미국, 영문학), 한상복(서울대 인류학과) 등이다. 강현두는 방송실무와 이론에 모두 밝은 방송학계의 권위로 한국언론학회 회장, 방송학회 회장을 그리고 우리나라 최초의 위성방송사인 SKY LIFE 초대 사장을 역임했다. 한상복은 서울대학교 사회과학대학 학장, WHO 자문위원

(서대평양지역대표)으로 활약한 바 있고 한국인류학회 회장 등을 역임했다. 그는 우리나라 산간농촌과 어촌연구의 대가로 방대한 연구업적을 냈다. 김현조가 경상대학교 사회과학대학장을, 윤병태는 영남대 학교 정치행정대학장, 행정대학원장, 기획실장을, 우리나라 가족 연구에 공헌한 이동원은 한국사회학회 회장, 가족학회 회장을 역임했고 이근무가 아주대학교 사회과학대학장, 공공정책대학원장, 한국사회학회 회장을 역임했다. 유의영은 미국 케리포니아 주립대학에서 인구연구에 연구업적이 많으며 한국연구소 소장을 역임했다. 국내 인구연구비 지원에 숨은 공로가 있다.

⋮

언론계에 진출했던 동기생은 강현두(KBS), 고영명(코리아 헤랄드), 김한도(중앙일보), 노종호(사상계), 박광춘(KBS), 오갑환(세계일보), 윤경헌(중앙일보), 이근무(동아일보), 이정배(중앙일보) 등이다. 이들 중 강현두, 오갑환, 이근무가 다시 학계로, 김한도, 이정배가 공무원으로 변신을 했는데, 이정배는 문화관광부의 홍보정책실장을, 김한도는 건설부의 대변인을 역임한 후 회사의 CEO로 다시 변신을 해 김한도는 한보철강사장, 이정배는 뉴 서울(CC), 경주관광개발공사 사장 등을 역임했다. 윤경헌은 중앙일보 문화센터 초대 국장을 거쳐, 삼성 라이온스 단장으로, 노종호는 서울시 교육위원회로 자리를 옮겼었다. 박광춘은 동양방송(TBC)을 거쳐 KBS 원주방송국장 등을 역임했다.

공무원으로 출발한 동기생은 김동석(조달청), 윤영탁(건설부), 이석곤(외무부), 이종규(재무부), 이형섭(조달청), 홍순우(문교부), 황성일(내무부) 등이다. 윤영탁은 건설부의 서울국토관리청장을 거쳐 후에 정계에 진출 국회의원에 당선되어 국회 교육위원회위원장, 행정자치위원회 위원장, 국회사무총장을 역임했고 이종규는 후에 CEO로 변신, 쌍용자동차와 대우자동차 사장 등을 역임했다. 이석곤은 브라지보스토크 총영사, 파푸아뉴기니아 대사를, 황성일은 강화경찰서, 용산경찰서장 등을 역임했다. 이형섭은 조달청 부이사관을 역임했다.

⋮

김인택이 교육계에, 송현달이 기업(대한석유공사)에, 이철순은 주한미 대사관에, 진성관은 금융계(농협중앙회, 안성축협회장)에 진출했었으며 이병훈은 한국전력에서 영업처장 등을 역임했다.

해외에 이민을 가 얼굴을 자주 보지 못하는 동문들은 고영명, 김동석, 김성우, 유의영, 이철순, 최월희 등이다. 이들 중 김성우와 유의영, 최월희가 대학교수로, 이철순은 기독교 목사가 되었다. 고영명과 김동석은 개인사업을 했다.

동기생들이 아쉬워하는 것 중의 하나가 오갑환 교수와 김한초 교수가 일찍 타계한 것이다. 한참 일할 나이에 열매를 맺지 못하고 이들의 진가가 발휘되기 전에 우리들의 곁을 떠난 것이 못내 아쉽지만 다시 만날 날이 멀지 않았으니 좀 기다리시라.

꿈, 방황, 낭만의 시절

유재천

입학

1957년 3월 중순의 어느 날, 아직도 쌀쌀한 날씨에 문리대 본관 건물 앞엔 합격자 발표를 기다리는 수험생들이 모여 있었다. 드디어 두 사람이 나타났다. 한 사람은 풀이 담긴 바께쓰와 풀칠할 빗자루를 들었고, 또 한사람은 합격자 명단이 적힌 종이 두루마리를 들고 나왔다. 둘은 문리대 본관 입구 앞에 서서 작업을 시작했다. 한 사람이 벽돌 벽에 빗자루로 풀칠을 하면 그 뒤를 따라 나머지 한 사람이 두루마리를 펴가며 방을 붙여 나갔다. 국어국문학과부터 시작해 학과별로 합격자명단이 나타났다. 마침내 사회학과 차례가 되고 30명의 합격자 이름이 드러났다. 내 이름도 있었다.

이때의 광경이 아직도 기억에 생생하다. 벽에 풀칠을 하면서 합격자

* 57학번, 한림대 한림과학원 특임교수

이름 하나하나를 붓글씨로 쓴 두루마리를 펼쳐가며 붙여 나가니 스릴 만점이었다. 인터넷을 통해 합격여부를 검색해 보는 지금의 눈으로는 그런 방식이 원시적인 짓거리로 보일 것이지만 그래도 그 또한 낭만이었다고 생각하며 그랬던 시절이 그리워진다.

며칠 뒤 면접시험이 있었다. 합격자 발표가 있은 후에 치렀으므로 일종의 통과 의례 같은 절차였으나 혹 낙방하지나 않을까 두려워 무척 떨렸다. 면접 장소는 문리대 8 강의실. 선배들의 안내를 받아 어느 교수님 앞에 앉았다. 교수님은 꽤 두터운 영어로 쓴 책을 펼치시더니 어느 한 문단을 읽고 해석해 보라고 하셨다. 어떻게 했는지 그때나 지금이나 아무 생각도 안 난다. 뒤이어 교수님은 유재흥 장군을 아느냐고 물었다. 그러면서 자네 이름이 유재천이니 돌림자가 같아 육사에 갔으면 좋았을 텐데 왜 사회학과에 왔느냐고 따져 물으시는 것이 아닌가. 그 순간 떨어지는구나 싶었다. 지난 뒤에 알게 되었지만 교수님은 이해영 선생님이셨고, 두툼한 원서는 MacIver의 'Society' 였다.

⋮

입학식이 끝나고 강의가 시작된 4월 초순의 어느 날 선배들이 베푼 신입생 환영회가 열렸다. 종로 4가의 어느 중국집 2층의 넓은 방에서 있었던 환영회에서 난생 처음 중국요리에 배갈을 마셨다. 그 자리에서 김경동, 한완상, 김한초 선배들께서 대학생활에 대한 참고 말씀을 많이 해 주셨던 것으로 기억하고 있다. 고석원 선배가 일어나 "사랑은 눈으로 들어오고, 술은 입으로 들어온다"는 하이네의 시 한 구절을 큰 소리로 읊으며 잔을 비우던 모습도 생생하다. 고석원 선배는 그 뒤에도 종종 술자리를 같이 할 때마다 흥이 나면 그 시구를 읊곤 했다.

입학 후 한 달쯤 지난 어느 봄날 정릉으로 사회학과 야유회를 갔다. 유흥이 시작되고 노래 부르는 순서가 되었다. 선배들은 신입생에게 노래를 시켰다. 57학번 우리 동기들 30명 가운데 홍일점인 김영자 양이 표적이 될 수밖에 없었다. 경남여고 학생회장이었던 김영자 양은 선배들의 지명을 받자 주저 없이 일어나 노래를 불렀다. 곡목은 'Too Young'. 절창이었다. 노래가 끝났을 때 너나없이 모두가 환호했다. 그 후 김영자 양은 문리대 축제를 비롯해 기회 있을 때마다 이 노래를 불러 인기를 누렸다.

대학생활을 막 시작했을 즈음 선배들이 57학번 신입생들을 모두 모이라고 했다. 두 해 위인 강신표, 김경동, 임희섭, 한완상, 한종수 등 다섯 분 선배들이 부른 것이었다. 그 자리에서 선배들은 6명을 한 조로 다섯 팀을 만들어 스터디 그룹을 만들었다. 선배들이 각각 한 팀씩 맡았다. 영문으로 된 사회학개론을 등사판으로 인쇄한 교재를 나누어 주면서 팀별로 일주일에 한 번씩 모여 강독을 하기로 했다. 참으로 후배들을 아끼는 선배들의 배려가 그저 고맙기만 했다. 그런 선배들이 있다는 것이 자랑스러웠고, 우리에게 자부심을 심어 주었다. 사회학과 57학번의 대학생활은 이렇게 시작되었다.

대학생활

문리대 졸업생이면 누구나 같은 생각을 하겠지만, 나 역시 문리대 캠퍼스에서 대학생활을 할 수 있었던 것을 행운이었다고 여긴다. 한마디로 말해 문리대는 휴머니티 교육의 본산이었다. 전공에 구애받지 아니하고 철학이나 문학 등 인문학 강의를 섭렵할 수 있었던 지적방황은 두고두고 나의 자산으로 남아 있다. 말하자면 문리대 학생시절은 나의 일생에서 르네상스 시기였다. 지금도 나는 문리대를 인문대, 사회대, 자연과학대로 분리해 놓은 것은 잘못이라고 생각한다.

그 당시 우리들의 대학생활은 Lieben, Studieren, Drinken의 3박자를 이상으로 삼았다. 나의 경우 Lieben과는 거리가 멀었으며, Studieren에는 소홀했고, Drinken을 즐겼다. 동료들은 김현조 선배와 김진균 군과 나 세 사람을 문리대 주선이라고 불렀다. 우리들의 아지트는 '별장' 다방이었다.

⋮

고백하건대 나는 사회학과가 사회주의를 공부하는 학과로 알고 입학했다. 북한에서 인민학교를 졸업하고 피난 와서 지독한 가난 속에서 자라면서 이승만 정권하의 만연된 부패와 불평등을 뼈저리게 느껴 사회개혁을 꿈꾸면서 막연하게 사회주의에 관심을 가졌던 것이다. 그러나 입학 후 첫 학기부터 수강한 사회학 과목들은 내 기대와는 거리가 먼 것이었다. 그래서 Fabian Society에 편지를 보내 팜플렛도 받아보기 시작했고, 동대문 시장의 서점들을 뒤져 월북 작가들의 소설이나 사회주의 서적들을 사 모으기도 했다. 한때의 열정이었지만 무의미한 투자는 아니었다.

사회학을 공부하면서 내가 받은 가장 유용한 유산은 사회조사방법이다. 사회학을 포함해 한국 사회과학에 최초로 사회조사방법론을 도입한 이만갑 선생님 덕분이었다. 이 교수님의 서베이에 여러 번 면접원으로 참여하면서 터득한 조사현장의 경험은 두고두고 나의 자산이 되었다. 동아일보를 구독해도 당국의 감시대상이 되었던 이승만 정권 말기의 농촌사회의 현실은 내게 여론조사의 한계를 절감하게 만들기도 했다. 자기의견을 솔직하게 말할 수 없는 상황에서 어떻게 해야 믿을 수 있는 응답을 얻을 수 있을지를 고민할 수 있게 해 주었던 것은 귀중한 체험이 아닐 수 없었다. 지금 생각해 보아도 학부 2, 3학년 시절 우리가 받았던 면접훈련은 철저한 것이었다. 남학생은 이발을 하고 여학생은 하이힐을 신지 말라는 등등을 포함한 매우 엄격하고 자세한 면접기술과 지침을 훈련받았다.

⋮

3학년 때의 일이다. 하루는 이만갑 선생님이 나를 찾으셨다. 그때 선생님은 구한 말부터 일제 시대까지 한국의 신문에 나타난 가치관을 연구하는 중이었다. 선생님은 내게 신문소설에 나타난 가치관을 분석해 보라고 했다. 그러시면서 Bernard Berelson의 Content Analysis in Communication Research와 Florence R. Kluckhohn, Fred L. Strodtbeck 공저인 Variations in Value Orientations 두 권을 주셨다. 두 책을 읽고 소설 내용분석의 틀을 짜 보라는 것이었다. 참으로 막막했다. 천신만고 끝에 분석의 틀을 짜서 보여드리고 승인을 받아 작업을 했다. 서울대 도서관, 국립 중앙도서관, 한국연구원 등을 다니며 구한 말 이후 일제 시대에 발행되었던 모든 신문을 뒤져 소설목록을 작성했다. 작성한 목록을 백철, 전광용, 조연현 선생들에게 보여드리고,

그 가운데서 시대상을 잘 반영한 소설을 가려달라고 한 뒤 세 분이 공통으로 지적한 소설을 분석의 대상으로 삼았다.

소설 분석을 위해 분석의 대상인 소설들을 다 읽어야 했다. 그것도 여기저기 도서관을 찾아 신문에 실린 소설을 읽을 수밖에 없었다. 엄청난 시간과 노력이 소모되었다. 그러나 그때 읽은 소설은 결국 또 하나 나의 자산으로 남았다. 분석결과를 적은 카드는 선생님께 드렸다. 나는 선생님의 허락을 받아 한국신문소설에 나타난 가치관 연구를 학사학위 논문으로 썼다. 선생님께서 이 논문을 한국일보 문화부기자에게 자랑하셨는지 하루는 그 기자가 나를 찾아 왔다. 200매 가까이 되는 논문을 가져가 읽어 보겠다고 했다. 며칠 후 논문의 내용을 발췌해 한국일보에 연재하겠다는 통보를 받았다. 그러나 얼마 후 그 기자가 내 논문을 분실했다고 사죄하는 전화를 했다. 기사를 쓰려고 가지고 다니다가 잃어버렸다고 했다. 아마도 술집 어디엔가 두고 온 것 같은데 못 찾았다는 것이다. 논문을 원고채로 주었던 까닭에 결국 그 논문은 아예 없어지고 말았다.

57학번의 대학생활가운데서 결코 잊을 수 없는 일이 4 · 19이다. 4학년이었던 우리는 4 · 19날 어깨동무를 하고 이승만대통령의 하야를 외치며 경무대 어귀까지 나아갔다. 그러나 경찰의 무차별 발포로 흩어질 수 밖에 없었다. 우리는 학교로 돌아왔다. 이만갑 선생님께서는 세계일보에 연재한 '삶의 뒤안길에서' 라는 칼럼에서 당시의 모습을 이렇게 쓰셨다.

"나는 종일 학교에 있었다. 그러나 내가 지금도 잊을 수 없는 감격스러운 장면은 오후 늦은 시간에 사회학과 4학년 안병규 군의 지휘를 받으면서 학생들이 대열을 지어 씩씩한 모습으로 학교로 귀환하는 자세였다. 다음날 아침 나는 우연히 유재천 군을 만났다. 유군과 어제의 거사에 관해 얘기했다. 이때 유군은 '선생님, 세대에 관해 어떻게 생각하십니까?' 라고 갑자기 화제를 바꾸어 질문했다. 그가 그런 질문을 하게 된 것은 대화의 전후맥락으로 짚어 볼 때 당시의 학생들이 기성세대에 대해 강한 불만과 불신감이 있었던 때문인 것으로 짐작한다. 이 후 세대 간의 의식의 격차와 갈등은 첨예했던 것으로 생각된다."

4월 26일 이승만 대통령이 하야한 날 서울 시내는 온통 사람의 물결로 홍수를 이뤘다. 시내의 경찰서는 마비되어 치안을 유지할 수 없었다. 학생들이 나서서 질서유지를 맡았다. 김진균 군은 남대문서에서, 나는 서대문서 관할의 불타버린 이기붕 씨 집앞 거리에서 질서유지에 나섰다. 4 · 19 당시 문리대 학생회장이던 57학번 안병규 군은 문리대 학생들을 조직해 4 · 19 이후 '새생활운동' 을 주도했다. 도시에서는 양담배 안 피우기, 커피 안 마시기 등 외제물품 소비 안하기 새생활운동을, 농촌에서는 계몽운동을 열심히 했다.

대학생활에서 또 한 가지 잊을 수 없는 추억은 '사회학보' 를 만들던 일이다. 당시 인구문제연구소에 근무하던 윤종수 선배가 편집책임을 맡고, 나는 편집실무를 맡아 학보를 만들었다. 학보를 편집하고 등사판으로 인쇄하는 일은 고단했다. 창간호는 표지까지 등사판으로 인쇄했지만, 3호 때부터인가는 표지만은 활판인쇄를 했다. 표지에 인쇄된 '사회학보' 라는 제호는 이상백 교수님의 휘호라는 것을 밝혀두고 싶다.

졸업 후

졸업 후 군 복무를 마치고 제대 인사차 이해영 선생님을 찾아뵈었다. 그 자리에서 선생님께서는 내게 별 할 일도 없는데 경기도 이천에 같이 가자고 하셨다. 그때 선생님께서는 소장으로 계시던 인구 및 발전문제 연구소 프로젝트로 이천에서 가족계획관련 사회조사를 실시하고 있었다. 이천 시내의 제일여관에 조사본부를 차리고 김진균, 권태환, 이동원 교수가 조사현장을 지휘하고 있었다. 면접원들이 모두 여성들이라 살필 일도 많으니 그들을 도와달라는 주문이셨다. 그렇게 하기로 했다.

이해영 선생님께서는 겉으로는 엄격하셔서 제자들이 함부로 접근하기 어려워했다. 그러나 웬일인지 57학번 동기인 권호연 군과는 농담도 하시며 편하게 대해주셨고, 내게도 격의 없이 말씀해 주시는 편이었다. 선생님께서는 이천행 버스 속에서 이왕가의 후손으로 당신께서 살아오신 과정을 쭉 말씀해 주셨다. 중학교 다닐 때까지 학교 수업이 끝나면 집안일을 돌보아 주던 사람이 바로 집으로 데려가 아무하고도 놀지 못하게 했다는 얘기를 들려 주셨다. 그래서 친구도 못 사귀고 외톨이로 자라 세상살이와 동떨어진 사람이 되고 말았다고 하셨다. 나는 선생님으로부터 그 밖에 살아오시면서 겪으셨던 여러 일들을 듣는 뜻밖의 행운(?)을 누리면서 그분을 더 잘 알 수 있게 되었다. 또 왕손으로 태어난 삶의 질곡을 읽을 수 있었다.

이천에서 지내던 어느 날 선생님께서는 땅이 좀 있으니 내게 당신과 같이 이천에 내려와 감자 농사나 짓자고 하셨다. 내가 공부를 더 하고 싶다고 말씀드렸더니 공부는 해서 무엇하겠느냐고 하셨다. 졸업을 앞둔 어느 날 우연히 대학가를 함께 걸으면서 자네는 졸업 후 무엇을 하겠느냐고 물으시기에 대학원에 진학하고 싶다고 했을 때 역시 공부는 해서 뭐하려느냐고 똑 같은 말씀을 하셨다. 선생님께서 보시기에 내가 학자가 될 타입은 아니라고 판단하셨기 때문에 그런 말씀을 하셨으리라 짐작은 했지만 감자 농사나 같이 짓자고 하셨을 때는 너무 진지하게 제안을 하신 탓에, 선생님의 참 뜻으로 받아들이지 않을 수 없었다. 그때부터 나는 이해영 선생님이 번잡스런 세상살이에서 벗어나고 싶어하신다고 속으로 생각해 왔다. 그래서 일찍 세상을 떠나셨는지도 모르겠다.

1960년대 중반 동백림 간첩사건이 터지고 문리대 민족주의 비교연구회 사건으로 연구회 지도교수를 맡고 계셨던 황성모 교수께서 그 사건에 연루된 혐의로 구속되는 일이 생겼다. 정치학과 이종률 군이 회장을 맡았던 민비연은 정치학과 김모교수를 지도교수로 모시려 했으나 본인의 고사로 결국 황선생님께서 지도교수를 맡게 되었다. 일은 그뿐이다. 그런 어느 날 이해영 선생님께서 나를 부르셨다. 선생님은 황성모 교수 석방탄원을 할 것이니 자네는 언론계를 맡아 논설위원들한테서 석방탄원서 서명을 받으라고 지시하셨다. 마침 그때 나는 한국신문연구소에 근무하던 참이라 선생님께서 내게 그런 임무를 맡기신 것이다. 그러시면서 학계의 서명은 당신과 김채윤 선생님이 담당하신다고 하셨다.

그런 임무를 받고 나는 열심히 신문사 논설위원들들 만나 서명을 받으러 다녔다. 그 뒷 얘기는 여기서 언급할 수 없을 정도로 많다. 어찌되었건 약 20여 명의 논설위원들에게서 석방탄원 서명을 받아냈다. 서명을 받는 과정에서 황선생님의 사모님 서봉연 교수님도 자주 만나 일의 진척을 점검하기도 했다. 나는 황선생님의 석방운동 서명을 받는 일 이외에 황선생님의 독일 유학시절의 지도교수가 보낸 '황교수는 공산주의자가 아니' 라는 내용의 서신을 동아일보에 게재할 생각을 했다. 그렇게 함으로써 석방운동에 도움이 되리라고 여겼기 때문이었다. 그래서 그 당시 동아일보 문화부 기자였던 친구 김병익 군을 만나 부탁을 했다. 김병익 기자는 내 청을 흔쾌히 받아 주었다. 김병익 기자로부터 만나자는 전화가 왔다. 만난 자리에서 그는 누런 봉투를 건네 주었다. 열어 보니 황선생님 지도교수가 보낸 편지내용이 담긴 기사였다. 알고 보니 김기자가 문화면에 그 기사를 올렸으나 조판 후 지면 대장을 검토하는 과정에서 편집자에 의해 삭제당한 것이었다. 김병익 군은 그 전말을 전하면서 미안해 어쩔 줄 몰라했다. 그러면서 삭제당한 기사의 사본을 내게 기념으로 가지고 있으라고 건네 주었다. 나는 그 삭제당한 기사의 사본을 잘 간직하고 있다가 황선생님께서 석방되고도 한참 지난 어느 해 세배가는 길에 황교수님께 자초지종을 말씀드리면서 전달해 드렸다. 나보다 당사자가 지니고 계신 것이 더 뜻있을 것이라 생각해서였다.

⋮

사회학과 57학번 동기들은 졸업 후 각 분야에 진출해 제 몫을 다하며 살아왔다. 유감스럽게도 세 명이 유명을 달리했다. 우리 동기는 직업별로 보면 유달리 교수가 많다. 권호연, 김기상, 김영모, 김재은, 김진균, 신용하, 신행철, 안계춘, 유재천등 9명이다. 신문기자나 방송인으로 종사하다가 말년에 교수로 합류한 김준길, 인운섭을 합치면 11명이 된다. 서병호, 임채욱, 인운섭은 방송계에서 김준길, 안병규는 신문기자로 출발했다. 김상식, 박만용은 관계로 진출했으며, 김문일, 박희진, 변해룡, 안재현, 유지윤, 조복래, 조성율, 황천영등은 비즈니스에 투신했다. 양용하는 교육계, 김금수는 노동계에 몸담았다. 기자에서 정치가로 변신했던 안병규처럼 도중에 직업을 바꾼 경우도 많다. 홍일점 김영자가 어디서 무엇을 하며 어떻게 지내는지 알 수 없어 동기들이 모일 때마다 궁금해 하고 있다. 김용옥의 경우도 마찬가지다.

나는 사회학과에서 공부한 것을 큰 다행이라 생각하며 살아 왔다. 인간과 사회를 보는 눈을 뜨게 해 주었기 때문이다.

58학번의 일화 보따리

이광찬

대학입학 당시 지난한 경제적 상황하에서, 나는 서울 가서 대학 다닌다는 생각은 전혀 하지 못했다. 그래서 대학입시가 다가오자 고교 졸업반은 이틀이 멀다 하고 '입시 대비 모의고사'를 실시했는데, 이것이 나에게는 소용없는 일이라고 여겨져 엉뚱한 생각을 하며 학교에 나가지도 않았다. 이렇게 좀 장기결석을 하였더니, 담임 선생님과 학생들이 나의 거처를 어렵사리 찾아오셔서 "자네 왜 이러고 있냐? 서울대 시험이 닥쳐오는데 시험은 봐야 할 것 아닌가, 합격해 놓고 가고 못가고 하는 것은 내가 함께 걱정해 줄 터인데" 하고 꾸중을 하시며 학교로 끌고 가셨다.

학교의 교무실로 끌려가자마자 선생님이 이미 사다놓으신 서울대 입시원서를 내 주시며 작성하라고 하셨다. 그때 그 자리에는 사회 과목을

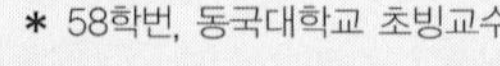

* 58학번, 동국대학교 초빙교수

가르쳐 주신 정치외교학과 출신 선생님과 처음 뵙는 또 한분(사회학과 4학년생으로 고등학교 선배님)이 동석해 계셨는데, 두 분이 서로 "정외과가 좋다.", "아니 사회학과를 가야 한다."고 다투었는데, 결국 사회학과에 가게 되었다. 그 당시는 담임 선생님이 시키는 대로 입학시험만 볼 뿐인 것으로 믿었기 때문에, 별로 심사숙고할 필요도 없었다. 또 사회학과가 무슨 공부를 하는 데인지도 잘 몰랐다(한완상 선배님은 "의사가 사람의 질병을 치료한다면, 사회학자는 사회의 질병을 고치는 전문가"로 아시고 사회학과를 지원하셨다지만).

사회학과로 인도해 주신 그 선배님은 사회학과 55학번의 한종수 선생님이셨는데 입학 후에도 따뜻하게 지도해 주셨고, 외국어도 몇 개 국어를 하시는 매우 뛰어난 영재로 졸업 후 하버드 대학의 모 교수에게 '자기소개와 공부의 열망'을 담은 간절한 편지를 보내어 그 대학 대학원에서 '종교사회학'을 공부하도록 초청받았다고 기뻐하셨었다. 그런데 그 유학길에 오르기 얼마 전에 강원도의 한 친척을 방문하고 오시다가 기차 사고로 비명에 가셨는바, 이 글을 쓰다 회상하게 되니 또 한 번 가슴이 저려온다.

합격 후 담임 선생님이 백방으로 애쓰시다가 학생대표들을 대동하시고 본인의 사진을 가지고 충북일보사에 찾아가셔서 "이 학생을 대학 갈 수 있도록 도와달라."는 요지의 호소문을 크게 싣게 하였다(이것은 본인이 신문에 난 최초의 사건이었다). 이로 인해 입학금 조달과 더불어 고관집의 '가정교사'로 들어가게 되어 그 후 무난하게 휴학도 하지 않고 학교를 다닌 후 졸업할 수 있었다.

드디어 대망의 입학식과 신입생 환영회날이 왔다. 그날 오후 3시경 그 식전에서 문리대 학장서리 이양하 선생님의 훈사를 포함한 환영사가 놀라웠다. 그 요지는 대략 이러하였다.

"여러분은 일생의 인생주기에서 최고로 중요하고 찬란한 특권적인 대학생활을 향유하게 된 것을 축하합니다. 독일 대학생들의 3대 모토를 보면 'Trinken!, Lieben!, Studieren!'인데, 즉 Trinken은 술을 많이 마시라는 것으로 그 본뜻은 대학생활에서 술을 마시며 학생들끼리 또 선생님과도 널리 사교할 뿐만 아니라 학문과 인생에 대해 많은 토론을 하여야 한다는 것이고, Lieben은 연애를 많이 하라, 청춘발동기인 대학시절에 가장 아름다운 사랑, 연애, 정서적 열정을 꽃피우며 낭만적인 경지에도 몰입해 봐야 한다는 것이다. 그리고 또 Studieren, 즉 공부를 열심히 해야 하고, 학문을 게을리 해서는 안된다는 것입니다. 이 3가지 중에서 어느 하나를 열심히 하다보면 다른 2가지를 소홀이 하게 되는데, 그렇게 하지 않고 이 3가지 모두를 동시에 다 열심히 하여야 하는 시기가 바로 대학시절로, 가장 바쁘고 힘들고 자율적 · 적극적 · 창조적으로 열심히 하여야 하며 수많은 잠못 이루는 밤을 즐겨야 하는 매우 보람있고 두 번 다시 가질 수 없는 황금기인 것입니다."

⋮

연설 다음에는 "오늘 그러한 뜻에서 여러분의 입학을 축하하면서 곧 이어 전국 최고의 미희들의 노래와 춤과 더불어 술과 안주를 충분히 준비한 모양이니 만끽하시기 바랍니다."라는 공표가 있었다. 곧 큰 술병들과 안주들이 배분되었고 그 당시에는 파격적이었던 사시나무 떨 듯하는 요란한 율동에 귀청을 째는 고성이 가미된 이금희의 열정이 넘치는 노래를 들으면서, 처음으로 권커니 작거니 맘놓고 마시고 다시 그 자리에서 처음 사귄 학우들끼리 4, 5명씩 어울려 나가 2차, 3차를 하고 반은 죽었었다.

그다음 날은 사회학과에 모이는 날이어서 숙취로 피곤한 몸을 일으켜 오전 10시까지 학과사무실에 가니 동기생들 31명이 모였는데, 나 같은 까까중이 촌놈들이 대부분이나 머리도 기르고 세련돼 보이는 근사한 동기들도 몇 보였다. 조금 후 '인자하신 모습'의 이상백 학과장님이 들어오셔서 다들 일어서니 모두들 앉으라고 하시면서 주머니에서 담배를 꺼내시어 하나씩 피우라고 권하셨다. 깜짝 놀라서 어리둥절해 있는데 "대학생활을 하면서 담배도 필줄 알아야 하네." 하시자 그 '세련된' 두 동기생이 하나씩 받아서 피우는 것을 보고 또 한 번 놀랐다(나는 고교시절 공부 않던 불량학생들이 담배 피우는 것을 증오했을 뿐 아니라, 어려서 '양반교육'을 받은 자가 볼때 어른 앞에서 담배를 피우는 것은 '개똥불상놈'이 하는 짓이었다).

한학자이신 서당 훈장할아버님으로부터 엄격한 유교교육을 받고 자란 충청도 촌놈의 눈으로는 '최고로 존경스러운' 서울대 원로 선생님들의 술, 담배, 연애 등의 권유와 이금희 류의 노래 이런 것들은 놀라운 충격이었다. 그러나 곧 '내가 시대에 뒤진 촌놈이지, 존경하고 배워야 할 선생님들 말씀이 옳은 것'이라 여기니, 나의 가치관과 생각하는 방법이 계몽(?)되어가는 전격적 '재사회화'가 이루어졌다.

문리대는 아늑하고 아름다운 꽃동산이요, 천당이었다. 사계의 변화를 따라 무수한 사연을 잉태시키는 개나리, 라일락, 마로니에, 고령의 느티나무와 가을을 찬란한 금빛으로 물들인 은행나무들, 겨울을 채찍질하는 나목들, 고색창연한 건물들, 게다가 전례가 없이 많은 여학생들(사회학과 3명, 심리학과 3명 등)로 더 한층 아름다운 꽃밭, 그 무릉도

원같은 정경이 새롭다.

풋내기 대학 1년생으로 만물이 소생하는 봄철에 '가슴마다 성스러운 이념'을 품고 강의 시간에 늦지 않고자 허둥지둥 문리대 정문 근처에 당도하면 개나리, 라일락, 진달래 등의 진한 향기에 취하게 되고 이 꽃 저 꽃으로 꿀을 찾아 분주한 벌 그리고 나비와 더불어 매일 다른 맵시를 과시하는 미인 꽃들(희소가치로 인해 더욱 고귀했다)을 향한 시커먼 남학생들의 청춘발동도 가속화되어갔다. 소위 3대 모토 중 Lieben에 대한 열중이었다.

본 학과 내에서는 정군(작고)이 박양을 향해 가장 먼저 가장 맹렬하게 필사적으로 대쉬했다. 그러나 박양이 타 학과 S군과 '상호' 열렬한 밀착의 과시로 귀결되어 치명상을 입고 말았다. 김양은 매우 환한 모란꽃처럼 아름답고 활달하여 과우들의 마음을 사로잡았고 특히 이군(작고)의 넓은 가슴을 많이 아프게 하였는데, 55학번 K선배님에게로 귀결되었다. 그러나 전자와 달리 이군은 광폭 도량으로 한때의 아름다운 성장으로 치부하고 그 결혼을 축하하여 윈-윈 게임이 되었다. 한양은 새침한 이지적 자태로 과우들이 재고 있는 사이 타과(정치과, 법과 등) 학생들의 선제적 공격으로 결국 법대 학생에게 잃게 되었다. 박군은 독문과 이양을 공략하였으나 실패하였다. 여기서 동기여학생들은 다 놓쳤으나 김양만은 우리 학과 내의 선배님과 맺어져 타과생에게 다 빼앗기지 않은 것만도 다행으로 여겼다. 그러나 실속파 최군은 서울대생이 되자마자 연하의 여고생을 입도선점하여 1학년 때 결혼했다. 그 달콤한 신혼생활에서 깨어나지 못하고 결국 '졸업논문'도 도외시하고 부산항으로 이사해버려서, 하군과 박군이 반씩 써서 그를 불러 "네 글씨로 다시 베껴서 제출하라." 하여(이런 박군의 성향 때문에 그가 '인권대사'가 됐나?) 이해영 선생님의 C학점을 받아 가까스로 졸업했다. 경상도 양반가의 정군은 대학 2학년 때 신부를 정해 놓고, 내려와 결혼하라는 부친의 엄명을 받고, 나한테 와 상담받고 가서 결혼했는데 워낙 성실한 사람이라 훌륭한 가정 및 직장경력을 이룩했다. 황군(작고)은 '문리대 3대 명물'에 속한 비범한 인물로 이화여대생과 세속의 모든 규율을 넘어 일찍부터 동거사랑에 들어갔고, 한때 청진동 '주촌'과 인쇄소, 출판사 경영과 수많은 '대표이사' 등으로 수놓으며 파란만장한 인생을 살고 갔다.

•
•
•

그다음 Trinken쪽에 치중한 친구들로는 세 이군, 김군, 두 박군, 안군, 황군 등이 있었는데, 이들은 학문과 인생에 대해서 많은 토론을 했는지는 잘 모르나 시험 때는 결시하지 않았고 사회에 나가서는 사업 등에 뛰어난 수완을 보여 주었다. 그중 한 이군이 학기말 시험 때, 옆자리의 처음 보는 학생이 들어오는 담당교수를 가리키며 "저 여자가 누구냐?"고 물어 '이효재 선생'이라고 가르쳐주고, 이번에는 나누어 준 시험지 상단에 "어떻게 써야 하냐?"고 물어봐서 과목란에 '사회심리학', 담당교수란에 '이효재'라고 쓰라고 가르쳐줬더니, "또 그다음은 어떻게 쓰냐?"고 물어 "거기는 내 이름이 아니라 네 이름을 쓰라."고 가르쳐줬다는 것만 보아도 사회학과 Trinken족의 상대적 우수성은 불문가지(不問可知)였다.

Studieren쪽은 오준수 선배님을 좇아 '고시(고등고시)학'을 전공한 정군과 김군(작고), '불확신적 사회학' 전공자로 두 김군, 세 Ms들, 두 이군, 염군(작고), 하군 등, 그리고 '실용철학'을 전공한 세 김군, 박군, 안군, 윤군, 이군, 정군 등이 있었다. 나는 홍근, 호민이와 가까웠는데,

고시학 전공 때문에 호민이와 둘을 지도해 주시겠다는 한완상, 강신표 등 형님들 댁까지 가서 밥도 얻어먹고 교시(敎示)도 받았다. 한 선생님은 졸업 후도 계속 공부길을 터 주겠다며 인도해 주셨다.

'문리대 계몽운동' 끝에 폭발한 질풍노도의 4 · 19 때, 종로 4가에서 당한 경찰봉의 가격 상흔을 뒤로 한 채, 나는 졸업 직후 군 입대를 해야 했다. 선배들의 정규코스라는 공군장교 시험 원서를 들고 이상백 선생님께 가서 추천서를 요청드렸더니, "자네 무슨 군대를 갈려고 하나?" "공군장교 갈려구요.", "아니, 그러지 말고 해병대 장교를 가게, 문리대 같은 '리버럴한' 데서 지내다가 단련을 좀 받는 것도 좋잖아?"라고 말씀하셔서, 다시 해병대 지원서를 제출하고 오니, 마침 박경서가 와서 "너 군대 어떡하기로 했니?" 하였다.

⋮

내심 잘됐다 싶어서 나는 해병대 원서 제출했는데 제대도 타군보다 일찍하고 제일 좋다고 '꼬여서'(혼자 가기는 좀 두려웠다) 가까스로 경서도 지원, 함께 '귀신잡는 해병' 장교가 되었다. 이것이 사회학과에서 해병장교 배출의 효시가 되었고 그 후 석현호, 김승의로 이어져 갔다. 10년처럼 느껴지는 혹독한 훈련(따라서 이 선생님을 원망하기도 했다)을 마치는 마지막 '야전의 날', 지옥훈련을 마치고 BOQ에서 뻘투성이 작업복을 갈아입는데 서울서 온 전화라 하여 받았더니, 뜻밖에도 이상백 선생님이 "자네 고생 많았지, 어디로 발령받는 게 좋은가?" 하셔서 얼떨결에 "김포 여단으로 갔으면 좋겠습니다."고 하였다. 그러자 선생님께서 "끝까지 몸조심하게!"라고 하시는데, 감동과 고마움이 밀려왔다. 그 후 부대발령을 하는데 3번째로 여단발령 호명을 받았다. 해병대는 포항의 주력 집결부대가 가장 많은 신임장교를 배정받는데, 거기 가면 한 기수 선배 장교들로부터 의례적인 혹독한 집단기합을 받게 되어 있어 서로 안 가려고 갖은 방법으로 손을 썼었다. 나중에 김채윤 선생님이 "그 당시 해병대 사령관인가 고위장성이 이상백 선생님을 잘 찾아뵙는 분이 있었다."고 하셨다.

이상 본 바와 같이 우리 동기는 이양하 학장님이 말씀한 3대 모토를 다 실행한 사람이 없었으나 그 간난(艱難)의 세월에 나름대로 최선을 다하여 각 부문으로 진출하여 발군의 능력을 발휘하였고, 일찍이 사업계에서 김현수, 김해락, 정병순, 정홍근, 박청방, 이강준, 하호민 등이 두각을 나타내고 정부 고위공무원, 외교관, 농협, 언론계, 정치계, 금융계, 교육계 등 각계에서 맹활약하였다.

그래서 1970, 1980년대에는 동기생 모임에서 "학교에 남은 사람이 별로 없으나 58동기생들이 결코 뒤진 것이 없다.", "가정 형편이 좀 낫거나, 취직도 잘 안되고 하여 군대도 안가고 연구실 주변에 죽치고 있거나, 또는 동기 중 초장에 대학원에 가는 사람이 있으면 합류하여 후에 다 교수가 된 것 아니냐?" 하면서 교수가 적은 것의 '열등의식(?)'을 표출하기도 하였었다. 실제로 이만갑 선생님 회갑연 때는 우리 학번이 타 기수보다 많은 헌금을 하여, 안계춘 선배님이 "그 동기는 웬 돈을 그렇게 많이 내서 우리를 기죽여… 우리 기는 교수들이 많은데 무슨 돈이 있어." 하고 농담을 하기도 했었다.

'나'를 찾아 나서는 나의 70평생 이력서

도흥열

"뭘 안다고! 아는 것으로부터 자유롭자."

오늘의 화두이다. 아는 것 보다 모르는 것이 훨씬 더 많을 진데 이 세상 제 잘난 멋으로 살지만 서로 존중하고 서로 감싸는 것이 순리이리라.

"사회학과, 골치 아픈 곳이야."

"그 사람, 사회학과 아냐."

"사회학과에는 인물이 많은가 보다."

"사회학이 문제야."

제 주변 사람들로부터 종종 들어왔던 푸념들이다. 부정하기도 긍정하기도, 난처한 때가 많았다.

1960년대에는 데모학과(?), 1970년대에도 데모학과(?), 1980년대에

* 59학번, 충북대 명예교수

도 데모(?), 1990년대에도 데모(?), 2000년대에는 실세학과(?), 여기에 기회주의자, 줄타기꾼, 외골수라는 혹평까지 겹친다면….

사회학이란 무엇인가? 인문 사회과학의 기초학문에다 종합과학이고 실용학문이라 배웠는데 학문은 커녕 난세의 말썽꾸러기 배출처로 손가락질을 받고 있는 것은 아닌지? 오늘의 후배들은 괴롭다. 너무나 괴로울 것이다. 제각끔 입학한 학과는 사회학과인데 관심사는 고시공부라니, 사회학과 다니면서 여기저기 딴 학과나 기웃거리고, 전과희망자는 일 순위이고, 사회학과 졸업하면 취업률은 꼴찌라고 하니, 진정 그것이 현실이란 말인가? 47년 전 사회학과 합격 소식에 부모님들은 그토록 기뻐했고 동네방내 칭찬이 자자했었지만, 정작 사회학과에 입문한 '나' 는 과연 누구였던가?

⋮

곰곰 되돌아보면 사회학과 재학 4년, 그것은 그 어느 것도 미완성이고 실패로 끝나지 않은 것이 없다. 좋게 보면 그것은 70평생을 살아가는 긴 여로의 한 순간에 불과하고 이후로도 계속 진행중이라고 하겠다만, 내가 하고자했던 일마다 무언가 회한(悔恨) 같은 게 남는다. 1959년 재학시절, ML독학그룹을 만들었으나 성공하지 못했고 사회학과 조교(無給)시절, 교수님 연구실의 연탄 갈기에다 청소하기에 여념이 없었다. 그러나 성공하지 못했다.

군복무 때 육사교관으로 교수 노릇을 수행했다. 그러나 성공하지 못했고 핫바지 노릇으로 끝났다. 가정(사회)에서는 '중(스님)이나 되어야 할 사람' 쯤으로 평가된다. 역시 성공하지 못했다. 그런데도 나는 나름대로 학칙, 법 제도를 충실히 준수하려 애썼다. 한 눈 안 팔고 학과 시험도 열심히 치렀고 교수님 말씀에도 잘 따랐다. 과락도, 정학도, 경고 조치도 한번 받지 않았던 '우등생' 쯤으로 비쳤을 것이다. 그러나 스스로는 언제나 어리석어 착하고 고와서 서러운 고독한 방황자의 신세를 벗어나지 못했고 무엇이나 성공 쪽이라기보다는 실패 쪽에 더 가깝다는 생각이 앞섰다.

왜 그랬을까? 자괴감에서 나온 아쉬움일지도 모른다. 교수 하는 사람들, 언제나 뒷방으로 밀려나는 세파(世波)에 대한 반발심의 발로일지도 모른다. 이것이 비단 나 개인에 국한된 일은 아닐지니!!

오늘 이 순간에도 혹여나 편가르는데 익숙한 동문, 이념에 끄달려 맥 못 추는 동문, 정치파도 타기에 앞장서는 동문, 후배동문에게 피해를 주는 동문, 또 동문들 간의 질시와 암투가 있는 학과, 그런 동문, 그런 학과가 아닌지 곰곰 생각해 볼 일이다.

발전도 좋고, 창발성도, 실용성도, 정치실세도 좋지만 동문 개인의 편파적 행동과 편협된 지식이 죄없는 후배동문들의 짐이 되어서야 쓰겠는가? 사실 스스로가 알고 있다고 생각하는 '지식', 내 스스로가 누리고 있다고 생각하는 '권세' 라는 것, 이는 모두가 따지고 보면 바닷가 작은 조개껍데기 속에 담긴 물과도 같은 것이거늘. 거기에 얽매여 사죽을 못 쓰는 못난이가 사회학과에 특히 많아 보이는 것은 나만의 기우일까?

'나' 자신을 알고 자신의 부족함을 겸허하게 받아들이려는 동문들이 더 많았으면 좋겠다. 모진 병고로 생사를 헤메고 있는 친구들이 죽기직전에 일러주는 마지막 말은 '겸손' 해야 했었다는 아쉬움이 아니던가? '하나' 의 참뜻을 바로 볼 수 있다면 우리 모두는 하나 되고, 자신에게는 엄격하고 가혹하되 남에게는 겸손하고 관대한 사람이 될 것이다. 오늘을 살면서 그런 동문이 무엇보다 그립다. 그런 인간형이 사회학과에서도 많이많이 배출되었으면 하는 바람이다. 언젠가 동양사상(?)이 그리워서 여기저기 보다가 보았던 동산의 말씀, 그것은 '나'를 찾아나서는 나의 영원한 화두가 아닌가 싶다.

나와 그가 다르지 않고
나와 만물이 둘이 아니다
절대로 밖에서 찾으려고 하지말라
밖에서 구하면 더 멀어질 뿐이다
모든 것은 내 속에 있다
나도 그도 산천도...

- 동강 도흥렬 합장 -

아! 사회학과 그리운 날들이여

이승렬

1959년 3월, 이 시절은 내겐 아주 특별한, 잊을 수 없는 날들이었다. 내가 경기고교를 나와 꿈에 그리던 서울대학교 문리대 사회학과의 일원이 되어 사회와 마주 한 날들이기 때문이다. 당시 사회는 요즘보다도 더 흔한 혼란이 계속되고 있었고, 입학한 지 1년쯤 지나 4 · 19혁명 → '민의(民意) 만발' 에 이어 우의(牛意), 마의(馬意)시대로 접어드는 극도의 혼돈 속에, 5 · 16 발발→ "잘 살아보세"로 요약되는 '조국근대화' 의 물결→유신헌법 탄생→박정희 대통령 서거→군사정부 등장→문민정부→국민의 정부→참여정부 탄생 등 참으로 국가적으로 험난한 반세기를 걸어 왔다.

이제 후배들에게 역할을 물려주고 "어떻게 세운 나란데"하면서 안타까워만 하는 골방 늙은이로 물러난 셈이지만 그래도 개인적으로는

* 59학번, 전 서울신문 편집국장

ROTC소위 임관→전방소대장 근무→중앙일보 입사→스포츠서울 편집국장에 이어 한도 많고 탈도 많았던 언론계 30년을 접고 퇴사→조용한 은퇴생활로 이렇게 글도 쓸 수 있을 정도의 건강을 허락 받았으니, 지금 생각해도 내 생애에 후회는 없다. 다만 사회학과 시절을 추억해 보라니 나의 대학생활의 편린을 돌이켜 봄으로써 후학에게 조금이라도 인생 공부에 보탬이 될까 해서 이 글을 쓴다.

⋮

추억 1

대학 3학년 봄이 아니었나 생각된다. 서울대 문리대 사회학과의 과대표 선거가 있었다. 결론적으로 얘기한다면 나는 후보로 출마하여 큰 표차로 보기 좋게 미끌어 지고 말았다. 충분한 준비도, 치밀한 계산도 없이 어찌 보면 무모하리만치 즉흥적인 출마였으니 오히려 사회학과나 나를 위해서도 잘된 일이라고 지금도 생각한다. 그런데 사회학과 정기총회 겸 과대표 선출 하는 날 아침, 나만이 기억하는 쓰라린 추억이 하나 있다.

친한 친구 몇 명과 함께 경기중학교 대선배이시던 이해영 교수님께 과대표 출마 인사를 하러 갔던 나는 그야말로 선생님께 호된 책망을 들었던 것이다. “너희가 경기중 대선배라고 해서 나를 찾아 온 모양인데 경기중학교 출신들이 이 사회, 이 민족 그리고 진정 나라를 위해서 한 일이 무엇이 있느냐? 친일파 소리 들어가며 잘 먹고 잘 산 것밖에 세울 것이 없지 않느냐? 그런데 무엇이 자랑스럽다고 이러느냐? 당장 때려치우고 후보 사퇴해라!” 대충 이런 내용의 꾸지람을 장시간 서서 들었던 기억이 난다. 그때는 선생님의 꾸중이 못마땅하기도 하고 서운하기도 해서 끝내 사퇴를 하지 않고 버티다 망신을 당했지만 나는 그날 이후 한 번도 감투에 연연한 적이 없으며 더구나 어떤 자리에 출마를 한다거나 우쭐거려 본 적이 없다.

⋮

추억 2

그러니까 대학생활도 이젠 저물어 졸업을 반년가량 앞둔 4학년 2학기때였나 보다. 그날도 나는 문리대에 있는 대학본부 도서관에서 하루 종일 행정대학원 진학을 준비하고 있었다. 아주 어두웠던 밤으로 기억된다. 아침에 등교하며 두 개 싸온 도시락 중 점심에 한 개를 먹고, 남은 한개는 연건동 '쌍과부' 집에서 뜨끈한 국물에 말아 먹은 뒤 다시 도서관으로 가고 있었다. 그런데 아뿔사! 그만 나는 2미터쯤 되는 '쎄느강'(대학본부 앞을 흐르는 개천을 학생들은 '쎄느강'이라 불렀다.)에 굴러 떨어지고 말았다. 이곳은 잔술에 얼큰해진 학생들이 '실례'를 하곤 하던 명소로 평소 아무리 술이 취해도 너무도 훤히 아는 위치 때문에 굴러떨어진 사람이 있었다는 얘기는 한 번도 들어보지 못한 곳이었다. 지금 생각해도 어떻게 그리 됐는지 모르겠다. 다만 온몸에서 나는 냄새는 그렇다고 하더라도 척척한 작업복 바지와 교복 윗도리, 그리고 질퍽해진 구두, 이건 그야말로 혼자 보기 아까운 쇼가 아닌가? 어찌어찌 해서 다시 길 위로 올라온 나는 구정물에 엉망이 된 책과 책가방을 간신히 챙겨 30분 거리에 있었던 집으로 달려갔고 알 수 없는 허탈에 빠져 며칠을 허송세월을 했다.

결국 그 사건이 발단이 되었던지 나는 행정대학원 진학을 포기했고 고교시절의 꿈꾸던 신문기자가 되어 30년을 봉직한 뒤 퇴직했으며, 그날 이후 극도의 난시라는 안과진단을 받아 지금까지도 도수 높은 난시 교정안경을 쓰고 있다.

추억 3

내가 평균 50 대 1이 넘는 경쟁을 물리치고 중앙일보 1기생 입사시험에 합격했을 때가 생각난다. 지금도 '언론고시' 라고 한다지만 그때도 몇 안되는 일간지 기자시험에 합격하기란 정말 어려웠던 시절이었다. 한창 부풀어 오른 꿈을 안고 내가 평소에 존경하던 이해영 선생님께 인사를 갔다. 하지만 선생님은 내 부푼 꿈은 짐짓 모른 체 쓴소리만 하셨다. "자네, 신문기자가 뭐가 좋다고 그래? 지금이라도 늦지 않았으니 신문기자 관두고 내가 이XX한테 얘기해 줄테니 노무관리를 하게." 이러시는 게 아닌가? 나도 이번엔 가만히 있지 않았다. "선생님, 선생님도 한국일보에서 논설위원을 하셨으니 기자들의 생활을 잘 아실것 아닙니까? 전 왜 신문기자가 안좋다고 하시는지 그 이유를 납득하지 못하겠습니다.", "신문기자가 나쁘다는 게 아니야, 신문기자보다 더 보람있는 일인 '노무관리' 를 하라는 게야.", "그래도 전 한번 해볼랍니다. 선생님이 왜 반대하시는지 조금은 알 것도 같습니다. 지켜봐 주십시오."

누구보다도 신문기자를 잘 아시는 선생님이 왜 신문기자가 안좋다고 하셨을까? 이 질문은 젊은 수습기자의 머릿속을 퍽 오랫동안 맴돌았다. 이 의문에 대한 해답은, 남들이 꺼려하는 편집기자를 지망해 나름대로 열심히 했다고 자부하는 30년 편집기자의 변(辯)으로 대신하려고 한다. 단지 요즘도 매스컴에 회자되는 노사분규의 격한 현장을 보며 선생님을 지금 뵙는다면 내게 뭐라고 하실까 궁금하기만 하다.

사회학과 가족의 3세대

: 은사님들과 제자들 사이에서

신의항

나는 1960년 3월에 서울대학교 문리과대학 사회학과에 입학했다. 올해로 사회학과와의 인연을 맺은 것이 어느덧 46년이 넘은 것이다. 입학 후 1964년에 학부를 마친 후, ROTC 2기로 2년 동안 군복무를 했고, 군에서 제대한 직후 1966년 8월 3일 미국 유학을 떠났다. 나는 지난 40년을 미국에서 정착해서 살고 있다. 비록 지난 40년을 미국에서 살았지만 나와 사회학과의 관계는 지속되어 왔다고 믿는다. 나와 사회학과의 지속적인 관계는, 내가 미국대학에서 사회학 교수로 재직해 온 사실과 직접적으로 관련되어 있다. 나와 사회학과의 40여 년간 지속된 관계는, 몇 가지의 경로가 있었다.

첫째로, 나는 미국 University of South Carolina에서 지난 36년 동안 재직하면서 6번의 안식년, 연구년을 받은 바 그중 4번을 서울대

* 60학번, University of South Carolina 사회학과 교수

학교 사회학과에서 보냈다. 나의 첫 안식년이었던 1977년, 이해영 교수님의 부름을 받고, 인구 및 발전연구소에 와서 당시 유엔 기금지원 연구프로젝트에 참여하면서 사회학과에서 대학원 강의도 했다. 그 이후 1992, 2000, 2005년에도 서울대학교 사회학과와 기초교육원에서 강의를 했다. 비전임 교수의 신분으로, 특히 미국대학 재직 교수로서 서울대학교와 필자만큼의 지속적인 관계를 가진 예는 매우 드물 것이라고 믿는다. 내가 서울대학교에서 보낸 안식년/연구년은 여러모로 나의 연구와 교수활동에 큰 도움이 되었다. 미국에서 구하기 불가능한 자료와 문헌을 접할 수 있었던 것도 큰 도움이 되었지만, 더 중요한 것은 옛 은사 교수님, 선배와 후배 교수님들과의 자주 가질 수 있었던 만남과 대화였다. 이 만남과 대화는 나의 소중한 학문적 체험이었다.

이만갑 교수님은 노령이심에도 불구하고, 명확하고 편견 없는 실증적인 사회학적 접근과 분석을 개인적인 대화에도 포함시키시는 것이 항상 인상적이셨다. 그리고 이만갑 교수님의 젊은 시절의 로맨스에 관한 술회도 재미있게 경험했다. 이해영 교수님으로부터는 학자로서의 바른 길, 심사숙고하시는 자세, 그리고 근엄하시지만 제자를 아끼시고 사랑하시는 깊은 속마음과 스승으로서의 이상적인 상을 실천하시는 모습들을 배울 수 있었다. 김채윤 교수님은 항상 주위의 모든 분들에게 덕을 끼치시고, 격려하셨으며, 또한 긍정적으로 상황들에 대처하시는 폭이 크신 역할을 하시는 모습에서 많은 것을 느낄 수 있었다. 김일철 교수님은 후학들에게 항상 변함없으신 애정으로 대하셨고, 매 상황에 따라 깊이 배려하여 주시는 속마음을 가지신 것을 여러 번 체험했다. 김경동 교수님은 새로운 사회학적 이론의 틀을 만드시고 동양적 · 한국적인 색깔을 입히려고 하시는 노력을 통해 내게 많은 교훈을 주셨다. 이른 아침부터 밤늦게까지 연구실에서 열심히 연구하시는 신용하 교수님의 변함없는 학자로서의 열정은, 내 자신의 모습을 뒤돌아보게 만들었다. 김진균 교수님은 굴곡있는, 어려운 삶의 과정에서도 늘 꿋꿋하게 변함없이 자신이 합당하다고 믿으시는 길을 걸어가시는 모습으로 내게 깊은 감명을 주셨다.

둘째로, 나와 사회학과의 관계는 서울대학교 사회학과 후배들이 내가 재직하는 대학에 유학을 와 그 후학들을 지도해 온 일로 계속되었다. 나는 은사 이해영 교수님의 배려로 군대 제대 직후 미국 University of Pennsylvania의 Graduate Program in Demography에 유학갈 수 있었다. 이해영 교수님의 나에 대한 믿음과 사랑이 아니었다면, 나는 당시의 형편으로 미국 유학은 불가능했을 것이다. 이해영 교수님 자신은 University of Pennsylvania에서 인구학 분야의 대학원 과정을 마치시고 서울대학교에 돌아오셔서 인구학 강좌를 개설하셨고, 인구 및 발전연구소도 창설하시어 한국 인구학 분야를 개척하셨다. 내가 University of Pennsylvania에서 학위과정을 마치고 University of South Carolina에서 교수 생활을 시작했을 때 나는 나의 은사님들이 나를 위해서 해 주신 모든 지원에 조금이라도 보답해야겠다고 마음속으로 다짐했다. 그 은혜의 보답차원에서 후배들에게 미국 유학의 도움을 제공하고 싶었다. 1978년 김익기 교수(28회)가 그 첫 케이스로 우리 대학교 대학원 석사과정에 왔다. 그 후에 전광희 교수(31회), 이영환 교수(30회) 장경섭 교수(38회), 진승권 교수(38회), 한신갑 교수(39회), 김호일(39회), 서문기 교수(40회), 이옥나(41회), 김정석 교수(41회), 박한경(42회), 김명신(43회), 정창영(43회), 송윤(43회), 허동철(46회), 현승희 등이 University of South Carolina에서 내 제자로 석사과정을 마치고 미국의 유수한 사회학 박사과정으로 진학했다. 이 제자들은 서울대학교 사회학과의 교수님들로부터 강력한 추천을 받은 우수한 인재들로서 2년 동안 우리 과에서 미국대학원 학업에 대한 적응과 함께 언어구사능력을 향상시킬 수 있는 훈련을 거쳐서 Harvard, Yale, Stanford, Brown, Michigan, Columbia, Penn 등의 사회학 박사과정에 진학할 수 있었다.

이 유능한 제자들과의 관계는 내가 교수로서 가르치고 연구하는 데 큰 자극과 도움이 되었다. 이 후배, 제자들은 그들이 이미 가지고 있는 한국사회에 관한 식견을 내게 가르쳐 주었으며, 그들과의 공동연구 프로젝트의 결과로 마련된 논문들은 미국 학술지에 발표되어서 나의 연구 활동의 중심이 되다시피 했다. 나는 이 후배들과 같이 지낸 2년의 기간 동안 그들의 재능, 품성, 인생철학에서 소중한 교훈을 얻을 수 있었다. 제자들의 부모님들과도 가까워져서 지금도 연락하고 만나는 관계를 가지고 있다. 우리 과에서 나의 지도로 수학한 제자 중에는 비 서울대학교 출신들도 다수 있다. 지난 36년 동안 한국 제자들을 지도하면서 얻은 귀중한 사회학적 체험이 있는데, 그것은 그들의 유학 세대(Cohort)에 따라서 사회학의 관심분야, 접근방법, 심지어는 지도교수인 나에게 대한 자세까지 차이가 있다는 사실이다. 1970년대에 나와 인연을 맺은 제자들, 1980년대, 1990년대, 그 이후의 제자들이 각각 자기네 '세대'의 특성을 가진 것을 알 수 있었다. 한국사회의 거시적 차원에서의 변동 양상이 이 제자들 세대 간의 사고, 행위 양식에 반영되어 있다는 사실은 나에게 이들을 통해서 한국사회 변천을 미시적으로나마 체험할 수 있는 기회를 제공했다.

셋째로, 나의 서울대학교 사회학과와의 관계는 미국대학에서 사회학 교수로 활동하는 동문선배, 동기, 후배교수와의 교분으로 지난 40년간 지속되어 왔다. 유의영 교수(California State University, Los Angeles, 14회), 김재온 교수(University of Iowa, 15회), 그리고 구해근 교수(University of Hawaii, 18회)가 그분들이다. 유의영 선배님은 내가 1966년 University of Pennsylvania에서 대학원 과정을 시작할 때 이미 그곳에 3년 먼저 오셔서 학위과정을 밟고 계셨다. 유선배님은 내가 미국의 대학원 공부에 적응하는 데 많은 도움을 주셨고, 형님이 아우를 이끌 듯 필라델피아에서의 유학생활의 후견인 역할을 해주셨다. 유선배님은 필라델피아에서 오옥실 여사와 결혼하셨는데 결혼 후에는 자주 저녁 초대를 해주셔서, 총각 시절 유학생활에서도 맛있는 한국음식을 접할 수 있는 기회를 주셨다. 유선배께서는 로스앤젤레스로 가 미국의 한인 이민사회에 관한 연구를 본격적으로 시작하셔서, 한국계 미국인 지역사회의 사회학적, 인구학적 분석의 토대를 마련하셨다. 유선배님과 나는 "The Kim Sampling Technique"이라는 논문을 공저하여 미국 인구학 학술지에 출판한 적도 있다. 유선배는 자신이 주관하는 각종 학술세미나에 나를 초청해 주시고 논문을 청탁하여 주셔서 미력한 나에게 미국의 한인지역사회에 관한 사회학적 연구를 하게끔 계속 격려, 지원해 주셨다. 목사님 아버님을 두신 유선배님은 나에게 신앙 일반에 관한 기본을 일깨워 주셨고, 교회를 섬기는, 봉사하는 일에 관해서도 모범을 보이셨다. 유선배의 기독교, 교회관은 지금 생각해도 진취적이고 개방적이어서, 나로서도 부담없이 마음에 간직할 수 있었다고 믿는다. 김재온 선배와 구해근 동문은 미국사회학계에서 인정해주는 성공한 학자들이다. 그분들의 훌륭한 학자로서의 활동과 업적은, 나로 하여금 학문에 더 애착을 갖게 해주었고 학자로서 동기부여를 하게 해주었다.

넷째로, 나는 나의 사회학과 1960년 입학동기들과의 교류를 통해서 지난 40년 동안 사회학과와의 인연을 지속해왔다고 생각한다. 우리 동기들은 대학 졸업한 지가 42년이 되었지만 요즘도 거의 매달 한 번씩 모인다. 나도 한국에 나와 있는 기간에는 동기모임에 참석하곤 했다. 30명 입학동기 중 두 명이 이미 세상을 떠났고, 남은 28명 중 7명이 미국과 캐나다에서 활동하고 있다. 매달 모임에는 평균 12~13명 정도가 나오는 것으로 알고 있다. 오랜 세월 동안 만나다보니 이제는 형제처럼 서로를 믿고 의지하는 사이가 되었다. 우리 동기들의 특성을 지적하라고 한다면, 나는 동기들이 모두 순박한 성품을 가졌으며 정이 많다고 말하고 싶다. 종사하는 직업은 목사, 교수, 사업가, 정치인, 언론인 등 다양하지만, 무엇보다도 소박하고 순수한 품성을 지닌 동기들을 가졌다는 사실에 늘 감사하는 마음을 가진다. 나의 사회학과 입학동기들 중에는 몇 분이 그들의 아들, 조카 등이 내가 있는 대학으로 유학 와서 공부한 적이 있다. 동기들의 2세들과의 미국대학에서 교수와 제자로 만날 수 있었던 것은, 나에게는 큰 보람이었고 기억에 남는 경험이었다. 특히 2세들의 모습과 성품이 그들의 부친들인 나의 동기들과 너무나 닮은 사실에 나는 '유전인자의 막강한 위력' 에 탄복했다.

나는 사회학을 배우고 가르치는 과정에서 한 조직의 가장 중요한 요소는, 그 조직의 구성원이라고 나름대로 믿고 있다. 서울대학교 사회학과라는 한 조직을 정의해온 중요한 변수들이 있을 수 있다. 사회학이라는 학문이 가지는 학문적 정체성도 우리 사회학과의 지난 60년의 역사에 중요한 영향을 미쳐왔고, 사회학을 공부한 우리 동문들의 공통적인 배경도 우리 사회학과 동문들의 지난 60년간의 한국사회에서의 활동과 공헌과 깊은 연관성이 있을 것이다. 하지만 나의 개인적인 체험으로는 서울대학교 사회학과라는 한 집에서 자란 가족관계(family tie)가 나로 하여금 사회학과와 지난 46년 동안 지속적인 관계를 맺게 했다고 믿는다. 나는 나의 사회학 가족을 늘 사랑할 것이다.

육공회의 어제와 오늘

이효선

1960년 3월, 그때로 다시 돌아갈 수 있으면 좋으련만, 우리 모두 벌써 마흔 여섯 해가 훌쩍 지나갔다. 우리 동기들은 한두 살의 나이 차이와 군대 경력에 따라 1964년부터 1970년까지 대부분 졸업을 하고 사회에 나왔다. 우리는 1960년에 입학했다고 해서 우리의 모임을 육공회라고 부른다. 재학 때는 삼삼오오 몰려다니기도 하고 군복무로 흩어지기도 하면서 서로 잘 몰랐던 친구들도, 불혹의 나이를 거쳐 50줄을 넘어서부터는 서로를 찾아 만나는 빈도도 잦아졌다.

입학 후 처음 얼마 동안, 교복을 입은 우리들의 자태는 산뜻했고 머리 모양은 단정했다. 우리들 중 몇몇은 갓 입대한 신병처럼 머리를 치켜 깎고 언제나 스포티한 모습이었으나 눈에는 놀거리를 찾느라 생기가 돌았고, 이성교제에 한발 앞선 또 다른 친구는 그룹 데이팅을 주선

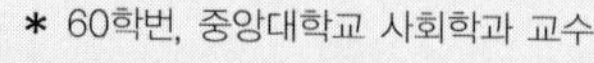
* 60학번, 중앙대학교 사회학과 교수

하느라 바쁘게 움직였다.

아, 1960년 신록의 봄은 그렇게 시작되었던 것이다. 그러나 그 이전에 '미완의 혁명' 이라고 하는 4 · 19의 함성은 빼 놀 수가 없다. 이만갑 교수님의 1교시 수업이 시작되자마자 창가에는 선배들이 서성거리면서 시위참여를 독촉하고 있었다. "몸조심들 하라."는 말씀을 뒤로하고 우르르 몰려나가 마로니에로 꽉 찬 동숭동 캠퍼스 교정에서 대열을 갖추고 교정을 떠난 것이 4 · 19 학생혁명의 시발이었고, 이후 한국 학생운동의 커다란 이정표가 되었다. 4 · 19는 학생들의 시위가 정권을 넘어뜨린 예로 세계 학생운동의 역사에서 터키의 학생운동과 쌍벽을 이루었지만, 1964년과 1965년에 일어난 한일협정비준반대 시위였던 '6 · 3 사태' 때는 육공회의 주력부대는 입대 등으로 한발 비켜 있었다.

⋮

4 · 19 이후 곧이어 펼쳐진 '새생활 운동' 은, 밤에는 고급 사교장의 업무를 방해하고, 낮에는 기관들과 사회 저명인사들을 찾아서 국산품 애용을 권장함으로써 사회학 초보자들에게 사회의 또 다른 면을 엿볼 기회를 준 일종의 문화운동이었다. 이렇게 어수선하게 1년을 보내면서 우리는 2학년이 되었다. 예나 이제나 한국 대학생들의 표정은 2학년에 올라가면서 군대나 진로문제로 심각해진다. 또 20세의 나이에는 의지가 지배한다. 그래서 하나씩, 둘씩 중간에 입대하거나 고시 공부로 빠지기도 하고 아주 드믄 경우 전공 공부에 열을 올리기도 했다.

사회학사의 경우, 두 시간 내내 부연설명 없이 선생님께서 원서로 해석해 주시는 것을 받아 적다 보면 알듯 말듯 했다. 왜 그때 팔만 저린 것을 알았지 그것이 나중에 사회를 보는 통찰력을 키우는 데 피와 살이 되는 것을 몰랐을까? 왜 19세기 사회학의 대가들 중 한 사람은 사회구조의 중요성을 강조한 반면에 또 다른 사람은 사회의 변혁을 그렇게 열렬히 주장 했는가? 또 어떤 학자는 개인의 행위에 초점을 맞추는 미시 사회학에 눈을 돌리고 또 다른 이는 미시와 거시 사회학을 연계시키려고 노력했는지를 선생님들은 분명히 설명을 해 주셨는데 우리들이 못 알아들어서 그런지 잔디밭에만 앉으면 사회학의 유용성과 전문성에 대해 푸념을 늘어놓던 기억이 엊그제 같다. 다행히 나는 재학 시절 필사 연습에 주력해서 현재 내가 가지고 있는 지식의 대부분을 은사님들의 가르침의 덕택으로 여기고 있다.

⋮

어느 노년 학자는 노인들을 네 집단으로 구분해서 55~64세는 젊은 노인, 65~74세는 노인, 75~84세는 좀 더 늙은 노인, 85세 이상은 아주 늙은 노인으로 범주화했다. 이제 우리 동기생들은 대부분 글자 그대로 두 번째 집단에 속한다. 동기생 친구들이 노인이란 용어를 싫어하면 시니어라고 해도 좋다. 이 시점에서 지난 세월을 되돌아보면 육공회 회원들의 사회활동은 실로 다양하고 경이로웠다. 관계, 정계, 언론계, 실업계, 학계로부터 종교계, 자영업에 이르기까지 우리 자신이 생각해봐도 놀라울 정도로 사회 각 방면에서 다양한 경험을 쌓으면서 오늘에 이르렀다.

사회에선 우리를 4 · 19세대라고 부르고, 민주화 세력에 대비해서는 산업화 세력이라고도 부르는 것 같다. 우리는 언제나 산업전선의 최일선에서 땀을 흘려왔고, 삶의 현장 한가운데 서 있었다. 따라서 사회적 업적도 눈부시다. 관계에서는 차관급이 4명, 정계에서는 국회의원 2명, 방송계에서는 감사와 본부장급 2명, 신문과 통신사 쪽에서는 국장급 2명, 실업계에서는 대표 이사 4명, 종교계에서는 목사, 학계에서는 교수 4명을 배출했다. 어느 때인가 조문행사에 육공회 이름으로 화환을 보냈더니 6공화국 관련 인사들의 모임이 아니냐는 오해도 받은 적이 있다. 현재 미국과 캐나다로 이주한 동기생들은 7명에 달하는데 이들 역시 교수, 고위 공무원직 또는 자영업에 종사하고 있다. 애석하게도 두 명은 작고하였다.

⋮

특히 관계와 언론계에서는 퇴임 후 전문대학학장을 비롯해서 많은 동기생들이 강사, 초빙교수, 겸임교수의 자리를 맡아서 늦게나마 지적 욕구를 충족시킬 기회를 가질 수 있었다. 또한 노동부 차관, 청와대 대변인, 국민건강보험공단 이사장, 산림청장, KBS 감사와 편성본부장 등 각계각층에서 활동할 수 있었는데, 이는 장기적으로 그 유용성이 드러나는 사회학적 지식 때문일 것이다. 어디 그뿐인가. 미술, 음악, 문학에 정통한 교수가 있는가 하면 한국 노동계급의 형성이라는 명저로 미국 사회학회의 상을 수상한 학자도 있고, 미국의 한 주립대학의 주임교수로서 많은 후배들을 이끌어서 모교 사회학과로부터 공로상을 수상한 교수도 육공회에서 나왔다.

육공회 회원들의 사회적 업적이 많은 이유는, 한국이 근대화하는 과정에서 이들이 상대적으로 활동의 기회가 많았기 때문이기도 하지만 육공회 구성원들의 열정과 그들 간의 다재다능한 실력과 원만한 인간관계 때문이기도 하다. 특히 그중에서도 금융계와 실업계에서 대표 이사를 지냈거나 현재 기업을 이끌고 있는 동기생들은 가장 적극적인 육공회의 물질적, 정신적 지원자들의 역할을 해 내고 있다. 육공회의 힘은 어디서 나오는 것일까? 육공회는 지난 2000년 입학 40주년을 맞아 당시 산림청장을 역임한 동기생이 기증한 묘목을 서울대 사회학과 앞에 기념식수를 하기도 했다.

⋮

지난 15년 동안 육공회 회원들은 매년 연말 송년회를 은사님들과 함께 보내왔다. 선생님들은 1960년 입학 제자들에 대해 어떻게 생각하고 계실까 궁금하다. 이만갑 교수님은 "우선 성격들이 무던한 것 같다. 학생 때부터 성격들이 원만한 것을 느꼈는데 갈수록 60학번 제자들에 대해 그러한 점을 느낀다."고 말씀하신다. 그리고 "60학번에는 출중한 리더십을 가진 제자들이 많고 단결이 잘된다."고 덧붙이셨다. 고영복 교수님은 "동기생들 간에 이해관계가 충돌하는 일이 없어 잘 뭉친다."고 말씀하시고 김채윤 교수님 역시 "인화가 특히 잘 된다."고 말씀하셨다.

이제까지 1917명의 졸업생과 재학생을 배출한 서울대 사회학과 졸업생 중, 다른 학번들도 사실 우리만큼은 잘 살고 있을 것이다. 그러나 육공회에 속해 있는 나 자신이 지난 마흔 여섯 해를 되돌아보아도, 우리 동기들은 놀라울 정도로 잘 지내오지 않았던가란 생각이 든다. 태양은 아직 수평선에 닿지는 않았지만 이미 낮게 내려와 있다. 우리에게는 얼마 남지 않은 인생의 황혼길을 함께 걸어가면서 서로 격려하고 위로하는 일만 남았다.

마지막으로 현재 사회학과 총동문회 회장인 조용직 학형, 그리고 현재 육공회를 이끌어 나가고 있는 김용범 학형의 건투를 빈다. 학연으로 만난 친구들, 모임이 있을 때면 모두 나오기를 바란다. 아, 친구들이여, 내일이면 늦으리.

화(禍)가 복(福)이 될 수도 있더라

조용직

살다 보면 화가 복이 되는 경우를 자주 본다. 위기, 절망, 불행…. 이런 것들이 한꺼 번에 닥칠 때는 정말 하늘이 원망스럽고 울고 싶다. 하지만 엎치락뒤치락 세월과 더불어 뒹굴다 보면 어느덧 어려움이 지나가고, 그런 것들이 오히려 약이 되어 큰 몫을 해내는 데 결정적 동인이 되기도 한다. 내가 사회학과와 인연을 맺은 것도 그렇다. 첫 번째 시험에 무사히 합격했더라면 사회학 근처에도 못 갔을 터인데, 첫 시험에 낙방하는 바람에 사회학과에 입학할 수 있었고, 낙방의 고배는 대학생활을 더욱 값지게 해야 되겠다는 결심을 이끌어 냈다.

나는 입학하자마자 고교 때 중단했던 태권도 수련을 재개했다. 유단자가 되는 것은 그리 어렵지 않았다. 그런데 이 태권도 때문에 경찰방망이로 수없이 두들겨 맞는 화를 입은 적도 있다. 1960년 4월 19일 오

* 60학번, 현 서울대학교 사회학과 동문회장

전, 사회학과 선배도 되고 태권도 선배도 되는 안병규 동문(16회, 전 국회의원, 3선)이 당시 서울대 총학생회장직을 맡고 있었는데, 그가 정문에 새까맣게 포진하고 있는 경찰저지선을 뚫을 작정이니 태권도부원과 역도부원은 무조건 맨 앞에 서라고 말했다. 빗발치는 곤봉세례를 받아가며 저지선을 뚫고 동대문 경찰서, 국회, 경무대(현 청와대)로 돌진했던 지난날이 눈에 선하다.

당시에는 재학 중에 입대하면 복무기간을 1년 6개월로 줄여주는 단기복무혜택을 주었다. 그 대신 무조건 일선 근무라 나는 강원도 화천군 오음리 골짜기로 자대배치됐다. 분대전투로 시작해서 소대, 중대, 대대, 연대 그리고 사단기동훈련까지 다른 사람들이 3년 복무한 것 보다 더 맵고 짜게 군 생활을 했다. 요즘도 간혹 어려움을 당하면 그때 그 골짜기에서 견뎌냈던 일들을 회상하며 버텨본다.

⋮

이왕 군대 얘기가 나왔으니 즐거웠던 일도 한 번 돌이켜보자. 어느 날 이화여대 학생들이 군 위문을 왔으니 전 부대원은 연대 연병장으로 집합하라는 명령이 내렸다. 30리 길도 마다 않고 달밤에 구호를 붙여가며 공연장에 당도했다. 각 중대에 흩어졌던 군 동기생들도 만났다. 혹시 아는 여학생이 있을 듯한 예감도 들어 전면을 주시했다. 그런데 이게 웬일, 등하교 길에 버스, 전차에서 스쳤던 이웃학교 여학생이 등장한 것이다. 망설이다가 부대 뒤편에서 만났다. 단 한 번도 말을 나눈 적이 없는 터라 못 알아보면 어쩌나 근심했는데 웬걸, 놀라면서 어쩐

일이냐고 반색을 했다. 천만다행 안부를 전해 달라고 집주소를 적어주었다. 이후 한참 만에 핑크 색 편지지에 장문의 글이 왔고 이대학보도 당도했다. 첫 휴가 때, 당시 위문 왔던 학생 전원을 미도파 옆 삼화다방으로 초대했다. 물론 비용이 좀 들긴 했으나 부대위문에 감사하는 뜻을 전하고 저녁을 잘 대접한 적이 있다. 한 사람도 빠지지 않고 참석해 주어 지금도 감사한 마음 그지없다.

⋮

군입대로 인해 아쉬운 일도 있었다. 당시 문리대 학생회장 선거에 동기생 김승의 군(18회, 삼공교역㈜ 회장)이 출마했었는데 전년도 사회학과 출신 이휘경 동문(17회 강원대 명예교수)이 석패한 데 이어 또 김군도 분패한 것이다. 문제는 분패의 요인 중 하나가 내가 입대한 상태였기 때문이 아닌가 해서다. 내가 있었다면 최소한 나의 모교가 상대편에 붙는 사태는 막을 수 있지 않았겠나 하는 아쉬움이다. 지금까지 미안하다. 물론 김군이 당선된 것이 좋은 것이었는지, 그때 낙선했기 때문에 오히려 사업에 전념했고 이젠 중견기업의 회장이 되어 정년 걱정 없이 간간히 동기생들에게 술도 사고 밥도 사니 전화위복이 바로 이런 것이 아닌가 생각해 본다. 세 번째 대결에선 구도는 다르나 사회학과 출신 김덕룡 동문(19회, 국회의원, 5선)이 학생회장에 당선됐다.

나는 고향이 황해도 연백이다. 출생은 어머님 친정이 개성이라 거기서 태어났다. 동네에서 유일한 기와집이 우리 집이었으니 괜찮게 살았던 것 같다. 그런데 1947년, 이북의 토지개혁 바람에 집안이 풍비박산이 났다. 아버지가 먼저, 다음엔 어머니와 동생이 38선을 넘어 서울로 왔다. 나는 홀로 삼촌댁에 남아 기회를 엿보다, 야밤에 안내인의 손에 이끌려 남쪽으로 넘겨졌다. 소작인들로부터 귀여움을 독차지했던 여덟 살 소년의 운명은 이때부터 살아남기 위한 생존경쟁에 돌입한다. 변혁의 소용돌이 속에서 기회는 주어지기 마련이다. 신문팔이 소년이 서울대학을 졸업하고 국회의원, 의료보험관리공단 이사장, 삼영화학 그룹 부회장 등을 거쳤으니, 그때 위험한 남쪽으로의 탈출이 아니었다면 가능치 않았을 것이다. 지난 반세기는 뜻있는 젊은이들에겐 기회의 시기였고, 신분상승의 호기였던 것 같다.

⋮

사회학과에 입학한 것이 엉뚱하게도 정치 쪽으로 나를 몰아 갈 줄은 미쳐 몰랐다. 취직을 해야겠는데 경제학이나 법학이 아니면 시험자격도 안 주었다. 찬밥 더운밥 가릴 형편이 아니었는데 마침 당시 집권당인 민주공화당에서 우리나라 정당사상 최초로 중앙당 요원을 공채하겠다는 광고가 중앙 일간지 5단 전단으로 실려 눈길을 끌었다. 영어, 상식, 전공, 면접이 시험과목이었는데 사회학을 써 먹을 기회가 온 것이었다. 돈도 빽도 없는 38따라지에겐 호기심을 일으키기에 충분했다. 최소한 권력으로부터 억울함은 안 당할 것이란 막연한 생각으로 시험을 치렀더니, 괜찮은 성적으로 합격했다. 주요 인사들만 초청되는 청와대 가든파티에 우리들 12명은 "육사1기생"이라며 특별 초청되어 박정희 대통령으로부터 일일이 맥주를 대접 받고 격려말씀을 따로 들었다.

12명 중 본인(2선)포함 4명이 국회의원이 되었으니 나름대로 대접을 받은 것 같다.

그러다 내 생애 처음 목이 잘린 적이 있다. 3선 개헌 작업이 본격적으로 가동될 즈음 양순직, 예춘호 등 5명의 국회의원을 제명시킨 1주일 후, 원외 인사들에 대해 손을 볼 때 행인지 불행인지 나도 퇴출명을 받았다. 결혼 1년 만에 직장에서 목이 달아났으니 아내에게 어떻게 알릴지 막막했다. 시련이 닥친 것이다. 정치적 소신 때문에 당한 것이란 주변의 위로도 많았고 혹시 이런 위기가 기회가 될지도 모른다는 생각도 들었다. 아내에게 전후사정을 얘기하고 우리 스스로 한번 일어서 보자고 제의했다. 집을 전세 놓고 결혼예물, 백색전화기, TV 등 값진 것들을 팔아 장사밑천을 장만했다. 연초소매를 곁들인 식품점(구멍가게)을 서강대 마루턱에 차린 것이다. 박근혜 대표가 서강대 등교할 때 자주 눈에 띄는 곳이었다.

⋮

그러다 이대로는 안되겠다는 생각이 들어 다시 사회학 책을 잡았다. 서울대 신문대학원 입학시험을 쳐보기로 한 것이다. 목이 잘리지 않았다면 신문대학원 들어갈 일도 없었고 미국의 다우케미칼과 충주비료가 합작으로 만든 한양화학㈜에 입사해 비닐과 플라스틱 원료를 생산하는 석유화학 산업에 손 댈 일도 없었을 것이다. 신문대학원 2년 수업은 현업에 종사하는 언론인들과의 어울리는 기회가 됐고, 70년 하순 당에 복귀하면서 선전부장(현 선전국장), 부대변인, 사무차장, 대변인으로 연결되어 국회의원이 되는 통로로 진입하는 계기가 됐다. 전화위복이란 말이 이런 때를 두고 하는 말인지 모르겠다. 적당한 자극과 시련은 발전의 동력을 유발시키는 요인이 되는 듯하다.

작년 말, 완전 타의로 동문회장을 맡았다. 자의건 타의건 간에 직을 맡은 이상 잔소리가 필요 없을 듯하다. '지공의 나이(지하철 공짜로 타는 나이)'를 지나 70을 향해 달리고 있는 입장이니 크게 바쁠 일도 없다. 사회학과를 졸업했기에 입었던 각종 혜택을 이제는 갚아야 할 시점인 듯하다. 잡스러운 생각 떨쳐 버리고 1900여 사회학과 동문들을 위해 맡은 바 책무를 다했으면 하는 마음 간절하다.

사회학과 행정의 만남

이영래

이 글은 사회학을 공부하고 행정 분야에 활동하면서, 사회학적 지식과 소양이 어떻게 적용되고 얼마나 유용했는지를 정리해 본 것이다. 내가 사회학과를 졸업했다고 하나 전문적인 학문연구가 있었던 것도 아니기 때문에, 다분히 피상적일 수밖에 없는 사회학적 소양을 토대로 내 나름대로 행정에 원용했음을 이해해 주길 바란다. 또한, 내 행정경험에서 사회학의 유용성과 적용가능성을 강조하다 보니 본의 아니게 내 이력과 해 온 일들에 대해 자화자찬하듯이 비칠 수 있겠다 싶어 주저되는 바도 없지 않다. 글 내용의 현실성과 주체성을 강조하다 보니 불가피했음을 이해해 주길 바란다.

* 60학번, 전 청와대 행정수석, 인천시장

사회학과의 선택과 진로모색

고등학교(강릉상고 문과, 현재 강릉제일고) 시절에는 문학취향에다 지적 호기심도 많은 때였다. 그즈음 지식인 사이에 많이 읽혔던 『思想界』와 『現代文學誌』는 별로 보고 들을 게 없었던 시골 학생에게 새로운 지식과 세상 돌아가는 물정을 아는 데 좋은 매개체가 되었다. 당시 사상계 사장이었던 장준하(張俊河) 선생의 『돌베개』나 권두언, 함석헌(咸錫憲) 선생의 『생각하는 백성이라야 산다』 등의 글을 아직도 내 뇌리에 각인되어 있다. 그 시절은 자유당 말기였는데, 절대빈곤에 무질서와 부조리가 만연해 있었고, 정치권력의 횡포와 부패가 아주 심했던 시절이었다. 내가 사회학과를 선택하게 된 것은 이러한 시대상항과 나의 정신적 분위기와도 무관치 않은 것 같다. 『사상계』 비판시론에 연향을 받은데다가 지적 호기심과 잡학적(?) 탐구욕이 왕성했던 때라 널리 지식을 섭렵하고 세상을 바르게 하자면 대학에 가서 무슨 공부를 해야 하는가 하는 꽤나 대견스런 생각을 했던 때다. '사회' 학이 세상사를 광범위하게 살필 수 있고, 정의와 진보를 추구하는 다분히 경세적(經世的) 학풍을 지녔다고 믿었다.

내가 입학시험에 합격하여 면접 보던 날, 시험관이 두터운 영문 사회학 책을 펴 보이며 몇 가지 단어들을 물어 보았는데, "fundamental, structure, phenomena…." 등 아직도 생생하게 기억하고 있다. 현상과 사실, 본질과 구조, 그리고 변화와 예측, 대학 4년 동안 사회학과의 어떤 과목을 수강했든, 짙게 깔려있는 개념이고 사고의 틀이었다. 말하자면, 사회현상과 사실을 보고 그 본질과 구조를 따지는 것은 변화와 예측으로 이어져 궁극적으로 개혁적 프로그램과 사회적 양심을 구현해 보려는 다분히 실사구시(實事求是)적이고, 경세적 의지가 있다고 보았다. 그래서 사회학을 공부한 분들이 사회에 나가서 활동하는 분야를 보면, 1) 학계에 진출하여 대학교수가 된 분, 2) 언론계에 나가 사회의 목탁 역할을 하는 분, 3) 정계에 진출해서 국정의 일익을 담당하는 사람, 4) 기업에 들어가 회사원이 된 분, 그리고 5) 나같이 정부에 들어가 공공행정(공무원)을 하는 사람 등으로 분류해 볼 수 있다.

행정가의 길

나는 결국 행정가의 길을 걷게 되었지만 한때는 정당의 공채요원으로 정치권 경험도 했고, 기자시험(조선일보)에 합격하여 언론계 입문기회도 있었고, 공직을 마친 후 대학(한림대학교)에서 객원교수로 후학을 지도하기도 했다. 지금은 기업의 사외이사로 있으니, 사회학과 출신의 가능한 진로를 모두 경험한 행운이라면 행운인 셈이다. 어느 하나 제대로 한 것 같지 않지만, 사회학과 출신의 여러분들이 이러한 방면에 나가 대성하여 뜻있는 일들을 하고 있음을 볼 때, 사회학의 가치와 사회학적 식견의 유용성을 인정하지 않을 수 없고 내 경우(행정가의 경우)는 더욱 그러하다.

나는 공직에 입문하면서 지난 30여 년 동안 비교적 다양한 자리에서 다양한 일들을 해 온 편이라고 할 수 있다. 먼저 지방행정 경험이다. 나는 강원도 기획관리실장에 이어 잠깐 내무부 지방행정연수원에 있다가, 강원도와는 행정여건이 다른 경기도 기획관리실장으로, 안양시장에 이어 춘천시장을 거쳤다. 그 후 청와대 비서관과 내무부 부서장(기획관리실장 · 민방위 본부장)을 거쳐 인천광역시장으로 일하게 되어, 상이한 행정여건의 기초자치단체와 광역단체의 행정을 다양하게 경험하게 된 것이다. 동해의 일출(日出)을 보면 시인(詩人)이 되고 서해의 낙조(落照)를 보면 철인(哲人)이 된다는데, 나는 동쪽 땅에서 태어나 지방행정을 시작해서 서쪽 땅에서 지방행정을 마감한 셈이니 철인에는 이르지 못했다 해도 행정가로서 큰 행운이라 아니할 수 없다.

나는 인천시장에 가기 전 앞서 소개했듯이, 지방자치단체와 지방행정을 총괄 지휘하는 내무부의 기획관리실장과 민방위본부장을 했다(지금은 내무부와 총무처를 합쳐 행정자치부로 개편됐고, 민방위본부는 재난관리청으로 승격됐다). 인천시장직을 민선시장에 이양한 후 다시 산림청장을 맡아 전국의 산야를 누비며 산림과 국토관리에 힘썼다. 청 단위 행정은 소관분야에 대한 독립적 집행기능을 수행하는 것이 특집인데, 중앙부처의 정책적 정무기능과는 달리 국민상황과 직결되는 현장위주의 업무를 수행한다. 이어 나는 통산 10여 년간 청와대에서 근무하였다. 행정관, 비서관(행정), 수석비서관(행정)으로 다섯 분의 대통령을 모시는 흔치 않은 이력을 갖게 되었다. 정권이 바뀌고 정부가 달라지는 과정에서 격랑과 시련도 없지 않았지만, 국가발전과 정체성을 세우는 데 일조한 것으로 자부심을 갖는다.

사회학과 행정의 만남

행정은 인간의 삶의 터전인 사회현실의 모든 문제를 그 대상으로 삼는다. 이들 문제해결의 끊임없는 연속이 바로 행정이라 할 수 있다. 다만, 행정은 현실적으로 드러난 문제에 대증적(對症的)으로 대처하는 경향이 있다. 현상적인 당면문제에 주력하다 보니 예기치 않은(비계획적인) 결과나 부작용을 초래하는 경우도 있다. 그래서 행정은 너무 획일적이고 전례답습적이며 규범적이라는 비판을 받기도 했다. 한편, 사회학은 사회현상과 현실을 비판적으로 이해하고 그 근본과 구조를 따지고 변화와 인과관계를 살펴 예측과 대안을 찾는 '마음의 습관(habits of heart)'을 길러준다.

고전인 『대학(大學)』 첫 장에 物有本末(물유본말)하고 事有終始(사유종시)하니(사물에는 근본적인 것과 말단적인 것, 마침과 비롯함이 있으니), 『먼저하고 나중에 할 바를 알면 도(道)에 가까워진다(知所先後 則近道矣)』는 것과 다를 바 없는 정신이라 여겨진다. 그래서 행정에 사회학적 소양을 접목시켰을 때 상당한 시너지 효과가 기대된다 할 것이다.

특히 지방행정이나 산림행정처럼 형성적 기능이 많은 행정 분야에서는 창의적 시책발굴이 끊임없이 요구되기 때문에, 사회학적 상상력과 식견이 많은 도움이 될 수 있다. 내가 해 온 일들과 경험을 몇 가지 추려 소개함으로써 그 가능성을 촌탁하는 데 도움이 되기를 기대한다.

나는 임지에 부임하면 제일 먼저 그곳의 가장 높은 곳을 찾는다. 말하지만 현상을 먼저 조감하는 것이다. 도시의 입지와 지형지세를 살피고 도시의 발전과정과 추세를 보기 위해서다. 춘천에서는 봉의선 정상, 안양에서는 수래산 정상, 인천에서는 헬리콥터를 타고 시가지와 항만, 공항 건설현장, 송도매립지, 서해(옹진)의 다도해, 강화도까지 조감했다. 어느 사회학자는 "현실은 나의 영원한 교과서"라고 하는데, 행정가는 "현장은 곧 스승이 된다."라고 한다. 현장을 봄으로써 '할 거리'와 '일거리'를 생각해 낼 수 있기 때문이다. 그 '할 거리'에서 '비전'을 만들어낸다. 행정가는 항상 지역발전과 주민의 복지향상에 전력을 쏟게 된다. '할 거리, 일거리, 그리고 비전'은 모두 이 보는 일과 결부된다.

비전과 목표가 섰다면 이것을 실현시킬 수 있는 수단과 전략을 세워야 하고, 유효한 전략이 섰다면 강력한 실천력과 추진력을 발휘해야 한다. 추진력은 주민의 호응과 협력을 필수조건으로 한다. 강력한 추진력을 발휘하려면 주민의 호응과 협력을 얻어낼 수 있는 설득력과 도덕성이 뒷받침되어야 한다. 최종 수혜자인 시민의 동의와 지지가 없으면 그 일의 정당성과 유효성을 확보하기 어렵기 때문이다. 현장을 보고 찾아낸 '일거리'는 결국 시민을 위한 것이고, 그의 성과는 시민의 몫이라는 점에서도 그러하다. 행정의 일은 현장에서 시작되고 그것을 유효하게 성공시키는 것은 지도자의 자질이다. 행정가(지도자)는 모름지기 비전, 전략, 추진력, 설득력, 도덕성을 지녀야 성공적이 된다.

오케스트라 지휘자는 모든 악기가 제 소리를 내도록 하여 아름다운 화음을 완성한다. 행정가는 오케스트라의 지휘자처럼 그 구성원과 집단의 요구와 행정수요를 수렴하여 시책으로 충족시킬 수 있는 능력을 가져야 한다. 시민이 보다 '넉넉하게', 보다 '편안하게', 보다 '즐겁게' 살 수 있도록 삶의 질을 높여주는 데 게을리 해서는 안 된다. '생각은 전향적으로, 행동(실천)은 조화롭게' 해야 한다. 전향적인 발상으로 주민에게 희망을 주고 원활한 의사소통으로 행정이 주민의 '좋은 이웃'이 되도록 해야 한다. 사회학에서 인간관계, 의사소통(communication), 집단과 조직이론, 지역공동체(community) 등이 주요 장르로 자리 잡고 있다. 오늘날 민주주의 행정에 있어서도 대화행정, 여론행정, 행정홍보는 필요불가결의 행정방식이다. 이런 점에서도 사회학적 식견이 행정에 주는 유용성은 긴 설명을 요하지 않는 것이다.

정부나 행정은 국민(주민)의 복지증진과 삶의 질 향상을 본령으로 한다. 그런 일은 머리만으로, 탁상이나 문서만으로 되는 일이 아니다. 특히, 주민과 더불어 존재하는 지방행정에 있어서는 더욱 그러하다. 행정가에게 인간적인 가슴과 열정이 없다면 죽은 행정밖에 못한다고 본다. 지방행정을 '가슴으로 하는 행정'이라고 하는 것도 이를 두고 하는 말이다. 사회학을 공부하면서 사회적 불평등과 상대적 박탈감, 사회적 모순과 정의를 생각하게 되었고, 인간적인 연민과 개혁적 열정도 품게 되었다. 초창기의 사회학자들이 그랬고 오늘날에도 사회학도의 두드러진 특성처럼 보이는 것도 부정할 수 있다. 나는 '행정은 휴머니즘을 실현하는 기술'이라고 행정의 인간화 측면을 강조하여 지방행정의 장르로 정립하려 했다.

춘천시장 시절 노점상시책은 그 실체적 사례가 아닌가 싶다. 춘천의 중심가로인 '명동거리'를 노점상이 상주 점유하고 있어 이를 철거 이전하는 일은 시정의 시급한 당면과제였다. 강제철거는 물리적 충돌과 부작용이 불가피하다. 주로 생계형 노점상인 이들에겐 생계수단을 잃게 되는 일이기 때문이다. 법과 질서를 제대로 세워야 하는 시장의 책무와 시민의 민생을 돌봐야 하는 이중적 입장에서 인간적인 괴로움도 없지 않다. 열화 같은 상부의 지시에도 불구하고 수개월에 걸친 대안과 대화를 이끌면서 43회에 걸친 기나긴 만남 끝에 200여 개의 노점상을 새로 마련된 풍물시장으로 자진 이전시키는 데 성공했다. '명동거리'(일본에서 크게 인기를 끌었다는 '겨울연가'의 촬영지)는 아름다운 문화의 거리로 복원됐지만, 새로 마련된 장터는 한산하기만 했다. 다양한 시장 활성화 노력에 심혈을 기울여 주말이면 시장이 직접 나가 '소양강처녀'를 신나게 부르며 손님 끌기에 나서기까지 했다.

내가 시장직을 떠나 청와대 비서관으로 옮긴 그해 가을, 풍물시장 번영회 대표로부터 반가운 전화를 받았다. 지난날 어려운 시절, 시장이 보내준 그런 쌀포대를 마련해서 '추석이웃돕기'에 나서게 되었다며 울먹이며 전해왔다. 이제는 제법 자리를 잡아 기존 제도시장과도 경쟁할 정도라니 가슴 뭉클하게 회고되는 대목이다. '견아중생 환희발심'(見我衆生 歡喜發心)이라는 족자는 안양시장 시절 한 스님께서 나에게 준 글귀다. "나를 보는 중생(시민)은 기쁜 마음이 샘솟으라."라는 뜻으로 행정가로서 늘 가슴에 새겨왔던 지표였다.

내가 인천시장에 부임할 당시는 현재의 인천국제공항 건설이 한창이던 때였다. 인천공항 건설을 계기로 인천은 '트라이포트(triport)-인천항(seaport)-인천국제공항(airport)-송도정보화신도시(teleport)'의 야심찬 청사진이 제세되어 있었다. 새로 부임한 나로서도 차질 없이 이들 사업들을 뒷받침해야 할 입장이었다. 그러나 시민사회는 그것을 중앙정부의 일이고 남의 일처럼 바라보는 것 같았다. 왜 그런가? 그래서는 안 되겠다 싶었다.

인천은 수도권의 관문도시로 통한다. 물자든 사람이든 흘러들어왔다 흘러나가는 경과도시로 인식되기도 했다. 인천사람들은 나그네 같다고도 했다. 인천은 다른 어느 지역보다 일찍이 근대화와 산업화를 겪어 경제적, 물질적 발전이 앞선 곳이었으므로 외래인들이 모여드는 '기회의 땅'일 수 있다. 관문도시가 갖는 개방성은 이를 더욱 활발하게 했고 그런 점에서 인천은 '열린 도시'라 할 수 있다. 열려있는 기회의 땅으로 찾아드는 사람들은 그만큼 성취동기도 강하다고 분석했다. 그것은 시민사회의 활력이 되고 지역사회의 역동성으로 승화시킬 수 있는 잠재력이라 판단했다. 토박이 10% 정도를 제외한 외래시민들이 인천에 살면서, 인천사람으로 정착의식을 갖지 못하고 나그네처럼 머문다는 것은 아무래도 부자연스럽고 바람직하지도 않았다.

출신지가 어디든 인천에 살면 '인천사람'이라는 인천구심적 정착의식이 긴요했다. 그래야 지역발전의 청사진과 미래상이 인천인의 것으로 내면화될 수 있기 때문이다. 인천의 정체성(identity) 확보가 긴요했다. 인천구심의 정체성 진작시책을 발굴하기 시작했다. 새로 통합되는 강화, 옹진, 김포(검단면)의 흡인력을 위해서도 필요했다. 먼저 '개화박물관' 건립을 추진했다. 개화는 인천에 있어 역사적으로나 앞으로의 선진화 전도와도 부합된다고 생각했다. 당시 조선일보와 중앙국립

박물관이 공동주최한 '유길준(兪吉濬)과 개화의 꿈' 전시회를 유치, '개화의 도시 인천특별전'을 열어 서울 전시회를 능가하는 대대적인 시민참여를 기록했다. 분위기를 잡아나간 셈이다.

이와 더불어 정착의식을 저해하는 환경여건을 개선하기 위해 '그린 인천 21' 사업을 추진하는 한편, 송도인공백사장을 조성, 시민의 친수 공간을 가시화시켰다. 도심녹지공원, 문화상징 거리, 도시경관계획(CIP), 문화예술 5개년 인천르네상스계획 등 인천의 정체성 높이기와 시민사회의 정착의식 높이기에 주력했다. '트라이포트'에 더한 '휴먼 포트' 인천으로 가는 이정으로 삼았다. '휴먼 포트 인천'은 행정가로서 나의 꿈이기도 했다. 물질적 풍요 속에 자연과 문화가 조화롭게 어울린 도시, 그래서 시민들이 터 잡고 살만한 자랑스러운 고장의 주인이 되고 싶어 하는 그런 도시를 만들려고 했다. 돌이켜 보면, 내가 한 일은 벽돌 몇 장을 쌓은 작은 일일 수도 있다. 그러나 유시유종(幼詩)이라 그것이 시작이라면 좋은 끝이 있지 않겠는가?

1996년에 나는 사회학과 출신 산림청장으로 서울대 사회학과 학생들을 대상으로 특강을 한 적이 있다. 그때 학생 가운데는 노랑머리, 파랑머리도 있었는데, 그야말로 다양한 패션의 젊은이들을 발견하고 문리대 시절의 자유분방했던 교정 분위기를 회상했던 기억이 난다. 주제는 '산림르네상스와 산림문화'라는 제목으로 기억하는데, 우리나라의 산과 산림의 긍정적 가능성을 설명하고 금수강산을 복원하는 산림르네상스 구상을 이야기한 것 같다. 문화는 강제력이나 경제적 보상을 하지 않고도 사람들로 하여금 행동하게 만들고 사회적 책무를 다하게 하는 동력을 지닌다. 산림행정에 산림문화를 접목시키려는 까닭이 여기 있다. 한 그루의 나무를 심고 가꾸는 일을 통해 단순한 노동의 일에서 진일보하여 의미 있는 가치관으로 내면화시켜 보자는 것이었다.

"문명 앞에 숲이 있었고, 문명 뒤에 사막이 남는다." 이 말은 인간이 숲에 도끼질을 시작하면서 문명은 시작되었지만 숲이 사라진 후 문명이 퇴락을 비유한 말이다. 고려 말 오랜 전란과 전후복구로 산림이 황폐해지면서, 한발과 홍수가 빈발했고, 이로 인해 민생이 피폐해지고 민심이 이반됨으로써 왕조의 몰락까지 이어진 것도 같은 맥락이라 하겠다. 이렇게 보면 산림을 가꾸는 일은 역사를 가꾸는 일이 된다. 독일에서 한 그루의 참나무를 심어 300년이 지나면 고급 승용차 한 대를 살 수 있다고 하는데, 오늘 나무를 심는 일은 손자의 손자가 혜택을 보는 '미래 가꾸기' 사업이 되는 셈이다. 명산대천을 탐방하면서 호연의 기개를 길렀던 화랑들에게는 산림이 애국심을 키운 '의식 가꾸기'의 대상일 수 있을 것이다. 이렇게 보면 나무를 심는 일은 단순한 노동 이상의 미래 가꾸기, 의식 가꾸기, 그리고 역사 가꾸기가 된다. 산림문화의 제창을 종래의 산림청에 대한 '노가다'적 이미지를 바꾸어 삶의 질에 기여하는 복지임정(林政)을 밑받침하게 되었다. 이제는 산림문화라는 말이 자연스럽게 용훼되고 있고, 이를 전담하는 전문부서까지 '산림청'에 생겼다. 사회학적 소양이 일군 산물이라 믿고 있다.

"아는 것만큼 보인다."고 했다. 사회학을 공부하고 나서 행정의 길을 걸었으니 사회학적 시각으로 행정의 일을 보고 생각했을 것이다. 대관소찰(大觀小察)은 행정가의 으뜸가는 덕목이다. 사회학은 나에게 크게 보고 작게 살피는 마음의 습관을 길러 주었다. 내 이력을 가능케 하는 장본은 사회학인 셈이다. 나는 세상사를 비판적으로 이해하면서, 따뜻한 가슴으로 받아드리려 노력했다. 나는 행정가로서 어떤 경우에도 아름답게 꾸미고 가꾸는 일에 열중했는데 앞서 소개한 사례들도 그런 시각과 자세에서 이루어진 것들이다.

사회학과 총동창회 결성 과정과 박성용회장 회고

김재룡

사회학과 총동창회가 결성된 지도 어느새 10년이 흘렀다. 10년이면 강산이 변한다고 하였으나, 총동창회는 그간 큰 외연적 확대나 내부적 활성화를 기하지 못하고 나이만 먹는 듯해, 초창기부터 지금까지 총동창회를 간여해 온 사람으로서 우선 죄스러움이 앞선다. 그런데 동창회의 이러한 소극성은 비단 사회학과뿐 아니라 다른 학과도 매일반이고, 사회학과는 그래도 썩 잘하고 있다는 객관적(?) 평가를 들을 만큼, 이러한 소극성은 서울대학의 독특한 개성의 한 단면이기도 하다. 즉 "맹수는 무리 지어 다니질 않는다."는 서울대생들의 공통적인 자만과 기질이 그렇다는 뜻이다. 자고로 제 잘난 맛에 살고 동문이라고 하여 특별한 의미를 두려고 하지 않는 서울대생의 기질로 보아, 이만하면 잘 하고 있다는 의미이다. 총동창회 결성 이래 매년 두 차례, 5월의

* 61학번, (주)교원캠퍼스 대표이사, 현·사회학과 동창회 부회장

동창회 걷기대회와 연말 송년회가 그나마 아직까지 이어오고 있고, 동창회 집행부도 갈수록 젊어지고 의욕적이어서 앞으로 상당한 기대를 하고 있다.

그런데 사회학과 60년사를 편집하면서 사회학과 총동창회의 경과도 꼭 써 달라는 편집자의 요청도 있었고, 차제에 동창회의 일천한 역사도 기록은 해 두어야 할 것 같아 초창기 사회학과 총동창회 결성 당시의 상황과 특히 초대 동창회장으로서 동창회 결성과 운영에 큰 공헌을 하셨던 고 박성용 회장에 대한 추모의 뜻을 함께 담아 서울대 사회학과의 한 권에 작은 역사로 남기고자 한다.

⋮

서울대 사회학과 총동창회를 이야기하자면, 우선 '사록회'를 언급하지 않을 수 없는데 '사록회'란 1995년 전후하여 사회학과 출신 언론인들과 정부의 공직자, 그리고 민간 기업인들이 가끔 만나 골프회동을 하였던 친목 모임이었는데, 차츰 그 규모가 커지고 연말에 있는 전체모임을 몇 차례 하면서 자연스럽게 동창회 결성의 모체가 되었다. 당시 이 모임을 주관하였던 면면들을 보면 기업인 쪽에서 박성용 금호그룹회장, 유익형 법문사 사장, 양규모 진양그룹 회장 등이었고, 언론사 측으로는 홍두표 한국방송공사 사장, 홍성만 경향신문 편집국장, 공직자로서는 김채윤 한국방송공사 이사장, 김진현 서울시립대학 총장, 한완상 방송 통신대 총장, 정계에서 김덕룡 의원, 이해찬 의원 등이었고 모임의 진행이나 연락 등 집행부의 일은 나와 이호열 오롬시스템 사장이 맡아 하였다. 그러던 중 1996년 10월 세종문화회관에서 열린 사회학과 창설 50주년 기념 심포지엄과 사회학과 동문의 밤 행사를 계기로, 사회학과 총동창회가 결성되기에 이르렀다.

이렇게 하여 초대 동창회 조직이 결성 되었는바, 회장에는 박성용 금호그룹 회장(8회), 부회장에는 유익형 법문사 사장(8회), 김채윤 한국방송공사 이사장(10회), 유혁인 종합유선방송위원회 위원장(11회), 이주룡 한국전자계산주식회사 사장(11회), 김진현 서울시립대학 총장(12회), 한완상 방송통신대학 총장(13회), 홍두표 한국방송공사 사장(13회), 김덕룡 의원(19회), 양규모 진양그룹회장(19회), 박명규 서울대 사회학과장(32회), 감사에는 서병호 한국 방송광고공사 사장(15회)과 김헌출 삼성건설 사장(20회), 그리고 집행부 살림을 맡는 사무국장은 김재룡 한화증권 부사장(19회), 총무는 이호열 오롬시스템 사장(32회)이 맡게 되어, 외견상(?)으로는 초 호화군단으로 동문회가 출범하게 되었다.

그런데 사회학과 총동창회는 외견만이 아니라 실질적 활동도 다른 학과의 부러움을 살 정도로 매우 적극적이어서 그해에 있은 서울대 총동창회 기금모집에서 5억 원을 모금하여 모교에 기탁하고 사회학과 총동창회 앞으로도 3억 원가량을 모금할 수 있었다. 이 기금으로 지난 10년간 사회학과 총동창회를 운영해 왔다고 해도 과언이 아니다. 그만큼 열정이 있었고 임원들 회합도 최소한두 달에 한 번은 있어서 화기애애한 친목 모임으로서도 손색이 없었다. 때로는 저녁 모임, 때로는 골프모임 등 수시로 모임이 많았고 가끔 조찬회 모임도 개최하여 사회학과 동문 중에서 초청연사를 모시기도 하였고 비교적 동창회의 활동이 많았다. 그런데 그 많은 동창회 모임의 중심에는 항상 박성용 회장이 있었고 여타 부회장들도 제각기 나름을 다해서 화기애애한 동창회 분위기 조성에 일조를 하였다. 천수를 다하지 못하고 이미 고인이 되었지만 유혁인 선배와, 역시 돌아가실 나이가 아닌 유익형 선배의 따뜻한 마음 씀씀이와 동문에 대한 깊은 사랑은 잊지 못할 사회학과의 한 역사이다. 또한 사회학과의 한 상징이자 누구보다 동창회 일에 적극적이셨던 김채윤 교수마저 지금 건강이 좋지 않으셔서 많은 동문들이 안타까워하고 있다.

특히 박성용 회장은 존경 받는 기업인으로서, 이 나라 문화예술 분야의 큰 거목으로서 정부와 서울대 총동창회도 그 공로를 기리고 있는 자랑스러운 선배이자 나와는 개인적으로도 적지 않은 인연이 있었다. 이에 회장님의 급작스러운 비보를 받고 모 주간지에 기고한 내 칼럼(하산칼럼) "아! 문호 박성용 회장"을 가감 없이 싣는다. 그분을 기리는 사회학과 후배들의 추모의 정을 담아서.

⋮

〈夏山칼럼〉 (2005년 6월 1일자)

아! 문호(雯湖) 박성용(朴晟容) 회장

지난주 이 나라 재계(財界)와 문화예술계의 큰 거목(巨木)이셨던 금호그룹 박성용 명예회장께서 소리 소문도 없이 갑자기 타계하셨다. 지난해 10월 예술의 전당 음악회에서 만나 뵈었을 때에도 그토록 건강하시고 활발하시던 어른이 미국의 병원에서 돌아가셨다는 부음을 접하고 얼마나 황당했는지. 27일 금호 아트홀에서 거행된 영결식장의 한구석에서 고인의 육성을 들으면서도 도무지 실감이 나지 않는다. 향년 74세, 이제야말로 한창이고 결코 많은 나이가 아니다. 요즈음 웬만하면 모두 80은 넘기는 장수시대에 무엇이 부족하여 그리도 급하게 가시게 되었는지 안타깝고 안타까울 뿐이다.

정경유착으로 얼룩져 온 이 나라의 기업풍토에서 원리 원칙과 정도경영(正道經營)으로 오늘의 금호 아시아나 그룹을 반석 위에 올려놓은 존경할 기업인으로서, 또한 진정으로 문화예술을 사랑하고 엄청난 지원을 아끼지 않았던 문화예술계의 거수(巨樹)로서 마땅히 추앙을 받아야 할 분이기도 하지만 나는 그분과 얽힌 적지 않은 개인적 인연이 있어 남다른 감회와 추모의 정으로 이 글을 쓴다. 공인 박성용 회장이 아니라 한없이 선량하고 겸허하며 무구(無垢)한 소년처럼 맑은 혼을 지니셨던 그분의 인간적 편모를 차제에 세상에 알리고 싶어서이다.

⋮

내가 박성용 회장과 개인적인 인연을 갖게 된 것은 지금으로부터 꼭 10년 전이다. 그때 서울대학교 사회학과 총동창회가 처음으로 결성되면서 박성용 회장이 초대 회장으로, 내가 사무국장으로 지명이 되어 그 후 5년여 박회장님의 표현대로 우리는 명콤비가 되어 동창회 일이나 각종 모임을 늘 함께 했고, 그 후 우연히도 김영삼 정부 당시 이 나라 금융제도 전반의 혁명적 개혁을 목표로 출범했던 금융개혁위원회에서 박성용 회장은 위원장으로 나는 위원으로 참여하면서 일 년간을 거의 하루도 빼놓지 않고 모시면서 일을 함께 하면서부터였다.

지나 놓고 보니 정부의 숱한 위원회라는 것이 있어 왔지만 금융개혁위원회만큼 사심 없이 그토록 열성을 다해 일을 한 위원회는 아마도 없을 것 같다. 매일 아침 7시면 어김없이 나와 던킨 도너츠와 커피한 잔으로 아침을 때우면서 그 많은 개혁법안을 만들고 어떤 외압에도 흔들리지 않고 위원들의 소신을 관철시킬 수 있었던 것이 모두 박성용 위원장의 리더십에서 연유하였다. 역사에는 가정이라는 것이 없다고 하지만 그때 금융개혁위원회가 입안하였던 개혁법안들이 국회를 통과하였다면 IMF위기는 오지 않았을지도 모르겠고, 나중에 그토록 반대했던 야당이 집권당이 되어 그 법안으로 IMF위기를 극복한 것은 역사의 아이러니가 아닐 수 없다. 어쨌거나 그런 인연으로 숱한 식사자리, 술자리, 골프모임, 여행을 함께 하면서 박회장을 가까이서 모실 기회가 있었고 특히 내 경우는 대학선배에다가 주변에서는 유일하게(?) 음악을 좋아하는 취미가 같아서 돌아가시기 며칠 전까지도 금호아트홀 음악회 표를 줄곧 보내주시고 좋은 음악회에서는 자연스레 만나 뵙기도 하여 누구보다도 가까운 거리에서 박회장님과 교분을 나눌 수 있었다. 어느 때는 버릇없이(?) 굴고 응석을 부려도 항상 막내 동생 대하듯 스스럼없이 대해 주셨고 파안대소하며 건방진 내 농담을 다 받아 주셨다.

운명적으로 재벌의 총수가 되었을 뿐 철학이나 이상은 항상 상아탑의 대학교수로 머물기를 원하셨던 박회장님의 인간적 편모를 기술하기에는 지면이 짧지만 우선 박회장님은 너무나 겸허한 분이셨다. 재벌의 총수가 아닌 보통사람들의 기준에 비추어도 나는 그토록 겸손한 인품을 주변에서 대한 적이 없다. 약속시간에는 항상 10분 전에 미리 와서 기다리시고 술값, 밥값을 내셔도 손수 계산을 하지 비서를 대동하고 나오시는 일이 없다. 국내출장은 물론 해외출장도 혼자서 가방 들고 나가시고 아랫사람들에게 하대하는 모습을 한 번도 본 일이 없다. 심지어 본인이 지은 아시아나 골프장에서 스폰서를 해도 계산은 본인이 직접 카운터에 가서 개인 카드로 사인을 한다. 술자리에서 술을 권해도 손수 술병을 들고 와서 따라 주시고 금융개혁위원회 시절 위원들 아침 커피는 여직원을 대신해서 박회장이 직접 타 주시기도 하였다. 결혼식장에 가셔도 직접 축의금을 내고 가족사진 찍을 때까지 머물다 가신다.

⋮

둘째로 박회장님은 많은 사회적 기부와 음악 꿈나무들을 위해 그 비싼 명품 악기를 사는 안목은 있어도 정작 본인을 위해서는 인색할 정도로 검소하셨다. 승용차도 중소기업 사장 정도가 타는 국산 차에 옷차림은 시골 국민학교 교감이라고 내가 농담하듯 거의 초라할 정도로 검소하시다. 명품은 고사하고 우리만도 못한 남대문시장 싸구려 양복을 입으시고 언젠가 거제 금호그룹 해상호텔 준공 기념을 겸해서 운동하러 같이 내려가는 길에 신고 있는 신발이 하도 낡았기에 내가 농담 삼아 회장님 제가 나이키 운동화 하나 사드릴까요 했더니, “이게 어때서 지난주 미국 출장 때도 가지고 갔고 아직 3년은 더 신을 수 있는데.” 하여 내가 도리어 부끄러웠다. 식성도 너무나 서민적이셔서 비싼 호텔 음식보다 광화문의 ‘장원’ 같은 한정식 집을 좋아하셨고 된장찌개에 밥을 두 공기나 드시는 보통사람이셨다.

셋째로 박회장님은 남다른 가족 간의 우애와 사랑을 모범으로 보이신 분이기도 하다. 흔히 돈 많은 집안에서 형제 간의 재산싸움은 다반사이기도 한데, 박회장의 형제 간의 우애는 세상에 알려진 바와 같고 90노모에 대한 지극한 효성과 벽안(碧眼)의 부인을 향한 순애보 같은 부부애와 늦게 본 아들, 며느리에 대한 내리 사랑도 남달랐던 것 같다. 언젠가 박회장님이 매고 나온 넥타이가 촌스러워(?) 보여 내가 회장님 그 넥타이 6.25 때나 매신 것 아닙니까 했더니, "아 이거 우리 어머니가 내 생일선물로 사주신 거야."하며 그토록 행복해 하시던 표정을 아직도 기억한다.

끝으로 박회장님이야말로 온갖 비리와 부조리가 횡행하는 이 시대의 세태와 기업경영 풍토에서 상식과 원칙을 존중하고 이것을 온 몸으로 실천하신 도덕주의자셨다. 그분은 일생을 통해서 작은 스캔들 하나가 없었고 그러한 도덕적 모범은 기업경영에서도 마찬가지였다. 내 가형(김재현)이 금융기관장에서 물러나 한때 금호그룹의 고위 임원으로 재임하면서 내가 간접적으로 들은 이야기이지만 기업이 처한 어려움을 타개할 때는 의례껏 쉽고 빠른 길이 있지만 박성용 회장은 결단코 그 길을 택하지 않고 어렵고도 먼 그러나 바른 길을 택한다는 것이다. 그런 의미에서 박성용 회장은 이 나라의 대기업 풍토에서 예외적인 존재이고 경의의 캐릭터란 말에 나는 동감하고 있다.

대기업 총수로는 너무나 어울리지 않게 소박하고 겸허하며, 상식과 원칙을 존중했고 공사간에 도덕적 순결을 온 몸으로 체현하며 소년같이 때 묻지 않은 혼과 미소로 살다가 홀연 우리 곁을 떠난 고 박성용 회장! 생전의 그분 나무그늘에서 새로운 활력을 얻고, 열매를 먹고 생장한 그 많은 음악 꿈나무들과 함께 그분을 기린다. "당신의 일생 자체가 베토벤의 '전원' 같이 아름다운 교향악 이었습니다."

사회학도는 무엇으로 사는가

이수천

벼루

벼루에
청먹 갈다가
문득
부끄러운 생각든다

삐딱하게
닳은 먹이며 홈 패인 벼루가
못난 내 심보 같다

빈 방 (2004, 신원 문화사)

* 65학번, 시인

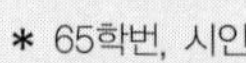

사회학과 60돌, 내 나이와 같이 간다니….

문리대 시절을 떠올리면 동숭동 하숙집에서 첫 밤을 보내고 눈을 떴을 때의 충격을 지금도 지울 수 없다. 입학을 앞두고 하늘에 별이라도 딸 것 같은 기분에 들떠 우쭐거리면서 학교 운동장 뒤편 4천5백 원짜리 하숙방을 용케 얻어 그해 졸업하신 영문과 선배 한 분과 동숙하게 되었는데, 이게 웬일인가? 첫날 아침에 그 선배는 일어나자마자 조간 신문의 구직광고란 광고는 모두 붉은 줄을 치고 제법 큰 광고는 가위로 정성을 다해 오려서는 곱게 간직하는 것이 아닌가? 그때 나의 충격은 이루 말할 수 없었다. 서울대학을 졸업만 하면 출세길이 확 트이고 취직은 당연지사라고 의심도 안했는데 내 눈앞에 벌어진 광경이 너무 실망스러웠으니 말이다.

80년대 나의 부산시절, 대학교수가 된 선배를 다시 만나게 되어 오랫동안 교분을 쌓으면서 문리대 학적을 한동안 회복했던 적이 있었다. 그 후 이리저리 떠밀리면서 세상살이에 쫓기다보니 사회학과 졸업생이란 딱지는 잊어버리게 되었고 꺼내어 써먹을 기회도 별로 없이 살아왔는데 이번에 동문회 임원들과 학과 후배들이 힘을 합쳐서 〈사회학과 60년사〉를 발간한다니 동문회 일에 무관심했던 방관자로서 조금 부끄럽다. 지난 6월에는 조용직 신임 회장님께서 전화로 하명하신 덕분에 졸업 후 처음으로 홈커밍데이란 성전에 집사람과 함께 징집되는 영광을 누리기도 했다. 낯선 캠퍼스에서 낯익은 선배 몇 분과 똑똑한 후배들과의 만남은 고약한 날씨에도 불구하고 여간 감격스럽지 않았다.

우리 동기생은 20명이 입학을 해서 졸업연도는 달랐지만 학사증은 다 받았다. 그 후 두 분이 운명을 달리하셨고 살아있는 자들은 일 년에 두서너번씩 얼굴을 본다. 동기생들은 용케도 아직 현직에서 일하는 분들이 많은데 한때 공직에서는 장 · 차관까지 올라 문화 관광 행정을 몇 단계 업그레이드시킨 탁월한 분도 계시고 대학에는 사회학 맥을 잇는 훌륭한 교수 두 분이 있어 항상 흐뭇한데 올해는 늘그막에 경끼 들까 겁이 난다. 또 초야에 묻혀 자연과 더불어 평생을 의미 있게 밭갈이 하는 분, 과테말라에서 제조업으로 크게 성공하여 우리를 신바람 나게 하는 친구, 음지에서 일하면서 백성을 따스하게 하던 일꾼, 관광 · 해운업계에서 명망이 두드러진 CEO들. 문화사업, 무역업, 건설업, 언론, 종교 활동에 이르기까지 18명이 제각기 다른 분야에서 반쯤의 성공과 반쯤의 고난을 거듭하면서 모두가 이순(耳順)의 초반에서 밥 먹고 살고 있다. 언론계 종사하다가 화가가 된 친구와 얼치기 시인 행세하는 내가 동기생 중에는 별종에 속할지 모른다.

우리 동기들의 학창시절은 불행하고도 행복했다. 1965년에 입학하여 1972년까지 장장 7년에 걸쳐 시나브로 학교 문을 조심스럽게 나왔다. 요즘 기준이었다면 아마 반 이상은 유급으로 1~2년 더 늦어졌을 것이 분명하다. 졸업 당일 학사등록증을 당시 문교부로 달려가서 직접 챙겨온 친구도 있다. 변명 같지만, 당시 문리대 분위기는 독한 마음먹지 않으면 자의반 타의반으로 제대로 공부하기가 힘들었다. 입학하던 해부터 졸업 때까지 매년 최루탄 연기가 낙산을 뒤덮었고 눈물을 비 오듯 쏟으면서 수업을 받아야 했으니 말이다. 날짜도 잊혀지지 않는데 3월에 입학해서 4월 16일 휴업이 여름방학으로 이어졌고 9월 중순쯤 2학기 개강을 하고는 11월 말에 학년말 시험을 치루었으니 등록금(8,400 원)이 너무 아깝기도 했지만 놀만도 했다.

특히, 나와 한 친구는 그 사이에 서대문 교도소 신세까지졌으니 수업 일수 부족은 물론이고 학점은 타과 학생회 간부가 교수님을 찾아다니면서 얻어다가 대충 채워주었던 기억이 난다. 다행히 좋은 은사님들을 만난 덕분에 처음부터 중심을 잡아 열심히 공부한 친구들도 있었지만 대부분이 제대 후에 철이 들었던가, 졸업 후에 면학의 길이랄까 취직공부랄까, 아무튼 늦게 정신을 바짝 차려서 역전골의 주인공처럼 승부에서 탈락하지 않고 4강까지 올라 주위의 갈채를 받게 된 친구들이 더러 있다. 우리 동기생끼리 만나면 개인 학업사의 애환을 무용담처럼 화제로 올리는데 당시 우등생은 말이 없지만 학점이 형편없었던 나와 그 붕당들은 지금도 일 년에 한두 번 학점 노이로제로 꿈에 가위눌림 당한다고 서로 고통을 호소한다.

⋮

이상백 스승님은 우리들 재학 중에 별세하셨는데 교정에서 서울역 운구열차까지 동기생들이 영정을 모셨다. 선생님의 소탈하신 성품에서 받은 배움이 추후 인격형성에 큰 도움이 되었으니 그저 고마울 뿐이다.

사람들의 우연한 만남이 때로는 개인의 운명을 좌우하기도 한다지만 사회학이란 공동의 광장에서 은사와의 만남 그 자체는 지식 습득보다 오히려 값어치 있었다는 사실에 우리 모두 동의하지 않을 수 없을 것이다. 입학 면접에서 맞대면했던 김채윤 선배님은 어려운 고비마다 부탁을 드리기도 하지만 한 번도 거절하신 적이 없었다. 그분의 체취는 동문들을 한결같이 감동시키고 있다. 황성모 교수님은 친구 형이기도 했지만 세계지성사를 보는 눈을 뜨게 해주셨고 이해영 선생님은 선비의 도를 몸소 시현해 주셔서 지금 생각해도 제자가 된 것이 행운이었다. 이만갑 은사님의 자상한 가르침, 고영복 선생님의 일화는 우리들의 마음 깊은 곳까지 훈훈하게 한다.

제대 후에는 모두가 굳은 결심을 하고 다시 교정에 나왔지만 시대적 상황과 학내 분위기가 결심을 쉽게 허물었는데 그것이 불행한 일이었을까? 그때 마침, 미국 유학에서 돌아오신 2세대 교수님들의 강좌가 면학 분위기를 바꿔놓기에 충분하였고 우리들은 과제물로 새로운 골머리를 앓기도 했다.

한완상, 임희섭 교수님은 영어원서를 읽게 하고 강의 때마다 리포트를 제출케해서 여간 부담스럽지 않았으나 한선생님의 명강의는 졸업 후에도 우리를 그분의 울타리 안에 가두었다. 신용하, 김진균 선배님의 열강은 노트를 무시무시하게 두껍게 만들지 않았던가!

이 기회에 고백하지만 당시 사회조사가 처음 유행하던 때라 복학생들은 김일철 교수님한테 조사노무단이란 놀림을 받아가며 조사원으로 아르바이트에 열을 올렸다. 한 번 참가하면 2~3만 원이나 되는 거금을 손에 쥘 수 있었다. 그 짭짤하고 수북했던 지폐를 종로에서 미아리까지 길바닥에 아낌없이 흩었던 기억도 추억이다. 이해영, 안병직 선생님 인솔로 전남 영암에서의 일주일간 현지 여론 조사는 특히 잊을 수 없는데 그 지방의 파평 윤씨 문중에서 제실을 비워주면서까지 이 선생님을 왕손으로 깍듯이 모셨지만 그때도 우리는 서슴지 않고 설문지 인터뷰를 너무 쉬운 방법으로 처리했다. 고영복 선생님이 지도한 1971년도 대통령 선거전의 여론 조사는 그 결과가 당시 대한일보에 대서특필 되자마자 우리는 즉시 강도 높은 반성을 했는데 지금 생각해도 너무했다 싶다. 그 후, 여론 조사 결과를 잘 믿지 않게 되었는데 그때나 지금이나 신통하게도 만병통치약처럼 맞아 떨어지고 있으니 이만갑 은사님의 조사방법론 강의를 잘 듣고 실무를 개척한 우리 동기들의 공(?)이 큰 듯 싶다.

1960년대 중반에서 1970년대 초까지 우리들의 대학생활은 시대적 상황을 극복할 수도 없었고 순응할 수도 없었던 시기로 나름대로의 아픈 기억을 각자 가슴에 묻고 산다. 행동으로 맞선 친구들이 대부분이었고 아예 눈 감고 자기 일에 충실했던 친구들도 있었다. 지나고 보면 나름대로의 철학과 인생관에 따라 시대를 보는 눈이 달랐다고 볼 수밖에 없겠다.

내 경우에는 후회뿐이고 자랑할 만한 것은 별로 없는 것 같다. 모두가 어려운 시대를 자력으로 개척하여 가정과 사회에서 제몫을 다하다가 이제는 어느덧 밀려가는 세대가 되어가고 있다. 사회학과에서 무엇을 배웠는지? 사회학적 삶의 방식이라도 있었던 것인지? 사회학이 피가 되고 살이 되어 삶의 밑천이 확실히 되었는지? 알다가도 모를 일이지만 주위를 돌아보면 선후배들이 각 분야의 중심에서 존경과 사랑을 받고 있어 사회학적 긍지 같은 것이 느껴지기도 하고 마음 든든하다. 한 가지 확실한 것은 사회학이 건전한 상식인으로 평생을 살아오는 데 큰 도움이 된 것 같아 41년 전 학과 선택을 잘 했다는 생각이 든다. 은사님들의 별세 소식을 접하고 조문도 못했던 제자로서 이 기회에 용서를 빌 뿐이다.

바람 되거라

구름도 어둠도
날려 보내는
뭉실뭉실한 바람 되거라.

물은 물대로 갈라놓고
산은 산대로 덮어놓고
하늘 땅 씻어내어
제 갈길 찾아주는
착하고 어진 바람 되거라.

산새 나비 날개 깃
다치지 말고
누운 들풀에도 소식 전하는
신바람 되거라.

눈과 얼음 만나면
찬바람 되고
비 만나면
비바람 되겠지만

죄와 한 씻어주는
훈풍이 되어주고
돈과 감투 날리는
정풍이 되거라.

더 큰 권세만나거든
민풍이 되거라.

천리 창공에 맑은 빛 만나
청풍이 되고
굽은 소나무 부르면
솔바람 되거라.

때로는 구름이고 싶다(2001, 포엠토피아)

고난 그리고 그 결실, 사회학과 4년을 회고하며

서상섭

우리 사회학과 68학번 동기는, 우리 위아래 기수보다 조금 특별한 시기에 만난 인연으로 해서 이채로운 학창시절을 보냈다. 우선 입학시험을 보는 1968년 1월 21일 아침, 난데없는 총성으로 시험 세레머니를 받아야 했었다. 이른바, 1·21사태라 불리는 김신조 북한 특수부대원 30여 명의 청와대 습격사건이 터져, 죽고 죽이는 어수선한 분위기에서 입학시험을 치러야 했었다. 당시 20명을 뽑는 사회학과에 170여 명이 응시했던 것으로 기억되는데, 아마도 이런 시험분위기에 어리둥절하기 쉬운 심장 약한 사람들이 우선 낙방했을 것이라 추측된다.

그리고 당시 서울대 시험수준이 문과기준으로 보통 500점 만점에 약 300점 언저리에서 소위 커트라인이 형성되어 왔었던 데 비해, 1968년도에는 위 총소리에 놀랐었는지 크게 뛰어올라 문리대에서 두 번째로

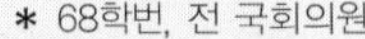

* 68학번, 전 국회의원

높은 348점이 이때 사회학과 합격 점수였던 것으로 기억된다. 그래서 '놀란 김에 더 놀란' 강심장을 소유한 무자격자들도 함께 끼어 들어왔는데 그게 누구냐며 서로에게 짓궂은 농담을 해대기도 했었다. 어떻든 구성인자의 분포 역시 꽤나 명료했었다. 소위 스트레이트(고졸=대입)와 재수 이상이 정확이 반반이었고, 수도권과 지방출신이 정확히 반반이 되는 황금분할이었다. 물론 수도권 스트레이트 여학생도 딱 하나였다.

·
·
·

그러나 사회학과라는 과의 소속감도 제대로 확인하기도 전에, 우리 68동기들은 입학과 함께, 지금의 태능 근처인 당시 공릉동 불암산 끝자락에 있었던 서울공대로 다녀야 했다. 서울대 역사상 처음으로 도입된 1년짜리 교양과정부가 이리로 배치되었기 때문에, 당시 엄청나게 먼 시골구석에 1시간 이상이나 버스를 타고 통학해야 했었다. 대학시절의 낭만이 이렇게 처음부터 유배지에서 시작하게 되었고, 그런대로 주위 배밭머리를 몰래 다니며 배서리부터 배워야 했었다. 지금까지도 배안주에 막걸리 맛을 못잊어 하는 동기들이 그때를 회상하곤 한다.

또한 이렇듯 먼 곳까지 일주일에 한번 씩 일년 내내 사회학 전공과목 강의 차 찾아 주셨던 고영복 교수님에게서 사회학이 이런 거로구나 하는 것을 처음 대하게 되었던 우리 동기들이었고, 이때부터 고영복 은사님과의 질긴 인연이 시작되었었다. 말하자면, 이때 과 담임 선생님(?)이셨던 관계로, 2학년이 되어 종로5가 문리대 캠퍼스로 복귀하면서도, 유난히 우리 동기들을 챙겨 주셨고, 우리 동기들도 우선 선생님을 무척 따랐다. 아마 늦깎이로 장가가신 지도 얼마 안 되신 때였던 것으로 기억된다.

따라서 선생님께서 이런 저런 사회조사를 주관하실 때에도 우리 동기들이 늘 앞장섰다. 한참 배고프며 클 때 단단히 아르바이트 용돈을 챙겨 주셨던 것으로, 지금도 그 고마움을 기억하는 동기들이 많다. 그 대표적인 조사가 경북 예천에까지 함께 가도록 우리 동기들을 단단히 엮어주었던 조사였었다. 내친 김에 대구 무슨 마당에서 공범으로 사고 친 그때 뒷풀이 사건은 두고두고 우리의 안주감으로 지금껏 빼놓지 않고 등장한다. 그리고 아마 우리 동기생 중 그 누구도, 고영복 교수님 방에서 교수님 몰래 당시 싯누런 최고급 담배였던 청자 몇 개피 빼내서 안 피워본 사람은 없었다. 이 점을 선생님께서도 아시고 계셨을 터인데도, 늘 테이블 위에는 청자 담배가 놓여 있었다.

⋮

또 우리 68동기들만의 좀 더 특이한 게 있다면, 우리에게 불어 닥친 그 시절의 특수한 정치적 · 사회적 환경이었다. 우리 동기들이 문리대 캠퍼스로 정식으로 등교를 시작한 1969년은 박정희 군사정권의 집권 연장음모가 구체화되어 3선개헌이 본격적으로 추진되던 시기였다. 물론 당시 학생운동의 전국적인 산실이었던 문리대에서는, 민주헌정 수호와 함께 3선 개헌 반대와 이의 저지를 위한 4 · 19탑 성토대회가 거의 매일 열리고 있었다. 여러 선배들이 번갈아 자기의 주장을 일목요연하게 성토하면서, 당시 이 캠퍼스에서 제일 어린 학년이었고 행동대 역할을 해야 했던 2학년을 동원조직의 근간으로 학생시위조직인 3선 개헌반대 투쟁지도부가 꾸려졌다.

나 역시 이때, 주로 사회과학을 전공으로 하는 학우들과 함께 소위 학생운동권으로 분류되는 이 그룹에 자연스럽게 편입되어 갔던 것 같다. 나중에 학생 교내 서클까지 만들어 학내외의 각종 토론회와 수련회 등을 가지면서, 사회 부조리와의 구체적인 대면이 자연스럽게 다가왔고, 잘못 엮어진 역사의 굴절과도 힘겨운 씨름을 해야만 했었다. 이때 학원가의 불온서적으로 알려진 자료들도 많이 탐닉했었던 것으로 기억된다. 이른바 마분지 자본론을 몰래 본 것도 물론 이때다.

⋮

자신만의 출세욕심을 천천히 버리기 시작하니 마음은 퍽 가벼워져가는 것을 쾌감으로 느낄 즈음, 학원 내에 학생동태감시를 목적으로 버젓이 체류하고 있는 각종 수사기관들 예컨대 동대문경찰서와 치안본부 그리고 중앙정보부와 보안사령부라는 학원사찰의 존재가 암처럼 보이기 시작했다. 다른 나머지 학생들과의 토론과 설득에 앞서, 이들에게 들키지 않으려는 보이지 않는 전쟁을 치러야 했으며, 두더지 작전을 방불케 하는 소위 비밀결사부대의 항전과 같은 학생운동의 연속적인 고난이었다.

그럼에도 불구하고 당시 문리대에는 역사와 전통을 자랑하는 한 가지 이름의 운동권 서클도 없었다. 왜냐하면, 갖은 탄압과 강제해산이 비슷하거나 동일한 이름의 서클 존재를 허락하지 않았으며, '계속 만들고 들키면 없애고 또다시 만들고'를 반복해야 했기 때문이다. 역사의 훼절과 굴곡 때마다 면면히 이어져 오는 저항정신과 대결자세만이 그 때그때마다 학생운동의 중심을 이루었던 것이다.

이후에 학교가 조금 평화로웠던 시절에 만든 것이 '문우회'라는 서클이었고, 지금까지 이 이름으로 모이고 있는 학우들이 67학번, 68학번, 69학번해서 약 100여 명에 이른다. 체포와 도주 그리고 고문과 구속을 번갈아 온몸으로 부딪혀온 밀알모임 소위 서울문리대 민주동문회라고나 칭할 수 있는 이 친목모임은 요즘도 각계에서 맹활약을 하고 있는 중견들의 모임으로 최장수 모임일 듯싶다. 어렵사리 학계에 남은 교수들이 제일 많고, 언론계에서도 적지 않게 활동하고 있으며, 위 기수의 정치인 대부분 여기 출신 멤버들이다.

⋮

돌이켜 생각해보면, 우리는 엄혹한 환경에서 치열하게 대학시절을 보낸 것 같다. 유배지 교양과정부에서 1학년을 마치고, 문리대 본교로 오자마자 2학년 내내 3선 개헌반대 투쟁으로 바람 잘 날 없었고, 3학년 때에는 학원병영화 교련철폐 투쟁으로 내내 학원 전체가 시끄러웠고, 졸업반인 4학년 때는 철학과 미학과 종교학과라는 3개과를 한 개의 학과로 합치려는 문교행정에 반대하는 소위 3과 폐합 반대시위로 점철되었었기 때문이다. 4년 재학 중 학교를 닫아버리는 무기휴교를 했던 적이 한두 번이 아니었다. 솔직히 제대로 수업 받은 것이 별로 없을 정도로 지식전수 체계는 엉망이었으나, 엄혹한 세상을 올바로 이해하고 삶의 방식을 제대로 배운 지혜의 인입시기였던 것은 분명했었다.

다시 사회학과 68학번으로 돌아오자. 사실, 문리대 사회과학 3개과 소위 정치학과 외교학과 사회학과 중에서, 우리 때 사회학과는 늘 모범적이었으며 다른 과로부터 늘 부러움을 사고 있었다. 인화단결이 어느 과보다도 잘 되었으며, 티격태격하는 사고뭉치들이 없었다. 덕분에 지금까지도 연락간사를 돌아가며 맡으면서 애경사를 함께 챙겨오고 있고, 일 년에 반기별로 2번씩 정기모임을 해오고 있다. 직업군도 다양하다. 교수 2명 중 홍두승 교수가 모교 사회학과를 지키고 있고, 전 · 현직 국회의원 2명, 기초단체장 1명, 한의사 1명, 세무회계사 1명, 금융계 간부 2명, 전 외교관 1명, 대기업체 간부 5명, 중소기업체 사장 3명 등 18명이다. 과 동기 20명 중, 불의의 지병으로 먼저 타계한 2명의 동문에게도 '사회학과 60년' 의 끝자리를 빌어 명복을 빈다.

70학번 10대 뉴스

양영진

"한 줄에 하나 정도 붙겠군…." 혼잣말처럼 중얼거리는 입학시험 감독교수의 말에, 맨 앞줄에 앉아 있던 나는 "정말 그렇구나." 하는 생각에 아찔해졌다. 1970년 1월, 동성고등학교 어느 층 8개 교실 중 4개를 문리과 대학의 많은 과들 중에 하필이면 사회학과를 지원 한 166명 수험생들이 차지하고 있었다. 8.3 대 1! 사상 최고의 경쟁률이라고 했다. 국어 · 영어 · 수학만 보던 입시제도가 69년 여름에 갑자기 사회 · 과학 · 제2외국어를 포함한 전과목제로 바뀌고, 국어에는 작문 (요즈음 말로는 '논술')까지 추가되어, 우리는 이틀 동안이나 문리대 강의실 아닌 동성고 교실에서 추위에 떨고, 경쟁에 또 떨었다. 정치학과, 외교학과는 물론 상대, 법대보다 높은 커트라인을 통과해 뽑힌 20명은 전국 명문고교 대표선수 퍼레이드를 보는 느낌이었다. 삼수

* 70학번, 동국대 사회학과 교수

생 · 재수생 · 현역이 1/3씩 이고, 두 명 이상 합격한 고교가 두세 곳, 여학생은 불행히도 없었다.

1. 교양부족 3기생

나름대로 청운의 뜻을 품고(?) 어렵사리 입학하여 자부심 가득한 우리들을, 학교는 입시에 찌들어 '교양'이 부족한 '아이들'로 취급하여, 2년 전부터 불암산 자락에 운영하고 있는 '교양과정부'라는 곳에 3기생으로 입소(?)시켜 버렸다. 동숭동 캠퍼스에 흐드러진 개나리와 마로니에의 낭만은 간 곳 없고, 75년 서울대 종합화 이전 옛 서울공대 캠퍼스 한 구석에 을씨년스럽게 달랑 세워진 5층짜리 'B동' 건물에서 문리대 · 사대 · 상대 · 법대 · 농대 · 공대 등에 입학한 문과 · 이과 모든 학생들이 LA, LB, SC 등으로 분류되어 '불암' 고등학교 '4학년' 생활을 하게 된 것이다. 우리 20명은 LA 1반부터 12반 사이에 한두 명씩 뿔뿔이 흩어져, 일주일에 한 번 할당된 전공수업시간 때에나 겨우 동기생들 얼굴을 볼 수 있었다.

그래도 전통에 따라 우리의 대학생활 첫 미팅은 의리있게(?) 이대 사회학과 70학번과 이루어졌고, 태릉 배밭골 야유회나 체육대회 · 축제 등도 괜찮았었다. 일학년이 끝나 갈 무렵 교양학부생들의 교지라 할 수 있는 '향연'이란 잡지가 발간되었는데, 우리 동기생이 세 명씩이나 각자의 방법으로 학술논문당선, 향연문학상수상, 좌담회사회 등 많은 지면을 화려하게 차지하게 되어, 유난스러운 사회학과 학생들이 역시나 타과생에 비해 '더 많은 교양을 쌓았음을 증명'하는 쾌거가 있었다. 돌이켜 보면 2 · 3 · 4학년 때는 하도 국가사회적으로 큰 일들이 많이 생겨 학교 문이 닫혔던 기간이 많았으므로, 서울외곽에 유배되었던 일학년 시절이 가장 평온하고 행복했던 시절이었다.

그럼 이제부터 본격적으로 본과에 진입한 동숭동 시절 얘기를 풀어가 보자. 다만, 한국사회변동에 관한 딱딱한 사회경제적 배경 논의라든지 역사적 의미부여 같은 것은 줄이고, 사회학과에 다니며 겪었던 에피소드들을 학년에 따라 열거하며, 그때 스무 살 즈음이었던 우리는 어떻게 생각하고 무엇을 느꼈나에 중점을 두려 한다. (여기 뽑은 열 가지 에피소드는 우리가 졸업할 즈음에 모두 모여서 대학생활을 되돌아보며 1970년부터 1974년 사이에 우리 70학번들에게 일어났던 숱한 사건들 중 대표성이 큰 열 가지를 뽑았던 것에 기반 한 것인데, 삼십 년도 더 넘은 기억이라 그 정확도는 보장하기 어렵다.)

⋮

2. 니들이 조사를 알어?

청량리에서 다시 한 시간을 만원버스에 시달려야 갈 수 있었던 B동 건물과는 비교 할 필요도 없이 동숭동 캠퍼스는 여러 모로 좋았다. 편리한 교통, 학교 주변에 즐비한 문화시설, 낡고 고색창연하여 대학의 품위를 높여 주는 듯한 건물들, 무엇보다 선배들이, 교수님들이, 동료들이, 개설된 강의들이 많고 다양하여 좋았다. 겨우 3과목만 선택할 수 있었던 교양과정부 때의 수강신청과는 달리 국문과부터 의예과까지 모든 개설강의가 수록된 강의편람 속에서 24학점 전부를 내 맘대로 고를 수 있다는 게 믿어지지 않을 정도였다.

게다가 본과 진입 일주일 만에 우리는 당시 흔치 않던 전국규모 사회조사요원으로 경험을 쌓게 된 것이다. 1971년 4월과 5월에 대통령 선거와 국회의원 선거가 예정되어 있었고, 당시 박정희와 김대중, 민주공화당과 신한민주당은 백중세였기 때문에 아마도 공화당에서 자금을 풀어 선거예측을 위한 정치성 짙은 조사를 시도한 것일 터인데, 그것을 감추려고 지금은 없어진 'D일보'가 사회학과에 '일반적이고 통상적인 설문조사'를 의뢰하는 형식을 취했다. 사회조사에 관련된 모든 테크닉이나 기기들이 지극히 초보적인 수준이었기에, 오히려 모든 원칙은 우직하게 지켜졌다. 심지어 모든 관계자들이 주시하는 가운데 눈감은 학생이 핀 같은 것으로 찍어 낸 (random sampling!) 읍 · 면 · 동을 무조건 전수조사하는 식이었다. 다만 조사경험이 많은 4학년은 놀기 좋은 대도시로, 3학년은 중소도시로, 우리 2학년처럼 조사경험이 없는 것은 물론 사회통계나 조사방법 강의조차 듣지 않은 신참들은 산간벽지에 투입되는 차별은 존재하였다. 그래도 수당은 물론 여비와 교통비까지 받아서 이인일조로 일주일간의 여행을 떠날 수 있는 사회학도의 특권을 많은 타과생들이 부러워했고, 우리는 "너희들은 우중충한 강의실에서 책이나 열심히 보라."며 대단히 의기양양 뽐내었다.

나는 지금은 외교통상부 고위공무원이 된 동기생과 충청도 산골짜기를 헤매었는데, 참으로 많은 사람들을 만나고 먹고 마시고 얘기하며 한국사회의 밑바닥 민심에 대한 산 공부를 많이 한, 사회학도로서의 정체성을 수립하게 된 첫 조사 경험으로 기억한다. 또 개인적으로 메모해두었던 공화당과 신민당의 거물정치인이 격돌했던 지역의 조사 자료가, 두 달 뒤 실시된 선거결과와 거의 일치하는 것을 확인하고 사회조사방법의 과학성에 크게 눈뜨게 된 계기가 되었다. 학교로 돌아 온 후에도 우리들은 한동안 각자가 전국각지에서 겪었던 많은 무용담들을 술 먹을 때마다 풀어 놓으며 즐거워했다. 이러한 조사경험은 그 후에도 무허가판자촌 실태조사, 새마을운동 성공실패 사례마을 비교조사, 가족계획 관련 조사 등으로 계속 이어졌고 우리들의 사회를 바라보는 시각도 넓어지고 깊어갔다.

3. "나 이런 거 안 해!"

우리가 고등학교 때 일어났던 김신조 일당 청와대 습격사건 이후 전국 고등학교에서 실시되었던 교련수업을 대학에까지 확대하는 조치가 우리 때 시행되어 우리들이 격렬하게 저항하였기에, 가끔 4 · 19와 6 · 3 세대 그리고 386세대의 중간에 낀 우리는 '교련반대데모세대'(또는 나중에 언급할 '민청학련세대')라 불리어지기도 한다. 그러한 상황을 온몸으로 표출해 낸 것이 지금 기업체를 경영하는 모 군의 "나 이런 거 안 해!"사건이다.

반대데모가 격렬해지기 전에는 그런 대로 잠깐 동안 교련수업이 주로 문리대 운동장 주변에서 행해지고 있었는데, 예비역 소령인 교관의 지시에 따라 M1소총을 팔에 걸고 낮은 포복으로 전진하던 모군이 갑자기 벌떡 일어나 총을 휙 던져 버리고 "에이 씨, 나 이런 거 안 해!"하면서 교관 허락도 없이 뚜벅뚜벅 수업현장에서 걸어 나가 버린 것이다. 순식간에 벌어진 일을 교관이 멍하게 쳐다보는 사이에, 함께 포복하던 사회학과 동기생 몇이 "우리도 안 해!"하며 동조하였고, 급기야는 모두들 일어나서 "이런 거 뭣 하러 합니까!"하고 반항(?)하게 되었다. 이 일이 다른 반에도 알려져 보다 체계적인 교련수업 전면거부운동이 벌어지게 되었으니 이것은 참으로 국가적으로 커다란 사건이었다.

시위가 한창이던 시기에는 미라보다리를 지나 문리대 교문으로 들어가려던 서울대 학군단장(준장)의 차를 세워 하차시키고 지프차를 세느강에 처박아 버리는 일까지 생겼다. 대학구내에 왜 군인이 총 차고 왔다 갔다 하느냐는 지극히 문리대적인 의문과 거부가 행동으로 표현 돼

버린 것이다. 교련수업은 중단되었고, 교련거부는 전국적으로 확산되었다. 그 결과 그해 10월 위수령이 발동된 직후 전국 모든 대학생들이 징집연기 혜택에서 배제되어 신체검사 영장이 발부되었고, 방학 때 실시한 교련 '보충' 수업마저 거부한 많은 대학생들이 군대에 끌려가는 어수선한 세월이 다음 해 '10월 유신' 때까지 계속되었다.

4. 조교 선생님은 간첩?

교련반대데모가 한창이라 캠퍼스에 최루탄 냄새가 가실 때가 없던 와중에도, "우리 학번끼리 야유회 한번 가자."는 제안이 나와 안양 유원지엔가를 다녀온 4월 하순의 어느 날 저녁 뒷풀이 회식을 하는 차에 "재일교포 학생간첩단 일망타진"이라는 뉴스가 들렸다. 헌데 그 두목격인 서모씨가 우리가 동부연구실 과사무실에서 자주 접하는 대학원생 선배였다. 간첩 서모는 동경교육대학 사회학과를 나온 후 교포 어학교를 거쳐 서울대 대학원 사회학과를 다니며 학계인사를 비롯한 지식인과 언론인을 포섭하는 임무를 수행해 왔다는 것이다. 오늘 체포 된 50여 명의 간첩과 관련인들 가운데 그가 4개 지부 중 한 곳인 서울대의 책임자였다. 나머지 3개 지부란 고려대 물리학과, 경제학과 학생들과 민간인들이었다. 그리고 더욱 중요한 것은 그들이 최근 벌어지고 있는 교련반대데모와 공명선거캠페인 같은 데모를 뒤에서 조종한 증거가 드러났으니 학생들은 자중하라는 보안사령부의 발표였다.

우리는 모두 놀랐고 이야기는 자연스럽게 사회학 또는 사회학과의 '이미지' 에 대한 토론으로 이어졌다. 당시 보편적인 이미지 중의 하나는 사회학을 사회사업과 혼동하는 것, 즉 사회학과를 나오면 고아원이나 양로원 같은 일을 한다는 생각과 다른 한편으로 사회주의 또는 사회주의자와 동일시하는 시각이 있었다. 나 같은 경우는 '대학 중의 대학'

문리대에서 '학문 중의 학문' 철학을 공부하고 싶으니 철학과를 가겠다고 말했다가, 부모님, 담임 선생님, 선배 등이 입을 모아 "굶어 죽기 딱 좋은 전공을 왜 하느냐? 철학 비슷하면서도 보다 현실적인 학문으로 사회학이란 게 있다."고 충고하시는 바람에 오게 되었는데, 이것은 극히 예외적인 경우 일 것이다. 그래서 결국 그날 각자가 사회학과에 오게 된 과정을 고백하는 일대난상토론 사건이 벌어지게 된 것이다.

도대체가 결론이 나올 수 없는 문제였기에 자연스레 "헌데 우리 과 교수님들이나 다른 대학원생들은 괜찮을까?"하는 걱정을 하며 헤어졌는데, 아니나 달라? 다음날 신문에는 '혐의자 1명 반공법 위반혐의로 추가 구속' 이라는 제목 아래 이상하게 일그러진 한상진 선배 사진이 실린 것이다. '간첩 서승에게 포섭되어 지난 4 · 17 대학원생 데모를 주동하고 선언서를 발표한 혐의' 로였다. 과사무실에서 하루에도 몇 번씩 만나 뵙는 분이 간첩이라니?! 지금은 '그런 일도 있었지' 하고 웃어넘기고 있지만, 스무 살 즈음이었던 우리들로서는 헤어 날 수 없는 엄청난 충격을 받았던 사건이었다.

어쨌든 며칠 뒤 4월 27일 이루어진 대통령선거에서는 634만 표 대 540만 표, 약 100만 표 차이로 박정희후보가 크게 이겼다. 그러나 국회의원 선거는 달랐다. '5 · 25 총선 보이코트 하라' 고 우리 문리대생들이 안국동 신민당사에 들어가 외친 보람이 있었던 지, 113 : 89 : 2 라는 절묘한 여야균형이 이루어 졌고, 우리 대학에는 다시 5 · 27 휴업령이 내려졌다.

5. 사회학과와 사회꽈

71년 가을이 되어도 정국은 별로 나아지지 않았다. 때문에 당시에는 과총회, 학생총회라는 행사가 참 많았다. 과총회는 대개 전공수업 강의실에서, 학생총회는 마로니에 광장에서 주로 열렸다. 어떤 이슈에 대해서건 대개 신중론과 과격론이 갑론을박 하다가 내려지는 결론에 따라 사회학과 수준에서의 행동통일 지침 같은 것이 결정되곤 했다. 크게는 Revolution이냐 Evolution이냐 하는 것부터 작게는 이번 데모에 참가 할 것이냐 말 것이냐에 이르기까지 토론주제는 다양했다. 이제는 누구누구하면 '아, 그 장관 · 국회의원 · 교수 · 언론인….' 하고 웬만한 한국 사람들이 다 알만한 분들이 한 강의실에서 자기 의견들을 주장하고 선배 · 후배를 설득하고 하던 광경은 지금 돌이켜 봐도 매우 진지하고 뜨거운 것이었다. 사회학과 학생들은 '물에 빠지면 입만 뜬다.'는 농담이 있을 정도로 어찌 그렇게 말씀들을 조리 있게 잘 하시던지…. 우리 어린 2학년들은 선배들의 청산유수 같은 언변의 고담준론을 이해하기도 벅차 그저 존경만 했던 기억이 난다.

⋮

소제목으로 뽑은 이해영 교수의 촌철살인 같은 명언도 10월 중순 위수령이 내려지기 며칠 전쯤 과총회에서 있었던 일이다. 그날 따라 공강시간 강의실에서의 난상토론은 과격론으로 기울어 졌고, 우리 보다 과총회를 일찍 마친 타과 친구들은 벌써 으샤으샤 스크럼을 짜고 강의실 주변을 맴돌며 사회학과도 빨리 함께 하자고 부추기고 있었다. 우리도 "나가자!"하고 함성을 지르며 스크럼을 짜려는 순간, 당신 수업을 진행하려고 강의실에 들어오시던 이교수님이 일갈하셨다. "너희들 중에 문리과대학 사회**학**과에 들어왔다고 생각하는 놈들은 남고, 그냥 사회**과**

들어왔다고 생각하는 놈들은 나가라. 나는 수업하겠다." 처음엔 무슨 말씀인지 잘 못 알아들었는데, 선배들은 익히 아는 말씀인지 "에이…." 하면서 도로 자리에 앉는 사람과 "선생님 죄송합니다."하며 나가는 사람으로 갈렸다. 그제서야 나도 알아들었다. 그것 참 생각해 볼수록 재미있는 말씀이었다. 결과적으로 보면 우리 동기 20명 중에 지금 현재 7명이 교수생활을 하고 있으니 우리는 사회학과로 들어온 친구가 좀 많았던 편인가 보다. 하지만 경영학교수가 된 한 명을 빼고 나머지는 다시 사회 '학' 과 교수와 사회 '꽈' 교수로 나눠지는 것 같기도 하다.

6. 아, 3번

72년에 3학년이 되어 인구학이라는 수업을 들었다. 다른 대학 전임으로 계시면서 시간강사로 출강하시는 선생님이 담당하셨는데, 그분이 언변이 구수하고 좋아 인기가 있었다. 봄비가 부슬부슬 내리는 어느 날, 마침 수강하는 타과 여학생 두 명이 모두 결석임을 확인한 선생님께서 회심의 미소(?)를 지으시더니 "오늘은 수업 대신 간단한 조사를 한 가지 해야겠다."고 운을 떼셨다. 인구를 공부하다 보니 아무래도 청춘남녀들의 혼전 성관계 문제에 관심이 가고 해서 논문을 준비 중인데, 우리들을 대상으로 사례조사를 해 보자는 말씀이다. 즉 아직 총각이면 1번이고, 결혼까지 생각하는 사랑하는 여자에게 동정을 바쳤으면 2번, 단순한 호기심에서 또는 솟구치는 힘을 억제하지 못해 직업여성과 관계했다면 3번이라고 답하라는 주문이다. 그리고 2 · 3번의 경우 간단한 상황설명도 덧붙여 보란다.

강의실은 일순 놀람과 긴장과 호기심으로 가득해졌으나 막상 학생들이 답을 머뭇거리자, 선생님께서는 분위기 조성을 위해서인지 우리의 선생님들을 거명해 가며 "걔는 이러저러해서 이렇게… 그 선배는 이러저러해서 이렇게….” 하며 존경하는 선생님들의 사생활을 하나하나 까밝혀 알려 주시는 게 아닌가? 우리는 세상에서 가장 재미있는 이야기를 알게 된 보답(?)으로 하나하나 자신의 사생활을 진지하게 보여드리지 않을 수 없었다. 더구나 여자대학에 계신 선생님인데 여학생들에게는 차마 물어 볼 수가 없어서, 바로 이 질문을 해보기 위해 시간강사 출강을 하신다는 데에야… .마침 그 전 시간에는 온갖 피임법에 대해 자세한 강의가 있었던 터라, 우리는 모두들 얼굴이 벌개진 상태에서 침 넘어가는 소리가 들릴 정도로 집중하여 자기 얘기를 하고 친구들의 사연을 경청했다.

헌데 맨 뒤에서 이렇게 재미있는 수업을 포기(?)하고 정신없이 잠들어 있던 친구가 있었다. 그 친구 차례가 되어 옆 친구가 깨우고, 간단히 설명을 해 주었더니 그 친구 왈 “아, 그러면 나는 3번.” 하고 잠이 덜 깬 목소리로 답을 해 온 강의실이 웃음바다가 되었다. 그 사건 이후로 그 친구 별명은 “아, 3번.”이 되었고, 우리는 그날 오후 모든 수업을 포기하고 다 함께 쌍과부집으로 몰려가 좀 더 자세한 서로의 사연을 안주 삼아 거나하게 마셨다.

7. Collective behavior를 보여주세요

1972년 3월에 연세대학교 사회학과가 새로 설립되는 경사가 있었다. 서울대 · 고려대 · 이대 · 서울여대와 대구 경북대에 이어서 전국에서 여섯 번째인 셈이다.(74년에는 서울여대가 멀쩡한 사회학과를 사회사업학과로 개편하는 일도 있었다.) 그래서 몇 안 되는 사회학과 학생들끼리 잘 알고 지내자는 취지에서 서울에 있는 4개 대학이 ‘재경 사회학과 연합 체육대회’ 라는 거창한 이름의 행사를 돌아가면서 주최해 왔는데, 1학년 2학년 때 고대 · 이대를 거쳐 이번엔 서울대가 주최할 차례였다.

마침 우리가 3학년이 되어 막강한(?) 과회장을 동기가 맡았기에 다들 열심히 도와 문리대 운동장에서 대회를 개최하게 되었는데, 뽀송뽀송한 연대 일학년 아이들이 올망졸망 지도교수도 없이 참가하였으니 얼마나 귀여워 보였겠는가? 헌데 자기네들끼리도 서로 잘 모르는 상태에서 남의 학교에 와서 정식으로 대진표에도 못 들어가고 (중과부적!) 삼삼오오 병아리들처럼 몰려다니기만 하니 영 통제가 안 되는 상황이었다. 별로 넓지도 않은 문리대 운동장이지만 이 철없는 신입생들 때문에 진행에 애를 먹던 우리의 과회장님, 마이크를 잡더니 느닷없이 "연대 학생들, 사회학과답게 제발 'collective behavior'를 보여주세요."하고 여러 번 호소를 하였으나 전혀 상황은 개선되지 않았다. 그도 그럴 것이 우리는 3학년 전공수업으로 '집합행동론'이라는 과목을 수강 중이라 말끝마다 collective behavior란 단어를 활용하고 있었지만 사회학개론을 두 번쯤 들었을 아이들이 그 어려운 단어의 뜻을 알 리가 없지 않은가? 어쨌든 덕분에 과회장님은 한동안 별명이 'collective behavior'가 되었고, 지난 1997년 연세대학교 사회학과 창립 25주년 학술대회에 참석한 나는 바로 이 에피소드로 축사를 시작해서 연대 1회 졸업생들로부터 열렬한 박수를 받은 일이 있었다.

8. '10월 유신'과 'Love story'

3학년 2학기가 시작된 지 얼마 안 되었던 10월에 결국 '10월 유신'이 선포되어 학교문은 또다시 닫히고 운동장은 군인들의 연병장이 되어 버렸다. 여기서 유신의 의미 같은 것을 따지고 싶지는 않다. 다만 대학생활 내내 휴교다 휴업이다 해서 정상적인 학교생활이 불가능했던 그 많은 시간들을 우리 또래는 무엇을 하며 죽이고 지냈는가를 조금 얘기하고 싶다.

대개 세 가지 정도의 일들을 했던 것 같다. 첫째는 외국어 공부다. 지금처럼 번역된 사회학 교재들이 넘쳐나지 않던, 변변한 읽을거리가 없던 시절이라 우리는 학원을 전전하며, "외국어공부나 해 두자."는 생각을 많이들 했다. 독일어 (독문화학원, 괴테인스티튜트), 불어 (알리앙스 프랑세즈, 주세경 불어학원)는 물론 '일본어 6개월이면 영어 10년' 이라는 캐치프레이즈에 속아 박성원 일어강좌도 많이 다녔다. 둘째는 자발적 세미나였다. 우리 동기들 사이에 기억나는 책은『지식인의 아편 (레이몽 아롱)』,『Sociological Imagination (C. W. Mills)』같은 책들인데, 일주일에 한 번 정도 '학림 다방' 같은 곳에서 만나, 뜻을 알든 모르든 한 챕터 씩 맡아서 발표하고 토론도 했다. 셋째로 술 먹기를 빼놓을 수 없다. 이런 저런 핑계로 시도 때도 없이 만나 술 마시며 노가리를 까댔는데, 우리 동기들 중에 특히 이것을 즐기는 '아가리안 소사이어티' 라는 비공식 모임이 있었다. MBC 뉴스데스크 앵커를 두 번 씩이나 맡아 가장 오래 이끌며 사회학과의 주가를 올리고 있는 엄기영 특임이사를 비롯한 4명의 언론인이 모두 이 모임에서 배출되었다.

⋮

헌데 10월 유신으로 비롯되었던 오랜 휴교기간에는 특기할 만한 사건이 하나 있었으니 이른바 'Love story meeting' 이란 것이다. 그때가 바로 그 영화가 미국에서 히트 친 지 일이 년 지나 한국을 비롯하여 전 세계적인 인기를 끌던 시절이었는데, 덕분에 별로 할 일도 없는 우리들에게 음대생들로부터 미팅신청이 많이 들어 왔었다. 짐작하시다시

피 그 잘생기고 체격 좋은 올리버 배릿(라이언 오닐)이 하버드대학 사회학과 학생이고, 제니퍼 캐빌레리(알리 맥그로우)는 피아노전공 래드클리프 음대생인 덕분이었다. 그중 특이했던 경우가 바로 타 대학 전임이면서 문리대에 출강하여 우리에게 사회사상사를 가르쳐 주시던 선생님과 사모님이 주선해 주셨던 미팅이다. 마침 사모님이 음대 바이올린 교수였기 때문에 당신 제자들의 청을 받아 부군의 제자들과 만나게 해 주신 것이다. 크리스마스 파티까지 겸한 당신들 집에서의 미팅은 (일부 독자들께서 사회학도답지 않은, 주체성이 결여된 몰지각한 행동들이었다고 야단치신다 해도 어쩔 수 없이) 아주 즐거웠던, 중요한 학창시절의 에피소드로 남아 있다는 고백을 하지 않을 수 없다. 워낙 우호적인 상태에서의 만남이라 두세 커플이 이루어져 꽤 오랫동안 데이트를 했던 것으로 기억하나, 결혼까지 이르지는 못했다.

9. 자네 요새 미술하나?

유신의 서슬이 시퍼런 속에서도 1973년의 봄은 찾아오고 우리는 4학년이 되었다. 현대사회학이론 과목을 맡으셨던 한완상 선생님은 우리의 어학실력과 사회학 실력을 지나치게 믿으신 나머지 1973년에 출간된 당신 지도교수의 최신간 이론교과서를 범문사를 통해 직수입하여 우리에게 읽게 했는데, 그 책 제목이 『The Mosaic of Sociological Theory』였다. 내용으로 미루어 보건대, 사회학 이론을 기존의 틀과 다르게 새롭게 해석하여 짜 맞추었다는 뜻인 듯한데, 책 디자인 자체가 산뜻하고 예뻤다. 새하얀 바탕에 Mosaic라는 단어를 좀 크고 넓은 활자로 디자인하면서, 그 속을 색맹검사 할 때 쓰는 동그란 표들처럼 빨주노초파남보 무지개 색을 띤 작은 입자들로 채워 넣었기 때문이다.

발제 때문에 그 책을 늘 들고 다니던 친구가 졸업논문 주제를 정하는 일로 어느 원로교수님을 찾아 갔을 때 들은 첫 마디가 "자네 요새 미술 하나?"였다. 사실대로 얘기해도 별 큰 일 없을 것을 이 친구 왠지 말을 제대로 못하고 "아, 저, 그게, 그러니까…. 네, 제가 요새 미술 좀 합니다."라고 답을 해 버리는 바람에 차례를 기다리던 우리들이 웃음을 참느라 애를 먹었던 기억이 난다. 그일 이후 33년이 후딱 흘러, 가만히 생각 해 보니 나의 지금 나이가 그때 그 선생님 연세 정도가 되었다. 마음은 아직도 스물네 살 정도밖에 안 된 것 같은 기분으로, 내 깐에는 요즈음 젊은 학생들과도 호흡이 맞는다고 자부하고 있는데, 혹시 나도 내가 가르치는 아이들에게 엉뚱한 질문으로 곤란하게 한 적은 없는지 반성해 보아야겠다.

10. 후배의 죽음과 육사위탁교육 장교들

1973년 5월 하순경 '청평 안전유원지'란 곳으로 학과전체 야유회를 갔다. 그때 막 2학년에 진학한 2년 후배 되는 친구 하나가 젊음의 객기로 동기들과 술 먹기 내기를 하다가, 덥다고 수영을 한다며 물에 들어갔다가 변을 당하는 엄청난 사건이 터졌다. 안전유원지가 전혀 안전하지 않아 안전사고가 발생한 것이다. 모두들 어쩔 줄 몰라 하는데, 사람을 건져내고, 의사를 부르고, 경찰에 신고하고, 지역담당 검사가 사체 이송을 허락해 주어야 서울로 옮겨 올 수 있다는데 검사는 자리에 없다 하고, 해결할 문제가 한두 가지가 아니었다. 그때 누구보다도 침착하게 하나씩 일을 해결하고, 검사 대신 지역 헌병대장과 보안대장을 불러 대안을 강구하고, 우리들을 통솔하여 돈 모으고, 병원 데려가고, 같이 술 마시다 뻗은 후배들을 돌보게 수습한 세 사람이 바로 육사 위탁교육 장교들이었다.

이 양반들은 1972년 봄부터 군위탁 학사편입 장교로 우리 과 학생이 되어 함께 공부하고 있었는데, 공부를 마치면 육군사관학교 교수부에 근무하게 된다고 했다. 임관 후 전방 소대장 보직만 마치고 위탁교육장교로 파견 와 1973년 초에 대위진급을 하였다. 나보다 5~6세 위였으니까, 학생 중에는 복학생 누구보다도 연장자인 셈이다. 결국 사체를 옮기지는 못하고 이틀 뒤 현지에서 영결식을 하였다. 지방에서 올라오신 부모님과 여자친구가 울부짖는 것을 객지 빈소에서 밤샘하느라 퉁퉁 부은 눈으로 지켜보는 것은 여간 고통스러운 일이 아니었다. 어쨌든 이 큰 일을 맏형처럼 처리해 준 장교님들과 우리 동기는 더욱 친해지게 되었다. 나라를 그르치고 있는 소수 정치군인들과는 전혀 다른, 제대로 된 군인정신 투철한 장교들은 문리대와도 얼마든지 친화할 수 있다는 새로운 사실에 눈뜬 것이다.

⋮

말이 나온 김에 한두 마디 덧붙이고 싶다. 내가 듣기에 이분들 비슷한 경로로 우리과 동문이 되신 분들이 열 분 정도 되는 것으로 안다. 각자의 경우가 조금씩 차이가 있겠지만, 사회학과 교육 후의 군생활도 아주 잘 하셔서 장군도 많이 나왔다. 특히 70학번 동기임을 늘 자랑스럽게 생각한다며 나이 '어린 동기들'을 잘 챙겨주시는 이상희 대장님이 현재 현역 군인들 중 제일 높은 합참의장이신 것이 우리도 자랑스럽다. 모든 이질적인 것들을 포용하는 능력이 뛰어난 우리 사회학과 동문들이 이분들의 사회학과에 대한 사랑에도 좀 더 많이 감사를 표했으면 좋겠다.

이제 그만 마무리해야 할 때가 된 듯하다. 남해안을 일주하는 졸업여행 때 모 군이 '베개 껴안고 화장실 다녀온 사건'은 10대 순위에는 못 들었지만 꼭 언급하고 싶은 유명한 에피소드다. 입학 때 유난히 힘들게 들어온 재사들이어선지 사회학과의 교육이 성공적인 덕분인지는 모르겠으나, 70학번의 사회진출은 상당히 바람직한 균형을 이루어 사회학과의 모범사례가 될만 하다는 선배 · 후배, 교수님들의 평가를 많이 들어 보았다. 앞서 언급한 교수 7명, 언론인 4명, 군인 3명 외에 기업계 8명, 공무원 3명이 더 있다.(합이 25명으로 늘어난 것은 군인 3명 외에 전과생이 2명 있었기 때문이다.) 공무원들은 현재 국무총리실 국무조정실장이나 재정경제부 정책홍보관리실장 등을 역임하며 차기 장관후보 0순위를 달리고 있다. 우리가 서로에게 고마운 것은, 어느 직종 어느 직위에 있건 간에 70학번으로서의 우애와 상부상조정신은 변함이 없어, 일 년에 서너 번, 분기에 한 번 정도씩은 모여 낄낄대고, 새로운 '10대 뉴스'를 끊임없이 만들어 가며 올곧고 성실하게 '함께' 늙어가고 있다는 사실이다.

기억이 없는 71학번

김충일

우리는 아마 1971년 3월 2일인가 입학했을 거다. 동숭동 강당에 시꺼먼 교복을 입고, 웅성대는 소리가 높은 강당 벽에 되울려 산만하기 그지없던 입학식이 끝나고, 우리는 곧바로 태능 신공덕역에서 10여 분 이상을 걸어 들어가야 하는 공대 캠퍼스, 교양과정부에서 대학생이 되었다.

먼지나는 등교길, 캠퍼스 끝에 멋없이 서있는 콘크리트 교사, 이과 저과 합하여 섞어찌개로 만든 학급. 교정입구에 있던 당구장과 다방 속 뿌연 담배 연기. 대충 이런 풍경들이 우리의 기억 속에 남아있는 교양학부의 모습들이다. 그런 시각적 어수선함이 기억기능을 담당한 뇌세포에 영향을 끼친 것일까. 나는 '기억상실증'에 걸렸다고 자처할 정도로 그 시절이 아득하다.

* 71학번, 전 경향신문 사업본부장

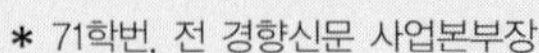

입학 후 이제 공부를 시작하나보다라고 느낄 무렵, 그러니까 각 과목의 첫 강의가 끝나갈 무렵, 강의실마다 열혈 청년들이 들이 닥쳐 "우리 사회를, 우리 국가를, 우리 민족을 현재의 구렁텅이에서 구해낼 책임과 의무가 여러분한테 있다."며 이런 저런 학회에서 와서 사자후를 토했고, 곧 이어 등교길은 데모길이 되었고, 학교 수업은 엉망이 되어갔다.

당시의 학생운동 진영에서는 코카콜라 공장은 매판자본으로, 마산 수출자유지역이나 구로공단은 제국주의의 흡혈판으로 여겼다. 외자도입을 통한 경제개발은 제국주의의 경제 침탈을 용인하는 제2의 이완용들이 벌이는 매국행위로 규정되었다. 박정희 정부는 파쇼 정부로 규정되고 그 주구인 중앙정보부는 우리들의 안주감이 되었다. 백 아니면 흑, 선이 아니면 악, 정이 아니면 부. 그런 이분법들이 우리를 지배했다.

1950년대 전쟁통 속에서 태어나 1960년대의 절대 빈곤 속에서 어린 시절을 보냈던 우리들은 1960년대 개발 독재가 가져다주기 시작한 경제적 안정과 발전에 대한 기대와 청계천 판자집, 서울역 구내에서의 동사, 식모나 공순이, 버스 차장, 연탄가스나 농약으로 절망적인 삶을 종결짓는 일가족의 동반자살과 같은 시대적 어두움 사이에 끼여 헤맸다. 명과 암이 극심하게 교차하고 있던 시절에 중고등학교를 다녔기 때문에 우리는 저마다 자신의 삶의 좌표를 어디에 둘지 몰랐다.

이로부터 40년 가까이 지난 지금은 너무 쉽게 판단할 수 있는 문제들이었으나 당시로선 너무나 어렵고 심각한 문제들이었다. 그 같은 번민 속에 빠져있을 때 선배들은 우리들에게 매우 간단하고도 매혹적인 탈출구를 제시했다. 그것이 바로 교련반대! 고등학교 3년 동안 우리를 괴롭혔던 교련을 없애자는데 누가 반대하겠는가. 늪 속에 빠진 월남전, 1·21 청와대 기습사건, 울진 무장공비침투사건 등을 배경으로 학교에 등장한 교련은 고등학생이던 우리의 10대를 애국심으로 무장시키는 데

기여했지만, 머리도 마음대로 기르고 술과 담배를 마음놓고 즐기고, 자기 인생에 대해 고민하던 우리 대학생들에게는 낭만적 자유로움을 빼앗는 상징적인 존재였다. 머리가 커지기 시작한 우리들은 '자유' 라는 새로운 가치에 더 가까이 가고자 했고, 교련이 국토방위역량의 증대라는 목적만 있는 것이 아니라 자유의 박탈을 통한 국민통제의 수단이라는 주장을 일리있는 것으로 받아들이고 거리로 나섰다.

자유에 대한 욕구는 '학원 병영화 반대' 라는 구호 아래 신속하게 정치적으로 활성화되었으며, 박정희의 장기집권 체제 구축 작업을 타겟으로 삼아 불붙었다. 경제개발 정책도 개발 독재란 또 다른 얼굴을 가지고 있었기 때문에 정치적 비판을 피할 수 없었다. '박정희' 는 자유에 대한 우리의 갈망을 경제적 풍요와 바꾸려고 했다. 두 개의 논리는 서서히 전선을 구축해 나갔고 그 대립이 일상화되면서 권력투쟁으로 발전하고 있었다. 그 결과가 1971년 가을의 위수령이었다. 격화된 교련반대 데모에 대응하여 정부는 학교의 문을 닫았으며, 그때문에 우린 강의실에서 만날 기회를 잃어버렸다. 그저 종로 5가 유정집인가 거북집인가에서 막걸리와 약주를 퍼마시고 뿔뿔이 헤어지는 생활이 1학년 2학기였다.

어수선한 가운데 1학년이 지나고 동숭동시절을 맞게 되었다. 71학번 사회학과 20명이 모두 함께 수업을 받게 된 것이다. 우리는 마로니에와 은행나무 밑에서, 잔디밭이나 먼지 풀풀 나는 운동장에서, 또는 강의실이나 쌍과부집에서 어울렸다. 또 진아춘, 학림다방, 낙산다방에서 삼삼오오 만나 토론하거나 술을 퍼마셨다. 술 먹는 시간은 따로 정해진 바가 없었다.

휴교령의 여파로 엄청 긴 겨울 방학을 지낸 우리들은 아직 을씨년스러운 학교에 들어섰다. 그러나 학군단장의 지프차와 교련 장교와 사병들이 교정을 들락거렸다. 중정요원들과 경찰 등의 움직임이 우리의 눈에 들어왔다. 우린 애써 눈을 감았지만 얼마 가지 않아 여기저기서 웅성거림과 함께 깃발이 올랐고 다시 학교는 데모 속으로 빠져들었다. 강의실 밖에서 들리는 데모 참가 독려의 핸드 마이크 소리로 강의실은 산만해져갔다. 그러나 2학년 1학기가 그나마 우리가 공부한다고 책상에 앉아 있던 시간이 가장 길었던 학기였을 게다.

1972년 7 · 4 남북공동성명으로 우린 다소 가벼워진 가슴으로 여름방학을 보내고 가을을 맞았지만, 그 가을이 다 가기 전에 10월 유신(긴급조치)이란 괴물이 우리 앞을 가로 막았다. 헌법을 정지시킨 또 다른 쿠테타였다. 장발단속 같은 우스꽝스런 조치에서부터 대통령을 욕하면 잡아가는 긴급조치까지 이런 통제들 앞에서 우린 당황했다. 집회 결사는 말할 나위가 없었고….

또다시 학교가 문을 닫자 군대에 갈 것인가 연기신청을 할 것인가 고민하는 친구들이 늘었다. 일부는 이 참에 군대나 가버리라는 부모님의 강권에 입영열차에 몸을 싣기도 했고 어차피 학교에선 공부하긴 틀린 마당이니 책보따리를 싸들고 산으로 들어가 버리는 사람도 생겨났다. 아마 3학년 1학기는 입학동기 20명 중 12명만이 학교에 남아 있었던 것 같다.

문리대 학생회장과 총학생회장 선거가 끝나자마자 반유신 데모가 막을 올렸다. 유신정권과의 전면전이 시작된 것이다. 1973년 4월 19일. 4 · 19탑 앞에서 72학번 이해찬 군이 30여 명도 안되는 학우들 앞에서 떨리는 목소리로 유신 반대 선언문을 읽어 내려갔다. 학과장이던 고 이해영 교수님이 새파랗게 사색이 된 얼굴로 이해찬 군의 뺨을 때리면서 울먹이시던 모습이 지금도 눈에 선하다. 그러나 데모는 시작되었고 학교는 거대한 전쟁터로 변해갔다. 울고, 번민하고, 회의하고, 술 마시고, 데모하고, 도망 다니고, 또다시 잡혀가고 학교는 한마디로 아수라장이었다. 학군단장이 탄 지프차가 학생들의 저지를 받고 추방되었고, 대학로는 불타는 책상, 폐타이어와 화염병, 최루탄, 짱돌로 가득 찼다.

생전 처음 본 철갑차 지붕위에 달린 시꺼먼 포신에서 시뻘건 화염과 함께 검은 연기를 뿜어내는 페퍼포그 차가 우리나라에서 처음 등장했던 때가 그때였다. 또 우리들의 발밑을 미친 듯이 돌아다니는 '지랄탄', 사과탄도 처음 등장했다. 단순한 데모의 현장이 아니라 거의 전쟁터에 가까웠다.

경찰과의 충돌이 어쩌다 소강상태에 빠지면, 우린 다시 다방으로 술집으로 몰려갔고 체포당했거나 구속된 동료를 내놓으라는 데모를 기획하고 또 충돌하고 잡혀갔다. 그럴 때마다 정권은 긴급조치의 번호 수를 늘려가며 우리와 맞섰다. 그때가 바로 문리대 학생회장이던 우리 과의 도종수 군이 전국을 숨어 다니며 친구들 신세를 지고 부모님의 간장을 태웠던 시절이었다.

그해 겨울을 지나 다시 이듬해 봄. 유신 데모가 또다시 일어나며 전국적으로 확산되고 숨죽이고 있던 야당(신민당)마저 뒤늦게나마 가세하자 박정희는 "유신이냐, 대통령 하야냐."는 양자택일을 강요하는 국민투표를 제의했고 그는 쉽게 이겼다. 이미 얼굴이나마 제대로 볼 수 있는 친구들은 절반이 남지 않았고 우린 그대로 뿔뿔이, 삼삼오오 흩어졌고 각자 나름대로의 인생을 찾아 나서게 된다. 이 협박에서 승리한 박정권은 잇달아 간첩단 사건을 발표하며 유신반대운동의 본거지인 서울대와 국민들 사이에 틈을 벌려 놓은 뒤, 검거 구속자수가 당시까지 건국 이래 최대 규모인 민청학련사건을 터트림으로서 반유신 데모에 결정타를 먹였다. 우리 학번에서는 도종수 군만이 연루되었지만, 이해찬 군 등이 포진해 있던 72학번은 완전히 쑥대밭이 되었다. 절반이상이 제대로 졸업을 하지 못했지 않았나 싶다.

72학번이 투쟁의 선봉에서 전위대가 되어 있을 때 우리 71학번은 뭐 했냐고? 물론 각자에게 물어볼 얘기지만, 대부분은 별로 할 일을 찾지 못했다. 데모의 주역은 이철, 유인태 등 68, 69학번의 복학생들이었고, 전위는 72학번이 섰으므로, 우리는 할 역할이 별로 없었다고 변명하면 가장 편할 것 같다.

어쨌든 우리 71학번들은 밖에서 보면 세익스피어의 소설에 나오는 햄릿 왕자와 비슷하게 방황으로 4년을 보낸 존재였을지도 모르겠다. 페퍼포그와 화염병, 깨진 보도블럭, 휴강과 휴학의 반복만이 우리를 힘들게 한 것은 분명 아니었다. 꽃 같은 20대 초반, 그것도 한국에서 가장 우수한 인재들이 모였다는 서울대학교 문리과 대학 사회학과 학생들이었지만, 아직은 스스로의 인생 설계를 시작도 하지 못한 단계에서 외부로부터 밀려드는 파도에 흔들리며 시간을 죽여가야 했던 상황에 던져졌기 때문인지도 모른다. 물론 개인적 차이는 있었겠지만 어쨌든 우리는 제대로 개화해 보지도 못한 채, 비바람과 추위 속에서 시들어가는 자기 자신의 모습을 보면서 그 좋아야 했던 대학시절을 보낸 것만은 사실이다.

그래서 우리들은 스스로를 제3인칭화하여 '기억이 나지 않는 71학번' 이라고 부르지만, 사실은 모두 '기억하기 싫은 71학번' 이 되었다. 과도한 자학이라고 말할 수 없다. 그로부터 30여 년이 지난 요즘, 한두 달에 한 번씩 안국동이나 청진동 술집에서, 필드에서, 또는 산에서 만나 친구녀석들의 얼굴을 볼 때마다 우리는 그 아름다운 시절을 잃어버린 동병상련의 아픔을 술잔 속에 섞어서 마셔버린다. 기억에서 사라져버린 아니 잊어버리고 싶은 그 시절이지만 그 번민과 좌절의 시간 속에서도 우리 동기들은 나름대로 각자의 미래를 준비했고 시간 차는 있지만 그 결실들을 수확해 가고 있다. 단 한 명도 도중하차 없이. 사회학과 71학번 다시 한번 화이팅!!

먹골배, 마로니에, 긴급조치

이종구

72학번은 캠퍼스 세 곳을 옮겨 다녔다. 교양과정부인 1학년은 태릉에서 보냈다. 이곳은 지금 서울산업대학교가 되어 있다. 2학년과 3학년은 마로니에 나무가 있는 동숭동에서 낭만적인 시절을 보냈다. 4학년 1학기에 관악산으로 이사 왔다. 우리는 지금도 동숭동 시절에 저지르고 겪은 갖가지 사건 사고와 낭만적 추억을 공유하며 문리대 출신이라고 자기 소개를 하는 마지막 세대이다.

교양과정부가 있던 태릉캠퍼스는 숲과 배밭으로 둘러 싸여 있었다. 먹골배의 원조는 태릉이다. 입시지옥에서 풀려난 신입생들에게는 선생님을 졸라 야외수업을 나가는 것이 큰 즐거움이었다. 수요일 오후에 고영복 선생님이 강의하시던 사회학개론 수업이 끝나면 운동장에서 야구를 하다가 청진동이나 무교동으로 진출해 아르바이트 월급을 순서대로

* 72학번, 성공회대 교수

털어 마시는 '수주회'를 하면서 금방 친해졌다. 2학년이 되어 동숭동으로 왔는데 캠퍼스 자체가 문화재였다. 잘 가꾸어진 정원에서 설치 미술전이나 사진전이 열리고, 밤에는 남녀가 '라일락 꽃 향기를 맡으면서' 몰래 입을 맞추는 정경이 있었다. 4 · 19 탑 이래 잔디밭은 도시락 먹는 장소이기도 했지만 새우깡을 안주로 소주를 마시며 토론을 하는 열린 마당이었다. 우리는 노란 은행잎으로 뒤덮인 가을의 교정에서 맑은 햇살을 받으며 책 속에 빠져들곤 했다. 마로니에 나무는 이 모든 것의 상징이었다.

•
•
•

그러나 이와 같은 고전적 낭만을 즐길 수 있는 시절은 며칠 가지 못했다. 우리가 1학년 2학기 때인 1972년 10월 17일에 박정희 정권은 계엄령과 함께 유신을 선포하였고 한국은 군사독재 시대를 맞았다. 당시에는 기약 없는 휴교령 속에서 가끔 연락되는 친구들끼리 만나 소주나 마시는 것 이외에는 할 일이 없었다. 12월 초에 개강을 했지만 시험만 보고 대충 끝냈다.

김민기가 작곡한 "금관의 예수"의 노랫말에 나오는 "얼어붙은 저 하늘, 얼어붙은 저 벌판"이 바로 현실이었다. 분노, 답답함, 무력감 속에서 보낸 1972년 겨울은 모두에게 응어리로 남았고 우리는 집단적으로 제적, 투옥, 강제입영을 겪기 시작한 최초의 세대가 되었다. 20명이 입학했는데 제적 4명, 실형 선고 3명, 장기 수배, 강제 입영 등의 소동을 겪다보니 1976년 2월 졸업식에는 10명만 참석했다. 물론 1980년대 후배들이 겪은 일과 비교하면 아무 것도 아닌 일이지만, 당시로서는 비장한 분위기를 자아내는 사태였다. 따라서 우리는 엄격하기로 유명한 이해영 선생님에게 야단을 무척 맞았던 학번이었고, 복잡한 일이 생겨 학과 총회라도 열리면 선배나 교수들과 논쟁을 하다가 작은 소동으로 번졌던 적도 여러 차례 있었다.

⋮

정상적으로 학교를 다닌 사람을 기준으로 삼아도 강의가 제대로 진행된 학기는 1학년 1학기, 2학년 1학기, 3학년 2학기, 4학년 2학기에 불과하고 나머지는 계엄령, 휴교령, 동맹 휴학으로 엉망진창이었다. 1학년은 유신, 2학년은 김대중 납치사건과 10 · 2 사태, 3학년은 민청학련 사건, 4학년은 월남 패망과 5 · 22 사태를 겪으며 지냈으니 그나마 대학생이라는 정체성을 가지고 제대로 다닌 것은 2학년 1학기뿐이라고 해도 이의를 제기할 동기생은 없을 것이다. 왜냐하면 1학년 1학기는 입시지옥에서 풀려난 해방감에 마냥 들떠 각종 환영회와 미팅에서 자기소개만 반복하면서 보냈고, 3학년 1학기에는 유신헌법을 비방하면 사형에 처한다는 긴급조치 1호, 4호와 민청학련 사건이 터졌다. 4학년 2학기도 한편으로는 졸업과 취직 준비로 바쁘고 다른 한편으로는 긴급조치 9호로 얼어붙어 있었던 시기였다.

그러나 72학번이라고 모두 학생운동만 한 것은 아니었고 학구파도 상당히 있었다. 현직 교수가 6명 나왔는데, 강희경(충북대), 이상철(제주대), 이영환(경원대 지역개발학과), 이종구(성공회대), 조혜인(서강대), 정진성(서울대)이다. 강희경과 이상철은 본교에서 박사 학위를 받았고, 이종구는 일본, 나머지는 모두 미국에서 유학했다. 이종구는 민청학련 사건으로 구속되어 학교를 떠난 다음에 시민단체 간사 제1세대가 되어 한국기독교사회문제연구원에서 활동하다가 유학을 떠나 동기생 중에서는 꼴찌로 교수가 되었다. 일본군 위안부 문제를 파헤쳐 역사 청산에 크게 기여한 정진성은 유엔 인권위원으로 세계 무대에서 활약하고 있다.

⋮

시국사건으로 가장 고생이 많았던 동기생은 정해일인데 긴급조치 9호로 징역도 오래 살고 군대까지 만기 제대해 20대를 완전히 철조망 안에서 보냈다. 현재는 신용협동조합중앙회 연수원 교수로, 협동운동 이론의 전문가로 활약하고 있다. 본래 이종구와 정해일은 1981년 겨울에 본교 대학원에 진학하려 했지만 정보기관의 원천봉쇄로 미수에 그쳤다. 지금 생각해보면 교수들의 마음고생도 상당했을 것이다. 민청학련 사건과 광주항쟁으로 옥고를 두 번이나 치루고 1980년대 중반에 졸업한 이해찬은 1학년 때부터 학생운동과 민주화 운동에 매진했던 투사였고 1987년 대선을 치르며 정계에 들어가 관악구에서 계속 국회의원을 지내고 있다. 김대중 정부 초기에 교육부장관을 지냈으며 최근에는 실세 총리로 명성을 드높였다.

기업에 들어간 동기생 가운데 이경구(삼성중공업), 이상권(산업은행)은 첫 직장에서 지금까지 일하고 있는 지조파로 남아 있다. 이경구는 조용한 인상과는 달리 경쟁이 살벌하기로 유명한 삼성의 간부 사원으로 활약하고 있다. 이상권은 교양과정부에서 72학번의 첫 번째 과대표를 지냈고 군대도 제일 먼저 갔다. 김의경(E J 컴패니)과 김병용(나움케어)은 개인 사업을 성공적으로 운영하고 있다. 김의경은 경제의 부침에 따라 가끔 고생은 하지만 억세게 버티고 있는 전형적인 중소기업인이다. 김병용은 LG에서 해외주재원을 오래 했고, 인도 사정에 밝다. 사회학도답게 고령화 사회를 미리 내다보고 노인 개호용품 시장을 개척한 선구자이기도 하다. 황철현도 LG에서 오래 근무하다가 그만두고 자영업을 했는데 수년간 소식이 끊어져 모두 걱정하고 있었다. 최근에 연락이 이어져 동기생 모임에 나타났다. 그동안 민족종교 계통에서 활동 영역을 넓혀 '한 진리회 사무총장'이 되어 있다.

⋮

전통적으로 사회학과 동문이 많은 언론계에는 김형배(한겨레), 김일(중앙)이 활약하고 있다. 강희경도 중앙일보에 있다가 1980년 여름에 월간 중앙 필화사건으로 강제 해직된 전력이 있다. 김형배는 조선일보에 있다가 역시 1980년 여름에 강제 해직되었으며 한겨레신문에는 창간 때부터 참가한 언론 운동의 산증인이다. 1986년 여름에 권인숙 성고문 사건의 여파로 총리실 산하 청소년위원회에서 다시 해직되는 곤욕을 치루기도 했다. 해직 기자 시절에 사회학과 대학원을 다니며 석사학위를 받았고 지금도 언론학 박사 과정을 밟고 있는 집념의 학구파이다.

행정고시를 거쳐 전문 관료가 된 박길상(노동부 차관 역임, 산업안전공단 이사장), 문창진(식약청장)도 전공을 살려 현장에서 정책으로 실천하고 있다. 이 대목에서 사회학과의 성격을 잘 보여주는 한 가지 에피소드를 소개할 필요가 있다. 1980년대 말에 노동쟁의가 최고조에 달했을 때 국회에서 노동문제를 의제로 한 토론이 벌어지는 회의장에는 72학번 동기생 4~5명이 같이 있었다. 노동부 실무자 박길상, 야당 의원 이해찬, 기자 김일, 김형배, 김석원이 서로 입장은 다르지만 각자 자기 위치에서 최선을 다하다 보니 한자리에 모이게 된 것이다. 콩트가 말한 대로 질서와 진보를 연구하는 사회학의 진가를 보여주는 광경이었다.

⋮

세월이 흐르다보니 이미 만나보기 어려운 동기생도 있다. 학과에서 궂은 일 잘 챙기는 것으로 유명했던 하태현은 KDI, 세종연구소, 세계경제연구원에서 오래 근무하다가 1990년대 후반에 캐나다로 이민을 갔는데 토론토 근교에서 포스트숍을 운영하고 있다. 일반인들은 공부 잘하는 박사들만 모아 놓으면 연구가 잘 되는 것으로 알고 있지만 사실은 연구소에는 하태현과 같은 유능한 경영관리자가 있어야 생산성이 오르게 마련이다. 김석원은 매일경제 도쿄 특파원으로 있다가 암으로 2002년에 타계했다. 4학년 때 과 대표를 맡았다는 죄 때문에 엄청난 봉변을 당했다. 긴급조치 9호에 반기를 든 1975년 5 · 22 사태 당시에 김석원은 아무런 관계도 없었는데 수배가 되어 장기 도주 생활에 들어갔다. 어느 정도 회오리가 지나간 후에 나왔지만 영등포 구치소에 3개월 정도 수감되었다가 풀려나왔다. 원칙적으로는 범법자이므로 입영 대상이 아니지만 박정권은 구속기간이 짧았다는 구실을 붙여 현역으로 징집했다.

박해춘은 2학년 때인 1973년 5월 31일에 청평 안전유원지로 과 전체가 야유회를 갔다가 발생한 불의의 사고로 타계해 김포 공원묘지에 잠들어 있다. 모교의 한상진 교수가 이 사건 당시에 조교였는데 크게 고생했다. 해마다 기일을 전후한 일요일 새벽에 모여 간단한 성묘를 하고 족구를 하거나 바람을 쏘이다가 점심을 먹고 헤어지는 행사를 가졌다. 1990년대 후반의 어느 해인가는 가보니 주위가 달라져 있어 도저히 분간이 되지 않았고 묘지 관리 사무실에서도 웬 아주머니가 나와 횡설수설하고 있었다. 자손이 없이 죽은 사람의 묘라고 이중매매를 한 것 같다는 심증은 있었지만 포기했는데, "이제는 해춘이가 그만 오라고 하는 뜻이다."라고 해석했다.

⋮

명예 72학번으로 있는 69학번 선배들도 소개한다. 1학년 2학기가 되자 제대하여 복학한 69학번의 이추석(동방인쇄공사), 이철(철도공사 사장) 두 분은 우리들과 운동장, 술집, 당구장, 탁구장을 막론하고 항상 어울리는 붙임성을 발휘했다. 대한항공에 오래 근무한 이추석 선배 덕분에 예기치 않게 해외에 있는 동문들 안부를 알게 된 적이 많다. 이철 선배는 민주화 운동과 정치에서도 유명하지만, 우리는 야구할 때 캐처를 잘 했고 탁구, 당구, 바둑의 고수였던 것으로 기억하고 있다. 정진성 교수와 결혼한 조선일보의 강천석 선배도 명예 72학번이다. 여기에서 71학번으로 입학했지만 도중에 잠시 휴학을 해 72학번과 같이 다닌 재일동포 유학생 김종태 학형도 기억할 필요가 있다. 우리들에게 일본어 기초를 가르쳐 주기도 했던 그는 정치나 학생운동과는 무관하게 지내며 본국 생활을 즐기고 있다가 별안간 행방불명이 되었는데, 거창하게도 재일동포 유학생 간첩단의 일원이라고 1975년 12월에 발표되었다. 언론에 보도된 간첩 행위의 내용은 코미디였다. 문리대 구내에 있는 학전살롱이라는 경양식집에서 김종태가 민청학련의 수괴 이철에게 일본의 학생데모 방법을 알려 주면서 폭력혁명을 배후에서 조종했다는 것이다. 당사자인 이철은 이미 1975년 2월 15일에 석방되어 있었다. 김종태 학형은 7년간 구속되어 있다가 박정희가 죽고 난 다음에 석방되어 일본으로 돌아갔으며 강산이 세 번쯤 변한 1997년 2학기에 재입학하여 1998년 2월에 졸업했다.

동기생 소개를 하다 보니 독자들에게 사고뭉치들이 많았다는 인상을 줄 것 같다는 우려도 금할 수 없다. 그러나 이것은 어디까지나 유신이라는 시대적 상황이 남긴 사회적 산물이었다. 지금도 가끔 모이면 모두 활기찬 얼굴로 나타나는 현직들이고 가정적으로 원만하게 지내는 한국에서 가장 건실한 생활인이라는 것을 72학번의 마지막 자랑으로 소개하며 글을 마친다.

시골장닭

정삼봉

서울문리대의 마지막 학번이자 동숭동 캠퍼스의 마지막 세대이기도 한 우리 동기들은, 동숭동 세느강변(?)의 추억과 황량했던 관악산 캠퍼스의 추억을 모두 가지고 있는 행운의 세대라 할 수 있을 것이다. 고풍스러운 낡은 건물과 걸어다닐 때면 삐거덕 소리를 내는 목조로 된 복도, 칙칙한 분위기의 강의실, 교정에서 문리대를 상징했던 마로니에, 이런 것들은 이상의 시 "날개" 만큼이나 문리대라는 이미지와 잘 어울렸던 것 같다. 그래서 문리대 교정을 들어서면, 로댕의 생각하는 사람처럼 공연히 사색에 잠긴 듯한 모습이라도 해야될 것 같은 기분이 들곤 했다.

동숭동 캠퍼스 길 건너편의 학림다방과 더불어 허름한 중국집인 진아춘은 뭇 학생들의 아지트로서, 서울대생들에게는, 자장면에 곁들인

* 73학번, (주)한화자원 부사장

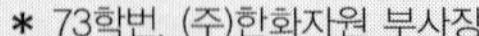

배갈정도는 말만 잘하면 언제나 외상이 가능했고, 좀 많다 싶어도 고물 시계 정도만 맡기면 돈 없이도 외상으로 먹을 수가 있었다. 이런 특혜 덕분에 가끔은 점심때 자장면에 살짝 한잔 걸치는 배갈로, 얼굴이 상기되어 오후수업에 들어가곤 했다. 교수님들도 눈치는 채셨겠지만 대부분 모른 체하고 넘어 가셨다. 간혹, "어 니들 왜 얼굴이 벌겋지?" 하시긴 했지만. 그러나 오후에 엄하신 이해영 교수님 강의가 있을 때면, 어림도 없는 일이었다. 한번은 C모가 그의 장발을 지적하시는 이해영 선생님에게 한마디 대꾸를 했다가, 이해영 선생님의 분필세례로 곤혹을 치르기도 했다. 동숭동 캠퍼스를 떠나올 때, 진아춘 주인 이야기론 그때까지 찾아가지 않은 시계만도 100여 개는 훨씬 넘을 거라면서, 자기와 서울대생 간에 있었던 인연에 대한 좋은 기념품이 될 거라며 웃던 기억이 난다.

공릉동에 교양과정부 시절, 수업이 끝나 청량리에서 스쿨버스를 내리면, 약속이나 한 듯이 시골출신 몇몇이 같이 어울려 청량리 골목골목 주점을 누비며, 키에르케고르의 "이것이냐 저것이냐"를 들먹이면서, 이래저래 후회할 바엔 뭐든 해보고 후회하자며 기세를 올리지만, 정작 행동에는 모두들 꽁무니를 빼곤 했다. 당시 몰려다니던 인물들 중에 제대로 공부해서 교수된 사람이 하나도 없는걸 보면, 나무는 떡잎만 봐도 안다는 옛 속담이 하나 틀리지 않는 모양이다.

대학에 입학하면서 주요 관심사 중의 하나가 예나 지금이나 여학생과의 미팅이리라. 대학 입학 후 덕수궁 뒤 풍전다방에서 있은 서강대 여학생과의 첫 미팅에서, 시골티가 가시지 않은 필자는 여학생 앞에서 벙어리가 된 양, 어색하여 할 말을 찾지 못했다. 비 맞은 시골장닭 마냥 공연히 타는 입술만 차로 축이며 시간만 보내다, 헤어질 때 버스정류장까지 바래다주는 예쁜 파트너에게 다시 한 번 만나자고 청하고 싶지만,

시골촌놈을 예쁜 서울 여학생이 만나줄 것 같지 않은 같은 생각에 용기를 잃고 말았다. 그러나 정작 그 여학생은 시골닭한테서 애프터 신청도 못 받았다는 생각에 자존심이 많이 상했던 모양이다. 후일, 그 여학생과 같은 과 출신으로 본과 대학원에 입학한 K씨가, 필자를 보자 대뜸 그 여학생을 아느냐고 묻는다. 필시 자존심 상한 그 여학생이 그날의 기분을 토로했으리라.

그해 가을 또 다른 미팅에 100원 짜리 동전 한 닢과 버스회수권만 달랑 들고, 약속장소인 당시 시민문화 회관(현 세종문화 회관 자리) 옆 청화다방에서 열렸다. 커피를 주문하니, 다방 레지가 미팅하는 줄을 알고서 커피보다 비싼 밀크를 권한다. 보릿고개로 표현되던 당시는, 다방에 가면, 커피나 홍차 외에, 밀크, 계란반숙 등도 있었다. 커피, 홍차는 50원인 반면, 밀크는 60원이었다. 남의 주머니 속도 모르고, 그냥 밀크를 마시자는 파트너의 권유에 필자가 굳이 커피를 요구하니, 다방레지가 밀크 한 잔과 커피 한 잔을 가져온다. 그럴 바에야 차라리 밀크 두 잔을 가져오지….

예상치도 못한 사태에 필자는 파트너와 이야기 보다는 이 궁지를 어떻게 모면하나 골몰하는데, 동료들이 하나 둘 자리를 떴다. 용기를 내어 파트너에게 이실직고 하니, 파트너가 살며시 웃으며 재치 있게, 당시로선 최고액권인 500원권 지폐를 테이블 밑으로 건네준다. 그 미소가 마치 천사 같다. 다방을 나와 근처 사직공원에서 시간을 보내는데, 날은 어두워지고 배에서는 꼬르륵 소리가 난다. 다방에서 찻값 내고 난 잔돈을 성급히 돌려준 게 후회막급이다. 제법 쌀쌀한 가을 밤 공기 속에 허풍만 떨다가 헤어지면서, 다음주에 명동의 늘봄다방에서 만나기로 이번엔 단단히 약속을 한다. 그러나 정작 다음주 어찌된 영문인지, 그 여학생은 나타나질 않는다.

이렇듯 일이 꼬이기만 하는데, 과의 홍일점 여학생 Y의 심기마저 틀어지게 하는 일이 발생한다. 어느 모임에서 고려대 사회학과 남학생들이 과의 홍일점 여학생과 서로 터고 지내는 것을 본 J 모군이 Y가 불참한 뒤풀이 모임에서 호기를 부리며, "야 우리도 Y와 야자 하자."며 결의에 찬 제안을 한다. 모두들 이구동성으로 동의한다. 다음날 필자는 Y를 만나자 눈치 없이 대뜸 "OO야." 부르니, 당황한 Y 동그레진 눈으로, "OO씨 왜 그래요?" 하며 강하게 항의를 한다. 필자가 떠듬거리며 상황을 설명해도, 자기는 결코 동의를 못한단다. 이 장면에 기가 질렸는지, 다른 남학생들이, 전날 결의는 어디로 가고, 아무 일 없었던 것처럼 태연히 종전처럼 Y를 대한다. 필자는 자존심에 한 번 뱉은 말을 금방 주워 담을 수도 없어 한동안 Y에게 혼자 외롭게 야자를 시도해 보지만 Y는 얼음 같은 얼굴로 못 들은 척도 않는다.

그 후 몇몇 다른 친구들에게는 여자친구도 소개해 주고 하는 눈친데, 필자한테는 종내 감감 소식이다. 필자가 자취를 할 때, 고맙게도 김치 한 통을 보내주면서, 직접 주지 않고 다른 친구를 통해서 준다. 직접 주면 어디 덧날까? 세월이 흐른 어느 날 Y에게 이 이야기를 하니, Y 왈 "삼봉 씨가 순진해서 그렇지 뭐." 하며 웃는다. 당시엔 그렇게도 구박을 주더니….

이렇듯 세월이 흘러, 작은 나무 가지위로 처량하게 잎새 몇 개만 달려있던 당시 관악 캠퍼스 건물주위의 어린 나무들이 30여 년이 지난 지금 울창한 숲을 이루어, 황량했던 캠퍼스가 이제는 여인의 가슴 같은 포근함을 주는데, 동숭동의 마지막 세대이자 관악의 첫 세대인 우리들의 머리 위론 세월의 서리가 조금씩 내려 쌓인다.

사회학과가 있던 7동 건물

1989. 김진균교수님과 지리산 등반

상백헌 – 퇴임교수님들

3부

민주주의를 향한 고뇌

74학번 친구들의 추억

육강화

74년도에 입학해서 먼저 지금 노원구 공릉에 공과대학과 같이 있던 교양학부에 다닌 것이 기억난다. 서울지하철이 처음 건설 완료되어 청량리에 전철 타 보러 가자고 사대 희선이 언니가 말했었다. 여학생들이 카드놀이 한다고 남학생들이 흉보던 일도 있었다. 공대 건물들이 있는 마당들은 가을에 참 많은 낙엽이 떨어지던 곳이다. 그런데 내가 살던 마포와 너무 거리상 멀고 집에 돌아오는 시간도 2시간씩 걸리는 일에 바빠서 그런지 낙엽 속에서 무언가 사색하며 걸어 다녀 보지는 못했다. 그 1학년 때, 이름도 모르는 어떤 남학생과 내가 둘이서 풀밭에서 얘기한 적이 있는데 갑자기 이 남학생이 풀밭에 드러눕는 거다. 나는 그때 너무 당황하고 화가 치밀었다. 무슨 연인관계라도 되듯 드러누우니 말로 표현은 못하겠고 내 속에서 부글부글 분노가 일었던 기억

* 74학번, 홍치과의원 원장

이 있다. 나는 원래 어떤 말이든 잘 안해서 여고 때 목석이 내 별명이다. 교양학부 때 몇 번 학생들이 박정권에 대해 데모를 벌였다. 데모로 수업도 적게 했을 거다. 우리학년은 공대에서 1년 지내고 관악캠퍼스로 옮겼다. 나무도 별로 없었고 건물만 지어 놓아 자연경관은 휑하고 삭막했다. 인문대 옆에 큰 연못이 있었던 게 생각나는데 지금도 있는지 모르겠다.

⋮

우리 74학번은 계열별로 입학해서 2학년 1학기가 끝나고 과 배정이 있었다. 사회학과는 사회계열에 속했는데 사실 사회계열로 들어온 학생들은 법대나 상대를 예상했었기 때문에 사회학과에 배정된 학생들은 원하지 않은 학과에 들어온 경우가 대부분이었다. 이양구, 박명규 정도가 사회학과를 목표하고 온 정도고 인문계열인 나도 어쩌다 보니 들어오게 되었다. 원래 문과보다 수학이나 화학을 좋아했었는데, 고교 때 진학상담을 제대로 받아보지 못하고 대학졸업하고 어떤 방향으로 나갈지 별로 진지하게 생각해 본 적도 없었고 공부 잘하는 친구들이 이과로 가길래 나는 문과로 와 버린 거다. 지금 생각하면 참 어리석은 것인데 어찌 내게 장래에 대해 생각해 보게 하는 사람이 없었는지 모르겠다. 나는 마땅히 흥미 있는 학과도 없고 하여 내 고교 친구가 사회학과가 어떠냐고 하기에 들어오게 되었다. 과 배정 때 어떤 남학생이 사회학과에 그렇게 들어오길 그렇게 원했는데 나를 만나 의논할 수가 없어서 다른 학과로 갔다는 말도 들었다. 그 남학생을 과 확정 전에 만났다면 아마 다른 과로 옮겨 갔을 가능성도 있다. 남학생들은 대학 들어오면 앞으로 인생의 방향을 정하고 무언가 이루려고 노력하던데 나는 그런 게 없었다. 집에서는 교사를 하길 바라셨지만 인간사회를 잘 모르는 젊은 시절에는 교사가 전혀 마음에 안차고 무언가 더 멋진 것이 있을 것 같았는지도 모르겠다. 사회학과 얼마 다니다 휴학도 생각해 보았으나 자식이 여섯인 어머니는 셋째인 내가 빨리 졸업하길 바라셨는지 펄쩍 뛰셨다.

⋮

74학번 학생들은 K고교파인지 아닌지로도 구분되고 좀 서먹했던 것 같다. 그런 학생들은 전혀 사회학과에 정을 붙이지 못했고 다른 학과 과목을 열심히 듣고 또 행시 등도 준비하고 있었다. 온만금 씨가 사회학과에 육사 위탁생으로 편입해 와서 우리 동기와 그럭저럭 잘 어울려 지냈고 군에서 제대한 선배 몇 분도 같이 다녔다. 사회학과에 배정되고 우선 처음으로 동기인 김규래집에 갔었던 것으로 기억한다. 불광동인가 뭐 그런 쪽인데 그 집에서 친구들이 열심히 게를 먹었었다. 끝나고 나는 과외한다고 택시를 탔는데 같은 방향이라고 생각한 유용옥도 일행이 되었다. 나는 합정동이고 그는 봉천동이라 그 후에 생각하니 참 서로 먼 거리였고 택시비도 많이 나왔을 텐데 많이 미안한 생각이 들었었다. 또 차명수가 계산통계학과에서인지 수학과 관련된 과목을 들었던 기억도 난다. 차명수는 1학년 때인가 명시인지 명언인지 영어와 관련된 무슨 책의 저자로서 책을 냈었다. 그리고 엄청 미남으로 생겼는데 고교시절부터 그 어머님이 미모로 유명하셨다고 들었다.

3학년 때인가 설악산에 간 동기들에게 들은 얘기로는 거기서 유용옥이 라면을 한 번에 3~4개를 혼자 먹어버렸다고 했고 웃으며 놀랐던 일도 있다. 또 대학 3학년 때 정치사회학인가 강의를 듣다가 여학생이 한 번 강의 원서를 읽어보라 하셨는데 나는 가만히 있었다. 그러자 강사셨던 선생님께서 여학생 이름이라고 지적하신 것이 유용옥이다. 용옥이가 여자 이름으로 생각되어 내 대신 책을 읽게 되어서 좀 미안했다. 졸업여행에는 나도 갔었는데 전라도 내장산이 기억난다. 거기서 술도가를 하셨던 김창순 선배 아버님이 잘 대접해 주신 기억이 나고 아버지가 교장 선생님이셨던 황민연 선배댁에서 여자라고 나만 그 댁에서 자고 남학생들은 여관에 들었었다. 가족계획을 반대하시는지 황선배댁은 대학졸업하고 직장다니는 형님부터 세발자전거 타는 초등학교도 안다니는 막내까지 있고 형제가 여덟아홉은 되어서 친구들이 재미있어 했다. 벌써 20년도 더 되니 막내도 장가갔을 것이다. 또 내가 성이 드믄 육씨라고 같은 육씨인 한참 선배되는 분이 집에 반갑다고 전화도 왔었다고 어머님이 얘기하셨다. 기말시험인가 김진균 선생님께서 문제를 칠판 가득 내주시고 한두 가지 골라 답하라 한 게 기억난다. 보통은 2~3가지 문제를 답하는 것이 시험방식이었다. 선생님들이 좀 더 열심히 공부하고 강의 하시기를 바란다고 최용일이 말한 기억이 난다. 권태환 선생님댁에 학생들이 갔을 때 통닭을 1인당 한 마리씩 차렸다는 얘기도 들었다. 또 신정 때 선생님댁에 인사 다닐 때 한완상 선생님 댁은 뷔페 같이 맛있게 차리셔서 선배들이 좋아했던 기억도 있다. 대학 4학년 때인가 아버지가 병환중이셨나 하여튼 그 때문에 이양구가 동창 중 가장 먼저 결혼하여서 봉천동에 집들이 가기도 했었다. 이양구는 연구소 다니고 있었는데 허○○ 정치인이 연구소장으로 오는 데 반대하여 데모하다 퇴직당하여 그 좋아하던 사회학을 더 이상 연구하지 못하게 되었다.

한완상 선생님 서울대병원에 입원하셨을 때 박명규, 이양구와 같이 문병 갔었는데 그때 여성운동인지 사회운동인지 하신 거로 기억하는 사모님이 저녁으로 사주신 육개장을 아주 맛있게 먹었었다. 한선생님이 서울대를 정권에 의해 퇴직당하셔서 종로서적에 잠시 몸담고 계시던 기억도 난다. 어린 세 딸은 어떻게 키우나 걱정도 잠시 했었다. 김영범이 동기 중에서 제일 먼저 군대 간 것으로 기억하는데 탁홍만과 또 누군가가 만나러 지방에 내려갔었다. 그리 친하지 않았던 홍만이가 내려와서 놀라워했다는 것으로 기억한다. 보고 싶은 탁홍만은 어디 있나 모르겠다. 또 배명철이 군 복무할 때 전방에 배치되었었나 너무 고생이 심하여 육사 나온 온만금 선배에게 하소연했다는 얘기도 들었다. 지금은 다 지나간 추억이겠지만. 대학 4학년 때 금호그룹 창설자 친척이셨던 분으로 사회학과 선배님이 강의도 하셨었는데 그걸 인연으로 동창들이 금호에 몇명 면접보러 갔었다. 채삼석이 대학 4년 때 탈모증상으로 가발 쓰고 다니기도 하며 많이 정신적으로 고통스러워했었고 금호그룹 면접 때 그걸 지적하는 걸 듣고 화가 났다고 했었다. 나는 대학원 시험에 떨어졌었는데 참 다행이었다. 그 재미없는 걸 어떻게 또하냐? 재미가 있어야 밤새우며 공부할 것아닌가? 기분은 무척 나빴지만 한편으로 좋았다 해방되었으니까.

⋮

졸업하고 동기 들을 여러 번 보았는데 한 번도 못 본 친구는 김규래(미국에 있다고 알고 있다), 윤강수다. 모두 행복하게 지내길 바란다.

나는 졸업 후 어찌어찌하다 토지공사에 다녔는데 참 직장생활이 미치겠는 거다. 남자들 틈에서 평생 지내야 하고 또 그 많은 사람들과 한 방에서 근무해야 하는 것도 괴롭고 또 신정에도 상사에게 세배를 안다녔더니 야당이라고 불린다는 말도 얼핏 들었다. 직장에 다닐수록 지옥과 같이 생각되었다. 혼자 있는 직업이 무언가 생각해보니 내가 치료받았던 마포치과 선생님이 기억났다. 혼자 참 좋겠다는 마음이 들었다. 첫해 알아보니까 편입이 안된다고 했고 다음해 또 알아보고 면접으로 하는 편입시험 쳐서 서울대 치과대학에 들어왔다. 예과 2학년에 들어왔는데 수학 · 물리 · 화학을 수강해야 했다. 고교 때 문과를 한 데다 만 29살에 다시 한번도 보지 않던 물리였는데 강의는 알아 들으나 시험에서는 5개 문제 중 하나도 풀지 못하고 끄적거리다 나왔다. 그래도 신나게도 낙제는 아니고 D^-였다. 이게 어디냐?

이리하여 치과의사는 되었는데 나는 돈 못 버는 치과의사다. 사회에서는 치과하면 모두 돈 많이 버는 줄로 아나 나같은 사람도 있다. 마음 편하게 안되면 안되는 대로 되면 좀 좋고 그럭저럭 살고 있다. 강남의 원들은 월수입이 얼마라고 신문에 나오기도 하던데 나도 그런 말 들으면 신경질나나 내 그릇이 이거려니 그냥 편하게 지내려한다. 이제 나이도 그럴 때가 된 거다. 아둥바둥 젊을 때 같은 마음은 들지 않는다.

75학번의 재학시절

권태욱

서울과 중부지방을 휩쓴 홍수가 시작되던 2006년 7월 15일에, 75학번 친구 다섯 명이 청계천 가의 갯벌타운에 모였다. 13년 동안의 뉴질랜드 생활을 정리하고 아주 귀국하기로 했다는 권태욱을 반겨주자는 뜻으로. 마침 사흘 후까지 『사회학과 60년사』에 실을 75학번의 이야기를 보내 달라는 요청이 있어서 이 자리에서 우리가 학교 다니던 이야기도 하자는 논의가 모임을 의논하면서 있었다. 그래서 가볍게 점심을 하고 그 자리에 모인 심상완, 서재진, 심재웅, 남춘호, 그리고 권태욱 다섯이서 30년 전에 우리가 살았던 시대와 학교에 대한 기억을 모으기 시작했다.

75학번은 관악 1세대이다. 대학교 1학년부터 관악캠퍼스에서 공부하기 시작한 첫 학번인 것이다. 새로 조성한 학교 캠퍼스는 아직 나무들

* 75학번, 변호사

이 자라지 않았고, 예전에 골프장 터였던 곳에 듬성듬성 세워진 강의동들을 보면서 어떤 이는 "이게 무슨 대학교냐, 공단이지."라고 비평했었다. 몇 개 되지 않는 노선으로 서울의 구석자리에 있는 관악캠퍼스까지 통학하는 것은 대부분의 학생들에게 엄청난 시간과 에너지를 소비시키는 일이었고, 정문에서 하차해서 대운동장을 지나 그 먼 거리를 익숙지 않은 학생구두를 신고 대학생 가방을 들고 사회과학동까지 가는 것은 기초체력이 약한 서울대 신입생들에게는 하루의 기력이 소진되는 도전이었다. 우리가 1학년 2학기 때에 문을 연 학생기숙사 '관악사'에 살았던 학생들은 더 심한 경험을 했다. 교문에서부터 관악사까지 가는 길은 지금도 걸어가기에는 만만한 거리가 아니다. 그때는 물론 모두 걸어다녔다. 교내버스는 없었다. 학생들 중에서 자동차를 가진 사람이 하나도 없는 것은 물론이었다. 교수님들 중에도 학교에 자동차를 가지고 오시던 분이 거의 없었던 것으로 기억된다. 그나마 낮 시간에는 교문 앞까지 오던 150번, 92번, 94번 버스는 저녁 시간이 지나면 봉천동과 신림동의 버스 종점까지만 운행을 해서 아르바이트를 하거나 다른 일로 시내에 나갔던 학생들은 거기서부터 교문까지, 그리고 다시 교문에서 관악사까지 한 시간 이상의 거리를 걸어다녔다.

우리 학번의 대학시절을 규정짓는 외부 여건들 중에 가장 큰 것은 아무래도 그때가 유신 시대였다는 것이다. 3월에 입학한 그해 4월에 농대 김상진 열사의 의거가 있었고, 1학년 신입생이던 심상완은 사회복지학회 모임에 갔다가 김상진 추모식을 접했다. 그리고 5월에는 긴급조치 9호를 발동하게 만든 오둘둘(5 · 22) 시위가 있었다. 이 시위에서 처음으로 진압경찰이 교내로 진입했다. 그전까지는 학교 안은 성역이어서 경찰들이 교문에서 학생들과 대치하면서 가두 진출을 막기만 했지, 교내로 들어온 적은 없었다. 오둘둘 이후 긴급조치 9호 기간 내내 경찰은 학교 내에 상주하면서 시위의 조짐이 보이기만 하면 초동진압을 하는 행태로 바뀌었다. 이렇게 대학생활 처음부터 독재권력이 우리 삶을 직접적 · 물리적으로 침범하는 경험을 한 우리 학번은, 대학생활 기간 내내 당연히 시대의 상황과 분리된 우리의 삶을 계획할 수 없었다. 2학년 2학기에 사회학과 배정을 받은 스무 명 중에 절반 이상이 학회 활동을 하고 있었고, 3학년에 되니 사회학과가 서울대학교의 학회장들 대부분이 모여 있는 곳이 되었다. 교과 과목 외의 사회과학 서적들을 함께 읽고 토론하는 과 세미나를 열심히 했고, 약 절반 정도의 학생들이 여기에 참석했다. 사회학과 사무실은 학교 내에 상주하던 정보요원들이 가장 가보고 싶어하는 곳이 되었고, 과 조교로 있던 김동희 씨는 노골적으로 신분을 드러내거나 아니면 타임지 외판원들로 가장한 정보요원들의 접근을 파악하고 우리에게 귀뜸 해 주는 일에 헌신적이었다. 75학번 사회학과에는 여러 명의 친구들이 학회 회장으로서 학내 운동을 주도하던 것에 더해서, 심재웅 · 송호근은 대학신문 기자로서 생각 있는 학생들 사이에 사회학과의 위상을 높였다. 특히 송호근의 뛰어난 필력은 이미 그때부터 위력을 떨쳐서 대학신문의 수많은 지면이 그의 탁월한 논설로 채워졌었다.

긴급조치 9호가 선포된 이후 경찰의 시위 초동 진압 정책과 단순가담자까지 구속하는 지독한 정책으로 서울대뿐만 아니라 전국에서 유신반대 운동은 한동안 완전히 자취를 감추게 되었다. 이 적막을 깨고 나온 것이 1977년 봄의 감골마당 시위였고, 그다음에는 그해 가을의 서울대 26동 세미나 사건이었다. 26동 사건에 대해서는 김석준 동문이 별도로 자세한 원고를 보냈으므로 여기서는 더 이상 부연을 하지 않는다. 이 사건으로 심상완, 박홍렬 군이 구속 · 제적되었고, 나머지 동기들은 살아남은 자의 부담감을 안고 그 학기를 마쳤다. 그해 겨울방학과 이듬해 1년 동안 더 많은 동기들이 시위를 주도하다가 구속 · 제적의 길을 걸었고, 1979년에 정상적으로 졸업한 숫자는 절반에 미치지 못했다. 유신 시대에 긴급조치 9호로 제적되었던 동기들은 10 · 26 이후에 복학을 한 덕분에 75학번 동기 모두가 대학졸업장은 받아서 사회생활을 할 수 있었다. 재학 중에 별다른 일없이 순조롭게 졸업을 한 동기들도 대부분 대학원에 진학을 했고, 제적되었다가 복학을 한 친구들 중에도 학업을 계속해서 학문의 길을 걷고 있는 사람들이 많다. 그들에게는 그것도 순탄치 않았다. 맹렬한 학내 활동에도 불구하고 우수한 학점으로 다른 동기들에게 깊은 고뇌를 안겨주었던 조희연 동문의 경우에는 본교 대학원 진학이 거부되어서 연세대학교 대학원으로 진학을 했어야 했고, 몸가짐과 행동이 타고난 학자라고 모든 동기들이 처음부터 인정한 심상완 동문이 학위를 받아서 교단에 선 것은 또 한 번의 투옥과 오랜 도망 생활을 거친 다음이었다.

20대 초반의 여릿여릿한 나이에 유신과 긴급조치 9호, 수배와 투옥, 검거와 취조, 제적 등이 일상 대화의 소재이자 주제였던 1970년대 후반 대학생활은 결코 낭만적이거나 희망찬 것이 되지못했다. 그 와중에도 과대표를 맡았던 이호열 군이 발군의 노력으로 이화여자대학교 사회학과 75학번 동기들과 연합야유회를 주선하고, 서울지역 5개 대학 사회학과 체육대회를 가졌던 것이 거의 유일하게 기억나는 젊음의 행사였다.

최근 소식에 의하면 이호열 군의 아들 영식이 지금 서울대학교 사회학과에 재학 중이라고 한다. 아버지에게 그렇게 심한 고생과 고민을 안겨주었던 학문을 그 아들이 이어서 공부한다고 하니 그를 통해서 우리 모두의 청춘이 해명되고 인정을 받는 것 같아서 감격스럽고 고맙다.

사회학과 심포지엄 사건에 대한 기억

김석준

긴급조치 9호 시절을 보낸 75학번들은 누구나 하고 싶은 이야기 한두 가지쯤은 가지고 있을 터이고, 경향 각지에서 필명을 날리며 활약하는 친구들이 한둘이 아닌데, 멀리 부산에서 틀어 박혀 지내는 나에게 『동문들이 쓴 사회학과 60년사』에 글을 쓸 기회를 준 데 대하여 동기들에게 진심으로 고마운 마음을 보낸다.

필자는 1975년에 사회계열로 입학하여 1976년 2학기에 사회학과로 학과 배정을 받은 이래, 1979년 석사과정 입학, 1981년 박사과정 입학, 1992년 8월 박사과정 졸업 때까지 16년 이상을 사회학과에 학적을 두고 지냈다. 그러다 보니 기억에 남는 일들이 적지 않지만, 특히 1977년 '사회학과 심포지엄 사건(이른바 '26동 사건')'과 1980년 '민주화의 봄' 시기의 '사회학과 백서(공식적 명칭은 사회학의 학풍 개선을 위한

* 75학번, 부산대 일반사회교육과 교수

백서) 사건'은 이후의 내 삶에도 지대한 영향을 미쳤기 때문에 꼭 기록으로 남기고 싶었다. 그런데 '사회학과 백서 사건'은 다른 사람이 쓸 것으로 기대하고, 나는 1977년 '사회학과 심포지엄 사건'에 대해서만 간단하게 정리하기로 한다.

1977년은 사회학과 설립 30주년이 되는 해였다. 이를 기념하기 위해서 사회학과 학생들은 10월에 열리는 대학축제 직전에 '30주년 기념 학술심포지엄'을 개최하기로 했다. 학생회를 맡은 3학년들이 중심이 되어 개학 직후부터 심포지엄 준비를 시작했는데, 심포지엄의 제목은 「민족운동의 사회학 : 1920년대 민족운동을 중심으로」로 정했다.

주제 발표를 맡은 학생들은 3월 말부터 자료를 모으고 문헌을 읽으며 부지런히 발표 준비를 했다. 8월 말에는 중간 점검을 위해 과천의 영보수녀원에서 2박 3일간의 합숙토론을 벌이기도 했다. 그런데 이곳은 나중에야 알았지만 1974년 민청학련을 주도했던 학생들이 사전 모의를 했던 곳으로 그 이후에도 계속 감시의 대상이 되고 있었다. 당연히 우리 일행의 일거수일투족도 그때부터 감시망에 걸려들었던 셈이다.

토론회에서 발표를 맡은 사람은 사회자(정학섭, 3년)를 포함해 총론(김필동, 3년), 민족주의운동(조희연, 3년), 사회주의운동(심상완, 3년), 학생운동(홍덕률, 2년), 청년운동(정이환, 2년), 농민운동(김종채, 2년), 노동운동(필자, 3년) 등 모두 8명이었다. 이 밖에 피정선(학생회장, 3년)과 박홍렬(총무, 3년), 박태수(섭외, 3년) 등이 실무적인 지원을 담당하였다.

발표자들은 심포지엄 전날인 10월 6일까지 학과장인 최홍기 교수님께 원고를 제출하고 승인을 받아야 했다. 그런데 발표할 내용을 그대로 제출하면 허락을 받지 못할 가능성이 컸기 때문에, 사전에 제출할 원고와 심포지엄에서 발표할 원고를 따로 만들었다. 드디어 심포지엄 하루 전날, 발표자들은 최홍기 교수님께 심사용 원고를 제출하고 나서, 실무 지원팀과 함께 최종 리허설을 위해 봉천동의 한 여관에 모였다.

"이번 심포지엄에는 몇 백 명의 학생들이 모여들 것이기 때문에, 누군가가 데모를 준비하고 있을지 모른다. 그런 일이 벌어지면 어떻게 대처해야 할 것인지에 대해 얘기해 보자."

"데모를 준비한 팀이 있을지 없을지 모르지만 중요한 건 우리가 주도적으로 그 자리를 활용해야 한다는 거야. 준비한 팀이 없으면 우리라도 하자. 그 자리를 단순한 발표회 자리로 끝내기엔 아까워. 유신정권은 이제 거의 말기로 치닫고 있어. 더 이상 방관만 해서는 안 돼."

"발표를 하는 데 총 4시간 정도 소요된다. 그러면 청중들도 상당히 지루해 할 거다. 주제 발표를 3개 정도 하고 중간에 쉬는 시간을 만드는 거야. 그때 자연스럽게 노래를 부르면서 분위기를 잡는 게 어때?"

"너희들 그걸 말이라고 해. 난 반대야. 난 데모를 하기 위해 이 심포지엄에 참가한 게 아니야. 그냥 일제하 민족운동에 대해 관심이 있어서 공부를 더 한다는 의미에서 같이 준비를 해 온 거야."

"나도 반대야. 만약 데모가 벌어진다면 우리뿐 아니라 많은 학생들이 엄청난 희생을 당할 게 뻔한데, 무리하게 일을 벌여선 안 돼!"

설왕설래는 오래 진행되었다. 직접 데모를 유도하거나 그러지는 못해도 분위기를 만들 수는 있지 않느냐 하는 생각이 다수였지만, 그래도 몇몇이 우려를 표했기 때문에 결론을 내리지는 못하고 일단 심포지엄 현장에 가서 상황을 보고 대응하기로 했다. 그런 자리마저 도청이 될 줄은 꿈에도 몰랐던 우리는 잠깐 눈을 붙이고 집에 들렀다가 11시쯤 학과 사무실에 다시 모이기로 했다. 학과 사무실에 모인 우리는, 원고를 미처 완성하지 못해 발표를 포기한 심상완과 실무 준비를 맡은 박홍렬을 기다리고 있었다. 그런데 학과장을 비롯한 교수님들이 학과 사무실로 몰려오시는 게 아닌가.

"이 녀석들아, 어떻게 그럴 수가 있냐? 심포지엄 하는 척 하면서 데모를 하려고 했어? 더군다나 너희가 어제 제출한 원고는 가짜라면서? 아무리 세상이 막되 간다고 해도 그렇지 어떻게 스승을 속일 생각을 해."

학과장인 최홍기 교수님께서 야단을 치기 시작하셨다. 어안이 벙벙해질 수밖에 없는 일이었다. 아니, 교수님들이 어떻게 우리가 한 일을 일일이 다 알고 계실까? 그 답은 의외로 간단했다.

"너희들이 어제 여관에서 나눈 이야기가 전부 녹음 됐어. 그 테이프를 직접 들었단 말이야. 일을 하려면 제대로 하든지, 그렇게 엉성하게 해서 우리를 곤혹스럽게 만들어."

"여하튼 너희들이 지금 심포지엄 장소로 가면 모두 데모 주동으로 몰릴 수밖에 없으니까, 우리는 절대 보내 줄 수가 없다. 그리 알아라."

"안됩니다. 가야 됩니다. 벌써 학생들이 26동 강당을 가득 메우고 있습니다."

"안 된다니까. 너희들이 가면 심포지엄에 관계한 사람들은 모두 잘리고, 사회학과도 폐과될지도 몰라. 절대로 안 돼."

"가야 됩니다. 학생들이 우리를 기다리고 있습니다. 약속을 지켜야 합니다."

"정 가려거든 우리들을 모두 짓밟고 가거라."

발표자들은 몸싸움을 해서라도 발표회장으로 가려고 했다. 하지만 워낙 완강하게 막아 나선 교수님들을 뚫을 수가 없었다. 한편 심포지엄이 열리기로 되어 있던 26동 강의실에는 벌써 300여 명의 학생들이 모여 있었다. 26동 강의실은 당시 서울대 내에서 가장 큰 대형 강의실이었다. 그 자리에는 발표자 중의 한사람인 심상완도 있었다. 사회대 블랙리스트 1호였던 그는 이번 심포지엄에서 1920년대 사회주의운동을 발표하기로 되어 있었다. 그러나 주제 자체도 당시 상황에서는 쉽게 다루기 어려웠을 뿐 아니라 워낙 신중하게 고민고민해서 글을 쓰는 스타일이었던 그는 원고를 미처 완성하지 못하여 발표를 하지 않기로 했던 것이다. 그래서 발표자들과 떨어져서 먼저 26동 강의실에 와서 기다리고 있었다. 심포지엄의 실무적인 준비를 책임지고 있던 박홍렬도 준비 상황을 점검하기 위해 26동 강의실에 먼저 와 있었다.

그런데 예정 시간이 지나도 발표자들이 나타나지 않자 학생들이 웅성거리기 시작했다. 발표자들이 학과 사무실에 연금 되어 있다는 소식이 들어오자 학생들은 흥분하기 시작했다. '발표자들을 풀어 줘라!' '심포지엄을 속행하라!' '학문의 자유를 보장하라!' 라는 구호가 자연스럽게 터져 나왔다. 시간이 흐르면서 학생들은 심포지엄이 열리지 못한 상황과 당시 시국에 대해 토론을 하면서 농성에 들어가는 형국이 되었다. 그런 과정에서 심포지엄 준비 주체의 일원이었던 심상완과 박홍렬은 자연스럽게 여러 차례 발언을 하게 되었고 그 결과 데모 주동자로 찍히게 되었다.

처음에는 '심포지엄을 속행하라!'로 시작된 구호는 '학도호국단 철폐하고 학생회 부활하라!'로 이어졌고 마침내 '유신 철폐, 독재 타도!'로 변해 갔다. 시간이 흘렀지만 26동 강의실에 모여 있던 학생들은 대부분 자리를 뜨지 않았고, 일부는 강의실 밖으로 나와 소식을 듣고 늦게 합세한 학생들과 26동 주변을 돌면서 시위를 하기 시작했다. 시간은 이미 어두운 밤이 되고 있었다. 그러나 시위가 시작된 지 얼마 지나지 않아 곧바로 출동한 전경들에 의해서 시위를 하던 학생들과 26동 강의실에 남아 있던 학생 전원이 관악경찰서로 연행되었다.

연행된 학생들은 조사 과정에서 A급, B급, C급으로 분류되었다. 이미 블랙리스트에 올라와 있던 학생들은 대부분 A급으로 분류되어 제적되고 그중 일부는 구속되기도 했다. B급은 징계 조치를 당하였고 C급은 훈방되었다. 심상완과 박홍렬은 다른 몇 사람과 함께 주동자로 찍혀 구속되었다. 특히 안타까운 것은 애초에는 블랙리스트에 올라 있지 않았지만, 순수하고 강직한 성격 때문에 경찰서에 연행된 다음 경찰에게 대들고 맞서는 등 반성을 하지 않는다는 이유로 등급이 올라가 A급으로 분류되어 구속된 학생들도 있었다는 사실이다.

여하튼 학과 사무실에 연금 되어 있던 발표자들은 시위가 완전히 진압되고 난 뒤에야 교수님들에게 이끌려 학교 부근의 식당으로 가서 저녁을 먹었다. 많은 친구들이 경찰서로 끌려가 고초를 당하고 그중에서 적지 않은 친구들이 감옥에 가거나 제적을 당할 것이라 생각하니 다들 밥이 제대로 넘어가지 않는 모양이었다. 교수님들은 학교가 곧 휴교 상태에 들어갈 것이니 당분간 학교에 나오지 말라고 하셨다.

필자는 틀림없이 경찰의 추적이 있을 것이라 생각하고 하숙집으로 연락해보니 아니나 다를까 이미 형사들이 조사할 것이 있다며 다녀갔다고 했다. 그렇다면 상황이 진행되는 것을 보면서 일단 붙잡히지 않는 것이 상책이라고 판단했다. 그런데 어디로 갈 것인가? 부산의 집은 틀림없이 감시를 당하고 있을 터였다. 어디로 가야할지 몰라 막막해 하던 차에 언뜻 떠오른 곳은 고향 봉화였다. 4살 때 부산으로 떠나 왔기 때문에 고향에 대한 기억은 별로 없었지만, 그래도 일단 그곳으로 가고 싶었다. 그리하여 봉화를 거쳐 권태욱(3년)이 있던 울산, 그리고 경주와 대전으로 이어지는 도피 생활이 약 보름간 계속되었다. 이후 상황이 종료되었고, 발표자들은 참고인 자격으로 조사를 받으면 된다는 연락을 받고 관악경찰서에 출두하여 하룻밤 조사를 받았다.

그런데 문제는 여전히 남아 있었다. 심포지엄 사건 때 구속되지 않아 죄책감을 느낀 발표자들이 학교가 다시 개강하는 10월 28일에 맞추어 데모를 준비한다는 소문이 나돌면서 그 주동자의 하나로 필자가 지명된 모양이었다. 사실은 그럴 준비가 되어 있지도 않은 상황이었다. 그런데 학과장 교수님은 필자를 불러 다짜고짜로 10월 28일부터 2박 3일 일정으로 계룡산으로 등산을 가자고 하셨다. 데모할 계획이 없다고 아무리 설명을 해도 소용이 없었다. 보호 차원에서 격리를 하도록 지침이 내려 왔으니 바람도 쐴 겸 산이나 타자고 하셨다. 하는 수 없이 필자와 정대조(3년), 김종채(2년), 신상덕(2년)은 최홍기, 김진균 교수님을 따라 계룡산으로 가기로 했다. 두 교수님은 등산 준비를 완벽히 해 오셨는 데 반해서 마지못해 따라나선 우리들은 구두를 신은 채 아무런 준비도 없이 나왔다. 갑사에서 계룡산을 넘어갈 때에도 두 분 교수님들은 훨훨 나는 듯이 산길을 가시는데 우리는 숨을 헐떡이며 제대로 따라가

지도 못했다. 우리들의 걸음걸이가 늦어지는 바람에 해 떨어진 뒤 캄캄해진 계룡산 자락에서 넙적한 돌판을 구해 오셔서 교수님들이 직접 구워 주시던 소금구이의 맛은 영원히 잊지 못할 것 같다.

우리 일행은 동학사 아랫마을에서 하루를 묵고 수안보 온천에서 두 번째 밤을 보냈다. 이날 모두가 홀딱 벗고 목욕탕에 들어가서 나눈 대화는 대학 생활 중에서 교수님들과 나눈 가장 진솔한 대화였다. 마냥 근엄하기만 하시고 학생운동에 대해 부정적으로만 생각하시는 줄 알았던 교수님들께서 가슴에 담아 두셨던 말씀들을 들으면서 암울한 독재체제하에서 고뇌하는 지식인의 한 단면을 엿볼 수 있었다. 그렇게 1977년 10월은 저물어 갔다.

새삼스럽지도 별로 대단하지도 않은 경험담을 장황하게 늘어놓은 것 같아 부끄러운 마음이다. 당시 학생운동을 함께 했던 많은 선배, 동료, 그리고 후배들이 감옥으로 끌려 간 데 반해서, 필자는 대학을 온전히 졸업하고 대학원에 진학하여 운 좋게 남들보다 일찍 국립대학의 교수가 되었다. 유신 시대를 온전히 살아남았다는 사실 자체가 살아가는 동안 내내 '원초적인 부끄러움'과 갚기 힘든 빚을 졌다는 '부채의식'으로 남아 있었다. 대학교수가 된 이후에도 이 부끄러움과 빚을 갚기 위해 나름대로 열심히 노력해 왔지만, 아직까지도 다 갚지는 못한 것 같다. 유신 독재에 짓눌리기는 했지만 그래도 여전히 싱그러웠던 젊은 시절의 푸르른 기억을 안고 앞으로도 더욱 열심히 살아갈 것이다. 긴급조치 9호 시대를 함께 했던 모든 동문들의 건승을 기원한다.

75학번의 수업시대

김필동

관악캠퍼스의 첫 세대, 75학번

75학번은 관악산 캠퍼스에서 온전하게 대학 4년을 보낸 첫 번째 학번이다. 우리는 비가 간간히 내리던 1975년 3월 2일, 새로 단장된 관악캠퍼스의 본부 앞 잔디밭에서 예의 자랑스런 그러나 나중에 우리가 군국주의 시대의 잔재로 여겼던 교복을 입고 입학식에 참석하였다. 그때 우리 모두의 가슴 벅참을 부인하기는 어려웠으리라. 새로 조성된 관악캠퍼스는 다른 대학 캠퍼스에도 거의 가본 적이 없던 대부분의 학생들에게 경이로움 그 자체였다. 골프장을 개조한 관악산 기슭 경사지에 들어선 터라 학교 정문을 들어서면서 자연히 한눈에 잡히는 캠퍼스의 위용은 서울에서 고등학교를 다닌 내 눈에도 자못 위압적이었고, 이런 캠퍼스의 자태 또한 서울대를 다닌다는 자부심을 불러일으

* 75학번, 충남대학교 사회학과 교수

킬 만했다. 그러나 관악캠퍼스의 환경에 조금씩 익숙해지면서 우리 눈에도 성냥갑같이 생긴 똑같은 모양의 건물들의 배치와 아직 채 자라지 않은 묘목들로 조경된 캠퍼스의 물리적 환경은 점차 황량한 느낌을 주기 시작하였다. 머릿속에 한편으로 그려지는 고색창연한 대학의 품위와 낭만적 분위기는 어디에도 찾을 수가 없었다. '자하연(紫霞淵)' 이란 그럴듯한 이름을 가진 인문대 연못도 인공적인 조경과 앙상한 나무, 그리고 콘크리트로 된 다리(이름은 역시 멋진 '오작교')로 인해 이름값과는 거리가 있었다.

물리적 환경의 황량함은 정신적인 풍요로움도 쉽게 허용하지 않았다. 문리대를 '진정한 대학' 이라 여기며 동숭동 경험을 자랑하던 선배들은 때때로 우리를 측은한 눈으로 바라봤고, 이럴 때면 우리는 어쩔 수 없이 주눅이 들곤 했다. 문리대 교지인 '형성(形成)' 이나 하다못해 교양과정부 교지인 '향연(饗宴)' 은 그 이름만으로도 얼마나 낭만적이고 깊이가 있어 보였던지…. 얼마 후 창간된 사회대 교지의 '사회대평론' 이란 제호의 멋없음은 우리의 콤플렉스를 확인시켜 주는 것 같았다.

그러나 한편으로 그런 관악캠퍼스는 어쨌든 우리들의 삶과 꿈의 터전이었고, 75학번은 이 관악캠퍼스의 첫 번째 세대라는 자부심이 있었다. 이 자부심은 비록 콤플렉스를 동반하는 것이었지만, 환경에 적응하면서 새로운 전통을 창조하려는 오기로 발동되기도 했다. 때때로 우리는 '동숭동이 뭐 그리 대단한 거야?' 라고 속으로 외치기도 하였다.

관악캠퍼스는, 그리고 75학번은 이른바 '서울대 종합화 10개년 계획' 의 산물이었다. 그 이전의 서울대학교는 종합대학교라기보다는 연합대학의 성격을 갖고 있었다. 그런 바탕 위에서 문리대, 상대, 법대, 공대, 사대 등 개별 대학들의 지방의식(parochialism)은 낭만과 개성을 꽃피울 수 있었는지도 모른다. 그러나 비로소 종합대학교가 된 서울대학교는 물리적 · 제도적으로 대학 존립의 조건을 일신하였다. 학생들의 학습 조건과 대학문화도 바뀔 수밖에 없었다. 양적 변화가 질적 변화를 초래한다고 했던가? 작은 마을들을 통합해서 큰 도시로 탈바꿈한 서울대학교는 비로소 근대대학의 조건을 갖추게 된 것이다. 서울대학교의 교과과정과 심지어 학생들 사이의 숨겨진 교과과정까지도 합리적으로 조직되고 통일성을 부여 받았다. 수업은 정규 시간을 충실히 지키게 되었고, 결강을 하는 교수님들은 드물었다(당시 우리들 사이에는 과거 한 학기에 수업을 몇 번 하지 않았다는 교수님들의 전설이 돌아다녔다). 다른 대학, 학과의 강의를 듣는 것이 훨씬 쉬워졌고, 이름 있는 교수님을 찾아 청강(도강)을 하는 경우도 많아졌다. 캠퍼스에서는 교수님들이나 외부 강사, 그리고 각 대학 학생들의 강연회나 심포지엄도 자주 열렸다. 학회나 서클에 가입한 학생들은 다른 학과의 선배들로부터 사상적 감화를 받기도 했다. 이런 기회를 자주 접하면서, 우리는 다양한 학문 분야와 이론에 눈을 떠갔고, 점차 이를 실천하고 싶어 했다. 새로운 전통의 창조자임을 자임했던 75학번이 현실 참여에도 열심이었지만, 이후 학문의 길로 다수 들어서게 된 것도 우연은 아니었을 것이다.

환경의 변화는 의식과 태도의 변화도 이끌었다. '동양 최대'의 도서관(사실이었나?) 3층의 중앙부를 관통하는 '동양에서 가장 시원한' 통로에서 우리는 계열 시절 함께 공부했고, 이제는 여러 단과대학과 학과에 뿔뿔이 흩어져 지내던 친구들을 만나 담소를 나누는 가운데, '대처'에서 흔히 겪듯이 은연중에 비교의 시야를 넓히면서 학문의 폭과 깊이, 조직과 세계의 크기를 실감하였다. 각 마을에서 전해오던 전설과 영웅들의 이야기를 우리도 간간히 듣기는 했지만, 우리는 훨씬 더 냉정하고 합리적인 태도를 몸에 익히기 시작했다. 우리 시대에도 영웅은 있었지만, 확실히 옛날보다 괴짜는 적었고, 관악캠퍼스가 뿜어내는 새로운 분위기 속에서 자기를 내세우기보다는 조직과 문화에 좀 더 동화되는 형태를 취했던 것은 근대적 통제기법의 극점을 이루었던 유신 시대의 환경과 더불어 이런 환경과 제도의 변화가 가져온 측면이 있었다. 그러나 75학번은 여전히 문리대 세대의 낭만과 자유의식을 동경하던 과도기적 존재이기도 했다. 이 점에서 우리는 사회변혁에 대한 의지나 프로의식이 좀 더 강했던 1970년대 후반이나 1980년대 학번들과는 꽤나 다른 색깔을 갖고 있었다.

계열 수업과 전공 배정

75학번은 계열별로 들어와 2학년 1학기까지 3학기 동안 반(班)으로 편성되어 수업을 받았다. (사회계열은 LB7반에서 LB13반까지 있었다. 한 반은 70명 정도로 이루어졌다.) 당시 사회계열에는 사회과학대학은 물론, 법대와 경영대로 진급할 학생들을 포함해서 약 480명의 학생들이 소속되어 있었다. 문과계 학생들은 이 밖에도 인문계열과 교육계열(인문 · 사회계)로 나뉘어 있었지만, 계열 기간 동안 수업은 선택 과목에 따라 뒤섞여 다른 계열 학생들과 함께 받는 경우도 많았다. 나중에 사회학과로 진학한 학생들 중에서 처음부터 사회학과로 가겠노라고 생각한 학생들은 얼마나 되었을까? 당시 많은 학생들은 계열이 끝나고 학과(대학)을 선택할 때 성적이 중요한 변수가 될 것임을 알고 있었지만, 학과 공부에 몰두하지는 않았다. 일부는 대학에 입학한 후 해방감 때문에 수업은 아랑곳 하지 않고 낭만을 즐기다가 학과 배정 때 전혀 원하지 않는 학과로 배정된 경우도 있었고, 심지어 인문계열의 일부 학과로 밀려서 배정된 경우도 있었다. 당시 인문계열과 사회계열은 제한된 것이었지만 상통이 가능했기 때문이다. 반대로 인문계열로 들어왔지만, 학과 배정 때 사회계열의 학과로 옮겨온 경우도 있었는데, 이들은 반대로 매우 열심히 공부한 경우에 해당했다. 사회학과로 진급한 학생들은 대부분 학점에 연연하지는 않았지만, 계열 시절 학점 관리와는 담을 쌓고 이른바 날라리로 지낸 경우도 없었다. 사회학과에 들어오는 것이 그리 호락호락했던 것만은 아니었기 때문이다. 그러나 사회학과로 진급한 대부분의 친구들은 계열 시절부터 학점보다는 학문이나 시국에 대해 남다른 관심을 가졌던 것은 틀림 없다. 몇몇 학우들은 1학년 때부터 학회를 통해 비판적 학문에 눈뜨고 있었다.

계열 1학년 동안 우리는 주로 교양과목을 이수했다. 영어나 체육, 교련, 한국사, 국민윤리 등 교양필수 과목 외에 인문과학, 사회과학, 자연과학으로 나뉜 교과 영역 속에서 몇 과목씩의 개론과목을 이수했다. 1학년 동안은 인문계열이나 사회계열이나 과목 선택에 계열을 구별하는 차이는 없었던 것 같다. 2학년 1학기가 되자 우리는 전공 기초과목에 해당되는 과목들도 수강할 수 있었다. 사회계열 학생들은 아무래도 사회과학 계통의 과목들을 좀 더 많이 수강했다. 이 시기는 전공 배정을 앞두고 있었기 때문에 각 학과에서는 좋은 학생들을 유치하기 위해 어느 정도 전략적인 설강을 했던 것으로 기억한다. 학생들의 인기를 끌만한 젊고 유능한 교수님들이 전진배치 되었던 것이다. 사회학과에서는 김채윤 교수님이 사회학사를 강의했고, 정치학과에서는 이홍구, 김학준(정치사상사), 외교학과에서는 노재봉, 경제학과에서는 강명규, 김종현(경제사), 법대에서는 곽윤직(민법총칙), 송상현(상법개론), 경영대에서는 김원수(경영학원론) 등 교수님들이 강의를 했던 것으로 기억된다. 이처럼 2학년 1학기 과목 중에는 사회과학 분야의 분야사나 사상사(학

사) 과목이 많았는데, 이 때문에 학생들은 계열기간 동안 꽤 수준 높은 사회과학 분야의 교양을 폭넓게 쌓을 수 있었다.

계열 모집, 그것도 2학년 1학기까지 이어지는 계열제도는 단점도 많았지만, 장점 또한 적지 않았다고 생각한다. 그중에서도 이후 서로 다른 학과와 대학으로 진급한 친구들과 폭넓은 교류가 가능했고, 학문적으로도 다양한 학습 기회를 가질 수 있었다는 것은 특히 학문을 하는 입장에서는 장점이 되었다고 생각된다. 당시 내가 수강했던 과목을 기억나는 대로 열거해 보면, 필수 과목과 어학 과목 외에도 사회학개론(이해영), 정치학개론(최명), 철학의 제문제(이상철), 현대철학(이초식), 동양사(오금성), 언어학개론(신익성), 한국문학의 이해(김윤식), 한국사학개론(한영우), 사회학사(김채윤), 서양경제사(강명규), 경제원론 1/2(조순), 민법총칙(곽윤직), 현대수학, 생물학(하우봉), 과학사(송상용) 등이 포함되어 있었던 것 같다(일부 과목과 담당 교수님은 착오가 있을지도 모르겠다). 모처럼 기억을 짜내고 보니, 당시의 무모함과 치기만만함에 한편으론 쓴웃음이 나지만, 이렇듯 주마간산 격이나마 여러 학문 분야를 섭렵해 본 경험은 단지 내 경우에만 한정된 것은 아니었을 것이다. 어쨌든 돌이켜 보면, 이런 경험이 공부하는 사람으로서는 소중한 자산이 되었다는 생각을 갖게 된다.

사회학과와 교수님들

사회학과로 진학한 뒤 학생들은 본격적으로 사회학에 흠뻑 빠져들게 되었다. 일부 학생들은 학과 공부 외에 학회 활동을 통해 예리한 비판의식을 가꿔 나갔지만, 학과 공부를 통해서도 이를 키워 나가고픈 기대가 있었다. 물론 사회학과에서 개설된 과목이나 교육 내용이 이러한 기대를 온전히 충족시켜 주었던 것은 아니었다. 수업을 통해 우리가 공부한 것은 대부분 미국 사회학 교과서에 소개된 서구의 이론들이었고, 그나마 이론의 개요와 해설 수준을 크게 넘어서는 것은 아니었기 때문이다. 그러나 사회학과 선생님들이 수업시간이나 사석에서 보여주신 학문적 지향과 계간지를 중심으로 한 문필 활동이 기대와 현실 사이의 간극을 어느 정도 메워 주고 있었다. 당시 사회학과에는 이만갑, 이해영, 최홍기, 고영복, 김채윤, 김일철, 김경동, 신용하, 김진균, 권태환 교수님이 계셨는데(1학년 때 사회학개론을 통해 학생들의 사회학에 대한 관심을 자극했던 한완상 교수님은 우리가 2학년에 진급할 때 해직되셨다), 75학번에게 특히 큰 영향을 주었던 교수님들로는 김경동, 신용하, 김진균 교수님을 들지 않을 수 없다.

⋮

김경동 교수님은 우리 학번이 3학년에 올라간 1977년에 처음 만나, 특별한 인연을 맺게 된 분이다. 선생님이 이해 미국에서 돌아와 처음 가르치게 된 학번이 바로 75학번이었기 때문이다. 특히 75학번 다수는 그해 여름 선생님과 사모님이 함께 연구하시던 전남 보성 조사(귀환이동 조사)에 조사원으로 참가했는데, 이를 통해 75학번은 선생님과 독특한 유대를 형성하게 되었다. 이 조사는 우리가 처음으로 경험한 본격적인 면접조사였는데, 우리는 여러 날 여관에 함께 머물며 선생님이나 연구조교를 맡았던 선배들과도 돈독한 관계를 맺게 되었다. 선생님은 다재다능하고 외모나 성품이 깔끔한 댄디 보이 같은 분위기를 갖고 있었다. 미국에서 교수 생활을 하시다가 막 돌아온 직후라 더욱 그렇게 느껴졌을 것이다. 말씀 잘하시고, 글도 잘 쓰신 선생님은 수업 중에는 영어 원서를 가끔 참조하시면서, 강의 노트도 없이 유창하게 강의를 이끌어 가셔서 학생들의 감탄을 자아냈다. 깡마른 체구에 안경 너머로 보이는 날카로운 눈매는 선생님의 재능을 증명해 주는 것 같았다. 그러나 다른 한편 선생님은 매우 개방적이고 인자한 분이셨다. 당시 선생님은 수업 시간에 가끔 담배를 피우셨는데, 우리에게도 피우고 싶으면 피우라고 하실 정도였다. 실제로 우리는 가끔 수업을 받으면서 담배를 피곤했다. 예전이나 지금이나 상상하기 어려운 일이었다. 우리는 당시 선생님이 주장하시던 '인간주의 사회학'에 대해서는 공감과 불만이 교차했던 것으로 기억한다. 인간주의 사회학이 기존 사회학을 비판하고 인간중심의 관점과 소외 받는 사람들의 불행에의 연좌를 강조했지만, 그 정도로는 당시의 엄혹한 유신체제하에서 이를 극복할 만한 힘은 주지 못한다고 여겼기 때문이다. 그러나 어쨌든 75학번은 선생님과 남다른 관계를 유지했다. 정초에는 학생들이 교수님 댁을 세배하러 돌아다녔는데, 마지막 방문지는 항상 선생님 댁이었다. 우리는 선생님이 내놓은 술(당시 쉽게 맛보기 어려운 양주!)을 밤늦게까지 마시고 취해서 잠이 들었다가 새벽에 몰래 댁을 빠져 나오기도 했고, 심지어는 염치없이 아침까지 챙겨먹고 나온 적도 있었다. 이런 버릇없는 행동에도 선생님은 인상 한 번 찡그리신 적이 없었다. 선생님은 우리를 포함, 사회학과 학생들 사이에서 성함보다는 'KDK'로 불리었다. 선생님 책 속표지 상단에는 예외 없이 'KDK'란 흘려 쓴 서명이 책을 입수한 날짜와 함께 적혀 있었기 때문이다. 이런 별칭을 얻게 된 데에는 그만큼 학생들이 선생님의 책을 자주 빌려봤던 때문이기도 했다.

신용하 교수님은 우리가 진급할 당시 사회학과장을 맡고 계셨는데, 사회학과 교육을 혁신하려는 의욕이 대단하셨던 것으로 기억된다. 선생님은 한국사회사와 사회발전론 강의를 통해 학생들의 역사적 상상력을 자극하고, 과학적인 연구 태도를 가르쳐 주셨다. 신용하 교수님은 당시 젊은 나이였지만, 범상치 않은 용모에 만만찮은 학문적 업적을 바탕으로 한 카리스마가 남달랐다. 한국사회사 시간에는 교수님이 작성한 강의노트를 불러주시면, 이를 한 자도 틀리지 않고 베껴 쓰다시피 한 기억이 난다. 한국사회사 강의노트는 지금도 내 연구실 서가에 보관되어 있다. 선생님의 우렁찬 목소리도 권위를 돋보이게 하는 데 기여했다. 사회대 대형강의실인 8동(연강기념관)에서 선생님이 강의를 하실 때면, 복도 밖까지 사자후 같은 선생님의 목소리가 쩌렁쩌렁 울려 퍼지곤 했다. 선생님은 학생들이 데모에 참가하는 데 대해서는 엄하게 나무라셨다. 본인뿐만 아니라 사회학과에 큰 위해가 된다는 것이었다. 선생님의 이러한 엄격한 태도로 인해 학생들은 불만이 적지 않았지만, 선생님의 카리스마 때문에 감히 대들 생각은 할 수 없었다. 후에 선생님이 학창 시절 이른바 불온서적을 탐독했고, 이론적 깊이로 인해 학생운동을 하던 후배와 동료들로부터 학생 때부터 반(半)선생 대접을 받았었다는 사실을 알게 되면서, 선생님의 학문의 깊이와 함께 학생들과 학과에 대한 진한 애정을 비로소 읽을 수 있었다. 또한 선생님은 매일 밤늦게까지 연구실을 지키면서 한국사회사를 건설하는 작업에 몰두하셨고, 그 결과 많은 학문적 업적을 쌓고 계셨기 때문에 일말의 불만에도 불구하고 선생님의 존재는 사회학과 학생들의 자부심의 원천이 되고 있었다. 그러나 교수님은 학생들에게 엄격하기만 하신 것은 아니고, 자상한 면모도 함께 갖고 계셨다. 교수님은 연구실을 찾아간 학생들에게 반드시 커피(차)를 손수 준비해 따라 주셨고, 시간을 아끼지 않고 학문과 역사(때로는 시국)에 대해 설명을 해주셨다. 항상 바쁜 교수님이셨지만, 학문에 관심을 갖고 찾아오는 학생들에게는 시간과 정성을 아끼지 않으셨던 것이다. 이렇게 학생들을 대하는 것이 얼마나 어려운 일인지를 교수가 된 뒤에야 새삼 깨달을 수 있었다.

⋮

김진균 교수님 또한 75학번에게는 잊을 수 없는 선생님이셨다. 선생님은 조용한 성품에 목소리도 낮고 일정한 편이셔서 수업 중에는 강한 인상을 주지 못하셨던 것으로 기억한다. 잔잔한 독백 같은 선생님 강의를 들으면서 졸았던 경험을 우리 대부분은 가졌던 것 같다. 사회변동론, 조직론, 사회학이론 같은 딱딱한 과목의 성격도 일조를 했을 것이다. 그러나 선생님은 누구보다 넉넉한 인품의 소유자셨고, 당시 이미 역사와 시국에 대해 많은 고민을 하면서 당신의 학문적 진로를 새롭게 모색해 가고 계셨다. 때문에 유신체제하에서 절망과 분노를 느꼈던 학생들에게 선생님은 믿고 의지할 수 있는 큰 형님이자 대선배 같은 존재였다. 선생님은 학문을 논할 때에도 적극적으로 선생님 주장을 내세우시기 보다는 학생들에게 문제를 던져 놓고, 스스로 많은 생각을 하게끔 인도해 주셨다. 또 술과 산을 좋아하셨던 선생님은 때로는 선술집에서 때로는 등산을 하면서 학생들의 얘기를 많이 듣고 선생님의 속생각의 일단을 열어 보이시곤 했다. 운 좋게 선생님과 등산을 한 친구들은 이런 선생님의 진면목을 접하는 특권을 누렸었다. 선생님은 술을 많이 하셔도 자세는 조금도 흐트러지지 않으셨다. 이런 단정하고 중후한 모습과 함께 감정의 기복 없이 늘 빙그레 웃으시는 선생님의 잘 생긴 얼굴을 보면, '정말 대인(大人)이시다.'는 생각을 하면서 때로는 스스로 위축되는 느낌이 들곤 했다. 또 언제나 책을 싼 보따리를 옆에 끼고 우리가 졸업한 훨씬 뒤까지도 늘 대중교통을 이용하신 선생님의 모습을 접하면서, 선생님이 대지주 집안에서 태어나 학창 시절 누구보다 넉넉한 가운데 공부를 하셨다는 얘기를 들으면 전혀 실감이 나지 않았다. 이런 선생의 넉넉하고 서민적인 풍모는 우리가 대학을 졸업하고 일부는 대학원을 다니던 1980년에 해직이 되신 뒤 냉혹했던 저 고난의 시기를 이겨 내시면서 더욱 원숙한 경지에 이르렀고, 돌아가시기 전까지 많은 민주인사와 민중들의 존경과 사랑을 받으셨던 원동력이 되었을 것이다. 선생님의 때이른 서거는 우리 75학번 학우들에게도 말할 수 없는 안타까움과 아쉬움을 남겨 주었다.

이상 세 분 선생님들 외에 다른 선생님들에 대한 기억도 많지만, 이를 짧은 지면에 다 기록하지 못하는 것이 아쉽고 또 송구스럽다. 다른 학번들이 이런 아쉬움을 채워 주길 바라는 마음 간절하다. 그러나 특히 세 분이 더 많이 기억되는 것은 아마도 70년대 후반의 시점에서 세 분이 상대적으로 젊었고, 따라서 감수성 강한 젊은 청년들에게 좀 더 가깝게 여겨졌기 때문이었을 것이다. 세 분 선생님은 전공과 개성이 모두 달랐지만, 당시 한국사회학을 어떻게 건설할 것인가란 문제의식을 공유하고 계셨다는 공통점이 있었다. 한국사회학은 이제 외국 이론의 단순한 수입과 적용에서 벗어나, 역사와 현실에 대한 비판적 안목을 갖고 한국사회의 구체적 사실과 특징에 기초한 경험적 연구를 쌓아 나가고, 이를 바탕으로 한국사회에 적합한 이론 구성에로 나아가야 한다는 것이었다. 이런 분위기는 세 분 외에도 당시 사회학과의 많은 선생님들도 어느 정도는 공유하고 있던 부분이었는데, 당연한 것이지만 그 색깔이나 구체적인 방법론은 조금씩 다를 수밖에 없었다. 그러나 이런 문제의식을 공유하고 있었다는 사실이야말로 학생들의 현실비판의식과 맞물리면서 사회학에 새로운 학풍을 불러일으켜야 한다는 문제의식을 자극하고 있었다고 생각된다. 이후 우리 학번이 대학원에 많이 진학하고, 대학원 시절 이른바 '백서 사건' 의 중심에 서게 되었던 것도 돌이켜 보면 이런 선생님들의 문제의식과 분리해서 생각할 수는 없는 것이 아닐까?

에필로그

75학번의 수업시대는 학부 졸업과 더불어 끝난 것은 아니었다. 대학원에 진학하고 유학을 떠났던 친구들은 말할 것도 없지만, 졸업 후 직장생활을 시작했거나 고시를 본 친구들, 그리고 한동안 영어의 몸이 되었던 친구들도 각자 새로운 수업시대를 경험했을 터였다. 이런 새로운 수업의 시간들도 젊은 날의 경험으로 중요한 의미를 갖는 것임은 새삼 말할 필요도 없다. 언젠가 이런 경험들까지 한데 모아, 또는 개별적으로라도 회상해 볼 기회가 있기를 바란다. 그러나 이를 이 글에서 함께 기록하기에는 나의 능력이 미치지 못하기 때문에, 우리의 수업시대의 얘기는 여기서 일단 멈출 수밖에 없다. 글을 쓰면서 75학번의 수업시대를 가능한 한 집단 기억의 수준에서 그릴 수 있도록 노력했지만, 내 개인의 경험과 사유의 폭을 넘어서기는 어려웠을 것이다. 또 주로 기억에만 의존했기 때문에 잘못 기록한 부분도 있을 것임을 저어한다. 학우들의 혜량을 구한다. 그러나 비록 개개인의 경험이 동일한 것은 아니었지만, 70년대 중후반이라는 시대적 규정 속에서 우리가 겪었던 수업의 내용은 많은 부분 오늘날까지도 우리 삶에 영향을 미치고 있음을 새삼 자각하게 되는 것은 나만의 소회는 아닐 것이다. 이런 자각의 기회가 주어진 데 대한 기쁨을 75학번 학우들과 함께, 그리고 외람되지만 우리의 선생님들과 함께 나누고 싶다.

부끄러운 추억들

이기홍

솔직히 말씀드리면, 저는 이런 글을 쓰기에 적합한 사람이 아닙니다. 무엇보다도 지난 일을 제대로 기억하는 능력이 형편없이 부실합니다. 지금도 30여 년 전의 일을 마치 엊그제 일처럼 생생하게 이야기하는 동기생들이 있는데 저로서는 그저 놀라울 뿐입니다. 게다가 저는 저의 이런 기억력 빈곤을 감추기 위해 '지난 일은 지나 보내자(Let bygones, be bygones)'는 다짐을 자주 하면서 그나마 남은 기억을 애써 지워버리기도 합니다.

저는 1976년에 입학하여 1992년에 박사학위를 받을 때까지 15년여를 학교 근처에서 맴돌았지만 사회학과에서 일어난 일들을 대체로 주변적인 위치에서 경험하였습니다. 많은 동기생들이 그 암울했던 기간을 치열하게 살아냈지만 저는 그렇지 못하고 뒤에서 비겁하게 시간을

* 76학번, 강원대학교 사회학과 교수

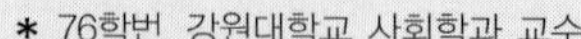

보냈습니다. 그리고 '학회'를 중심으로 공부하고 생활하던 대부분의 동기생들과 달리 저는 문청이네 대학신문이네 하면서 사회학과 밖으로 나돌았습니다. 당시에는 더 많이 겪고 읽고 쓰는 것이 더 좋은 사회학 공부라는 생각으로 그리 했는지도 모르지만, 그 시간에 제대로 된 사회학 공부에 더 열정을 쏟았더라면 지금 사회학 연구자로서 무식함이 조금은 덜하지 않았을까 싶기도 합니다. 게다가 1978년 2학기에 어찌하다 보니 내 의지와 무관하게 무기정학의 징계를 받아 동기생들보다 1년 늦어지게 되었고, 대학원에 입학하고서는 예상치 않게 군에 입대하게 되었기 때문에 더욱 뒤처지게 되었습니다.

이런 탓에 제가 동기생들과 공유한 학창시절의 경험을 되살려 글을 쓴다면 주변적이고 사소한 것들이나 이야기하게 될 것이고, 제게 의미 있었다고 생각되는 일들을 적는다면 사회학과의 추억으로서 대표성을 갖기 어려운 딱한 처지에 있습니다. 그런데도 이렇게 글을 쓰게 된 것은 까닭은 외우(畏友)인 정근식 교수가 저를 지목하여 꼭 원고를 받으라고 했다는 청탁자의 압박 때문만은 아닙니다. 어쩌면 저 같은 주변인의 소소한 기억도 사회학과의 역사를 다양하고 풍요롭게 기록하는 데 조금은 도움이 되지 않을까 하는 소망으로, 기억이 더 희미해지기 전에 두서없는 추억이라고 적어두고 싶었기 때문입니다.

⋮

저는 1977년부터 3학기 동안 대학신문사에 드나들었고 1978년 1학기에는 학생편집장 일도 맡았는데 그때 김채윤 선생님께서 주간교수로 저를 지도하셨습니다. 긴급조치 9호가 발령되어 있었던 시절이어서 불끈불끈하는 학생기자들과 학생들을 다독여야 하는 주간교수와 자문교수 사이의 관계도 스승과 제자의 그것일 수만은 없었습니다. 저도 학과 은사이신 김 선생님의 속을 무던히도 썩였습니다. 토요일 저녁까지 작업해 신문을 인쇄해 놓았는데 월요일에 등교해 보면 배포금지된 일도 있었고, 배포된 신문 때문에 대학본부가 발칵 뒤집혔다고 여기저기서 통문이 오는 일도 있었습니다. 그런 과정에서 주간교수인 선생님께서 얼마나 곤혹스럽고 난감하셨을 것인가는 이야기할 필요가 없을 것입니다.

그런데도 선생님께서는 제게 언짢은 말씀을 하시거나 얼굴을 붉히신 일이 단 한 번도 없었습니다. 학과에서나 대학신문사에서 선생님께서는 늘 저를 가르치는 스승이셨습니다. 그렇지만 주위 분들께는 걱정을 드러내셨던지, 학기가 끝나가고 제 임기도 끝나갈 무렵 학과장이신 최홍기 선생님께서 "학과 제자인 자네가 김채윤 선생님을 그렇게 힘드시게 하면 되겠는가."라고 저를 타이르신 일이 있습니다. 아마 최선생님께서도 저는 나무라시기보다는, 같은 학과의 제자로서 스승인 김선생님의 곤혹스러움에 죄송스런 마음을 갖도록 깨우치시려는 뜻에서 그런 말씀을 하셨을 것으로 짐작합니다. 아무튼 김선생님께서는 거의 매일 저를 보시면서도 불량한 제자 때문에 겪는 고초는 당신께서 모두 감당하시고 아무런 내색도 하지 않으셨던 것입니다.

선생님께서는 "나는 겁이 많은 사람"이라고 자주 말씀하셨지만, 선생님을 자주 뵌 저로서는 그것이 일종의 겸양이라고 생각됩니다. 1977년 가을이던가 대학신문을 '어용신문'이라며 불태우던 일부 학생들로부터 선생님은 그 신문의 주간교수인 탓으로 터무니없이 '어용교수'로 지칭되는 '봉변'을 당하신 일이 있었습니다. 제자인 저조차도 견딜 수 없이 분한 일이었는데, 선생님께서는 "그렇게 지목되는 것이 차라리 처신하기에 편하다."는 말씀으로 넘기셨습니다. '겁이 많은 사람' 이라면 불의(不義)한 권력의 어용교수로 불리는 것에 점잖게 대응하기는 쉽지 않았을 것입니다. 맥락은 좀 다르지만, 학과에서 박사학위 수여가 본격화된 후 초기에 통과된 맑스주의적 입장의 논문 3편의 지도교수를 맡으신 것도 마찬가지일 것입니다. 서관모 선배, 박노영 선배 그리고 제가 그 학은을 입었는데, 그때도 선생님께서는 "내가 뭐 지도할 것이 있는가."라는 겸양의 말씀으로 사회학과 안팎의 까다로운 구조와 착잡한 상황 속에서 순조롭게 논문들을 지도하셨습니다.

제가 기억하기로 '점잖은 사람' 이라는 중립적인 표현은 선생님께 종종 사용하시던 상사(賞詞)인데, 상황과 무관하게 늘 스승의 모습을 보여주시는 선생님이 바로 '점잖은 사람' 의 전형이 아닌가 싶습니다. 지금의 직장에서 제가 그럭저럭 큰 마찰없이 지내고 있는 것도 선생님께서 오랫동안 '점잖은' 모습을 몸으로 가르쳐주신 덕이라고 생각됩니다. 죄송스럽게도 선생님께서 시력이 약화되신 이후 죄송스럽게도 선생님을 뵙지 못했는데, 곧 찾아뵙겠습니다.

⋮

20년이 지난 일이니 이제는 말씀드려도 괜찮을 것입니다. 아마도 임현진 선생님께서는 그 당시에 이미 알고 계셨을지도 모르고 또 다른 학생들이나 제가 말씀드렸는지도 모르겠습니다. 선생님께서 모교에 부임하셨을 때, 사회학과의 많은 학생들은 종속이론으로부터 제국주의론을 거쳐 맑스 '원전' 으로 공부를 옮겨가는 이른바 '이론적 우회' 의 과정,

또는 '자생적 정치경제학(비판) 패러다임' 형성의 과정에 있었습니다. 그런 상황에서 미국의 최고급 대학에서 종속적 발전론으로 박사학위를 받고 오신 선생님을 학생들은 애증이 복합된 미묘한 감정으로 맞았습니다.

당시 대학원에서 공부하던 저희는 선생님께서 지정해 주신(대부분은 선생님의 책을 복사한) 자료를 읽고 수업시간마다 비판(이라기보다 비난)하기에 혈안이 되었습니다. 저희는 수업을 준비하면서 분업에 가까운 방식으로 비판꺼리들을 찾아내었는데, 확실하지는 않지만 자연발생적인 일은 아니었던 것으로 기억됩니다. 저희로서는 종속적 발전론이 성에 차지 않았고, 그것을 미국에서 공부하셨다는 것이 더욱 성에 차지 않았던 때문이었을 것입니다. 아마도 '우리가 종속적 발전론을 논박하지 못하면, 우리가 미국 박사를 넘어서지 못하면 한국 사회학의 미래는 없다.' 는 투쟁심으로 수업에 들어가지 않았나 싶습니다. 그렇지만 실상에서는 수업에 부과되는 막대한 양의 영문 자료를 충실하게 읽어내기도 어려운 처지에서의 저희의 주장은 논리도 없고 근거도 없는 억지와 심술이었을 것입니다. 좋게 말한다면, 사회학은 시대의 아픔을 함께 나누어야 한다는, 그렇지만 사회학과는 그런 임무를 감당하지 못하고 있다는 저희의 반성과 고민을 선생님께 전하려는 치기어린 투정이기도 했을 것입니다. 그럼에도 임 선생님께서는 모두 경청하시고 저희를 나무라시는 대신 대체로 수업 말미에 칭찬하고 격려하시면서, 시쳇말로 '기를 살려주셨습니다.' 그리고 이렇게 기가 살았기 때문에 수업시간마다 그런 억지로 채울 수 있었을 것입니다.

수업 안팎에서 제자가 스승에게 애증이 복합된 감정을 드러내기는 쉽지 않은 일입니다. 그런데 임 선생님은 그것을 허용하고 포용하셨을 뿐 아니라 그것을 통하여 미묘한 감정을 정리하도록 이끄셨습니다. 그러면서도 공부를 추동하는 학생들의 투쟁심은 의도적으로 지속시키고자 하시지 않았나 생각됩니다. 고맙게도 저는 그 투쟁심에 힘입어 공부의 부실함을 조금이나마 메울 수 있었습니다. 그다지 성공적이지는 못하지만, 지금도 제가 학생들의 원망에도 아랑곳하지 않고 막대한 양의 자료를 부과하여 학생들의 투쟁심을 자극하려 하는 것은 임 선생님께서 가르쳐주신 것입니다.

⋮

저는 그 당시 학부에 다니고 있었고, 학과 내에서 진행되는 일에 관심을 갖기에는 신군부의 권력 장악을 둘러싼 정치사회적 상황이 긴박하였기 때문에 자세한 사정을 모르지만, 1980년 4월에 사회학과 대학원생들이 '한국사회학'을 발전시키자는 다짐을 한 것으로 기억합니다. 특히 그것을 계기로 대학원생들은 한국 사회학의 기존 연구들을 검토하고 평가하는 자율적인 세미나를 진행하고 자치조직도 구성하였습니다. 저는 1984년에 대학원에 복학했는데, 이 세미나와 조직의 전통은 계속되고 있었고 저희는 별다른 회의없이 이 전통을 이어받았습니다.

이때 학교 밖에서는 당시 해직 중이셨던 김진균 선생님을 모시고 공부하는 상도연구실이 '이론적 우회'의 활발한 거점이 되고 있었습니다. 또 여러 대학원생들이 상도연구실에서 공부하면서 그 공부를 학과에서의 공부와 연결하기도 하였습니다. 사실 저는 제 결혼식에 김 선생님을 주례로 모셨을 만큼 학부 때부터 공부와 삶 모두를 김 선생님께 배웠고 김 선생님을 따르고자 하였습니다(김 선생님께서는 주례를 상당히 많이 맡으셨는데, 74학번 안준섭 선배의 결혼식에서 처음 주례를 맡으셨고, 제 결혼식이 두 번째, 정근식 교수의 결혼식이 세 번째 주례였습니다. 그리고 신랑신부에게 주례사를 작성하여 전해 주시는 좋은 전통은, 제게는 아쉽게도, 정근식 교수의 결혼식에서 처음 시작된 것으로 기억합니다). 그렇지만 김 선생님에 관해서는 다른 분들이 더 다양하고 생생한 기억들을 말씀하실 터이니 접어두겠습니다.

⋮

자치조직과 세미나 등을 통하여 다수의 대학원생들은 한국의 사회현실을 어떻게 탐구하고 변화시킬 것인가를 함께 고민하고 함께 공부하였습니다. 저희의 공부는 한국의 사회현실을 해명하기에 턱없이 부적절한 사회학과의 '제도 학문'이나 '주류 사회학'에서 크게 벗어나 있었고 그것과 대결하는 것이었습니다. 그런 까닭에 대학원생들의 '집단적' 공부는 학과 안팎에 공부의 편향과 유행에 대한 우려를 불러일으키기도 하였습니다. 그중에는 암울한 시대와 불화하는 젊은 시절의 혈기로 이해하는 분도 있었고 학문의 폐쇄성과 배타성을 걱정하는 분들도 있었습니다. 그렇지만 제도 학문으로부터 외면되거나 무시되는 상황에서 한국의 사회현실을 함께 고민하고 함께 공부하는 동학들은 서로에게 버팀목이 되었습니다(사회학과 대학원의 이런 공부와 자치조직이 경제학이나 정치학 등 다른 학문분야들로 확산됨으로써 1980년대 중후반의 이른바 '학술운동'이 전개되었던 것입니다).

미당(未堂)은 '나를 키운 건 팔할(八割)이 바람'이라고 술회했지만,

당시 저희를 키운 것의 팔할은 동학들이 아니었나 생각됩니다. 특히 저는 76학번 동기들에게 큰 고마움을 느낍니다. 인접한 학번의 선후배님들과 비교할 때 76학번에는 공부에서나 사회적 평판에서나 눈에 띄는 '인재' 가 없다고 저는 생각합니다. 그렇지만 학문적 유행과 편향이라는 우려 속에서 공부하면서, '일반사회학자' 가 아니라 재벌연구, 자본가연구, 노동연구, 사회운동연구 등 각자의 영역에서 선구적인 전문가로 성장한 것을 보면, 자신의 자리에서 자신의 역할과 임무를 묵묵히 감당하는 '저력' 에서는 그 어느 학번에 뒤지지 않는다고 자부합니다(사회에 진출한 동기들도 언론계나 경제계 등에서 '스타' 라고 하기는 어렵지만 꼭 필요한 든든한 중견으로 자리잡음으로써 이런 자부심을 증거하고 있습니다). 그리고 이런 맥락에서 76학번 동기들 가운데에는 외국 박사 학위 취득자가 한 사람도 없다는 사실은 적어둘만 합니다. 물론 76학번 동기들의 모험심 부족이나 폐쇄성 때문에 비롯된 일일 수도 있겠지만, 어쩌면 76학번에게는 '유학이 입신의 방편이 되고 있다.' 는 1980년 4월 대학원의 반성이 '원죄' 로 남아있는 탓인지도 모르겠습니다.

자신의 몫을 소리없이 강하게 감당하는 동기들의 모습은 제게 늘 경계와 성찰의 거울이 되어 왔습니다. 이제 입학한 지 30년, 하늘의 뜻을 알 듯도 한 지경에 이른 동기들에게, '세상은 가도가도 부끄럽기만 했지만 나는 아무 것도 뉘우치진 않을란다.' 는 미당의 다짐을 고마움의 인사로 대신하면서 두서없는 글을 맺겠습니다.

77학번의 기억

최영선

"대학에서 무엇을 전공했느냐?"는 질문을 받을 때면 언제나 당혹스럽기 그지없다. 오랜 생각 끝에 생각해낸 대답이 사회학과에 다니긴 했는데 전공했다고 말하기는 어렵다거나 전공은 없고 사회학과를 졸업했다는 말이다. 솔직히 1977년 교양과정에서 사회학개론 수업을 들은 것 외에 1978년 사회학과에 진입한 이후 유기정학, 경찰 지명수배, 교도소 수감 등 우여곡절을 거쳐 1985년 2월 졸업장을 받을 때까지 7년이라는 기간 동안 사회학 관련 서적을 집중적으로 읽거나 공부한 기억이 나지 않는다. 수업에 절반 이상 출석한 과목도 거의 없다. 요즘 대학생들이 들으면 어떻게 그런 일이 있을 수 있느냐? 그렇게 하고도 졸업이 가능하냐고 반문하겠지만 그 시대는 그런 일이 불가능하지 않은, 원칙과 상식이 통하지 않는, 너무나 비정상적인 시대였다.

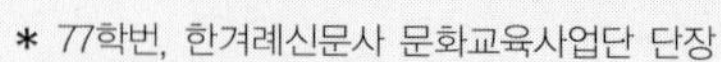

* 77학번, 한겨레신문사 문화교육사업단 단장

실제로 수업을 한 시간도 듣지 않았던 과목도 있다. 그러다 보니 전공 필수과목 성적에 D 학점이 적지 않다. 지금 돌이켜 보면 부끄럽기도 하고 그만큼 아쉬움도 많이 남는 시절이다.

내가 조금 더 심한 경우였겠지만 77학번으로 사회학과에 진학한 우리 동기들 가운데 상당수는 나와 별로 다르지 않았을 거라는 내 생각이 큰 착각은 아닐 것이다. 1980년대 말 소련을 비롯한 사회주의권이 붕괴하고, 우리 내부적으로도 김영삼의 이른바 문민정부가 출범할 때까지 우리의 현대사에서 그 어느 한 시기도 격변, 격동의 시대가 아닌 적이 없었겠지만 우리세대가 고등학교와 대학을 다닌 1970년대는 그 가운데서도 특별했다고 할 수 있다. 군부쿠데타로 집권한 박정희가 종신집권을 위해 국민의 기본적 인권과 자유마저 부정하는 강권통치로 일관함으로써 파국을 향해 치닫던 시기였기 때문이다.

고등학교 입학시험 공부에 막바지 피치를 올리던 1972년 10월, 박정희는 '10월유신' 이라는 무혈쿠데타를 통해 헌법 위에 군림하는 1인 통치자로 등극함으로써 우리는 '한국적 민주주의' 라는 신조어와 함께 사회과목 입시공부를 완전히 새로 하지 않을 수 없게 했다. 언론자유를 요구하는 동아일보 기자들을 내몰도록 사주를 압박하기 위해 신문에 광고가 실리지 못하게 탄압하던 유신정권에 대한 항의로 '양정고 2학년 2반 민주학우 일동' 명의로 격려광고를 냈다가 담임 선생님으로부터 "양정고 2학년 민주학우 일동이라고 해도 될 일을 왜 2학년 2반이라고 밝혀 내 입장을 곤란하게 하느냐!"는 호통을 들은 것이 고등학교 2학년이던 1974년 겨울의 기억이다. 유신헌법에 대한 반대, 또는 개정을 주장하는 행위를 금지하고 이를 위반하는 사람에 대해서는 '영장 없이' 체포·구금할 수 있도록 하고 이 조치를 비판하는 행위조차도 처벌하도록 규정한 초법적 조치인 대통령 긴급조치 9호가 선포되고 학도호국단 설치령으로 우리가 직접 선출해 구성한 학생회가 해체되고 학도호국단으로 대체되는 경험을 한 것이 고3이던 1975년 5월이었다.

긴급조치9호에 대한 도전은 그것이 선포된 직후부터 시작됐지만 그 위력이 적어도 서울대에서는 종이호랑이로 전락한 것은 우리 학번이 1학년이던 1977년 가을부터가 아니었을까 싶다. 26동 대형 강의실에서 열릴 예정이었다가 불발에 그친 사회학과 심포지엄 사건이 그 결정적 계기라고 할 수 있다. 유신반대 데모가 일어날 것을 우려해 학교 당국이 주제발표자들을 억류함으로써 심포지엄은 무산시켰지만 그것이 도리어 학생들의 불만을 폭발시켜 심포지엄에 참석했던 학생들의 집단시위사태가 벌어진 것이다. '발표자를 풀어주라!' '심포지엄 속행하라!'는 요구로 시작된 구호는 '유신 철폐, 독재 타도!'로까지 나아갔고 26동 강의실에 끝까지 남아 있던 학생은 모두 연행돼 구속되거나 무더기로 정학처분을 받기에 이르렀다. 나도 심포지엄 시간에 맞춰 26동에 갔었는데 중도에 밖으로 나와 연행과 징계를 피할 수 있었다. 학교는 곧바로 휴교에 들어갔고 다시 개강에 들어간 지 얼마 지나지 않은 11월 11일 도서관을 점거한 채 농성에 들어가는 대규모 유신반대 데모가 일어나면서 우리들의 1학년 2학기는 어수선한 가운데 지나갔고 긴급조치 9호는 우리들에게 마땅히 철폐돼야 할 대상으로 각인됐다.

사회학과 심포지엄 사건은 우리 학번들의 학과 선택에 적지 않은 영향을 주었던 걸로 생각된다. 내 경우 농촌 출신들이 많이 경험하는 것처럼 사법시험 준비를 위해 법대로 진학하기를 바라는 아버지와의 1년에 걸친 줄다리기 끝에 내 독단으로 사회학과를 선택하고 아버지께는 결과를 통보하는 절차를 밟았다. 경제학과 사회학의 갈림길에서 사회학과로 쉽게 진로를 결정할 수 있었던 계기는 사회학과 심포지엄 사건이었다. 사회학이라는 학문이 구체적으로 어떤 것인지는 잘 모르지만 사회학과로 가면 시대적 요구와 사회적 책임을 외면하지 않는 실천적 지식인이 될 것 같은, 막연한 기대와 믿음이 생겼던 것이다.

•
•
•

실제 사회학과에 진입하자마자 확인한 에피소드 한 토막. 박정희 정권은 1975년 베트남 친미정권이 패망한 직후 학생자치기구인 학생회를 해체하고 이승만 정권 시절의 학도호국단 체제로 되돌리는 것으로 학원병영화를 본격화했다. 1976년부터는 대학 1학년 남학생을 모두 군부대에 입영시켜 일주일 동안 군사훈련을 시키는 병영집체훈련을 실시하기 시작했다. 모든 대학이 다 같은 곳에서 훈련을 받았는지는 모르지만 서울대의 경우 남한산성 밑에 있는 문무대(육군종합행정학교 내 훈련시설)에서 훈련을 받았다. 입소할 때 머리는 '장교형' 머리가 기준이었다. 그러나 중 · 고등학교 때 빡빡머리 아니면 스포츠형의 짧은 머리를 강요당했던 세대인 우리는 대학에 입학해 드디어 두발의 자유를 막 만끽하고 있는 대학 1학년 1학기에 다시 머리를 자르라는 요구가 결코 달가울 수가 없었다. 당시는 귀를 덮는 장발을 경범죄로 분류, 경찰이 백주대로에서 젊은이들의 머리와 미니스커트의 길이를 자로 재고 강제로 자르는 단속을 했음에도 불구하고 뒷길로 숨어 다니면서까지 악착같이 머리를 기르는 것이 유행이었다. 고3 12월부터 1년 반 동안 머리를 길게 길렀던 나는 문무대 입소 때 머리를 빡빡 밀었다. 비록 소극적이긴 하지만 내 나름의 의사표현이었다. 그런데 문무대에서 보니 사회계열 5백여 명 가운데 나와 마찬가지로 삭발을 한 친구가 두 명 더 있었다. 고훈석(출판사 현실과 과학 대표), 정진상(경상대 교수)이 바로 그들인데 사회학과에 와서 보니 그 두명도 사회학과에 와 있었다. 문무대 입소훈련 때 머리를 빡빡 민 3인이 모두 사회학과에 모인 것이다.

⋮

사회학과 77학번으로 들어온 동기는 모두 20명이었던 걸로 기억하는데 이 가운데 학생운동 활동가 양성소 구실을 하던 학회(이념 써클, 요즘 말로 하자면 동아리)나 대학신문, 학교 바깥의 운동권 교회나 야학 등에 소속해 활동하는, 이른바 운동권 학생이 절반을 넘었던 것 같다. 학생 수가 적은 데다 운동권으로 분류되는 사람들이 과반수이다 보니 우리 학번에서는 사회학과가 다른 어느 학과보다도 단결이 잘 되었다. 따라서 인문대의 국사학과, 철학과도 상황이 유사해 이들 학과가 데모는 물론 수업거부, 동맹휴학 등 서울대 학생운동의 중심이 될 수밖에 없었다. 수업 거부 등 학내 단체행동이 필요한 이슈가 있으면 가장 먼저 과 총회를 열어 행동방침을 결정함으로써 전체 대학을 선도하는 역할을 한 것이다. 따라서 중도에 학교를 그만둔 친구도 있었고 구속되거나 징계를 받은 친구들도 적지 않아 4년 만인 1981년 2월에 졸업한 동기는 대여섯 명에 지나지 않았던 것으로 기억한다.

구성이 이렇다 보니 교수님들과 정면으로 부딪히는 일이 잦았는데 그 첫 번째가 바로 '필독서 제도'였던 걸로 기억한다. 매 학년 학기별로 지정된 사회학 고전 가운데 2권(기억이 분명하지 않다)을 읽고 서평을 써 제출하도록 하는 제도를 77학번들이 사회학과에 들어온 1978년 1학기부터 도입한 것이다. 그런데 그것이 권장사항이거나 가산점을 주는 메릿트 시스템이 아니고 서평을 제출하지 않으면 학점을 한 등급(A학점은 B학점으로) 내리는 강제적인 패널티 시스템이었다. 공부하기 싫다는 심정도 다분히 깔려 있었겠지만, 우리는 그 제도 속에 사회학과 학생들이 학생운동에 적극적으로 나서지 못하게 묶어두려는 의도가 깔려 있다고 의심했다. 우리는 즉각 2학년 총회를 열어 필독서 제도를 거부하기로 결의했고 거의 모두가 서평을 내지 않고 감점을 당하는 단결력을 과시했다. 모두들 서평 제출을 거부하는 사태가 이어지자 필독서 제도는 3학년 때부터 슬그머니 없어졌다. 우리 학번이 사회학과 역사상 가장 공부하기 싫어하는 학번, '문제아'가 많은 학번으로 교수님들로부터 지목받게 된 데는 이 일이 결정적 계기가 되지 않았나 싶다.

⋮

우리가 2, 3학년이었을 때 과 조교를 맡고 있던 박노영(충남대 교수), 박명규(서울대 교수) 두 선배는 과 사무실에서 잘 죽치던 '문제아'들을 따뜻하게 품어 주었고 서무를 담당하던 '과순이' 김동희 씨도 잊을 수 없는 인물이다. 악동들의 괴롭힘에 때론 눈물바람을 하기도 했지만 동기들과 매우 친밀해져 급히 돈이 필요할 때 돈을 빌리기도 했고 데모나 유인물사건 등과 관련해 학과 사무실로 걸려오는 전화를 통해 경찰 등 정보당국의 움직임을 당사자에게 넌지시 알려주는 학생 쪽 정보원 구실도 했다. 2학년 2학기 9월 데모 때 주동자를 보호하려다가 도서관과 대학본부 사이 중간 통로 부근에서 경찰과 옷이 찢기는 격투를 벌여 겨우 체포를 면한 적이 있는데 그 다음날부터 당시 서울대를 담당하던 관악경찰서(지금의 방배경찰서)에서 형사가 나를 잡으러 왔었다고 알려줘 내가 도피할 수 있게 도와준 사람도 동희 씨였다. 그 사건으로 나는 학교로부터 한 학기 유기정학 처분을 받았는데 그 징계는 오늘의 상식으로 보면 말도 안되는 일이다. 대학본부에서 찍은 당시 데모사진이 징계의 근거였을 텐데 문제의 격투장면 속 인물이 나라는 것을 구체적으로 확인하는 절차나 과정도 없이 사진판독만으로 일방적인 징계가 내려졌기 때문이다.

⋮

지도교수제도도 기억에 남는다. 이른바 '문제학생'들을 통제 · 관리하기 위해 도입된 제도로 기억되는데, 모든 학생들이 2학년부터 지도교수를 배정받았고, 지도교수는 자신이 담당한 학생 가운데 이른바 '문제학생(A급 지도대상)'들에 대한 지도보고서를 정기적으로 대학본부에 제출해야 했던 것 같다. 나는 1978년 봄부터 당시 4학년이던 75학번 선배들이 주동한 유신반대 데모에서 학생들이 모여들어 시위대가 형성될 때까지 주동자가 체포되지 않고 시간을 벌 수 있도록 보호하는 역할을 하다보니 2학년 1학기 때부터 정보당국에 의해 A급으로 찍혔다. 1985년 2월 졸업할 때까지 내 지도교수는 신용하 교수님이었는데 신 교수님은 면담을 자주 하시지는 않았지만 연구 시간도 모자라는데 과외 일로 나에 대한 지도보고서까지 써야 하는 상황이 못마땅하셨던 것 같다. 그래서 나를 면담할 때나 다른 친구들을 면담하면서 노골적으로 "최영선 같은 학생 때문에 귀찮고 성가시다."는 내색을 감추지 않으셨다. 반면 나는 지도교수를 내 의사로 선택한 것이 아니고, 따라서 면담도 내가 원해서 하는 것이 아닌 만큼 교수님이 나를 못마땅해 하시는 것을 받아들이기 어려웠다. 교수나 학생 모두가 불의한 정권의 피해자가 아닌가. 당시 우리들한테 가장 인기가 있었던 분은 돌아가신 김진균 교수님이었다.

⋮

3학년 때부터인 걸로 기억되는데 노량진 부근에서 술을 마시다 돈이 떨어지거나 술을 더 마시고 싶은데 통행금지시간(밤 12시부터 새벽4시까지)이 임박해서(밤 11시 전후) 교수님께 전화를 걸면 교수님께서는 혼자, 또는 사모님과 함께 나오셔서 우리가 마신 술값을 계산해주셨다. 때로는 한 잔 더하고 싶은 우리를 당신의 집(독산동)으로 오게 해 새벽까지 정종을 같이 마셔 주기도 하셨다. 그런 인연으로 김 교수님은 여러 동기들의 결혼 주례를 맡아주셨고 우리는 오랜 세월 김 교수님 댁에 세배를 다녔다.

1978년 나는 2학년 2학기가 시작될 무렵 내가 속했던 이념써클의 대표로, 철저한 보안 속에 운영되던 교내 11개 이념써클 연합회(1980년 12월 11일 시위와 유인물 사건으로 이 조직에 관련된 백수십 명이 넘는 사람들이 치안본부 대공분실로 연행돼 조사를 받고 구속되거나 강제휴학으로 군대에 끌려갔는데 경찰은 이를 무림사건이라고 명명했었다.)의 멤버가 되고 3학년 2학기부터는 이 연합회의 3인 대표(사회대, 인문대, 사범대 각 1인)의 일원이 되면서 학생운동이 내 본업처럼 되었기 때문에 사회학과나 동기들과의 특별한 기억은 남아 있지 않다.

⋮

77학번 동기들 가운데 집안 사정으로 가장 먼저 학교를 떠난(자퇴한) 친구는 김일청이었고, 가장 먼저 구속돼 학교에서 제명된 친구는 1979년 6월 서울시내 여러 대학이 연합해 광화문에서 벌이려던 계획이 사전에 발각돼 구속된 옥광섭이었다. 양기엽(기독교방송 보도국 기획위원)은 1979년 10월 구속됐다가 박정희의 죽음으로 기소유예로 풀려났고, 1980년 12월 교내시위 배후로 수배된 나는 9개월 동안 도피생활을 하다 1981년 9월 붙잡혀 2년 동안 징역을 살았는데 신수열(학원 경영)도 그 무렵 학교에서 데모를 주동하고 내가 있던 구치소로 들어와 수감생활을 같이 했다. 심성이 섬세하고 여려 박정희 전두환으로 이어지는 험난한 시대의 무게를 이겨내지 못한 우성균과 옥광섭은 정상적인 사회생활을 하지 못하는 어려운 삶을 영위하고 있고, "어머니가 사람 모이는 곳에 가지 말라고 했다."는 주장을 내세워 불가피한 모임이 아니면 교내 회합에 잘 나오지 않던 김진국은 노동운동에 몸담았다가 1990

년대 중반 가장 늦게 징역살이를 했다. 박형규 목사의 제일교회를 활동 기반으로 기독학생회와 기독청년회(EYC), 기독교사회문제연구원 등에서 정열적으로 활동하던 황인하는 불행하게도 1999년 혈액암을 이기지 못해 동기들 가운데 가장 먼저 저 세상으로 갔다. 우리 동기들이 가장 많이 진출한 분야는 학계와 언론계인데 각각 5명이 몸담고 있다. 나를 포함해 양기엽, 한삼희(조선일보 논설위원), 차형훈(한경WOW TV 대표이사), 조덕현(국방홍보원 방송부장) 등이 언론사에, 언제나 진지했던 지승종이 먼저 경상대 교수로 자리를 잡은 데 이어 정진상(경상대)과 김경일(덕성여대를 거쳐 현재 한국학중앙연구원), 박광민(명지대), 고종욱(안양대)이 대학에 안착했다. 사회학과 학생으로는 드물게 잘 놀던(?) 축이던 박광민(명지대 교수)와 고종욱(안양대 교수)이 공부를 계속해 대학교수가 된 것은 나로서는 예상치 못했던 일이다. 박광민은 1976년 교육계열(사범대) 1학년 때 나와 같은 반이었다. 그 밖에 개인사업이나 출판사를 경영하는 사람도 있고 공무원이 된 친구도 있다.

나는 사회학과과 77학번 동기들, 나아가 우리 세대들은 불의의 시대에 나름대로 치열하게 맞서면서 살아왔다고 자부한다. 그러나 다른 한편으로 우리 세대는 역사의 기억 속에서는 지워진 세대라는 느낌을 지울 수 없다. 박정희, 전두환으로 이어지는 험난한 시대를 타고 넘으면서 치명적인 상처를 받거나 죽은 친구들, 모질게 견디며 살아온 77학번 동기들이 지금과 같이 자유롭고 개방된 시대에 대학을 다녔더라면 어떤 인생행로를 밟아가고 있을까.

사회학과를 나왔다는 것

민병관

1990년대 초반의 일이다. 내가 다니는 신문사의 사장이 바뀌었다. 큰 기업체 사장이던 분이 전문경영인으로서 우리 회사의 CEO(최고경영자)로 온 것이다. 그분은 매우 부지런하고 직원들과 대화하기를 좋아하던 분이었다. 오자마자 기자들과 1 대 1 면담을 시작했다. 나도 어느날 불려갔다. 이런 저런 이야기 끝에 이런 질문을 하셨다. "사회학과를 나왔는데, 왜 경제부 기자를 하지요?" 경제학과, 무역학과나 경영학과를 나오지 않았는데 경제부에 있으니 이상했던가 보다. 순간 당황스러웠다. 그때까지 한 번도 그런 생각을 해보지 않았었으니까. 사실 사회학과를 나와서 경제부 기자를 하는데 어떠한 애로사항(내가 스스로 심각하게 느낄 만한)도 없었다. 비록 경제학이나 경영학은 개론서와 참고서적 몇 권 읽어본 것밖에 지식이 없지만….

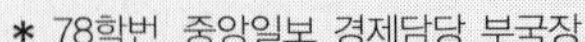

* 78학번, 중앙일보 경제담당 부국장

그래서 그대로 말씀드렸다. "한 번도 그런 생각해본 적 없는데요."라고. 그리 대답하고 말기는 좀 미안했다. 그래서 덧붙였다. "경제부 기자 가운데 상대 나온 사람은 그리 많지 않습니다." "인문학을 전공한 경제 기자도 많습니다. 물론 저같은 사회학과 출신도 있구요." 그분이 요구한 대답은 아니었으리라. 일종의 현문우답(賢問愚答)에 고개를 계속 갸우뚱하시던 그분은 얼마 있다가 다시 다른 회사로 옮기셨지만 그때 그 문답은 뒤에 긴 여운을 남겼다. '그래, 공부를 좀 해야겠다'는 마음도 먹게 됐다. '경제학과나 경영학과를 나온 기자들보다 가방끈 짧아서 실력 없다는 소리는 듣지 말아야지 뭐.' 이런 오기가 생겼다. 그래서 한동안은 수없이 쏟아져 나오는 경제, 경영관련 서적 가운데 베스트셀러에 오른 책들은 웬만하면 사서 읽었다. 밑줄도 쫙쫙 쳐가면서….

하지만, 난 지금도 믿는다. "사회학과를 나온 것이 경제부 기자를 하는데 전혀 결격사유나 장애요인이 되지 않는다"라고. 경제부뿐 아니라 사회부는 말할 것 없고 정치부, 문화부 기자를 하는 데에도 마찬가지일 것이라고. 나아가 기자뿐 아니라 다른 웬만한 직업에서도 사회학과를 나온 것은 훌륭한 밑천일 것이라고 나는 생각한다. 그만큼 우리가 선택했던 사회학은 밭이 넓고, 쓰임새가 많은 학문일 것이라고 나는 굳게 믿는다.

'삶은 선택의 연속'이라지만 그 중에서도 특별히 중요한 선택이 있는 것 같다. 그다음의 삶에 두고 두고 영향을 미친다는 점에서 보면 그 첫 단추가 대학 진학이 아닐까 싶다.

나는 지방에서 고등학교를 졸업한 뒤 1978년 사회계열로 입학했다. 우리 학번이 입학할 때에는 사회대, 경영대, 법대를 전부 묶어서 사회계열로 뽑았다. 학과는 2학년 때부터 나뉘었다. 문과에는 사회계열과 인문계열, 사범계열 세 그룹이 있었다. 이렇게 계열별로 들어온 학번은 그리 많지 않았던 것으로 안다. 우리 기수를 포함해 그 선배 기수로 3~4년 정도가 계열별로 들어왔고, 우리 다음 해에는 다시 단과대별로 뽑았던 것으로 기억한다.

그래서 대학교 1학년 때에는 고등학교처럼 반이 있었다. 나는 사회계열 2반이었다. 그러다가 1학년 말에 희망하는 학과를 써내게 되었다. 1, 2지망을 다 '사회학과' 라고 적었다. 법학과나 경제학과, 경영학과가 당시에도 이른바 '인기학과' 였지만 그런 학과들은 정원도 많았다. 사회계열로 들어온 450명 가운데 28명이 사회학과를 선택했다. 그렇게 해서 또 소중한 친구들을 만나게 되었다. 만약 법학과를 갔다면? 아니면 경제학과를 갔다면? 기자로 일하고 있는 지금의 나는 아마 없었을 것이다. 전혀 다른 모습으로 살았을 것이란 점에서 그때 그 선택이 지금까지 내가 살아오면서 가장 중요했던 선택이었다고 생각한다.

⋮

사실 대학에 입학할 때까지만 해도 사회학과는 뭐를 공부하는 곳인지 조차 몰랐었다. 고등학교에 다닐 때에는 그저 경제학과나 경영학과에 들어갔으면 좋겠다는 생각을 했었다. 그러다가 입학한 뒤 사회학과에 다니던 고교 선배의 권유로 써클에 들어갔다. 그 선배로부터 일미집 같은 대포집이나 낙성대 입구에 줄지어 있던 포장마차에서, 7동(棟)앞 잔디밭에서 무수한 교육을 받게 되었다. "사회학이 얼마나 멋진 학문인지"에 대해서. 그리곤 점차 세뇌(?)가 되기 시작했다. 사회학개론이 법학개론이나 경제학개론보다 더 쏙쏙 귀에 들어왔다. 세상 돌아가는 데에는 뭔가 원칙과 흐름이 있지 않을까? 한 부분만 깊게 알아선 설명할 수 없는 그 무엇. 세상을 볼 때 '사회 유기체' 라고 부를 수 있는 다소 애매하지만 멀티포커스적인 발상. 이런 생각을 하게 되었던 것 같다. 좀 막연하다는 느낌도 있었지만 사회라는 큰 틀에서 현상을 파악하고, 문제를 짚어내는 스케일이 맘에 들었다. 선배들의 소개로 '사회학에의 초대', '사회학적 상상력' 같은 책도 읽게 됐다. C.라이트 밀즈가 쓴 사회학적 상상력은 그때 막 번역본 초판이 나왔었다. 그 책을 읽으면서 '사회학은 막연한 학문이 아니구나.' 하는 위안(?)을 받게 되었다. 사회라는 큰 틀에서 보되 거대 담론의 함정에 빠지면 안되고, 동시에 '나무만 보고 숲은 보지 못하는' 경험주의에 함몰되어서도 안된다는 메시지를 담은 책이었다. 에밀 뒤르껭의 '자살론' 이 결정타였다. 자살은 당연히 심리적인 행위라고 생각되던 차에 '그게 아니다.' 라고 저자는 힘차게 주장했다. 자살을 이기적, 이타적, 아노미적 자살로 분류하면서 사회적인 행위임을 증명하는데 어찌나 논리적인지 감탄이 절로 나왔다.

쓰다 보니 마치 책을 꽤 읽은 것처럼 비쳐져 죄송한데 실은 그 반대다. 학교 공부든, 개인적인 공부든 제대로 안했고, 그럴 분위기도 아니었다. 유신정권이 말기로 접어들면서 캠퍼스엔 최루탄 가스 냄새가 가실 날이 없었고, 휴강하거나 아예 휴교하는 날이 더 많았다. 선배들로부터 "독재정권에 맞설 사람은 우리 학생들 뿐"이라는 이야기를 귀가 따갑게 들었다. 그런 상황에서 이른바 인기학과에 가는 것은 일종의 사치라는 생각도 들었다.

부모님은 아들이 판사나 검사가 되기를 원하셨다. 사회적인 존경을 받고, 경제적으로도 어려움 없이 살 수 있을 것이란 말씀이었다. 하지만 틀에 박힌 삶이 될 것 같아 싫었다. 그래서 경제학과나 경영학과에 가는 것으로 암묵적인 합의를 한 상태였다. 그런데 한 마디 상의도 없이 사회학과를 써내고 겨울방학 때 집으로 내려갔다. 상의하면 반대하실 것 같아 차마 말씀을 못 드렸다. 며칠을 끙끙 앓다가 어머니에게 보고(?)했다. 예상대로 난리가 났다. "내가 널 어떻게 키웠는데…." 눈물을 흘리시는데 정말 미안했다. 아버지에겐 말씀도 못 드렸다. 며칠 후 아버지가 날 보자고 하셨다. 집 근처 중국집에 데리고 가서 자장면과 만두를 사주셨다. 어머니가 말씀을 하셨을 터이니 당연히 알고 계셨으리라 생각했다. 다 먹고 나자 말씀하셨다. "그래 잘했다. 사내 대장부가 자기가 하고 싶은 일 해야지." 이런 요지였다. "알아보니까 사회학이 훌륭한 학문이라고 하더라. 그러니 공부 열심히 해야 한다." 이런 말씀도 해 주셨다. 눈물이 핑 돌았다. 어찌나 고맙던지. 두고두고 잊을 수가 없었다. 아버지는 몇해 전 돌아가셨다. 산소에 갈 때마다 아버지에게 이야기한다. "고맙습니다. 그 믿음 어긋나지 않도록 열심히 살겠습니다."라고.

⋮

2학년이 되어 친구들과 이야기를 하다 보니 사연이 대개 비슷비슷했다. 그만큼 사회학과를 선택한다는 것은 당시로선 '결단'에 속했다. 그 결단은 참으로 순수한 것이었다고 나는 지금도 생각한다.

쉽게 사는 길, 누구나 가는 길마다 하고 '가고 싶은 길' 찾아서 우리는 모였다. 그리고 2, 3, 4학년을 보냈다. 2학년 때에는 시국이 더욱 급박해졌다. 급기야 10 · 26과 12 · 12가 터졌다. 3학년 1학기가 피크였다. 1980년 '서울의 봄'이다. 학교 수업은 아예 관심 밖이었다. 민주주의를 향한 그 뜨거운 열정은 우리들의 기억 속에 영원히 남을 것이다. 찬바람이 불면서 신군부가 들어섰다. 1981년 초 군대에 갔다. 3년간 소총수로 복무한 뒤 복학해 4학년 2학기 때인 1984년 가을 중앙일보 입사 시험을 쳤다.

그때부터 지금까지 기자를 하고 있다. 처음 5년간은 사회부에서 주로 사건기자로 일했다. 1989년 경제부로 옮긴 뒤엔 줄곧 경제부와 산업부를 오가면서 차장, 부장을 거쳐 지금은 경제에디터(경제담당 부국장)를 맡고 있다.

나는 생각한다. 상대를 나온 사람들에 비해 경제, 경영관련 지식은 뒤질지 모른다. 법대를 졸업한 사람보다 법률 상식은 크게 모자랄 것이다. 그러나 우린 그 대신 멋진 것을 배웠다. '사회를 보는 눈' 이라고 할 수 있을 것 같다. 전체적인 틀 속에서 부분 부분을 보고, 문제의식을 갖고 접근하는 습관 같은 것들을….

⋮

'창조적 파괴' 나, '제3의 길' 도 사회학도가 해낼 수 있는 발상의 전환이다. 경제 기자로서 경제 현상을 바라볼 때 이 '사회학도적인 생각' 이 큰 도움이 되어 왔다고 믿는다. 한완상 선생님이 언젠가 "사회학도는 '소셜 닥터(social doctor)' 다."라는 말씀을 하셨다. 사회의 병을 발견하고 치료하는 사람. 언론계에도 비슷한 가설이 있다는 점은 사회학과 출신 언론인으로서 자부심이다.

또 사회학은 근본적으로 젊은 학문이라고 생각한다. 변화를 두려워하지 않는다. 창의력과 상상력이 고도로 요구되는 학문 아닐까(공부를 못해서 잘은 모르지만). 이 역시 기자직에 딱 맞는다. 언론계는 매너리즘이 포착되는 즉시 가차없는 채찍질을 해대는 '살벌한' 조직이기 때문이다.

다음은 사회학과 후배이자 우리 회사 후배가 제시한 '사회학과 언론의 공통점'이다.

1) 포괄적인 사회 현상에 대해 관심을 기울인다.
2) 사회 변화를 주시한다.
3) 현상과 이면, 본질을 찾아내기 위해 노력한다.
4) 책(자료)만 들여다본다고 해서 최고가 될 수 없다. 현실 세계와 끊임없이 접촉해야 한다.
5) 삐딱하다. 좋은 점보다 문제점을 찾아내는 걸 천직으로 여긴다.

이 글을 쓰는 데 도움을 받기 위해 부탁했는데 끙끙대며 써 준 답변이었다. 읽으면서 한참 웃었다. 너무 맞는 말이라 생각되어서. 다른 직업은 잘 모르지만 큰 차이는 없을 것이라고 생각한다. 내가 아는 훌륭한 과(科) 선배와 친구를 소개하는 것으로 글을 마치려 한다.

본인들의 양해를 구하지도 못하고 실명을 밝히는 실례를 범한다. 지금은 은행연합회장을 맡고 계신 유지창 선배님(69학번). 선배님을 처음 만난 것은 1993년 재무부를 출입하게 되면서였다. 당시 경제 관료 중 '꽃 중의 꽃'이라는 금융정책과장을 맡고 계셨다. 이름에서 풍기듯 우리나라의 금융정책을 좌우하는 요직 중의 요직이다. 그러니 얼마나 골치 아프고 복잡 다단한 일이 많았으랴. 하지만 유 선배님이 찡그리는 표정을 한 번도 본 적이 없다. 이해관계 따지지 않고 만나는 사람마다 늘 넉넉하게 대해주셨다. 언젠가는 재무부 직원들이 인기 투표를 했는데 1등을 했다. 성질 급한 기자들 사이에서도 인기 짱이었다. 성격만 좋은 게 아니라 실력파였다. 이견을 조정하고, 합의를 도출 해내는 능력이 단연 발군이었다. 또 미리미리 예측하고 대비해서 자칫 큰 사태로 번질 수도 있는 일들을 물 흐르듯, 부작용이나 후유증 없게 처리하는 실력 또한 일품이었다. 부분보다 전체를 먼저 생각하고 상대방 입장에서 생각하는 데 익숙하지 않으면 발휘할 수 없는 능력일 것이다. 이런 능력은 사회학과를 나오면 알게 모르게, 자연스럽게 길러지는 것 아닐까. 유 선배님은 재경부와 금감위의 중책을 두루 맡은 뒤 산업은행 총재를 지냈다.

내 자랑스런 친구인 유현오 SK커뮤니케이션즈 사장. 회사 이름은 혹시 모를 수 있지만 이 회사가 운영하는 싸이월드를 모르는 대한민국 사람은 없을 것이다. '일촌맺기'라는 독특한 개념으로 세계적인 선풍을 일으키면서 국내에서만 무려 2000만 명에 가까운 가입자를 둔 회사. 현오는 그런 회사를 만들었고, 이끌고 있다. 그는 선경그룹에 들어갔다가 미국으로 유학을 갔다. 정보통신학으로 박사학위를 받았다. 아직 인터넷은 물론 컴퓨터조차 낯설 때 현오는 미래를 내다보았다. 그리고 SK텔레콤으로 복직해 미래 비즈니스를 연구 기획하는 일을 하다 SK커뮤니케이션즈 대표를 맡아 싸이월드 신화를 일궈냈다. 사회학과 정보통신의 절묘한 컴비네이션. 한국이 낳은 가장 창의적인 인터넷 모델로 꼽히고 있는 싸이월드는 아마 사회학적 상상력이 없었다면 태어나기 어려운 작품이었을 것이라 생각한다.

현오와 가끔 만날 때면 이야기를 한다. 우리들이 젊은 날 얼마나 멋진 선택을 했는지에 대해서. 또 그 도움을 얼마나 고맙게 받고 있는지에 대해서….

죽음을 넘어, 시대의 어둠을 넘어

신형식

1979년 3월, 부산 촌놈인 나는 청운의 꿈을 꾸고 온 집안의 기대를 한 몸에 받으며, 관악캠퍼스에 입학했다. 당시는 계열별 모집이라서 사회과학대학 LB 1반에 배치 받았다. 온 세상이 나를 반겨주는 줄로만 알았으나, 당시 관악의 하늘은 결코 푸르지 않았다. 푸르기는커녕 음습한 분위기가 캠퍼스를 무겁게 짓누르고 있었다.

1979년 10월 26일, 18년 동안 철권통치를 자행하였던 박정희 대통령은 김재규 중앙정보부장이 쏜 총알을 맞고 쓰러졌다. 이로써 유신체제는 종언을 고했고, 절대 권력은 진공상태가 되었다. 사실 국민 대다수가 박정희 정권에 대해 등을 돌리기 시작한 징후는, 1978년 1월의 10대 국회의원 총선에서 나타나고 있었다. 그 선거에서 여당인 공화당이 신민당보다 의석수는 7석 앞섰지만 총 득표율로는 야당인 신민당보다

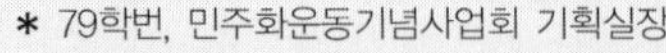

* 79학번, 민주화운동기념사업회 기획실장

1.1% 뒤지는 결과를 낳았기 때문이다. 그런 와중에 박정희 정권은 YH 사건으로 대표되는 인권말살 정책과 김영삼 제명 파동으로 대표되는 정치적 압살을 자행하고 있었다. 철권통치 아래서 쌓이고 쌓였던 민중의 불만과 분노가 1979년 10월 16일 부마항쟁으로 폭발하여 결국 10 · 26 사태를 낳았던 것이다.

1979년 12월 12일 12 · 12사태로 전두환을 중심으로 한 신군부는, 공백상태에 놓여있던 권력의 중심으로 등장하여 최규하 대통령 권한대행을 허수아비로 앞세워놓고 정권을 농단하기 시작했다. 1980년 3월 나는 사회학과로 진학했다. 더불어 수많은 민주투사들이 복학생이 되어 학원으로 돌아왔다. 서울의 웬만한 메이저 캠퍼스들의 복학생 숫자가 15명 남짓이었는데, 사회학과는 단일학과 복학생 숫자가 18명이나 되었다. 이 철, 유인태, 이해찬, 문국주 선배 등등. 나는 왠지 모르게 가슴이 뿌듯했고, 사회학과 재학생이란 사실에 무한한 자긍심을 가졌다.

각 대학마다 총학생회가 부활하기 시작했고, 각 대학의 교수님들도 시국선언을 발표하였으며, 전국적으로 민주화 요구가 봇물처럼 터져 나왔다. 바야흐로 짧고도 짧은 '서울의 봄'이 시작되었던 것이다. 5월 14일부터 서울 전역의 대학생들이 서울역으로 모여들어 "전두환 물러가라!", "신현확 물러가라!"를 외쳤다. 청와대로 진군하느냐 마느냐 문제를 가지고 각 대학 학생회장들의 장시간 회의 끝에 5월 16일 서울역 회군이 결정되었다.

5월 17일 전두환 일당은 비상계엄을 전국으로 확대하는 동시에 휴교령을 발동하였다. '서울의 봄'은 끝이 났던 것이다. 5월 18일 광주에서 시위가 일어나자 전두환 일당은 공수부대를 동원하여 살인적 진압을 저지르기 시작하여 5월 27일 전남도청이 진압될 때까지 수백 명의 민간인을 학살하는 만행을 자행했다.

1980년 5월에 광주의 80만 시민은 수백 명을 역사의 희생으로 바치고 아무런 성과 없이 참담하게 물러서야 했다. 영웅적인 투쟁에도 불구하고 적어도 그 당시에는 무참히 패배하고 말았다. 우리 역사에서 이런 희생은 비단 5월 광주뿐만이 아니다. 가까이 군사정권과 유신의 억압 아래서, 4 · 19혁명의 과정에서, 더욱이 해방공간과 한국전쟁을 통해서 헤아리기조차 어려운 희생을 끊임없이 치러야 했다. 그러면서도 그 희생에 값하는 성과를 제대로 획득하지 못했다.

1981년 봄이 되어 휴교령이 해제되어 3학년이 되어 학교로 돌아왔다. 2학년 때까지 과대표였던 동기가 군대에 가게 되어, 79동기들이 모여 나를 과대표로 세우려고 했다. 고민 끝에 과대표를 수락하고, 관악 캠퍼스의 암울한 분위기를 반전시킬 수 있게 하기 위한 사전 정지작업들을 시작하였다.

⋮

서울시내 5개 대학 사회학과 체육대회를 조직하여 이화여대, 고려대, 연세대, 성균관대 사회학과 대표들을 수차례 만나서 '재경 사회학과 체육대회'를 1981년 5월 초에 관악에서 개최하였다. 1년 전 광주에서 돌아가신 님들을 위한 묵념을 올리면서 님들의 못다한 꿈들을 이루기 위해 내 한몸 기꺼이 희생하기로 다짐하였다. 관악서 형사들의 감시망 속에서 비상계엄하에서 찌들렸던 울분을 축구경기와 발야구 등을 통해 마음껏 발산했다.

그 후 전남대학교 사회학과 대표와 연락하여 상호 교환방문 행사를 하기로 계획하여 1981년도에는 관악에서 30여 명의 사회학과 학우들이 전남대를 방문하여 체육대회를 하기로 합의했다. 공식적으로는 체육행사였지만 체육행사를 빙자한 광주항쟁 희생자들을 위한 추모행사를 갖기 위함이었다. 1981년 5월 15일 용산역에서 비둘기호 야간열차를 타고 광주 송정리에 다음날 새벽에 도착하니 우리를 맞이하는 건 전남대 사회학과 학우들만이 아니었다. 닭장차 2대에 실린 기동타격대와 백골단도 우리를 열렬히 맞이하였던 것이다. 전남대 사회학과 대표가 하는 말은 "단순 체육행사라고 경찰에 아무리 설명해도 원천 봉쇄하겠다는 것이 전남도경의 입장이다."라는 것이었다. 할 수 없이 현지에서 구수회의를 거쳐 체육대회는 포기하고, 무등산 자락에서 막걸리와 노가리 안주로 광주영령들을 추모하며 전남대 학우들과의 우의를 다지며 내년을 기약하게 되었다. 한편 전남대 학우들로부터 1년 전 광주항쟁의 생생한 전개상황 보고를 들을 수 있었다. 살인정권을 타도해야 되겠다는 의지가 더욱 굳어져만 갔다.

⋮

서울에 올라와서 사회과학대학 전체 과대표 회의를 조직하여 광주항쟁 1주기를 맞이하여 뭔가 의미있는 행사를 하기 위해 노력하였다. 사회학과, 정치학과, 경제학과 등 10개 과대표들이 수차례 만나서 격론을 벌인 끝에 일부의 반대의견도 있었지만 맺은 결론은 광주항쟁에서 가장 많은 사상자를 낳은 전남도청 진압작전이 벌어졌던 1980년 5월 27일을 추모하기 1981년 5월 27일 정오에 사회과학대학 10개 과대표들이 학우들을 인솔하여 모두들 가슴에 검은 리본을 달고서 침묵시위를 벌이기로 하였던 것이다.

그런데 계획 하루 전날인 5월 26일에 갑자기 공대 쪽에서 연락이 왔다. 공대생들 4명이 27일 같은 날에 데모 주동하기로 되었는데, 사회대와 겹치게 되었다는 것이다. 당시 사회학과 79학번들은 모두 24인이었다. 그런데 대부분이 공개 서클이든 비공개 이념 서클이든 학생운동에 깊이 관여하고 있었던 터라 사회학과 79 모임을 급히 열어, 27일은 사회대가 치고 나가고 공대는 28일에 시위를 하기로 결론을 내릴 수 있었다. 급박한 상황하에서 사회학과 79모임이 관악 전체 학생운동의 방향을 결정할 수 있었던 것이다. 자랑스러운 사회학과 79학번!

5월 27일 12시에 사회과학대 5동 앞에서부터 시작된 침묵시위는 1000여 명의 학우들이 참여한 가운데 도서관과 아크로폴리스 주변으로 확산되었다. 주변에는 학생 수와 비슷한 인원의 사복형사와 백골단들이 배치되어 있어, 관악캠퍼스는 팽팽한 긴장감으로 뒤덮여 있었다. 학우들이 "전두환 물러가라!", "파쇼정권 타도하자!"라고 외치기 시작하자 사복형사들과 백골단들은 무자비한 폭력으로 체포와 연행을 시작하였다.

⋮

학우들이 여기저기 쫓기며 "파쇼 타도"를 외치던 목소리조차 점차 사그라져갈 때, 관악캠퍼스는 백골단의 폭력과 체포, 연행으로 숨조차 제대로 쉬지 못했다. 분노, 두려움과 부끄러움이 교차된 눈망울들이 힘없는 싸움에 빛조차 바래가던 그 순간, 도서관 난간에 나타난 한 학우(고 김태훈 열사: 경제학과 78학번)로 인해 새로운 긴장, 아니 아크로폴리스를 향해 쏟아지는 이상한 기운이 감돌고 있었다. 그건 방황하던 광주영령들이 아크로폴리스 동산에 내려와 새로운 영혼을 맞이할 저승사자들의 환영을 동시에 보았기 때문이었을까? 너무도 순간적이었다. 아무도 예기치 못했었다. 사전 정보는 전혀 없었다. 그러하기에 더욱더 충격적일 수밖에 없었다.

"전두환 물러가라!", "전두환 물러가라!", "전두환 물러가라!" 허공을 맴도는 김태훈 열사의 목소리는 그렇게 크지도 않았다. 그의 두 발이 난간을 떠나 허공에 뜨는 순간 지켜보던 이들은 죽음의 사자를 보았고, 학우들의 입속에서 터져 나온 비명소리는 허공을 갈라놓을 수밖에 없었다.

"아 악" 외마디 소리와 함께 붉은 피를 쏟아내며 차가운 시멘트 바닥에 뒹구는, 아직 생명의 숨결이 끊어지지도 않은 열사의 몸뚱아리 위에는 수도 헤아릴 수 없는 최루탄이 터져내렸다. 이럴 수가 있을까? 아직 숨 쉬고 있는 생명체를 향해 수없는 최루탄을 발사하다니. 그놈들에겐 생명이 무엇인지, 죽음이 무엇인지 느낄 만한 감각이 존재하지 않는단 말인가?

"사람 죽었다.", "비겁한 놈들아 나가 싸우자.", "사람이 죽었단 말이다." 비명과 절규와 분노가 뒤범벅되어 술렁거렸다. 비명소리와 최루탄 연기, 냄새, 아비귀환 그 자체였다. 쏟아지는 눈물을 가누지 못하고 흐느끼는 여학생들의 울음, 절규하는 남학생들의 분노, 공중에 쏟아지는 최루탄 발사의 폭음….

그날 우리는 또다시 한 생명을 민주의 제단 앞에 받쳐야 했다. 이후 28일과 29일까지 시위가 계속되었으며, 29일에는 신림동 4거리까지 진출하기도 하였다. 3일간의 시위로 무려 170여 명의 학우가 연행되었다.

죽음을 넘어, 시대의 어둠을 넘어 자유 · 평등 · 평화가 만발하는 세상을 위하여… 삼가 김태훈 열사의 명복을 비는 바이다.

이제부턴 공부에 대한 부담이 줄어들어 하루하루가 신날거야

최승욱

1982년 초 고교 졸업을 앞두고 예상했던 캠퍼스 생활상이었다. 이미 사회대 입학이 확정된 상태였던 만큼 대하소설을 읽으며 공상하기 딱 좋은 시기였다. 당시만 해도 학력고사와 내신 성적만으로 신입생을 선발했다. 지금과는 달리 '선 시험 후 지원' 방식이 적용됐다. 입학식을 마치고 교문을 배경으로 부모님과 기념사진을 찍을 때까지만 해도 기분은 고양된 상태였다. 국내 최고의 대학을 다니게 되었다는 자부심이 가슴에 가득 차 마치 붕붕 떠다니는 듯 싶었다. 여기에다가 넓디 넓은 캠퍼스, 대학본부 앞의 잔디마당과 인문대 앞의 호수,호위무사처럼 옹립한 관악산 등도 매력적이었다. 무엇보다도 드디어 내가 시간을 지배할 수 있게 됐다는 점이 마음에 들었다.

그렇지만 부푼 꿈을 갖고 시작한 대학생활의 환상이 깨지는 데에는

* 82학번, 한국경제신문 논설위원

그리 오랜 세월이 걸리지 않았다. 교양과정 과목이 주로 진행된 대형 강의실이 콩나물시루를 연상케 했다. 한 반에서 70명씩 공부했던 중고교 시절과 무슨 차이가 있는지를 반문할 수밖에 없었다. 다른 수업도 일방적이고 천편일률적인 지식 전달에 그치기는 별반 차이가 없었다. 몇 년 동안 한 번도 손보지 않은 듯한 교안으로 진행되는 강의도 곳곳에서 발견됐다. 도서실도 부족한 장서와 불편한 대출시스템으로 인해 크기가 큰 독서실 수준에서 벗어나지 못했다.

⋮

물론 몇몇 교수님들의 열정과 신념에 찬 강의는 대학을 다니는 보람감을 안겨주었다. 강의를 들으면서 '세상을 이렇게도 볼 수 있구나.' 하고 무릎을 칠 때도 한두 번이 아니었다. 리포트 작성은 역시 적잖은 부담을 안겨주었지만 소득이 없지는 않았다. 내가 주체적으로 작품을 만든다는 의미를 담고 있어서였다. 그렇지만 시험은 암기식 또는 객관식 유형에서 크게 벗어나지 못했다. 결국 교수 수에 비해 학생이 너무 많은 탓이 컸다.

이뿐만 아니었다. 꽃샘추위 속에 강의를 들어야 했지만 라디에이터 주변만 온기가 감돌뿐 조금만 벗어나면 냉방과 다름없었다. 음대와 미대를 제외하고는 대부분의 강의 동은 비슷하게 지어져 못마땅했다. '붕어빵' 과 교육여건에서 창의력 발휘는 남의 나라 애기였다.

본부 앞 학생식당도 정말 가기 싫은 곳이었다. 값은 쌌지만 맛이 없어서였다. 부실한 식사 탓에 간식을 먹는 때가 많았다. 오후 늦게 사범대 '깡통식당' 에서 자장면이나 짬뽕을 먹고 난 뒤 만족스러운 얼굴로 배를 두드리며 나왔던 기억이 아직도 생생하다. 그때부터 민간인이 하는 식당이 공무원에 의해 운영되는 식당보다 나은 것을 보고 자본주의의 장점을 인정하지 않을 수 없었다.

이보다 더 힘들었던 것은 군사정권의 폭압적 체제였다. 목 좋은 잔디밭은 진압복 차림의 전투경찰이 차지하기 일쑤였다. 정문 앞에서 격렬한 시위가 벌어지면 사복 차림의 경찰이 주동자를 잡는다며 강의실 등으로 들어와 동료와 선배를 마구잡이로 연행하는 일도 많았다.

이런 반교육적인 분위기에서도 최루탄과 곤봉으로 무장한 전경도 따지고 보면 우리의 친구이자 형제인데 마치 전투를 벌이듯 적대시해야 하나는 의문은 끊이지 않았다. 특히 전방실습에서 만난 현역 병사들을 보며 전경들과 오버랩됐다. 자신의 뜻과는 무관하게 누구는 철책선에서 경계를 서고 누구는 대학 앞에서 시위를 막아야하는 현실을 어떻게 받아들여야 할까 좀처럼 해답을 찾을 수 없었다.

이 와중에서도 동기들과의 만남은 신선했다. 사회, 신문, 인류학과로 구성된 소계열에 입학한 동기생들은 2개 반으로 편성됐다. MT도 반별로 갔다. 인기 있는 장소는 대성리 등이었다. 맥주나 소주 막걸리 등을 마시며 진리와 자유, 민중 등에 대해 얘기를 하다보면 자정을 넘기기 일쑤였다. 289번 버스 종점 부근의 이른바 녹두거리 식당도 주린 배를 채우거나 술잔을 기울이는 아지트였다.

81학번부터 본고사가 없어지고 입학정원도 대폭 늘어나는 등 새로운 입시제도가 적용된 탓에 학점에 대한 부담이 없지 않았다. 입학정원의 30%가 졸업하지 못한다는 졸업정원제가 시작된 데다 소계열별 모집에 따라 1학년 말 원하는 과를 지원하는 절차가 남아 있어서였다. 그렇다고 해서 학점지상주의가 팽배한 상태는 아니었다. 무엇보다도 졸업 후 미래에 대한 불안이 그다지 없었기 때문이 아닌가 싶다. 당시 경제는 고도성장을 구가하면서 인재가 부족했던 시기였다. 가을이 되면 대졸 신입사원 채용공고가 쏟아졌다. 취업에 대한 걱정은 신입생부터 없었다. 졸업 후 미국 명문대학에서 박사학위를 딴 뒤 국내로 돌아와 교수가 되거나 전 세계 시장으로 막 진출하기 시작했던 대기업에 취직하는 선배들이 역할모델로 존재했다. 고 정주영 현대그룹 명예회장과 김우중 전 대우그룹 회장의 성공신화가 살아있던 시기였다. 더구나 졸업정원제는 정권이 바뀌면서 유야무야됐다.

⋮

중간고사와 기말고사, 몇 번의 휴강 끝에 1학년 1학기가 끝나 2학기를 맞았다. 학업에서도, 미팅에서도 별 성과를 거두지 못한터라 자신감이 결여된 상태였다. 뭔가는 해야겠다고 결심했지만 그렇다고 골치 아픈 곳은 싫다는 생각 끝에 여행 서클에 들어갔다. 사회학과에 배정된 뒤 1983년 1월 9박 10일간 동기와 선배들 12명과 함께 변산 덕유산 송광사 등 전라도 일대를 여행했다. 여행팀 별칭은 '노을빛 한을 줍는 하얀 바보들' 이었다. 막내라 설거지는 지겹게 했지만 별 불만은 없었다. 평소에는 노는 듯했던 선배들이 추운 날씨 속에 변산을 오르내리느라 모두가 녹초가 되는 위기순간이 닥치자 온갖 궂은 일을 다하는 모습을 보았기 때문이었다. 희생정신과 솔선수범하는 자세가 인상적이었다.

당시 랠리를 끝내고 여행 도중 느낀 점을 작성하면서 내가 받은 지적은 '아주 엷은 색깔을 지녔다.', '왁자지껄한 모습을 보고 싶다.', '너무 장기방어에 급급해 도사리는 모습보다 확 터놓고 까불어봐라.', '양파껍질에 둘러싸여있다.', '덜 세련되었다.'는 것이었다. 지금 와서 되돌아보면 옳은 평가이겠지만 당시만 해도 훈계로만 들렸다. 이는 서클에 대한 무관심으로 이어졌다.

2학년이 된 뒤 선택한 종교학 강의는 처음부터 구미에 맞았다. 종교의 정의를 경외감과 신비함으로 규정한 것부터 흥미를 끌었다. 균형과 갈등이란 키워드로 사회현상을 논리적으로, 합리적으로 풀어가는 사회학을 공부하면서 사회과학의 정반대에 선 종교학적 접근도 인식의 지평을 넓혀주었다. 종교를 더 알아야겠다는 생각에 천주교 교리를 공부하고 영세를 받기까지 했다. 개신교에 비해 사회정의 실현에 앞장선 천주교의 진보적인 성향도 영향을 미치지 않았나 싶다. 사람들과 사귀기 위해 시작했던 주일학교 교사생활은 2년간 계속됐다. 그렇지만 고해성사를 보기 싫다는 부분이 새삼 문제가 되면서 종교에 대한 관심은 결국 탐색전으로 끝나고 말았다. 매사를 의심하고 따지기를 좋아하는 천성은 맹목적인 믿음과 절대적인 신뢰를 요구하는 종교와 너무 거리가 멀었다.

소극적인 성격을 고치기 위해 선택한 결정은 ROTC 입단이었다. 당시 육군 대위였던 자형의 권고와 외아들을 강하게 키우겠다는 부친의 의사도 반영됐다. 훈련을 받는 2년간 대학 등록금 면제라는 장학금 지급 혜택도 매력적인 대목이었다. 매주 금요일 2시간과 토요일 오전 4시간 군사학 이론과 훈련을 하며 자제력과 인내심을 키웠다. 3학년과 4학년 여름방학 중 1개월을 문무대에서 훈련받으면서 땀을 흘렸다. 군대는 물론 군사문화까지 경원하는 분위기에 굴하지 않으려고 노력했다. 다행스럽게도 다른 대학과는 비교할 수 없을 정도로 자유로왔던 학군단 문화가 큰 도움이 됐다. 임관시험과 졸업논문을 준비하다가 졸업한 뒤 곧바로 소위 계급장을 달고 광주에서 훈련을 받았다.

1988년 제대한 뒤 신문사에 들어갔다. 1989년과 1990년께 서울대 출입기자 신분으로 관악을 다시 찾았다.

격렬한 시위가 연일 열릴 정도로 정권의 횡포가 극심했다. 이 통에 캠퍼스는 최루탄 냄새가 지워질 날이 없었다. 그렇지만 전반적인 민주화 분위기 속에서 자유의 공기를 만끽할 수 있었다. 캠퍼스의 주인은 바로 교수와 재학생이었다.

재정경제원을 맡을 당시 발생했던 외환위기로 인해 대한민국은 총체적인 변신을 강요당했다. 고금리는 대다수 국민들에게 엄청난 고통을 안겨주었고 가혹한 구조조정으로 인해 평생직장이란 신화는 산산이 부서졌다. 외환위기는 언제까지 계속될 것 같았던 대학가의 시위를 없앴지만 역동성과 모험정신마저 우리에게서 앗아갔다.

지난 5월 임관 20주년 행사를 교수회관에서 가졌다. 모처럼만에 찾은 관악은 풍요롭고 여유롭게 보였지만 나보다는 우리를, 위보다는 아래를 배려하고 신경썼던 문화는 없어진 것처럼 느껴졌다. 무한경쟁의 시대를 맞아 안전성이 중시되는 직업만 선호되는 현실도 아쉽기만 했다.

그렇지만 캠퍼스 곳곳에 산학협력 등에 의해 세워진 각종 연구시설을 바라보며 흐뭇한 감정을 감출 수 없었다. 교육인프라가 과거와 비교할 수 없을 정도로 훌륭했다. 도전과 패기로 재무장한 채 연구와 진리탐구에 좀 더 주력한다면 글로벌 연구중심대학으로 위상을 확고히 하는 날이 멀지 않았음을 직감했다.

무엇이 친구들을 10월의 마지막 주말 모임에 불러내는 것일까?

정태석

지금은 오래된 추억으로 얘기할 수 있지만, 졸업 후 한 참 동안까지 정확히 말하면 민주화의 봄볕이 내리쬐어 대학시절의 삶을 웃으면서 얘기할 수 있기 전까지는 그 시절은 늘 나의 마음을 짓누르고 있었다. 신성한(?) 국방의 의무를 남들보다 조금 짧게 (말하자면 '귀신잡는 해병대, 해병대 잡는 똥방위' 로) 마치고 대학원을 진학한 나로서는 대학시절의 기억이 한동안 마음의 짐이 되어 남아있었다.

우리의 대학시절은 소운동장에서 사회대 신입생을 비롯한 선후배들이 서로 어깨를 겯고 구호를 외치면서 달려 나가는 것으로 시작됐다. 군중 속에 묻혀있다는 안도감과 그래도 나에게 무슨 일이 닥칠지도 모른다는 약간의 불안과 두려움 속에서 우리의 청춘은 혼돈스러운 시작을 맞이했던 것이다.

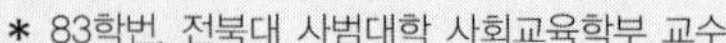

* 83학번, 전북대 사범대학 사회교육학부 교수

전두환의 군사독재는 교내 곳곳에서 진을 치고 있는 '짭새들(사복경찰)' 로 다가왔고, 눈앞에서 펼쳐지는 억압의 굴레는 비판과 저항을 정언명령으로 받아들이지 않을 수 없도록 했다. 녹두집, 선비촌, 그리고 지금은 기억조차 나지 않는 이름의 퀘퀘한 술집들에서 신입생 환영회, 학과총회 뒷풀이, 과세미나 뒷풀이, 교내시위 뒷풀이 등이 이어지면서 우리들의 고뇌와 번민도 커져만 갔다. 고교시절 영화에서 보았던 대학의 낭만은 먼 나라의 사치스런 꿈일 뿐이었다.(이때의 정신적 혼돈은 나의 1학년 1학기 학사경고를 정당화해 준 내 마음 속의 소중한 변명거리였다. 그런데 나와 함께 성적으로 밑바닥을 깔았던 친구가 나와 함께 '사회학과 60년사' 원고를 쓰는 학번 대표로 선정되었다니 이게 무슨 운명의 장난인가?)

⋮

하지만 그 시절의 고뇌와 번민은 83학번 동기들을 묶어주는 힘이기도 했다. 학번총회나 MT에서 우리들은 서로의 고민을 나누었고 서로 다른 생각으로 격론을 벌이기도 했다. 지금 생각해 보면 서로 격론을 벌였던 것은 서로를 미워해서가 아니라 아마도 우리를 짓누르는 벗어날 수 없는 부조리한 현실에 대한 답답함과 분노 때문이었을 것이다.

개인적으로 가장 기억에 남는 일이 있다면, 전북 임실군 신덕면 조월리로 농활 갔던 일, 축제 때 버들골에서 마당극을 했던 일, 축제 노래대회를 준비하면서 이건범, 이선태(청태), 최정욱, 백은주, 김홍철 등 (다른 한 명은 이옥나였던 것 같은데. 나의 떨어지는 총기를 용서해 주기를….)과 '그루터기' 와 '이 세상 어딘가에' 노래 연습을 했던 일, 노래 대회가 무산되어 허무해 하던 차에 정창호가 야학 학생들을 위한 무대(?)에 초청하여 서울시내 어디에선가(아마 흥사단 건물이었던 것 같은데….) 흐뭇한 마음으로 노래했던 일 등이다. 사실 그 후로 우리 학번은 유난히 '그루터기' 노래를 많이 불렀고, 결국 뒷풀이를 마무리하는 우리 학번을 대표하는 노래가 되었지. 아마도 이건범의 고음이 3부합창의 아름다운 선율을 만들어내어 동료들의 심금을 울렸던 것이 그 중요한 원인이 아니었을까?

⋮

14동 뒤 소운동장 농구장에서 농구하던 기억, 문무대에서 훈련받으며 운동가요 부르던 기억, 학회 뒷풀이로 밤에 기숙사를 지나 낙성대공원까지 걸어내려 가서 술 한 잔 기울이던 기억, 버들골에서 축구하던 기억, 수학여행, 졸업여행으로 지리산을 올랐던 기억, 수학여행에서 양정효가 발을 삐어서 정상을 밟아보지 못하고 오건호가 양정효를 업고 하산했던 기억 등등…. 아마 내가 함께하지 못했던 일들이나 내가 미처 기억하지 못하고 있는 일들이 무수하겠지만, 냉소와 자학의 세월 속에서 우리의 삶이 단지 황량하기만 했던 것은 아니었음을 기억할 수 있는 것만으로도 흐뭇하다. 아마도 이런 기억들이 삭막한 세월 속에서도 우리 동기들이 서로에 대한 진정성과 인간적 신뢰와 애정을 잃지 않고 지낼 수 있었던 원천이 아니었을까?

나는 1987년에 2월에 대학을 졸업하고 신성한(?) 국방의 의무를 위해 고향 영천으로 내려갔다. 나의 임무는 향토를 방위하는 것이었다. 내가 근무한 곳은 '헌병대'였는데, 1987년 6월항쟁 시기를 거기서 보냈다. 사실 그 시기에 헌병대 내에서는 계엄을 준비하는 활동들이 진행되고 있었는데, 마음속으로 정말 기분이 더러웠다. 내가 어떻게 할 수 있는 것도 아니고, 게다가 대통령 선거에서 야권 단일화가 실패하면서 노태우가 집권하게 되어 정말 짜증스러웠지.

그 사이에 백은주, 이현숙(마산) 등 여자친구들 결혼 소식도 있었다. 나는 이현숙 결혼식에 참석하려고 짧은 머리를 하고 마산으로 갔던 기억은 있다. 그때 축하곡을 한 곡 했었나? 결혼식 여러 군데 다녔더니 언제 어디서 무슨 축하곡을 불렀는지도 헷갈리기 시작한다. 그런데 지금도 매년 지속되고 있는 10월 마지막 주 모임이 그때 시작되었던 것은 분명할 것이다. 내 기억으로는 1987년 10월 마지막 주 토요일에 삼영실내수영장 2층 음식점에서 모였던 것 같은데, 아닌가? 참 잊을 뻔 했는데, 졸업 후 지금까지 학번 대표(실질적 총무?)를 맡아 애써온 강정석의 노고에 감사한다. 당사자에게 좀 미안한 얘기 같지만 분위기상 아마도 평생 바뀌지 않겠지. 노고에 감사하며 모두 우렁찬 박수를….(짝짝짝)

⋮

어쨌거나 1988년 겨울 내가 대학원 생활을 준비하기 위해 서울로 돌아왔을 때, 학교 분위기는 많이 바뀌어 있었다. 과거에 비해 훨씬 자유로워졌고 민주주의에 대한 기대도 생겨났다. 하지만 동기들은 취업, 군대, 현장, 대학원 진학, 유학 등등으로 뿔뿔이 흩어졌고 그러면서 매년 10월 마지막 주가 기다려지기 시작했지. 그때 모이면 빠지지 않고 불렀던 노래가 이용의 '잊혀진 계절'과 '그루터기'였다. 10월의 마지막 주말에 흥청거리는 몸과 처절한 목소리로 '10월의 마지막 밤을' 외쳐댔지.

⋮

몇 년 지나 친구들의 활동무대가 넓어지기 시작하면서 모임 장소가 신림동, 봉천동 일대에서 벗어나 시내로 진출하기 시작했다. 학창시절의 기억으로부터 멀어지는 것 같아 한편 아쉽기도 하지만 보다 많은 친구들이 잠시라도 서로 얼굴을 볼 수 있다면 어딘들 못 가겠는가? 그런데 세상이 변화에 맞설 장사는 없다고 했던가? 우리 모임에도 변화의 바람이 일기 시작했는데, 가장 극적인, 어색한 듯하면서도 재미있는 변화는 노래방을 찾기 시작했다는 것이 아닐까 싶다. 나이가 들면서 신곡으로 한몫(?)해보려는 경쟁이 치열해지고, 와중에 힘들게 민중가요 한 곡 골라서 옛 기억을 되살려 보기도 하고, 아저씨 아줌마들의 유연한(?) 몸놀림 속에서 살짝 퇴폐적인(?) 분위기도 나오고…. 그렇지만 역시 마지막 곡은 '그루터기'였지. 한 가지 덧붙이자면 지역감정(?)을 동원한 이선태(청주)의 추태(?)로 몇 년 전부터 올갱이 해장국이 서서히 83학번 공식 해장국의 지위를 얻어가고 있는 것 같은데, 조금만 더 힘쓰면 확고한 위치를 차지할 수 있을 듯….

그나저나 2차, 3차를 가도 집에 갈 생각을 않는 친구들을 보면 참으로 끈적끈적한 동기모임이 아닌가 싶다. 아마도 다른 모임에서는 마음 편하게 나누지 못하는 얘기들, 터놓고 나누지 못하는 감정들을 서로 나눌 수 있다는 사실이 우리의 모임을 더욱 질기게 만드는 것이 아닐까? 그리고 그 근원은 고뇌와 아픔을 함께 나누었던 대학시절의 삶이 아닐까? 지금은 서로의 생각들이 조금 더 달라져 있겠지만, 보다 나은 세상을 위한 열정만은 마음 깊이 간직하기를.

사회학과에서의 재사회화 : 1983년의 기억과 오늘

이선태

사회학과와의 첫 만남

사회학과와의 첫 만남은 1983년 1월 말쯤으로 기억된다. 아마도 1월 중순에 합격자 발표가 있었던 것으로 기억된다. 3월 입학식 이후 수업이 시작되고 교수님이나 선배와의 만남이 시작될 것으로 예상했지만 사회학과와의 만남은 1월 말경에 있었던 신체검사 날부터 시작되었다. 신체검사 날 저녁에 사회학과 신입생 환영회가 있었던 것이다.

사실 첫 만남인지라 긴장을 해서 그런지 지금도 당시의 상황이 눈에 선하다. 장소는 신림동 녹두집이었다. 녹두집에 들어서서 왼편에 있는 제일 큰방이었다. 저녁식사는 라면이었고 이어 감자탕을 안주로 막걸리와 소주가 다 부서져가는 탁자에 가득 쌓였다. 당시의 신입생 눈으로

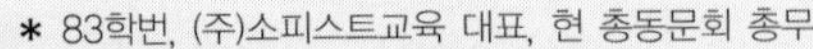

* 83학번, (주)소피스트교육 대표, 현 총동문회 총무

볼 때 참으로 이상했던 것은 온전하게 생긴 숟가락과 양은 냄비가 없었다는 점이었다. 온통 휘어지고 찌그러진 상태였다. 궁금증이 해소되는데 걸린 시간은 그리 오래 되지 않아서였다. 선배들의 환영사가 이어졌고 술이 몇 순배 돌더니 노래를 하기 시작하는데 노래 박자에 맞추어 숟가락을 온통 두드리고 난리가 아니었다. 돌아가며 자기소개도 하고 덕담을 나누고 노래를 선창하면, 모두들 함께 부르면서 어깨동무를 하기도 하고 무릎을 두드리기도 한다. 숟가락을 탁자에 요란하게 내려치면서 숟가락은 휘어지고 탁자의 모서리는 생채기를 보이기 시작했다. 정말이지 성한 것은 아무도 없었다. 숟가락도 양은 남비도 탁자, 그리고 메들리로 흐드러지게 놀아나는 사람들 모두. 그날 난 처음으로 '농민가'를 알았고 '임을 위한 행진곡'을 따라 불렀다. 그것이 대학생활의 시작이었다.

신입생 환영회가 끝나고 그날 밤 난 선배의 자취방 신세를 졌다. 그날 밤 내 손을 끌고 간 선배는 81학번 김계수 선배였다. 1983학년도 사회학과 학생회장을 맡고 있는 분이었다. 당시에는 학도호국단 시절이니까 학생장이라고 불렀다. 순천 출신인 김선배는 졸업 후에 서울에서의 교편생활을 정리하고 귀향하셔서 농사를 짓고 계시다고 들었다. 뵌지가 오래되었다. 차에서 내려서 김계수 선배를 따라 참 많이도 걸어 올라갔다. 술 취한 걸음이어서 더했겠지만 그래도 꾀나 많이 올라갔다. 거의 등산 수준으로 사람 두 명도 거의 일렬로 가야하는 좁고 꼬불꼬불한 캄캄한 골목길을 꾀나 올랐다. 봉천고개에서 내려서 왼편으로 한참이나 올랐던 것 같다.

이튿 날 아침에 잠을 깨어보니 김선배가 식사준비를 열심히 하고 계셨다. 세수를 하라고 해서 하기는 했는데 얼음장 같이 차가운 물이었다. 차마 내 입에서도 "따뜻한 물 없어요?"라는 말이 나올 수 없는 상황. 그야말로 곧 쓰러질 것만 같았던 판자집이었기 때문이다. 사실 술 취한 덕분에 편안한 잠을 잤던 것이지 밤에도 방에 온기라고는 없었다. 추운 겨울날 난방 장치 없이 잠을 잤고 찬물에 세수를 하고 문 밖에 나갔는데 눈앞에 펼쳐진 광경에 난 내 눈을 의심했다. 김선배 집은 거의 꼭대기에 있는 집이었고 아래로는 온통 판자집의 바다였다. 건너편 봉우리도 마찬가지였다. 지금은 봉천동 고개 일대가 온통 아파트 단지이지만 당시에는 그 자리에 무허가 판자집들이 다닥다닥 붙어서 거대한 산을 이루고 있는 상황이었다. 마치 홉스의 리바이어던 표지 그림에 리바이어던의 몸을 이루고 있는 꼬물꼬물한 인간 군상들처럼 그렇게 판자촌이 펼쳐졌다. 난 태어나서 처음으로 판자집으로 이어진 빈민촌을 보았다. 내가 유복하기만한 청소년 시절을 보낸 것은 물론 아니지만 내가 자랐던 지방에서도 이런 광경은 볼 수 없었다. 아침식사를 마치고 다시 어제 올랐던 길을 김선배와 같이 내려오면서 내가 올랐던 지난밤의 길을 온전히 다시 볼 수 있었다. 연탄더미가 산처럼 쌓여져 있고 쓰레기가 여기 저기 뒹굴고 있었고, 공중 화장실 부근은 오물이 쌓여 꽁꽁 얼어 있었다. 그런 길을 지난밤에 뒤척이며 올랐던 것이다. 내가 알고 있던 나라가 아니었다. 새로운 대한민국의 모습이었다. 대한민국에 이런 곳이 있다는 사실에 멈칫했고 이날의 임펙트는 이후의 대학생활 내내 나의 뇌리 저 구석에 깊이 박혀서 나의 일상을 지배했던 것 같다. 대학에서의 재사회화는 이렇게 시작되었다. 썩 훌륭한 참여관찰의 경험이었다.

새내기 시절의 봄날들

대학 입학 이후의 생활은 기대와는 정말이지 많이 달랐다. 5공화국의 공안통치가 서슬 퍼렇던 시절이었다. 정말이지 혹독한 재사회화의 과정이었다. 개인적으로 난 4남매의 막내였기에 형이나 누나의 대학생활을 간접적으로 지켜 볼 수 있었다. 운동권 누님 덕분에 이른바 데모라는 것도 알고 있었고 학생운동의 분위기도 대략은 알았다고 생각하며 대학에 입학했었다. 적어도 생초짜는 아니라고 생각했던 것이다. 그런데 막상 겪어보니 정말 매일매일이 살얼음판 같은 생활이었다. 당시 사회대가 위치한 7동 앞 잔디밭에는 늘 사복 차림의 전투경찰(이른바 짭새)이 늘 상주하고 있었다. 우리가 대여섯 명이 잔디밭에 앉아 있기라도 하면 짭새들이 슬슬 근처에 와 앉아서 우리의 이야기를 엿듣는다. 캠퍼스는 우리의 땅이 아니었다. 이미 점령당한 땅이었다. 6동 1층에 있었던 행정실에는 관악경찰서의 사회대 담당 형사들이 늘 서성거린다. 당시 덩치가 크고 눈이 후리후리한 광주 출신의 임형사가 있었는데 사회대를 담당하였다. 임형사는 내가 3학년 때 사회학과 학생회장을 맡고 있을 때 자주 볼 기회가 있었고 내가 학교에 남아 있었던 4학년 봄까지 사회대를 줄곧 담당했었다. 당시 학생운동이 가장 활발했던 사회대 담당이면 아마도 그쪽 계통에서도 능력을 인정받았음에 분명하다. 지금 그 양반은 어디서 뭘 하고 있을까 가끔씩 생각이 난다.

•
•
•

언제 터질지 모르는 팽팽한 풍선 같던 분위기가 계속되다 마침내 풍선이 터졌다. 입학 후 한 달 정도 되었을 때 있었던 사회대 체육대회였던 걸로 기억된다. 당시에 사회대 학생장이 지금 스타 MC로 잘 나가시는 81학번의 정관용 선배였다. 1학년인 우리로서는 그저 체육대회를 한다는 사실만 알고 7동 앞에 모였고 선배들을 따라 삼삼오오 대운동장 근처 보조운동장으로 집결하는데 분위기가 영 심상치 않았다. 학교에서 정식으로 허가한 행사가 아니라는 이유로 정복 경찰까지 학내로 진입하여 우리의 운동장 진입을 막는다. 교수님들이 총동원되었고 다들 해산하라고 역성을 내신다. 정치학과의 어느 교수님은 당시 항의하던 여학생의 빰을 때리는 바람에 두고두고 학생들로부터 어용교수로 낙인찍히기도 했다. 몸싸움 일보직전의 일촉즉발의 긴장 상황이 몇 시간 계속되었고 결국 체육대회는 무산되었다. 1학년 동기였던 이건범 동문이 짭새들에게 잠깐 잡혀 가기도 했다. 그날 오후 녹두집에 모여서 모두들 침울한 분위기에서 낮술을 먹던 기억이 난다. 체육대회조차도 불가능했던 시절이었다.

5월이 되어서는 데모가 이틀이 멀다하고 계속되었다. 당시의 데모라고 해야 주동자가 건물 창가 난간에 밧줄로 몸을 의지하고 유인물을 뿌리는 정도였다. 또는 나무 위에 올라가 메가폰을 들고 몇 마디 외치다가 끌려내려 오는 정도였다. 대개 데모할 때 제일 먼저 선창하는 노래가 '와서 모여 우리 하나가 되자' 라는 노래였는데 한 구절을 제대로 부른 적이 없었다. 그만큼 경찰의 병력은 위세가 대단했고 학생들은 주눅들어 있었다. 내가 처음 데모다운 데모를 한 것은 5월 13일로 기억되는데 도서관에서 시작해서 5동 앞까지 거의 100미터 달리기 선수처럼 모두들 도망쳤던 기억이 난다. 데모 초짜였던 난 5동까지 다다르지 못하고 IMC(5동에서 도서관 방향으로 가다 왼쪽 언덕에 있는 흰 건물)에서 뛰어 내려오는 짭새들에게 뒷덜미를 잡혀 IMC 건물 안으로 끌려갔다. 내가 연행될 당시 열심히 경찰들에게 항의한 선배가 지금 문화일보에 계시는 81학번 최형두 선배였다. 그 양반이 안면이 있는 경찰한테 날 풀어달라고 성화를 부렸던 기억이 난다. 최선배의 성화도 소용이 없었는지 난 건물 안에서 몇 시간을 10여 명의 학생들과 함께 갇혀 있었다.

바깥이 잠잠해지면 관악서로 수송할 요량이었을 것으로 짐작했는데 당시에 마구잡이로 연행을 하던 통에 정말이지 억울한 학생들이 있었고 그 덕분인지 몰라도 1학년들은 일단 내보내주었다. 당시 3학년과 4학년들은 구속되기도 했다. 가슴을 쓸어내리며 7동 과사무실로 가서 한참 동안 멍하니 있었던 기억이 난다. 당시 조교였던 정근식 선배의 까랑까랑한 목소리도 귀에 들어오지 않았다. 겁을 많이 먹었던 모양이다. 가까스로 연행을 모면했지만 관악경찰서는 정말 멀지 않은 곳에 있다는 사실을 깨닫는 데는 많은 시간이 걸리지 않았다.

⋮

열흘 뒤쯤일까 큰 사건이 5월 24일에 터졌다. 5동 근처와 7동 근처에서 데모가 있었는데 데모 대열이 경찰을 피해 5동, 6동, 7동 건물 안으로 쫓겨 들어 왔다. 그리고 이어서 전투경찰 병력이 대거 투입되어서 5, 6, 7동을 에워싸더니 안에 있던 수백 명의 사람들을 모두 통째로 닭장차에 태워 연행하는 사건이 발생했다. 강의실에서 공부하던 학생들도 예외가 아니었고 연구실에 있던 대학원생들도 죄다 연행되었다. 7동 과 사무실에 있던 사회학과 학생들도 모두들 고개를 숙이고 앞사람의 허리춤을 이어 잡은 채 줄줄이 사탕으로 엮여 구타와 희롱 속에 연행되었다. 6동 학생 행정실에 누가 불을 지른 사건이 있었던 것이다. 불이 크게 난 것은 아니지만 학생 활동 탄압의 상징이었던 행정실 방화사건은 그해 가장 큰 규모의 구속과 연행 사태를 만들었다. 관악경찰서에 일주일 가까이 머물렀던 것 같다. 혐의가 없는 사람들은 다음날부터 풀려나기 시작했는데 난 열흘 전에도 한번 잡혔던 경력 때문에 좀 더 머물렀던 것 같다. 1학년 학생들은 대부분 훈방 조치를 당했다. 그런데 그날 데모하다가 사진에 얼굴이 찍힌 83학번 오건호 동문은 경찰서에서 그대로 강제 징집에 취해졌다. 당시에는 강제 징집이라는 것이 있어서 남학생들은 경찰서에서 그대로 군대로 끌려가는 일이 비일비재했다.

2006년 10월29일 오늘

오늘은 일요일이다. 아침에 눈을 뜨고 급하게 양치질과 '고양이 세수'를 하고 테니스화를 꺼내 신고 집을 나섰다. 테니스 약속이 있었다. 자꾸만 불러오는 뱃살에 대한 적대감을 불사르며 추석 연휴가 끝나자 테니스를 다시 시작했다. 며칠 전 길 건너 아파트 단지에 살고계시는 이한용 선배(71학번)와 주말에 테니스를 치자는 약속을 했고 그날이 바로 오늘이다. 이선배님을 만나 같이 차를 타고 테니스장으로 갔다. 처음으로 같이 플레이를 하였다. 어제 테니스화를 새로 장만하시고 테니스 라켓도 내 것을 빌려드렸지만 전성기 시절의 실력을 엿볼 수 있을 만큼 잘 치신다. 난타를 10여 분 주고받았을까 했는데 또 한분의 동문 선배가 오신다. 이기홍 선배(76학번)다. 이 양반의 실력은 거의 선수급이다. 두 분의 선배님들은 오늘 첨 인사를 나누셨다. 신선한 가을 공기를 마음껏 마시며 몇 게임을 했고, 맥주를 곁들며 점심 식사를 했다. 동문들이 모였으니 선후배들의 동정과 자녀교육 등의 얘기를 나누었다. 가장 많은 얘기는 부동산 문제였던 것 같다. 최근 한국의 가장 심각한 사회문제를 거론한 셈이다. 매주 운동을 하자는 결의가 있었고 주변에 있는 테니스 치는 동문들을 수배해 봐야겠다는 생각이 들었다.

나는 집에 가서 샤워를 하고 회사로 출근했다. 나는 1년 전쯤에 소피스트교육이라는 주식회사를 만들었다. 논술관련 사업도 하고 있고, 성북구에 오프라인 학원도 운영하고 있다. 학원 이름은 소피스트학원이다. 이 학원에는 인근에 살고 있는 사회학과 동문들의 자녀들이 죄다 다녀간다. 83학번 조은경, 최정욱 동문, 82학번 이형찬 동문 등의 자녀들이다. 사실 우리 회사의 마크와 로고는 이기홍선배의 맏딸 민지양이 디자인을 해주었다. 아주 멋있다. 우리 회사 안에는 사회학과 동문들이 많다. 84학번 박상규 동문과 85학번 홍종기 동문이 논술 관련 컨텐츠 팀장을 맡고 있다. 변호사로 일하고 있는 86학번 임상철 동문은 우리 회사의 감사를 맡고 있다. 81학번의 이광규선배도 가끔 세미나 모임에 들리신다. 내가 대표이사를 맡고 있으니 "사회학과가 다 해먹는다."는 얘기가 나올까 걱정될 정도다. 앞으로 논술사업과 관련해서는 사회학과 후배님들을 많이 모실 작정이다.

오늘 하루 만난 사람들이 많았지만 사회학과 선후배님들이 늘 곁에 있어서 좋았다. 지난 주 금요일에는 사회학과 83학번 정기연례모임이 대학로에서 있었다. 83동기들은 매년 10월 마지막 주 금요일에 모임을 갖는다. 졸업과 동시에 시작해서 지금까지 동기회장을 맡아 수고하고 있는 강정석 동문이 참 든든하게 동기들을 챙겨주고 있다. 다시 한 번 이 자리를 빌어 강정석 친구에게 감사의 인사를 드린다. 썩 바람직한 얘기는 아니지만 한국사회에서 믿을 만한 사람은 혈연, 지연, 학연이라고 하는데(?) 난 사회학과 학연 덕을 톡톡히 보는 것 같다. 사회학과에서의 재사회화를 시작으로 벌써 대학 입학 이후 24년이 되었다. 사회학과 사람들을 만나서 많이 배웠고 지금 내가 나의 삶을 살아가는 동력을 거기서 얻었다. 그리고 적지 않은 세월을 건너 뛰어 일상을 함께 하는 사회학과의 많은 동문들이 있다. 같은 시대를 공유했다는 믿음은 앞으로 또다시 많은 새로운 관계를 가능하게 만들 것으로 믿는다. 정말 감사할 일이다.

입학과 방황의 시간들 그리고 전화위복의 천운

박종화

사실 나는 사회학과가 어떤 공부를 하는 곳인지도 모르고 입학하게 되었다. 대구 덕원고 1회 졸업생이었던 나는 1983년 학력고사에서 평소 시험성적보다 30여 점이나 더 높은 점수를 받는 바람에 애초 연세대 경영학과에 지원할려고 하다가 신설고의 특성상 서울대 입학생을 많이 배출해야 했던 학교와 담임선생님의 입장, 연세대 경영학과 보다는 서울대 나오는 것이 취업에도 유리하다는 조언, 그리고 재수할 경우 성적을 잘 받기 어려울 것이라는 판단 등으로 1차 지원한 서울대 경영학과는 내신 2등급으로 인해 떨어지고 2차로 지원한 사회학과에 입학하게 되었던 것이다. 사실 객관적인 실력으로 볼 때 서울대에 입학할 수 있는 자질이 모자랐는데 객관식 시험이라는 교육제도 덕분에 서울대 사회학과에 입학한 것이 화근이었다.

* 83학번, 원원컨설팅 대표/그랜드 편의점 대표

사실 고등학교 시절까지는 나를 위해 고생하시는 부모님께 열심히 공부하여 서울대에 입학하는 것이 효도하는 길이라고 믿었기에 다른 것은 생각해 볼 겨를이 없었던 나에게 1983년은 충격과 혼란의 시간이었다. 시위와 최루탄 그리고 눈물과 콧물 5 · 18과 군사독재, 민중과 민주화, 자본주의와 사회주의, 그리고 민족이라는 개념은 부모에 대한 효도밖에 몰랐던 내가 가슴에 담기는 너무 버거웠다. 그리고 객관식 시험에 길들여진 나에게 주관적인 의사표현을 요구하는 교육방식은 또 다른 벽으로 다가왔다. 나름대로 주관을 갖고 시위에 참석하며 열정을 토하는 친구들과 또 다른 주관으로 열심히 공부하는 친구들 그 어디에도 나는 설 수 없었다.

• • •

그 혼란의 와중에 함께 했던 친구들이 있었다면 고독회(고전독서회) 멤버들이 내 마음을 터놓을 수 있는 유일한 친구들이었던 것 같다. 박순진, 정태석, 정민오,이선태(진해), 조동기(?) 지금은 고독회 친구들의 이름조차 다 기억하지 못하지만 아담 스미스의 『국부론』 등 교재를 구하기 위해 청계천 골목을 뒤지고 다녔던 기억이 생생하다. 그러나 그것도 잠시, 나는 내 능력의 한계와 방향성의 상실로 방황의 시간을 보내고 말았다. 졸업을 앞둔 시점에서 나는 교육학개론 시간에 배웠던 영국의 섬머힐 교육방식에 이끌려 교육학과 대학원 진학을 시도하였으나 또 한 번 한계를 극복하지 못하고 중간에 포기하고 말았다.

졸업 후 1987년 5월 21일 군에 입대한 나는 군에서 시위진압훈련(충

정작전)을 받으면서 1987년 6월 29일을 맞이하였다. 그리고 1989년 8월 전역한 나는 1989년 11월 엘지화학에 입사하였다. 사실 엘지화학에 입사할 수 있었던 것도 내 능력보다는 서울대 출신이라는 학벌이 더 크게 작용한 것으로 보아 덕원고 담임 선생님의 판단이 결코 잘못된 것만은 아닌 것 같았다.

9년간 엘지화학에 근무하다가 퇴직 후 심신의 재충전을 위해 1주일을 보낸 단식원에서 알게 된 단학을 통해 나는 우리 민족의 바른 역사와 정신문화를 접하는 천운을 만났다. 그리고 3개월간의 준비 끝에 시작한 이·미용 프랜차이즈(여명) 사업 도중 청부살인과 죽음이라는 극한의 공포로 인해 정신병원에 입원할 뻔 했으나, 하늘과 조상님들의 은덕으로 목숨을 부지한 채 고향인 대구로 내려와 경일대학교 앞에서 그랜드 편의점을 지금까지 운영하고 있다.

⋮

3년 뒤 나는 교통사고로 또 한 번 생사의 갈림길에 선 것을 계기로 삶과 죽음, '나는 누구인가?', '나는 왜 태어났는가?', '나의 삶의 목적은 무엇인가?' 라는 근원적인 질문을 가지게 되었다. 민족종교인 선불교를 통해 우리 민족의 하늘과 하느님(기독교의 하나(느)님과는 전혀 다른), 국조이신 단군성인과 우리 민족의 근본정신인 천지인 정신과 그 실천지침으로서 홍익인간 이화세계의 철학을 알게 되었으며 내가 한국인(단군의 자손)으로 이 지구별에 태어난 참된 목적과 우리 민족에게 주어진 하늘의 큰 사명을 자각하고 원리공부, 수행공부, 생활공부를 거쳐 신시개천 5902년, 단기 4338년, 불기 3031년, 서기 2005년 4월 선불교 포연사로서 하늘의 사명을 나의 사명으로 삼고 육체의 욕망과 감정으로 끝없는 경쟁과 대립으로 살아가는 地孫에서, 삶의 목적을 영혼의 완성에 두고 조화와 화합을 실천하는 天孫으로 거듭날 것을 하늘과 국조이신 단군성인께 맹세하였다. 그리고 항상 기뻐하고 매사에 감사하며 모든 생명을 존중하고 사랑하는 진정한 어른(홍익인간)이 될 것을 가슴에 새겼다. 재학 기간 중 제대로 공부하지 못한 점을 깊이 뉘우치며 오늘 이렇게 홍익사회학을 제안할 수 있도록 허락해 주신 하늘과 국조이신 단군성인 그리고 내 몸과 영혼이 살아 숨쉴 수 있도록 음양으로 도와 준 모든 생명들께 진심으로 감사의 마음을 전한다.

아웃사이더

조영훈

깊어가는 가을 경기도 가평 자라섬에서 국제적 수준의 재즈 페스티벌이 열린단다. 늦게 배운 재즈질이 무섭기는 한가 보다. 지독한 감기에도 불구하고 처와 함께 2박 3일 일정을 잡았으니 말이다. 설레이는 마음으로 금요일 이른 저녁 청량리역에서 경춘선 기차에 몸을 싣는다. 얼마 만에 맛보는 경춘선인가.

성북역을 한참을 지났는데도 아파트가 끊이지 않는다. 무서운 도시의 팽창력. 이러다 온 우주가 아파트로 가득차면 어쩌지. 대성리 즈음 가서야 고대했던 차창 밖의 풍경이 나타난다. 예전에 많이 보던 낯익은 풍경에 다소 안도가 된다. 그리고 그 순간부터 기차는 과거로 간다. 웬 박하사탕?

1986년 초 MT(아마도 수원 원천유원지)에서의 일이다. 초등학교 시

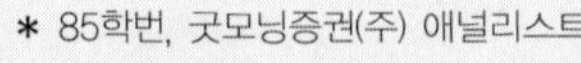

* 85학번, 굿모닝증권(주) 애널리스트

절 모든 숫자는 짝수와 홀수로만 나누어지는 데 반해, 사상의 압축근대화를 경험하며 1년을 보내고 난 대학교 2학년의 세계는 운동권과 비운동권, 그리고 양다리로 나누어진다. 대개 이들은 잘 어울리지 않는 게 관례였으나 희한하게도 그날 MT에는 3계파 모두 모이게 되었다. MT의 목적이나 주제는 생각나지 않지만 저녁과 함께 술판이 벌어졌고 모두들 왁자지껄하게 놀았다.

⋮

자정 무렵 두서넛씩 자리잡고 소주잔을 기울이거나 쓰러져 잠을 청하는 친구가 나타나기 시작하는 시점에, 비운동권인 A양이 운동권인 B군에게 갑자기 토론을 청했다. B군은 이미 술에 많이 취해 있었지만 A양은 모처럼 참여한 MT에서 본전(?) 생각이 나는지 집요하게 물고 늘어진다. 양다리계열인 나는 때아닌 볼거리에 귀까지 쫑긋해질 수밖에. 박정희에서 전두환, 화염병 등에 이르기까지 다양한 쟁점이 끊임없이 이어진다. 묻는 자나 대답하는 자나 진지하다. 변변한 안주도 없는데 술잔은 잘도 비워진다. 이상하게도 토론자나 방청객이나 취하지 않는다. 어느덧 날이 샜다.

20년이 지났음에도 밤새 이야기를 주고받던 둘의 모습이 어제 일처럼 생생하다. 왜일까? 아마, 비록 삶의 지향이 다르지만, 서로의 차이를 인정하고 정직하게 의견을 교환하는 두 친구에게서 일종의 감명을 받아서일 게다. 물론 가끔은 술잔을 던져가며 온몸으로 부딪히는 토론도 인상깊기는 매한가지였다.

85학번 44명의 동기생들 전부 독특한 저마다의 색을 지니고 있으니 전체를 한 마디로 낚아채는 표현을 찾아내기가 쉽지 않다. 곰곰 생각해 보니 몇 가지 단상들이 떠오른다. 아웃사이더, 사회적 약자에 대한 배려, 차이에 대한 인정, 그리고 도발. 이런 것들이 얼버무려지면 85학번을 표상하는 무언가가 나올 법하다. 다만, 선생님에 대한 배려가 조금 부족했던 것은 고백해야겠다. 1985년 5월의 어느날 사회학개론 수업시간이었다.

⋮

수업에 지장을 줄 정도로 교실에 최루탄이 자욱하다. 그 당시 교문싸움이야 늘상 있어 왔지만 강의실까지 최루탄이 들어올리 만무했다. 그럼에도 한완상 선생님께서는 연신 손수건으로 수업시간 내내 눈물을 훔치신다. 반면 뒷자리는 견딜만 했다. 왜냐하면 최루탄의 근원지는 바로 교탁 바로 앞자리였기 때문이다. 교련복을 입고 교문싸움을 막 치른 동기 C군이 그 자리에 앉아 있었던 것이다. 교련복을 채 갈아입지도 않은 채 수업에 참여할 수밖에 없었던 것은 넘치는 향학열 때문이었다고 C군은 후에 토로했다. 그러나 우리는 그 말을 믿지 않는다. C군은 수업시간 내내 코를 박고 잤다.(김일철 선생님과 함께 85학번의 지도교수를 담당하셨던 한완상 선생님께 이 자리를 빌어 C군을 대신해 용서를 구합니다.)

어느새 대학에 입학한 지 20년이 넘었다. 일부 동기들을 제외하고는 대부분 만 40세가 훌쩍 넘어버렸다. 주류보다는 아웃사이더를 꿈꾸었던 동기들 중 상당수가 학자나 언론계에 종사하니, 아이러니칼하게도 성공적으로 주류사회에 편입되었다. 그러나 이는 외관상 비춰지는 모습일 뿐 아웃사이더적인 건강함은 예나 지금이나 여전하다. 20대에 박힌 세계관은 쉬이 변하지 않는 모양이다. 1년에 한두 번씩 전체가 모이는 동기모임에 나가 보면 바로 확인된다. 무슨 사연이 그리 많은지 술이 한배 돌 때마다 새록새록 솟아나는 기억들을 안주삼아 끊임없이 이야기가 이어진다. 자주 만나지도 못하고 같은 일을 하고 있지도 않지만, 모두들 그렇게 느낀다.

1980년대 대성리에서 청평, 가평, 그리고 강촌에 이르기까지 기차가 머무는 그곳을 참 많이도 다녔는데, 20여 년이 지난 지금 밤에 잠을 못 이룰 정도로 심한 기침으로 고생하긴 했지만 가평에 가기를 잘했다는 생각이 든다. 3회째를 맞은 자라섬 재즈페스티벌은 재즈라는 특정 장르를 넘어서 음악애호가라면 한 번쯤 참여해도 좋은 축제로 자리잡은 듯해 다행스러웠다. 시간나면 가보시라. 새파랗던 시절의 정겨움에 목마르다면 기차로 가보길 권한다. 인터넷 예매, 해 보면 쉽고 편리하다. 청량리역으로 돌아오는 길에 든 생각인데, 4 · 19세대가 터를 닦고 386세대가 내어 놓은 길에 신세기의 학번들은 아파트보다 가로수를 심으면 어떨까 생각해 본다.

'장차 어떤 배우자를 만나게 될까?' 라는 소싯적 질문에 결혼할 즈음에 만나는 상대라는 답변보다 명쾌한 건 본 적이 없다. 『동문들이 쓴 사회학과 60년사』에 감히 85학번을 대표하여 이 글을 쓰게 된 이유 역시 마찬가지 이치다. 현직 동기회장이기 때문이다. 좀 그럴 듯하게 포장을 해본다면, 압도적 다수를 차지하는 학계나 언론계가 아닌 금융기관 종사자(본인 포함 2명)에게 권력을 쥐어줄 정도로 85학번은 여전히 아웃사이더 지향적이라고나 할까?

다시 쓰는 1986년의 기억

강진구

결혼해서 과천에 산지 올해로 꼭 10년째, 하루에도 몇 번씩 눈길이 머무는 까닭에 과천에서 바라본 관악산의 산세는 이제 눈을 감고도 그릴 수 있을 정도로 선명하다. 하지만 관악산의 반대 쪽 산세는 아무리 해도 머릿속에 이미지가 떠오르질 않는다. 그만큼 대학시절은 잠깐 고개를 올려 관악산의 자태 한 번 제대로 감상할 겨를도 없이 강팍하게 살았던 것이라.

1980년대 대학에 입학한 대부분의 동문들이 그렇겠지만 86학번 역시 돌이켜보면 어느 한 순간도 시대적 질곡으로부터 자유로웠던 시절이 없었던 것 같다. 학교정문을 지나 자하연과 인문대를 거쳐 7동 앞으로 오기까지 캠퍼스를 감싸고 있는 메케한 최루탄 가스와 수많은 대자보와 유인물들. 아크로폴리스 주변이나 학생회관에서는 또 왜 그렇게

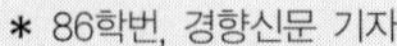

* 86학번, 경향신문 기자

영어 테이프를 팔러 다니는 외판원(짭새)들이 많았는지. 80년대 운동권가수 안치환이 '사람은 꽃보다 아름답다' 고 노래했지만 그 당시에는 사람만큼 무서운 존재도 없었던 것 같다. 입학하고 나서 한 달 걸러 한 명씩 의문사가 꼬리를 물고 잊을 만하면 분신과 투신사건이 터져 나왔다. 그나마 다행은 우리 사회학과에는 남은 사람을 힘들게 할 만큼 모질고 독한 선배나 동기들이 없었다는 것이다.

대학 1년 시절 사회학과 과동기들을 처음 만난 건 아마도 입학식을 앞두고 예비소집일, 선배들이 마련해 준 신입생환영회였던 것 같다. 한 명씩 돌아가면서 자기소개를 하는데 의외로 모범생으로 보이는 친구들보다는 '끼' 가 다분한 친구들이 많았던 것 같다. 지금도 잊혀지지 않는 건 권성원 동기의 진리의 노래.

"내 안경은 금테. 네 안경은 뿔테, 그것은 진리", "내 눈은 2개, 네 눈도 2개, 그것은 진리"

그는 천연덕스럽게 주변의 야유에도 '진리의 노래' 를 끊임없이 이어갔다. 만화캐릭터를 연상시키는 특이한 외모로 입담이 좋았던 김백철, 간드러진 목소리로 '남자는 배 여자는 항구' 를 불러 '카바레 조' 라는 별명을 얻은 조형근 동기도 첫인상이 꽤나 강렬했던 친구였다. 동양사학과 84학번으로 입학했다가 잘리고 다시 시험을 쳐서 사회학과로 들어온 이상봉 동기는 "운동을 계속하기에는 사회학과가 좋은 것 같다." 고 섬뜩한 입학소감을 밝혔던 것 같다. KBS라디오 PD를 하는 김혁 동기는 천안의 명문 북일고를 1등으로 졸업한 '아무개' 라며 천연덕스럽게 본인을 '천안이 낳은 수재' 라고 소개해 한바탕 웃음이 쏟아지기도 했다. 당시 사회학과는 시국사건 수배자와 수감자들이 가득차서 사은회에 참석한 선생님들이 졸업생보다 많다는 얘기가 신문에 화제기사로 보도될 만큼 대표적인 '빨갱이학과' 였다. 소심한 친구들은 신입생환영회에 참석하는 것도 부담스러워 했던 시절이었다. 하지만 막상 신입생 환영회에 나타난 84, 85학번들은 정말로 너무나 인간적인 선배들이었다.

하지만 너무나 인간적인 선배들이 '마각' 을 드러낸 것은 그리 오랜 시간이 걸리지 않았던 것 같다. 84, 85학번의 선배들은 각자 패밀리를 구축하기 위해 86학번 중 비교적 '투쟁성' 이 강한 친구들을 선별해 삼삼오오 포섭작전에 들어갔다. 나 역시 85학번 최현 선배의 손에 이끌려 '클래식 감상' 서클에 가입을 했고 대학생활 내내 그 마수에서 빠져나오느라 꽤나 마음고생을 해야 했다. '클래식 감상' 서클은 고전음악이 아니라 마르크스 · 엥겔스의 고전을 공부하는 서클이었다. 당시 우리 서클의 '멘토' 였던 84학번의 변민선 선배는 항상 '물권법' 책을 들고 다녔다. 사법시험을 준비하면서 운동도 하는 선배인 줄 알았는데 알고 보니 '짭새' 들의 감시를 피하기 위한 일종의 위장책이었다. 그런데 졸업 후 변선배는 정말 물권법을 공부해 변호사가 되었다.

⋮

당시 시대적 억압에 정면으로 부닥쳐 싸울 용기가 없었던 나에겐 항상 확신에 찬 어조로 상대방을 설득하며 뭔가 진지하게 몰두해 있는 선배들의 모습은 '가까이 하기에는 너무 부담스런 존재들' 이었다. 동시에 선배들의 포섭작전이 강화되면서 86학번 내부에도 자연스럽게 '운동권' 과 '비운동권' 의 간극이 형성돼 갔다.

당시 우리 44명의 동기들 중에는 김백철, 조형근, 정종휘, 정문수, 성기홍 동기 등이 차츰 무서운 선배들을 닮아가며 사회학과 86을 대표하는 '전사'로 성장해갔다. 이들은 학교 안이나 밖에서 86문화를 이끄는 핵심코드였다. 특히 천성적으로 누구도 미워할 수 없는 끈적끈적한 인간적 매력을 가진 김백철, 성기홍 동기는 1학년 1학기와 2학기 과대표를 차례로 맡으며 '운동권'과 '비운동권'으로 서로 소원해질 수 있었던 86들을 하나로 묶는 결정적인 역할을 했다. 얼마 전 모교에서 박사학위를 받은 조형근동기와 정종휘 동기는 항상 86내부에 닥친 실천적 문제들(주로 수업거부, 동맹 휴업 등)을 논리적으로 명쾌하게 정리하는 일을 담당했던 대표적인 논객이었다. 두 사람은 졸업 후 대학원에 진학해 제대로 된 전공공부에 도전한 몇 안되는 동기들인데 아마도 1학년 때 친구들의 '향학열'을 꺾는 데 앞장선 '죄 값'을 치른 것이 아닌가 싶다.

당시 수업거부 문제가 불거지면 항상 결론은 정해져 있었지만, 86학번 내부에서는 상당한 난상토론이 벌어졌다. 특히 박희제 동기가 일방적인 토론분위기에 제동을 걸며 "과의 경직된 분위기는 문제가 있다. 난 루소도 공부하고 싶고 로크도 읽고 싶다."고 일갈을 하던 모습이 기억에 생생하다. 경희대에서 학생들을 가르치고 있는 당시 박희제 동기의 날카로운 이의제기에 정문수 동기가 "아니 그건 아니여."라며 꽤 오랜 시간 반박을 했던 것 같은데 유감스럽게도 기억에 남아있는 그의 말이 없다. 그건 아마도 그의 특유의 너무도 진지한 만연체 화법 때문인 것도 같은데 광주에서 판사생활을 하는 정문수 동기가 과연 어떻게 그 길고 어려운 판결문을 써내려가고 있는지 궁금해진다.

대학 1학년 시절을 회고하면 빼놓을 수 없는 것이 입학하고 채 한 달도 지나지 않아 찾아온 1주일간 병영집체훈련(문무대입소). 서울대 신입생들이 '붉은 물'이 들기 전에 확고한 '안보관'을 심어주기 위한 정권차원의 심모원려가 숨어있는 행사였지만 오히려 문무대입소는 시대적 억압에 대한 저항의식을 강화하는 계기가 되었다. 문무대입소 하루 전날 신림동의 중국집에 모인 86동기들은 '미아리고개'를 '한 많은 병영훈련소'로 개사한 노래를 불러대며 울분을 토로했다. 특히 동양사학과에 이어 사회학과 86학번으로 2번째로 문무대에 입소하게 된 이상봉 동기가 당시 만취상태에서 '주사'를 많이 했던 것 같다. 결국 우리는 문무대입소한 지 하루 만에 병영집체훈련을 거부하다가 내무반에서 소대장에게 '원산폭격'자세에서 몽둥이 찜찔을 받아야 했다. 지금 생각하면 너무나 어처구니없는 일이었지만 그때는 그것이 가능한 시대였다. 김매경, 유양지, 박경숙, 이호영, 오영라, 신지원 등 6명의 여자동기들이 보내준 '위문편지'가 그나마 위안거리였다. 나는 서울가정법원에 판사로 재직 중인 김매경 동기로부터 편지를 받았는데 그건 18개월짜리 군복무를 마친 내가 처음이자 마지막으로 받아 본 위문편지였다.

⋮

그렇게 잔인하게 시작한 1986년은 운동권이건 비운동권이건 나름대로 모두들 가슴에 깊은 상처를 남기며 봄, 여름, 가을, 겨울이 바뀌어갔다. 돌이켜 보면 불행히도 당시에는 수업에 집중할 수 없는 분위기였고, 단 한 번도 중간고사, 기말고사를 무사히 치른 적이 없었던 것 같다. 1학기 첫 전공수업이었던 김채윤 선생님의 사회학사 강의는 학기말이 다 가도록 오귀스트 꽁트에서 진도가 나가지 않았다. 그럴수록 강의실보다는 강의실 밖으로 배회하는 일이 많아졌고 선생님들과 가까이 접촉할 기회는 점점 멀어졌다. 그 사이 최근 미국으로 건너가 회계사로 활동하는 김찬기 동기가 시위 도중 최루탄에 맞아 머리에 부상을 입었고 권성원, 조형근, 정문수 동기등이 경찰에 잡혀 들어가기도 했다. 그래도 선생님들은 제자와 스승이라는 어찌할 수 없는 인연 때문에 의정부구치소로 수원구치소로 어려운 발걸음을 옮기며 '붉은물'이 든 제자들을 하나 둘씩 꺼내오셨다.

1987년 시국이 직선제개헌 쟁취를 놓고 갈수록 급박해지면서 86학번들을 둘러싼 캠퍼스의 분위기도 심상찮게 돌아갔다. 6월 초부터는 시청 앞에 수십 만의 인파가 운집해 '독재타도 직선쟁취'를 외치는 전국적인 범국민항쟁이 시작됐다. 그때부터는 사회학과 사무실은 거의 매일 출정식의 연속이었다. 95번 시내버스 등을 타고 명동, 서울역, 시청앞 등에서 하차한 뒤 곳곳에서 '독재타도'의 함성을 외쳤다. 너나 할 것 없었다. 당시 86학번 시위대에는 노홍형, 김대환 등 복학생 형들까지 삼각 마스크를 두른 채 항쟁에 참여했다. 6 · 10 항쟁은 국민의 승리인 동시에 스스로를 나약하다고만 느껴던 나를 비롯해 그동안 숨죽이며 마음고생만 하던 86학번 들이 하나가 되는 순간이었다.

20년이 지나고 지난 5월 사회학과 86학번들은 서초동의 중국집에서 입학 20주년 기념행사를 위해 다시 모였다. 이제는 더 이상 86학번들을 갈라놓을 시대적 억압도 심각하게 머리를 맞대고 설전을 벌여야 할 거대담론도 존재하지 않는다. 대신 주식투자며, 자식 얘기로 열을 올리다가 어느 순간 화제가 종합부동산세로 옮겨졌다. 내가 "자동차세는 몇백 만원씩 내면서 10억이 넘어가는 주택에 살면서 1년에 1천만 원도 못내겠다는 말이 되나?"고 대거리를 하는 순간, 누군가 이렇게 말한다.

"진구야, 너 아직 붉은 물이 덜 빠졌구나."

86학번 동기들에 대한 기억

김백철

일전에 내가 다니는 회사에서 신입사원 면접이 있었다. 한 자릿수의 사람을 뽑는데 무려 세 자릿수의 사람들이 지원을 했으니 '취업 고시'란 말이 나올 법도 하다. 서류전형을 통과한 지원자들의 얼굴엔 긴장과 간절함이 역력하다. 우리 회사 명함을 스스로 만들어 와서는 꼭 뽑아달라고 간청하는 사람도 있고 간단한 마술을 선보이며 회사의 재주꾼이 되겠노라고 다짐하는 사람도 있다. 우리 회사의 근무 조건이나 사원 복지정책 따위는 누구도 감히(?) 묻지 않는다. 수요와 공급의 불균형이 빚어낸 광경에 나는 못내 씁쓸함을 느낀다.

문득 10여 년 전 직장을 구하던 나의 모습이 떠오른다. 당시에는 대기업이 한 해에 수천 명 단위로 사람을 뽑았고 웬만한 대학을 졸업한 사람이면 '어디로 갈까'를 고민하던 시절이었다. 물론 나는 예외였다.

* 86학번, (주)CJ파워캐스트 사업팀 팀장

대학 재학 시절 연례행사처럼 경찰서와 구치소를 드나들었고 졸업 학점이 경고를 간신히 넘긴 까닭에 서류전형, 면접 어느 것 하나 수월치 않았다. 학원 강사 외엔 길이 없나 싶었던 스물여덟 마지막 겨울에 간신히 합격통지서를 받을 수 있었다. 정말이지 나에게 취업은 대학입시보다 백배는 힘겨웠다.

⋮

어느덧 20년이라는 세월이 흘렀다. 사실 내가 서울대학교를 갈 수 있었던 것은 어머님 덕분이었다. 어려운 집안형편에 모진 노동을 하시면서 고생하시는 어머님의 모습이 너무 안쓰러웠다. 그래서 나는 팔자에 없는 공부를 열심히 했다. 대학입시를 마치고 사회학과를 가겠노라고 말씀드리니 어머님께서 마뜩찮아 하신다.

"사회학과 나와서 모 할라꼬?"

"서울대인데 뭔들 못하겠어요. 사회학이 재밌을 것 같아요."

"경영학과나 영문과가 취직이 잘 된다카던데… 사실 엄마는 사범대 나와 학교 선생님 하는 것도 괜찮지 싶다."

며칠 후 어머님은 내 손을 잡고 신림동에 있는 고영복 선생님 집으로 가셨다. 어머님은 경남 함양 출신으로 고영복 선생님과 동향인 데다, 고영복 선생님 여동생과는 여고 동창이었던 까닭에 고영복 선생님과도 잘 아는 사이였다.

"오빠, 애가 사회학과를 갈라 하는데… 취직은 잘 되능교?"

"서울대 나와 취직 걱정하노?"

고영복 선생님의 말씀에 어머님도 고집을 꺾으셨다. 사실 내가 사회학과를 지원하게 된 데는 친구의 영향이 컸다. 나보다 먼저 대학에 들어간 친구는 내게 몇 권의 책을 사주면서 서울대 갈꺼면 사회학과가 괜찮다고 했다. 다른 무엇보다 '치열하게' 고민하며 부딪칠 수 있다고.

⋮

지금도 첫 신입생 환영회가 열리던 1986년 2월 어느 날, 신림동 지하 선술집이 눈앞에 선하다. 선배들이 온 몸으로 불러대던 생경한 노래를 처음 들었고, 내 눈 앞에서 여자가 담배를 피우는 처음 모습을 보았으며, 글자 그대로 전국각지에서 올라온 86학번 동창들을 처음 만났다. 급기야 술 먹고 게워냈던 것도 이날이 처음이었다. 그때가 벌써 20년 전이라니… .

86학번 동창들은 특히 정이 많았고 기쁨과 슬픔을 늘 함께 해주었다. 그 친구들과 함께 했던 재학 시절은 내 삶에 가장 아름다운 추억을 남겨주었고, 지금도 큰 자랑거리이자 든든한 버팀목이 되어준다.

아직은 서로에게 서먹함이 남아있을 첫 M.T 때, 지금은 판사가 된 한 친구는 밥 지을 쌀을 씻는데 양말을 벗더니 자기 발을 쌀 속에 묻고 같이 씻었다. 이래야 정이 든다고.

1학년 여름방학 첫 농활을 마치고, 나는 종희와 함께 소위 무전여행을 했다. 각 지방에 내려가 있는 친구들을 만나면서 전국을 한 바퀴 돌

않다. 다음 행선지 여비는 친구들이 마련해 주었다. 김천에서는 친구를 만나지 못해 부산으로 가는 비둘기호 열차 삯을 역전에서 행인에게 구걸(?)하기도 했다.

비 오는 날 전주에 도착했을 때였다. 전주에 있던 호영이가 오랜만에 동향 친구들을 만났는데 그 친구들이 오늘 시내에서 희한한 사람을 봤다며, 벙거지에 배낭을 메고 다 떨어진 비닐 우의를 걸친 웬 거지같은 두 명의 남자가 시내를 걸어가더라는 것이다. 잠시 후 그 두 명의 사내가 바로 그 자리에 나타났다. 그 자리에 있던 호영이와 그 친구들은 모두 쓰러졌다(^^).

사실 1986년도에 입학한 우리들에게는 가슴 아픈 기억도 많았다. 학교는 돌과 최루탄에 늘 몸살을 앓아야 했고, 자신의 몸에 불을 붙여 산화해가는 모습을 지켜보기도 했다. 큰 사건이 터질 때마다 곁에 두고 있어야 할 친구, 선후배들이 영어의 몸이 되는 것을 경험하면서 깡소주에 울분을 토해내는 일은 일상적인 일처럼 느껴질 정도였다. 그때 우리는 '불나비' 라는 노래를 '과가(科歌)' 처럼 불렀다. 그 노래를 시작할 때 언제부턴가 우리는 '악으로 깡으로' 라는 추임새를 넣기 시작했고 이는 1980년대 후반 사회학과를 상징하는 하나의 구호가 되기도 했다.

⋮

문득 20년 전의 기억을 더듬어 보니 세상이 많이 변했다. 아니 그 보다 내가 더 많이 변했는지 모른다. 세상을 뒤바꿔 보겠다고 다짐했던 대학 시절의 꿈을 꼬깃꼬깃 접어 기억 저편에 던져두고 평범한 샐러리

맨으로 하루를 살아간다. 평범하게 산다는 것도 쉬운 일은 아니라는 것을 요즘 새삼 느낀다. 지금 취업의 문턱을 넘기 위해 애쓰는 사람들만큼 직장에서 버티며 살아남는 것도 힘겨운 일이다. 힘이 들 때마다 나는 '악으로 깡으로' 라는 말을 되뇐다. 그 말 속에 묻어 있는 치열한 삶의 정신과 그것으로 맺어진 좋은 사람들을 기억하며 움츠려든 나를 다시금 추켜세운다.

돌이켜보면 내가 서울대학교 사회학과를 가게 된 것도, 그 시절의 추억을 자랑스러운 버팀목으로 삼아 온 것도 모두 '좋은 사람들' 덕분이다. 어머님이 그러했고, 사회학과 친구들이 그러했고 또 선후배들이 그러했다.

일전에 한 친구가 부친상을 당했다는 소식을 듣고 문상을 갔다. 오랜만에 만나는 사회학과 친구들이 그 자리에 있었다. 재학 시절 대학문학상을 받더니 결국 소설가가 된 친구도 있고, 대학 교수가 된 친구도 있다. 나처럼 직장생활을 하는 친구, 사업을 하는 친구, 백수로 지내는 친구도 있다. 어떤 모습으로 살아가고 있든 모두 자랑스러운 친구들이다.

잠시 후 아버님을 떠나보낸 원배가 자리에 앉는다. "3개월 전에 암판정을 받으셨다."면서 "자식에게 준비할 수 있는 시간을 주셔서 감사하다."고 말하는 그 친구의 눈시울이 어느새 붉어진다. 이토록 아름다운 마음을 가진 친구들을 만나게 해 준 내 운명에 나 또한 감사할 따름이다.

김백철 ◆ 86학번 동기들에 대한 기억

이은조, 오래된 코닥 카메라에 대한 기억

권기태

내가 대학에 들어간 것은 나이 스물 한 살 때, 이제 마흔 한 살이니 그 시절을 돌아보는 것은 지금 내 나이의 절반도 안 되었었던 청년 시절을 떠올리는 것이다.

한 사람의 얼굴이 떠오른다. 사내답게 선이 굵은 눈과 코, 입, 귀는 지금 세상에 없고, 그 굵은 목소리와 큰 웃음소리만 환청처럼 귓전에 남아 있다. 지금은 지상에 없지만 내가 한 번 들어갔다 나온 커다란 공간, 경복궁 경내에 있던 국립중앙박물관 지하 수장고와 뉴욕 세계무역센터의 장대한 로비처럼 생생하게 눈앞에 떠올릴 수 있으면서도 결코 다시는 들어가 볼 수 없는 사라진 세계. 마치 그런 것들을 그려보는 아쉬움이 내 몸 속으로 스며든다. 그를 떠올릴 때마다, 늘.

다시 만날 수 없다는 것은 무엇인가. 결코 재회할 수 없다는 것. 우리

* 86학번, 작가

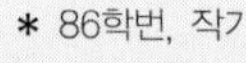

가 마침내 한살이를 다해서 체온 잃은 육체로 나무 관(棺) 속에 드러눕고, 그 관 뚜껑 네 귀마다 못이 박히는 그날까지 절대 볼 수 없다는 뜻이다. 지금 나와 내 2년 후배였던 이은조와의 관계는 그러하다.

그가 나의 후배로 사회학과에 들어왔을 때, 시절은 갈수록 어지러워져 내게는 늘 주변의 공기가 부족한 듯 했다. 나는 남들이 눈치 채지 않게 5분마다 쓸쓸해했다. 푸른 꿈에 부푼 신입생들의 미소를 마주 보며 웃는 내 얼굴에는 그늘이 져있는 것만 같았다. 그리고 나는 그해 오월이 다 지나갈 무렵 대학 생활을 접고, 군에 가기로 했다.

•
•
•

그러나 사회학과의 사무실이나 사회대 건물이 기역자로 감싸고 있던 정원에서 문득문득 마주치는 이은조의 얼굴에는 구김 없고, 힘차고, 넉살 좋은 낙관주의와 여유가 있었다. 하관이 넓은 무인(武人) 형의 거무스레한 얼굴에 딱 벌어진 어깨와 굵은 팔뚝이 그런 심성을 담고 있는 인간의 그릇이었다. 두 눈이 반짝거리고 입술의 양끝이 동시에 올라가는 그 웃음을 보면 내 마음의 구김살이 잠시 날아가는 것 같았다. "형, 뭐, 제가 밥 좀 사달라는 건 아니지만, 오랜만에 만난 게 또, 점심 시간이니까… 같이 가시죠." 하고 팔을 낚아채는 그 손아귀에는 나보다 더 넉넉한 사랑이 있었다.

군에 갔다 돌아와 보니 이은조는 팔에 기브스를 하고 있었다. "너, 그게 뭐냐?"고 물어보니 "돌을 막다가 다쳤다."고 대수롭지 않게 이야기했다. 여전히 시위가 잦았던 시절이었다. 학생들이 돌을 던지면 방호복을 입고 방패를 든 경찰들 역시 투석에 나섰다. 선배가 된 그는 그런 험한 현장으로 나갔다가 머리 위로 날아오는 돌을 그냥 두면 뒤의 후배들이 맞을 것 같아 "그냥 팔을 들어 막았다."고 했다. 다소 착잡하고 어이가 없었다. 누군들 뼈가 부러지면 아프지 않겠는가. 내가 투르게네프의 '참새'를 읽으면서 사냥개 앞에 노출된 새끼 참새를 구하려고 몸을 내던진 어미의 사랑에 감동하는 동안, 이 담대한 후배는 자기 팔뚝의 뼈를 스스로 부러뜨린 것이다.

몇 년이 흘러 내가 동아일보사의 기자로 일하고 있을 때 이은조가 찾아왔다. 증권사에 다니던 그는 대학 시절의 관념적인 고민들을 이제는 오히려 자기 삶의 근육으로 굳힌 채 희망에 부풀어 있었다. 회사를 세울 거라고 했다. 회사가 실제로 어떻게 돌아가나, 직접 살펴보고 난 다음에, 나가서 하나 단단하게 만들 거라고. 그의 나이 스물 여덟 살 때였다. 그다운 구상, 그다운 결의였다.

그리고 한두 해가 더 지났나. 그는 정말 벤처 사업을 시작한다며 다시 나를 찾아왔다. "독일 가서 뭘 좀 둘러볼 일이 생겼는데 여비를 대달라."고 부탁해왔다. 나는 몇 푼 안 되는 돈을 쥐어줬는데, 그는 그걸 답례하려고 반세기쯤 전에 사용했을 법한 골동품 코닥 카메라를 베를린의 벼룩시장에서 사들고 선물해왔다. 더 이상 촬영 용도로는 쓸 수 없는 것이었지만 렌즈가 달린 주름상자를 죽 잡아당기면 기관차처럼 앞으로 쑥 나오는 고색창연한 것이었다.

나는 그 카메라를 받은 뒤 8년 동안 세 번 이사했다. 그때마다 따로 꺼낸 출장 가방 속에 카메라를 깊이 넣어놓고 새로 구한 집으로 옮겨갔다. 그 시커먼 카메라의 주름상자를 길게 당기고, 모서리의 접안렌즈에 눈을 대보면 이은조의 얼굴이 떠올랐다. 그 바쁜 출장길에 일부러 길거리 좌판들 사이를 헤집으며 내게 줄 선물을 고르느라 독일 노점상들과 흥정하고 있었을 그 얼굴이. 진지하게 몇 마디 건네고는, '씨익' 하고 소리가 날듯이 활짝 웃음 짓던 그 얼굴이.

나는 그에게 '밀레니엄 소프트'라는 회사 이름을 지어주었는데, 그가 그걸 그대로 회사 이름으로 쓸 때도, 후일에 다른 회사 이름으로 바꿨을 때도 늘 기뻤다. 시장 자체의 존재 가치를 송두리째 부인할 수 없다면 우리는 기꺼이 시장에 들어가, 흙 진창에서 싸워야 한다. 긴말이 필요 없고, 오로지 승부의 결과만으로 말하는 곳에서, 결연해야 한다. 그는 그런 논리를 이미 나보다 훨씬 더 깊숙하게 체득하고 있었고, 유연하기까지 했다.

나는 소년티를 갓 벗어난 스무 살의 그를 알게 된 뒤로 세상에서 헤어진 날까지 그가 화를 내는 얼굴을 본 적이 없다. 단 한 번도 없으니, 어쩌면 나는 그를 제대로 알지 못한 채 떠나보낸 것인지도 모른다. 그렇지 않다면 그는 생래(生來)의 너른 품성으로 자기 희로애락을 스스로 삭이거나 달래며 큰 그늘 드리우는 높은 나무로 자라고 있었는지 모른다.

•
•
•

한 사람이 죽었다는 통보가 아무 예고 없이 날아드는 것에는 참 부조리한 데가 있다. 아무런 인과를 가늠할 수 없는데도 우리는 그런 부음을 받고 나면 우리가 어찌할 수도 없는 기정사실이라는 것 앞에 무기력해지곤 한다.

2002년 초봄에 사회학과의 동창인 조형근이 내게 전화를 걸어와 이은조가 죽었다고 알려왔다. 한강변에서 발견됐다고. 난감한 목소리였고, 현실감이 와 닿지 않았다. 자진(自盡)을 한 것으로 보였다. 누구나,

왜 그가 그랬는지 궁금해 했지만, 그저 추측할 수밖에 없는 사인을 내가 이런 자리에서 두서없이 쓸 수는 없는 일이다.

사회학과의 동창 가운데는 그 시절 홍익대 근처에서 블루지라는 카페를 운영하면서 영화 제작을 준비하던 이각로가 있는데, 이렇게 말했다. "은조 장례 끝나고 며칠 후 늦은 밤에 카페에 앉아 있는데, 닫힌 실내로 바람이 불쑥 들어와 맥주병이 쓰러지고, 종이가 몇 장이나 공중에 떠오르더니 날아갔다."고.

"아, 너, 은조. 여기 찾아왔구나. 그래, 잘 왔다. 실컷 놀다 가라. 편히 있다 가라." 이각로는 카운터에서 하던 일을 멈추고 어두침침한 실내를 쳐다보면서 그렇게 읊조렸다.

이은조와 보낸 시간이 적지 않건만 이제 가장 또렷이 남는 장면은 두 가지다. 한 번은 서울 광화문의 지하도에서 우연히 나를 만나 "좀 있다 론칭할 사이버 가수를 미디어에 제대로 알리고 싶은데 도와달라."고 말하는 모습이다. 나는 흔연히 "그러마."라고 대답하지 못했다. '민원'의 파도 속에서 좀 더 객관적인 판단을 해내고자 늘 전전긍긍하고 있는 동료 기자의 얼굴이 떠올랐기 때문이다.

또 하나는 이은조가 숨지기 몇 달 전에 이각로의 카페에서 우리 동기들이 망년회 삼아 모여서 술잔을 기울이고 있을 때 이은조가 그 자리에 있다가 합석했던 장면이다. 나중에 떠올려보니 그는 그날 사업가답지 않은 캐주얼 차림이었고, 착잡함과 고단함이 묻어나는 얼굴을 하고 있었다. 그는 다소 취하고 나자 김대중 대통령과 주한 미군 이야기를 꺼내놓았는데, 사업에 깊숙이 몰두해 있을 줄 알았던 그로부터 그런 이야기를 듣는 것은 참 오랜만이었다. 하지만 나는 거의 건성으로 들었던 것 같다. 동기들과 근황을 나누는 데 정신이 팔려 있었던 것이다.

사람은 마지막에 잘해주지 못한 인연에 대해 미안해 하기 마련이다.

그리고 그 미안함을 어떻게 만회해 볼 기회조차 없을 때가 있다. 상대방이 세상에 없을 때다. 이은조가 그렇게 불쑥 세상을 떠날 줄 알았다면… 하고 생각할 때마다 내 고개는 아래로 뚝 떨어진다. 우리는 알고 있다. 세상은 공정하지 않다. 공정하다면 우리 주위의 그 어지고 착한 사람들이 그렇게 일찍 숨지지는 않을 것이다. 그래서 어떤 사람들은 말한다. 하나님은 사랑하시는 사람을 먼저 곁으로 데려가신다고. 그렇다면 나는 왜 사랑하는 사람을 내 곁에 좀 더 오래 둘 권리가 없단 말인가. 나는 그렇게 혼자 읊조렸다가, 들어주는 이가 없다는 걸 알고 그냥 고적한 주위를 말없이 한 번 둘러볼 뿐이다.

나는 긴 준비 끝에 다니던 직장을 올해 접고, 작가로서 첫 작품을 펴냈다. 거기에는 이은조가 독일에서부터 사들고 와 내게 건네준 그 오래된 카메라가 작은 소품으로 나온다. 나는 무엇보다 그를 기억하고 싶은 것이다. 그리고 그 카메라는 내가 지금 이 글을 쓰는 책상에서 그다지 멀지 않은 곳에 놓여 있다.

인생은 길지 않다. 그 짧은 시간마저도 원치 않는 일을 해야 하고, 원하는 사람을 만나지 못한 채 종별(終別)하기도 한다. 하지만 신(神)의 눈에는 산 사람과 죽은 사람의 차이가 없다고 한다. 어쩌면 이은조는 지금 곁에서 나를 쳐다보며 "형" 하고 손을 내밀고 있을지도 모른다. 나는 그 손을 한번 마주 잡아 본다. 이은조는 내세의 삶에서 나보다 훨씬 더 높은 계단에 서있을 사람이다. 그는 먼저 가서 우리를 기쁘게 해줄 큰 집을 짓고 있을 것이다. 내가 지금 나이의 두 배가 되는 때까지 살게 되어 백발의 노인이 되어 있더라도 그는 옛 사진 속의 미소 짓는 표정처럼 영원히 서른 네 살 청춘의 얼굴로 살고 있으리라. 나는 그 신뢰의 얼굴을 한참 바라보다가 말한다.

"그래, 안녕히. 잘 있거라. 나, 너를 사랑한다."

88꿈나무에서 중년의 땔나무로

조인혜

1986년 여름. 당시 서울대 의대에 다니던 작은 오빠가 방학을 맞아 부산 집으로 내려왔다. 고 2이었던 내게 진학지도랍시고 수학정석 고급편인가 뭔가를 가르쳐준다고 하다가, '머리 나쁘고 무식하다.' 고 구박하는 통에 남매간 연이 끊길 뻔했던 그때였다. 그때 유일하게 오빠가 내게 도움준 것이 있다면 사회학과를 추천한 것이다. 학문도 재밌고 과 분위기도 좋고 어쩌구저쩌구하면서 슬쩍 꺼낸 얘기를 꺼냈는데 왠지 처음 듣는 느낌이 좋았다. 이후 사회학과에 대한 막연한 호기심과 호감이 무럭무럭 자라나 '내가 가야할 곳은 사회학과' 라는 결심을 굳히게 됐다.(작은 오빠는 그 뒤 변절(?)했는지 고 3 여름방학 때 내려와서는 영문과를 가라고 종용했으나 결국 나의 근거없는 고집을 꺾지는 못했다.)

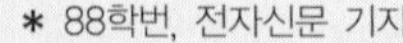

* 88학번, 전자신문 기자

1988년 입학. '시험 잘봤냐' 는 면접관 질문에 '잘 못봤고 이번에 떨어지면 재수해서라도 반드시 다시 오겠다.' 고 대답한 것이 통했는지 무사히 들어오게 됐다.(그놈의 작은 오빠는 합격자 발표 당일에도 부산에서 애태우고 있는 가족들은 아랑곳하지 않고 본인 볼 일 다보고 난 오후 늦게서야 합격 소식을 알려주었다.) 서로 문 닫고 들어왔다고 우기는 동기들 덕분에 성적이 중간쯤은 되었겠거니 생각하고 있다.

88 꿈나무. 우리에게 붙여진 애칭이었다. 입학식 때 정문 앞에서 신입생을 기다리고 있던 86학번 O선배가 반갑게 맞아준 것이 기억난다. 과사무실로 들어가니 대학생이라고는 믿어지지 않는 꼬질꼬질한 모습의 선배들을 줄줄이 만나게 됐다(특히 87학번 K모, P모 선배 등등). 내가 상상하던 지성인의 이미지와는 사뭇 달랐지만 그래도 신입생들을 몹시도 반가워하는 선배들을 모습에 안도감과 편안함을 느꼈다. 또 처음 보는 사이인데도 단지 같은 과 후배라는 이유로 관심 가져주고, 밥도 먹여주고, 술도 사주는 모습이 참 정스러워 보였다. 그해 봄 감기로 고생한 적이 있는데 객지에서 몸 아프면 고생이라며 후생관에서 약을 지어주던 86학번 선배언니의 모습은 평생 잊지 못할 것 같다.

⋮

1학년은 대학생이 됐다는 기쁨으로 부푼 시기이기도 했지만 동시에 좌절과 한계를 절감케 해 준 시기이기도 했다. 우물 안 개구리가 밖으로 나와 보니 이미 너무 넓은 세상이 펼쳐져 있었구나 하는 느낌이랄까. 같은 1학년인데 동기 녀석들은 어찌나 똑똑하고 아는 것도 많은지,

유일한 내 여자 동기는 또 어찌나 문화적인 소양과 통찰력이 뛰어난지 혀를 내두를 정도였다. 혁명이 어떻고, 맑스가 어떻고 잘도 얘기하는 동기들 앞에서 뜻조차 잘 이해 안 되는 나로서는 참 서글프기만 했다.

당시 총학생회장 선거운동이 한창이었는데 과선배들이 서로 밥과 술을 사주며 서로 1번과 2번을 찍으라고 할 때도 나는 뭐가 뭔지 몰라 어리둥절했는데 동기들은 NL과 PD가 노선이 어쩌구저쩌구하면서 이미 입장을 정리해 놓고 있었다. 열심히 과사무실 나가고 열심히 선배들과 어울렸지만 세상에는 내가 모르는 게 너무 많구나라는 생각에 괴롭기도 한 시간들이었다.(하지만 당시 사회학과에서 학회 세미나 등을 통해 배운 지식들과 세상을 보는 눈은 사회생활, 직장생활하는 데 많은 자산이 되고 있다.)

⋮

농활의 추억을 빼놓을 수 없다. 나는 2학년 여름 농활부터 4학년까지 7~8번 정도의 농활 및 춘추활을 다녀온 것 같다. 가던 곳은 늘 아산군 염치면이었는데 나중에는 마을에서 모르는 사람이 없을 정도였다. 영원한 농활대장 87학번 박성제 선배와 그 계보를 잇는 89학번 홍성창에 이르기까지 타고난 농민의 아들도 많았다.

하루 종일 소위 '피바다'로 불리는 수박밭에서, 고추밭에서 풀을 뽑고 거름을 주고 녹초가 되지만 저녁에는 어김없이 하루의 농활 평가를 진행한다. 꾸벅꾸벅 조는 사람이 아무리 많아도, 선배들은 한치의 흐트러짐 없이 깨워가면서 강행군을 계속한다.

새참을 먹어야할 것이냐, 말 것이냐부터 새참 중 막걸리는 되고, 맥주는 안 되는 이유를 두고 지리한 논쟁을 벌이기도 한다. 특히나 한 번씩 내려오는 서울 대학생들을 선망의 대상으로 바라보는 그 지역 아이들이 행여 환상을 품거나 오히려 좌절하는 것은 아닌지 걱정스러운 대화들도 오갔다.(사실 모 87학번 선배는 당시 학생반에 있었던 참한 여고생과 결혼해 지금 잘 살고 있다.)

하루는 누군가가 논에서 뱀을 잡았다고 의기양양해 숙소로 왔다. 다들 신기하게 구경하고 어떻게 잡았냐고 치하도 해 주면서 잠시 화제거리가 됐다. 그날 저녁을 배부르게 먹고 술을 한 잔씩 했는데 아무리 먹어도 술이 취하지가 않는 것이 참 희안했다.

너무 피곤하면 안 취할 수도 있나, 공기가 넘 좋아 그렇나….이런 말들이 오갔는데, 누군가가 이랬다. “역시 뱀이 효과가 있긴 있는 모양이네. 사실 아까 저녁 국에 뱀을 통째로 집어넣었걸랑. 우헤헤.” 다들 허걱!!! 그때부터 “어쩐지 맛이 이상하더라.”, “왜 갑자기 힘이 솟나 했네.” 등등 우스개 잔치가 한바탕 벌어졌다. 어두운 백열전구 아래 왁자지껄하게 떠들던 그때가 몹시도 그리워진다.

⋮

사회학과 사람들은 참 좋다. 우리 과 분위기는 정말 당대 최고라 할 만하다. 악을 쓰고 불나비를 부르던 열정도 좋고, 치열하지만 유머를 잊지 않는 여유도 좋다. 무엇보다 인간적이다. 당시 한 학년 당 40~50%가량에게 장학금이 지급됐는데 성적 좋은 동기들도 지방에서 올라와 어렵게 지내고 있는 친구들을 위해 장학금을 양보했다. 우리 과는 그런 게 있다. 합리성에서만 보자면 성적이 좋은 사람이 당연히 장학금을 받아야 하지만 그렇게 하지 않는다. 사실 사회라는 게 어디 합리성만으로는 움직여지던가. 사람 사이의 정과 유연함, 배려, 정서적인 면 등등이 잘 어우러져야만 합리성의 진정한 가치가 발휘된다. 우리 과는 그런 가치를 제대로 아는 사람들이 많이 들어온다. 그게 우리 과에 대한 자부심의 원천이다.

⋮

졸업 후 취직도 하고, 결혼도 하고 세 아이의 엄마가 됐다. 과동기와 결혼한 데다 공부하는 남편이 아직 사회학과 주변을 배회(?)하고 있는 관계로 내 마음은 아직도 우리 과와 가깝다. 전자신문에 처음 입사했을 때 82학번 여자선배가 있어 좋았고 지금은 2000학번 여자후배가 들어와 회사 내에서도 사회학과 계보가 이어지고 있다. 취재를 가서 IT업계에 있는 우리 과 선배들을 가끔 만날 때도 있다. 학번 차이가 많이 나고 대학시절 기억들이 저마다 다르지만 그래도 사회학과를 나왔다는 동질의식은 어쩔 수 없나보다. 우리 과 출신들은 대체로 소탈하게 산다. 물론 잘 나가는 분들도 많고, 저마다 욕심이 없는 건 아니겠지만 억지로 무리하게 얻으려하기 보다는 순리대로 살아가는 모습들을 훨씬 더 자주 목격하게 된다. 그러다보면 생길 건 생기고, 얻을 건 얻는 것 같다.

가끔 동기모임을 한다. 자주 나가지는 못하지만 그래도 동기들 생각을 하면 맘은 언제나 든든하고 흐뭇하다. 모두들 열심히 잘 살고 있다.(원래 아래 글은 없었는데 89학번 성창이 글을 보고 한 번 적어봤다. 설마 빠진 사람은 없겠지.)

* 평생 친구로 남을 여자 동기 희경이를 만난 것은 행운이다. 수다는 계속되어야 해! 알지? ^^
* 영원한 아웃사이더 흠명이! 장가 안갈래?
* 외모와는 반대로 생각은 점점 젊어지는 청년 병희. ^^
* 그냥 보기만 해도 든든한 기영이. 부산 잘 지켜라.
* 우리 모두의 형아 도운이 형. 본지 너무 오래됐어요!
* 박학다식 동진이. 머리 용량이 견뎌내? ^^
* 내 남편 백영이. 평생 같이 살아보자고!
* 스포츠 보도계의 거두 봉진이. 내가 KBS를 보는 이유!
* 언제나 스마트한 성철이. 요즘 한결 여유있어 보이더라!
* 점점 철들어가는 영용이. 너무 철들지마!
* 뭐든 열심인 종철이. 입학할때 너의 헤어스타일 아직도 잊지 못해!
* 아직도 대학생 같은 철이. 취업취업해라! ^^
* 우리의 아티스트 필호. 이제 들어올 때 안됐냐?
* 착한 투덜이 준동이. 놀려먹을 때 얼마나 재미있었다구. ^^
* 이 친구를 빼면 진국을 논할 수 없다. 보경이!
* 보헤미안 기질이 있는 보선이. 그래도 멋져!

* 어디에 있니 인국아! 너 본지 넘 오래됐다.
* 진주 촌놈이 변호사가 될 줄이야! 변호할 때 발음은 잘 돼? ^^
* 미소년 여광이. 발렌타인 데이에 최초로 사탕준 사람이 너였는데. 기억 안 나지? ^^
* 니가 돌아오니 동기모임에 활력이 생긴다. 기홍이, 잘하고 있쓰!
* 덕구 판사 공정한 판결 내리고 있수?
* 대학시절 유명한 연애로 동기들을 배아프게 했던 동걸이. 태어날 때 죽어도 소원이 없겠다던 그 아들 많이 컸지? ^^
* 1학년 때 편지에 이름 없이 200만 써있길래 누군가 했었다 무영아. 얼마 전 몇 년 만에 통화했는데 며칠 만에 한 것처럼 편한 친구.
* 공부하기는 너무 재주가 많았던 원숙이형. 요즘 어디서 예술을 논하시는지?
* 88학번의 정신적 구세주 정배형. 형이 있어 든든합니다.
* 늘 고민 많았던 철현이. 아이들이 작품이더만! ^^
* 홍배야 아직도 깨가 쏟아지냐? 하하.
* 돌아온 진호. 자주 보자!
* 천사표의 대명사 인표. 너도 본 지 넘 오래다.
* 88년도 판 살인미소 인희. 니 이름땜에 가슴설레던 남자 선배들을 생각하면. ^^
* 빠릿빠릿 성원이. 넌 사업 잘할꺼여!
* 현욱아 얼굴 함 보자.
* 알수록 볼수록 괜찮은 친구 대식이. 병수는 요즘 잘하니?
* 재혁아, 요즘은 어디서 술 먹고 있냐?
* 우리 과가 낳은 명물 중 명줄 철호. 삼성동에서 함 보자니깐!
* 동철 님은 지금 어디 계신지?

* 그리고 마지막 누구보다 치열했고 누구보다 순수했던 친구. 지금이라도 모임에 나와서 걸쭉한 목소리로 큰 웃음 지을 것 같은, 지금이라도 전화해서 술 한잔 하자고 할 것 같은 은조… 하늘나라에서 잘 살고 있지?

그리운 벗에게

홍성창

야속한 세월은 마흔을 향해 지칠줄 모르고 내달리고 있다. 나만은 비켜갈 것만 같았던 불혹이 낼 모레라니! 이럴 수가. 우리 처음 만나서 악수를 나누고, 매일 같이 떼로 몰려다니며 세상을 안주삼아 욕망을 발산하던 시절이 있었는데. 그때 우리는 참 부러운 게 없었다.

노가리를 뜯으며 사회 정의에 대해서 열변을 토하고 때론 가당치 않게 혁명을 논하던, 피가 거꾸로 흐르던 녹두거리의 시대. 얘기거리가 떨어지면 으레 그렇듯이 가시나들이 제일 싫어한다는 군대에서 공찬 얘기, 섬마을에 두고 온 순이 얘기, 첫 사랑만 실패 안했으면 벌써 초등학생이 되었을 거라는 둥, 뻥인 줄 알지만 그래도 침이 꼴깍 넘어가는 경험담(?)이며. 젊음의 특권을 무한대로 누리며, 건너뛰어도 좋으련만 먹은 거 꼭 확인하고. 자취방에 가서 라면으로 속 차리고. 이튿날 팅팅

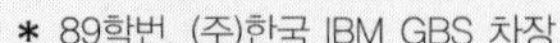

* 89학번, (주)한국 IBM GBS 차장

부어서 전공과목도 제끼고 방콕 행. 땡땡이도 한두 번이지 그게 아예 습관이 돼버렸지.

공부 얘기가 나왔으니 말인데, 우리 학번은 정말 공부 지겹게도 안 한 축에 끼는 것 같다. 진리가 강의실과 책에만 있을쏘냐. "세상이 곧 나의 학교다."라는 명제를 몸소 실천하면서 어영부영 1학기를 보내다가 2.0에 미달하는 학점을 받아보고 기절했다는 한 모 여사(개인의 프라이버시 차원에서 실명은 공개 안 함)는 이제사 늘그막에 대학원 등록해서 만학도의 길을 가고 있다지. 나이 먹어 고생 많다. 그러게 공부도 다 때가 있는 건데, 진작에 신경 쓰시지 그랬어. 늦은 걸로 치면야, 우리의 호프, 거북이 최유석군도 한몫 거들고 있지. 사회학도 머리 아픈데 전과까지 하면서 처자식을 거느리고 타국에서 욕본다. 진아 아빠, 파이팅!

⋮

한잔만 걸쳐도 새빨개지는 주량이지만 정신력 하나로 버틴 힘든 세월이 있었다. 두 평 남짓한 자취방에서 아이스크림 내기 고스톱도 치고, 농활 가서 주워온 모과로 술 담근다고 부엌칼로 뽀개고 실톱으로 자르며 쩔쩔매고. 정작 술 담그는 데 공이 많은 석이형(석이형을 생각하면 지금도 가슴이 아프다. 어떻게 비밀이 새나갔는지, 아님 술꾼들의 초자연적인 개코 능력이 돋보였던지. 어쨌든 올해도 모과주는 담가 놨으니 기회 되시면 언제라도)은 한잔도 못 들이키고, 애꿎은 객들만 별미를 맛보았던 것하며. 때마다 메케한 일산화탄소를 들이마시며 연탄불 갈고, 문밖에 수북하게 쌓인 눈 핑계로 자율학습(?)하던 때하며, 수도관 얼어붙어서 애태우던 일하며. 동무들이 찾아와도 변변하게 대접할 게 없으니, 주구장창 라면에 쉬어 비틀어진 김치에 달랑 단무지. 왕후의 밥상, 걸인의 찬이로세. 누추함을 탓하지 않고 뭐가 그리 좋다고 참새가 방앗간 그냥 지나치지 못하는 것처럼, 한마디로 우리들의 아지트였지. 여름에는 푹푹 찌고, 겨울에는 코끝이 아릴 정도로 열악한 환경이었는데도, 그땐 그게 왜 그리 좋았는지 몰라. 아이고, 지금은 돈 주고 하라고 그래도 못하겠다.

그 와중에도 빛나는 학사 졸업장을 사수할 수 있었던 것은, 절대 다수의 동기들이 빼먹은 수업과 정확히 반비례하는 높은 출석률을 유지하면서 시험 때마다 결정적인 한 방을 제공했던 두 명의 에이스 (고만고만한 3할 타자들이 난립하던 시대에 4할이면 입신의 경지가 아닐까. 믿거나 말거나) 덕분이 아닌가 싶다. 역시 신은 나약한 인간들에게 불행만 안기시지는 않았다. 박수진 양과 공석기 군의 노트는 당대 최고의 베스트 셀러였지. 평을 하자면 핵심만 콕 찝어서 정리한 덕에 한 시간만 봐도 감을 잡을 수 있는 박수진 표와 본인만 해독 가능한 난필로 Quality도 좋았지만 양적 풍부함으로 승부하는 공석기 표. 인세만 제대로 챙겼어도 집 한 채는 족히 뽑지 않았을까. ^^

부족하지도 넘치지도 않은 우리 동기들 하나하나의 면면을 뜯어보면 볼수록 다들 대단하고 자랑스럽다.(독자들의 재미를 배가하기 위해서 다소 분칠이 있으나, 객관적인 사실관계에 기초함.)

* 어릴 적에 '하바드 공부 벌레들'이라는 드라마가 있었지. 킹스필드 교수도 나오고 말야. 말로만 듣던 그곳에서 넉넉한 덕으로 세상에 이로움을 위해 정진하고 있는 뼈대있는 가문의 후손? 공석기.
* 그래도 89학번 중에는 제일 얼굴이 받쳐주나 보다. 앵커도 다 하고? 권영희. 처음에 선배들이 여자 후배라고 좋아라 했대나.

* 누가 뭐래도 정의의 길을 간다. 타협하지 않는 공복이 되어다오? 김도형 검사. '검사스럽다.' 라는 말이 한때의 유행어가 되지 않도록 힘쓰시오.
* 누구보다도 시대의 아픔을 고민하고 치열한 삶을 추구하는 늦깍이 검사? 김상은. 애 낳는 비결이 딴 게 없어요. 열시미. 기냥 열시미. 그러면서도 부드럽게.
* 동생뻘되는 애들이 반말한다고 속상해 하시던 큰 형님? 김선균. 이제는 굴지의 S전자에서 $ 번다고 바쁘신 몸이 되었다네. 수원 촌구석에 박혀 있으니 언제 한 번 볼까나.
* 우수한(우스운??) 성적을 박사 때까지 유지하느라 이 한 몸 돌보는데 소홀하야 친구들을 놀래킨 범생이 학자풍? 김영춘. 특단의 다이어트가 요망됨. 요새 얼굴 요가도 나왔다더라. 휴가 때 놀러 가면 잠은 재워주나?
* 한때 도 닦는다며 헛발질 하더니, 졸업과 동시에 정신차리더니 바로 보험업계에 투신? 김태훈. 큰 일꾼은 큰물에서 노는 법이다. 베이징 한 번 놀러 갈 거구먼.
* 커뮤니케이션 사회학이었나. 김일철 교수님 과목이었는데. 그대가 쓴 레포트를 들으면서 머리를 한 대 쾅하게 얻어맞은 느낌을 받았었다네. 독특한 시각을 선보인 수작이었다. 본인도 대단한데 화가 부인까지 얻은 복 받은 시인 친구? 김홍중.
* 고리끼 원작의 '어머니' 에서 빼어난 연기로 싹수를 보이더니 예술가의 한길만 죽어라 파고 있는 고뇌하는 지성? 김환진 감독. 그 시절에 싸인 좀 받아둘걸 그랬다. 나중에 크게 되면 좀 짭짭할 건데.
* 89가 낳은 진정한 코스모폴리탄. 국제적이다 못해 아예 국제 결혼을 해버린 환경지킴이, 당차고 열정적인 삶이 그녀의 트레이드 마

크. 한때 정체 모를 아유미와 혼동이 있었음? 문유미.

* 너 본 지 오래다. 어디 숨었니? 박성덕 한의사.
* 만인의 연인. 세월을 거꾸로 먹나보다? 박수진. 애가 애를 보느라 힘들겠다.
* 여러 날 과사에 나타나지 않아서 성제 형이랑 잡으러 갔던 게 생각난다. 온몸에 후까시 팍팍. 몇 안 남은 천연 기념물 총각? 서현규. 너무 가리지 말아라. 살아보면 거기서 거기란다. 그리고 바쁘지 않으면 눈에 힘 좀 빼라.
* 딴 설명이 필요없는 명카수. 요즘 레파토리는 무엇이 추가되었는지 궁금하군? 설명남.
* 근엄하게 법정에 앉아 있는 모습이 빼다 박은 자리일 것 같은 타고난 법조인? 유영근 판사.
* 2차만 7번 봤다고 했나. '7전 8기', 집념의 화신? 유진. 공교롭게 첫 아이 이름과 똑같네.
* 기자는 글이 아니라 발로 승부한다는 평범한 진리를 온몸으로 보여주고 있는 H일보의 중견? 이동훈 기자. 요새 바쁜 티를 내도 너무 낸다.
* 십년이면 강산도 변한다고 했나. 세월의 무상함을 전해주는 멋진 남? 이승우. 또 언젠가 계곡 따라 설악에 오르면 좋겠네 그려.
* 내 뇌리에 항상 꾀꼬리 같은 인상을 주던 女? 이영주. 생명에 대한 감사와 은혜를 동시에 느낀다. 힘들더라도 곁에서 응원하는 친구가 있다는 것을 잊지 마라.
* "근데, 누구세요?", "저 혹시 사회학과 안 나오셨어요?" 이영진.
* 교류가 다소 빈약했지만 자기만의 세계를 개척한 우리 학번 교수 1호 – 이윤석 교수. 가는 길은 다르다만 노력이 재능이지 싶다. 바

뿐 게 미덕인 세상이다만 요즘 출석률이 저조해. 위험하다고 봐야지. 옐로카드 1장. 2장이면 알지?

* 9시 뉴스가 기다려진다. 공영방송 KBS의 미래, 뺀질이? 이주형 기자. 애들이 너만 나오면 아빠 친구라고 난리다. 그래도 아빠가 더 잘 생겼단다. 역시 애들은 솔직해요.
* 팔방미인? 이중협. 떨어져 있어도 마음은 통하는가 보다. 날세운 승부수가 멋지게 작렬하길 바란다. 항구에 있는 배는 안전하지만 그것이 배를 만든 이유는 아니란다.
* 최고참 유부남. 자기소개 때 받침 빼고 발음하면 안 된다고 해서 박장대소? 장봉진. 89의 유일무이 사장님.
* 유일한 서울 출신 현역임을 귀가 따갑도록 자랑하는 느끼남. 공군학사 장교 때 최군과의 남다른 추억은 들어도 들어도 명예의 전당감? 전영우 기자. 피부 관리 좀 하고, 눈높이도 좀 낮추고 해서 올해는 제발 가라. 누구는 낼 모레 중학생 학부형 된다.
* 한 방 큰 거 노리는 고독의 승부사, 이 시대의 진정한 한량? 정한영. 니 한건 하는 거 기다리다 다 늙어 뒤지겠다. 빨랑 사고쳐라.
* 코렐하고 항상 헷갈린다. 코넬에서 공부를 마치고 지금은 한림대 나가는? 정동일. 이 글을 쓰고 있는 동안에 기적처럼 연락이 닿았다.
* 마누라 빼고는 나와 동침을 제일 많이 한 친구, 다정한 벗. 고소득 자영업자? 조수호. 너를 꼭 빼닮은 사내아이길 바란다. 정말 축하한다.
* 문명의 이기를 거부하는 남자. 인심 좋은 이웃집 아저씨 같은 순천 싸나이? 조정화.
* 공부가 제일 쉬웠다는 빛나는(?) LG맨. 춘천댁? 최영수.
* 덕이 재주를 앞선다. 늦깍이 박사? 최유석.

* 세월의 무상함을 넘어 비정함마저 안긴다. 손에 꼽는 진국이다? 허우녕. 보약 남으면 좀 돌려라. 혼자만 먹지 말고.
* 호칭이 항상 걸린다. 내겐 은하철도 999의 '메텔' 같은 신비로 다가오는 여인? 한귀영.
* 삼장법사? 허인. 지친 마음을 잠시 기댈 수 있는 큰 나무 같다.

⁝

늘 소망했다. 선배들로부터 받은 만큼 후배들한테도 할 수 있기를. 여전히 낙제를 면키 어려운 수준이니 부끄러움이 앞을 가린다. 유난히 89들과 친했던 성제형. 얼마 안 되는 보증금 빼서 후배들 술 사주고, 친형처럼 우리들을 아꼈지. 논산 훈련소 퇴소하는 날 부모님과 함께 왔드랬지. 눈물나게 고마운 형이다.

1학년 4 · 19 때. 학회 세미나를 마치고 동대문인가로 가투 나갔다가 지하도에서 어리버리 하다가 몽땅 잡혔었지. "아저씬 누구세요? 저리 비켜요."라는 전경의 경고도 무시한 채, 의리의 사나이 박성제 曰(왈) "저도 학생이에요. 그리고 애들 선밴데요." 아뿔사. 솔직함이 항상 미덕은 아니거늘. 닭장차 안에서 모두들 비굴한 발길질을 피하며 제 몸뚱아리 추스리기도 바쁜데, "애들은 때리지 마." 당당하게 외치다, 흠씬 두들겨 맞고. 매를 번다 벌어. 난생 처음 경찰서 유치장에서 하루를 보내고. 다음 해 4 · 19 때도 찌라시 돌리다가 주민 신고로 또 경찰서에 끌려가서 반성문 쓰고 한밤중에야 풀려나고. 악연은 필연인가?

386의 끝자락에서 모순 덩어리 한국사회를 치열하게 고민했었던 순수의 시대, 열정의 시대는 가고, 내려놓고 싶지 않았던 청년의 기개와 울분은 지금 어디에 머무르는가? 돌이켜 보면 두려움 많은 청년기를 보냈다. 맹목적으로 그리고 의식적으로 지식인의 의무에 번민하고, 일상이 돼 버린 데모대 속에서 비겁한 자신을 숨겨야 했다. 허기진 이성의 배고픔을 채우려 세운 밤이 또 얼마였던가? 자본의 비수를 비판하면서도 한편 입신양명의 달콤함을 유혹하기도 했지. 변변하게 이도 저도 아닌 것이 삶의 경계에서 오랜 방황을 계속했다. 그래도 나는 잘 살고 있지 않나? 현재를 스스로 위로하면서, 적어도 내게 그 시절은 상처뿐인 영광이 아니라 여린 싹을 틔우는 밑거름이었다고 믿고 싶다. 불쌍한 인간의 소박한 반란을 위한.

⋮

'도시의 공기는 자유를 생산한다.' 고 했던가. '사회학적 상상력' 이라는 마력으로 비로소 '호모 에렉투스' 를 넘어 '호모 사피엔스' 로 살아갈 수 있는 정신적인 진화의 토대를 제공한 벗들, 선후배들 그리고 은사님들께 감사드린다. 100m 밖에서도 뚜렷히 알아볼 수 있는 풍채에 솥뚜껑같이 큼지막한 손에, 컬컬한 저음으로 ①, ②, ③ 나열해 가시면서 '사회 사상사' 를 강의하시던 신용하 교수님. 삼일절, 광복절 무렵이면 어김없이 방송 출연으로 바쁘시고, 끊임없이 연구성과를 출간하시는 모습이 과연 후학들의 귀감이 되고도 남음이 있다. 공부에 조금이라도 취미가 있었다면 손수 끓여 주신다는 커피를 맛보지 않았을까. 내가 사회학의 비조 오귀스트 콩트는 잘 몰라도 그의 애인, 클로드 마쌍에 대해 추임새 정도는 가능한게? 그녀가 폐병에 걸렸고, 폐병은 잘 먹어야 낫는 병이라고. 십수 년째 한결 같은 강의록에 대한 반론을 “진리가 변하냐, 임마.” 면박을 주시던 김채윤 교수님. 역시 고수의 내공은 하루아침에 이루어지는 게 아니었다. 말씀과 행동이 시종 일관하셨던 참 지식인의 표상, 故 김진균 교수님. 지근에서 뵐 기회는 없었지만 존재감만으로 든든함을 안겨주셨던 분으로 기억한다.

踏雪野中去 눈 덮인 들길을 걸어갈 적에,
不須胡亂行 행여나 아무렇게나 걷지 말라.
今日我行蹟 오늘 나의 발자국이
遂作後人程 뒷사람들에겐 이정표가 되리니

살면서 사랑하고 이별하고 아파하고 그리워하고. 뜨거운 피가 계속 순환할 수 있게 아슬아슬 곡예 인생이지만 지향점을 분명히 하고 달려보자. 비명에 가신 아버지께서 기억은 가물가물하지만 딱 한 번 자식이 서울대에 들어간 게 자랑스럽다 말씀하셨다. S대가 신분이 되던 시절을 사셨기 때문일 수도 있고, 뼈빠지게 고생해 가며 남보란 듯이 키웠다는 만족이셨을 수도 있고. 하지만 울 아버지, 너무 일찍 가셨다. ‘아버지 교실’에서 돌아가신 아버지를 회상하며 꼭 하고 싶었던 얘기를 하는 시간이 있었다. 부모가 돼 봐야 부모 심정을 안다고 했던가. 두 아이를 키워보니 아버지도 나처럼 힘드셨겠구나. 눈으로 울고 가슴으로 울고, 그날 난 원없이 펑펑 쏟고야 말았다. 하늘에서나마 들으시길 바란다. “아버지 사랑합니다.”

서른 잔치도 오래 전에 끝나고 불뚝 나온 뱃살 때문에 마누라 등쌀에 시달리는 처지가 되었다만, 수상한 시절을 핑계 삼는 나약한 인간이 되지는 않으마. 오늘 내가 헛되이 보낸 하루는 어제 죽은 이가 그토록 살고 싶어 했던 내일이므로.

최근에 본 몇 편의 시 중에 인상에 남는 게 있어 보낸다. 행복하거라.

어린 낙타

사막에서는
흐르는 강물처럼 살지 말고
어딘가에 고여 있는
작은 우물처럼 살아야 한다고
누군가에게 마음을 빼앗겨야
사막을 움직일 수 있다고
사랑하면 더 많은 별이 보인다고
살아가노라면 그래도
착한 끝은 있다고
러시아제 낡은 지프차를 타고
고비사막의 길 없는 길을 달릴 때
먼 지평선 너머로
지는 해를 등에 지고
홀로 걸어가던
어린 낙타 한 마리

-정호승 산문집. '내 인생에 힘이 되어준 한마디'에서

현 사회과학대학 건물

서울대학교 사회학과 설립 60주년
기념 특별토론회

4부 재학생들의 목소리

재학생의 목소리

나에게 있어 사회학이 지니는 의미

김영수

사회학을 전공으로 선택한 사람에게 사회학이란 학문은 어떤 의미를 가질까? 나에게 있어 사회학이란 곧 사회과학이다. 사회학을 전공으로 선택한 이후의 나의 삶은 방황의 연속이었다. 복잡하고 무질서해만 보이는 사회라는 거시적 공간의 작동원리를 알아내고 싶다는 치기어린 갈급함으로 나는 경제학, 정치학, 지리학, 심리학, 외교학 수업을 듣고 관련 서적을 독파했다. 하지만 이것만으로는 타오르는 갈증이 해소되지 않았다. 나는 운명을 못 이기고 평생 방랑해야만 하는 『역마』의 주인공 '성기' 처럼 인문대를, 자연대를, 법대를 기웃거리면서 대답을 찾아 헤매야 했다.

사실 사회과학대학에 입학했을 때 나는 경제학을 전공하고자 했다. 하지만 공부를 해 나갈수록 학문으로서의 경제학은 방법론적인 엄밀함

* 03학번, 재학생

을 너무 중시하다 보니 현실의 역동성과 복잡성을 간과하고 있다는 생각을 지울 수 없었다. 사회의 구조와 문화 가운데 배태된 인간의 선택을 고려하지 않고, 극단적인 전제하에 놓여진 가상공간에서 인간을 묘사하는 방식은 의심 많은 나로 하여금 무언가 부족하다는 의구심을 불러일으켰다. 근대가 진행되면서 학문의 분절이 진행되었다지만, 오히려 현재의 복잡한 사회변화를 생각할 때, 이것을 아우르면서 포괄적으로 이해할 수 있는 혜안이 필요하다고 생각했고 결국 사회학을 나의 전공으로 선택하게 되었다.

이 순간 사회학의 아버지들의 고민을 다시금 생각해 본다. 사회학은 근대와 탈근대를 넘나드는 지금 이 격동의 시점에서 한국인으로서 나에게 어떠한 대답을 줄 것인가. 꽁트(A.Comte)가 그랬던 것처럼 베버(M.Weber)가 그랬던 것처럼 무질서한 것으로만 보이는 세상을 과학적으로 기술할 수 있고, 나아가야 할 방향을 제시할 수 있을 것인가? 특히 세계화라는 신자유주의적 무한경쟁과 더불어 대북관계로 인한 냉전적 질서가 공존하는 일면 모순 가운데 놓인 대한민국에 있어 사회과학은 어떠한 역할을 할 수 있을까?

사회과학이 다양한 갈등을 해결해 줄 수 있는 방법은 두 방향으로 볼 수 있을 것이다. 첫 번째로, 사회의 현실(Sein)을 직시하여 분석하는 것이다. 사회과학의 '과학' 적 측면은 이러한 방향에서 제 역할을 해야 한다. 현재 발달한 계량적 방법과 질적 · 구술적 연구의 조화를 통해 사회에 존재에 대해 파악해야 한다. 다음으로는 사회의 나아갈 길(Sollen)을 제시하는 것이다. 민주주의 사회에서 사회가 추구해야 할 최종적 방향의 결정은 궁극적으로 국민의 몫이라 할 것이다. 하지만 국민의 의사결정의 근간에 있어 사회과학적 지식이 이를 뒷받침해야 한다.

그렇다면 다양한 가치의 충돌 속에서 비틀거리고 있는 한국사회가 나아가야 할 방향은 무엇이며 이를 구축하는 방안은 무엇인가? 과학적인 방법을 기반으로 사회를 실증적으로 분석한다는 것은 매우 어렵다. 예를 들어 새만금 사업의 계속적 추진이라는 문제에 대하여 경제중심적 입장과 환경중심적 입장이 충돌할 때, 양자가 주장하는 가치의 중요도는 입장에 따라 현저하게 차이난다. 따라서 객관적 시각을 통해 대안을 평가하고 방향을 선택하기란 쉽지 않다.

또한 실증적 지식이 아무리 방대하게 구축된다고 하더라도 궁극적인 가치 충돌의 문제에 이르렀을 때, 이를 해결해 줄 수는 없다. 가령 현재 한국의 가장 큰 이슈 중 하나인 성장과 분배의 갈등상황에서 미국식 자본주의와 북구식 자본주의의 비교를 통해 대안 선택에 정보가 제공될 수 있겠지만, 이마저 사회가 나아가야 할 방향을 충분히 설명해 줄 수는 없다. 만하임(K.Mannheim)이나 마르크스(K.Marx)와 같은 지식사회학자들은 말한다. 인간의 관념은 사회적 배경 가운데 구성되며, 객관적인 진리란 존재하지 않는다고. 객관적인 진리가 존재하지 않고, 만약 있다 하더라도 인간의 능력으로 그것을 알아낼 수 없다면 과연 사회과학이 추구해야 할 방향은 무엇인가?

고민에 고민을 거듭한 끝에 내린 결론은 결국 사회과학의 목적은 기술과 합의의 도출이라는 것이다. 현재 한국의 갈등은 근간적인 가치의 문제를 제외하고서라도 동일한 가치 내부에서 누가 더 객관적이냐를 둘러싼 것이 상당수 존재한다. 예를 들어 작전통제권 환수를 둘러싼 갈등에 있어서도 주로 문제가 되는 것은 환수 이후에 한국이 부담해야 할 경제 · 정치적 부담이 어느 정도인가 하는 것이다. 그리고 궁극적인 가치문제에 대한 '사회적 합의'의 도출 역시 기본적으로 사실관계의 파악이 전제된 상태에서 사회 세력들 간의 협상과 조화를 통해 가능할 것이다. 따라서 헤겔식의 역사적 · 사회적 법칙이란 존재할 수 없으며 다양한 참여자 간의 사회적 합의가 있을 뿐이라고 생각된다.

이제껏 말은 거창했지만 사실 저명한 학자들의 저서와 선생님의 강의에는 한없이 광대한 세상과 구조가 펼쳐지는데, 돌이켜 나를 생각하면 지극히 작고 힘없는 존재로 여겨질 때가 있다. '너무도 광활하기만 한 세상을 앞에 두고 나는 과연 무엇을 어떻게 할 수 있을까?' 란 물음 속에서 느껴지는 답답함이란 일면 청년기에 어울리지 않는 패배주의적인 면을 띠고 있다. 하지만 국가 자체도 무력해져 가는 신자유주의적 세계체제를 현실적으로 대면하고 있는 지금, 개인은 무슨 일을 할 수 있을까 하는 한탄 혹은 비애는 가슴 한편을 아리게 만든다. 졸업을 하고 집장을 가지게 되면 점점 더 구조 속으로 파묻히게 되고 그 속에서 나란 자아는 소외당하고 쇠멸하지 않을까하는 두려움이 못내 나를 옥죄고 있다.

사회학을 사회를 바라보는 나만의 틀을 구성하는 도구로 쓰고 싶다. 사회학에서의 사고방식, 즉 통합과 갈등, 진보와 보수, 구조와 기능, 소외와 비판, 체계와 생활세계에 대한 고민들을 나의 고민 속에 녹여내고 싶다. 비록 베버나 만하임, 하버마스와 같은 위대한 학자는 되지 못할지라도 사회과학을 전공한 관료가 되어 한국이라는 다이나믹한 공간에서 사회학의 세계를 연출하고 싶다. 눈에 보이지 않는 사회의 이면을 포착해 내고 갈등 가운데 합의를 도출할 수 있는 능력을 지니고 싶다. 졸업을 앞둔 이 시점에도 나에게 사회학의 은유들은 아직도 허공 속을 헤매고 있지만, 그 가운데 조금씩 맛봐 온 사고의 방식과 비판적 시각은 분명 어두컴컴한 세상에 한 발짝 더 나아가는 데 한 줄기 빛이 되어 줄 것이라 믿는다.

●●●● '함께' 라는 말을 찾아 헤매며

– 사회학과 대학생 연합 세미나 참가자의 토로 –

손준우

'시작' 은 2005년 11월 이었다. 11월의 어느 금요일에 관악캠퍼스에서 열렸던 제1회 사회학과 대학생 연합 세미나, 그 자리에서 나는 '이거라면 뭔가 할 수 있지 않을까?' 하고 내 자신에게 묻고 있었다. 그곳에는 고려, 서울, 연세 대학교를 아울러 50명 이상의 학생이 있었고, 모인 사람이 이 정도라면 그 결과가 어찌될지는 모르겠지만 원하던 것에 도전해 볼 수 있겠다는 나의 기대가 더불어 있었다.

기대? 어떤 기대? 사실, '시작' 은 2005년 11월이 아닌 고등학교 2학년 때 사회과학대학에 들어가 사회학과에 진학하기로 결정한 때부터 이었을지도 모른다. 중학교 때 소설가의 꿈을 접고 헤매고 있던 나에게 이 결정은 무거운 것이었다. 나의 흥미, 적성, 능력 등을 고려해 이거라면 '내가 나를 걸고 해 볼 수 있겠고 하면 진정으로 즐겁겠다.' 싶었던

* 04학번, 재학생

것이 사회학이었기에 비록 대단치는 않은 나 자신이지만 나 한 명분의 무게가 걸린 결정이었다. 다만 문제는, 그 한 명분 이상의 무게가 실리지 않았다는 것일까? 당시 나에게 '사회학을 한다는 결정'이 가졌던 의미의 절반 이상은 아마 부모님의 반대였을 것이다. 그 당시 내 결정은 웃음으로 보답 받지 못했다. 이해받지 못한 외로움은 예상보다 큰 아픔이었다. 그때부터 내게는 기대, '사회학을 한다는 나 자신'과 함께 할 수 있는, 하지만 아직 그것 중 무언가 내게 하나 현실로 다가온 게 없는 무언가에 대한 기대가 싹트기 시작했다.

•
•
•

갖은 설득과 싸움, 그리고 대화 끝에 사회과학대학에 진학할 수 있었다. 그리고 그 이후에도 많은 요철이 있었지만 모집단위 광역화에 의해 사회과학전형 1학년으로 들어온 내가 2005년에 무사히 사회학과에 진입할 수 있었다. 일단 주변에서 내가 공부하고 싶은 것을 존중하고 이해해 주는 사람들이 비록 많은 어려움이 있었지만 하나 둘씩 늘어갔기 때문일 것이다. 이즈음해서 나는 나름대로 만족에 웃음 짓고 있었다고 할까. 자신이 하고 싶은 것을 관철해낸 사람으로서 자신을 이해해 주는 친구집단을 갖는 것이 얼마나 큰 행복이었던지, 그리고 사실 나는 아직도 이를 대단히 행복한 일이라 생각한다. 다른 것을 크게 생각할 필요가 없었다.

생각보다 기대가 커서 아직 채워지지 않았음을 알아챈 것은 사회학과에 진학하여 한 학기가 지나고 나서였다. 학년으로는 2학년이지만 사회학과 반년 차였던 나에겐 사회학과 신입이던 시절과는 다른 목마름이 따라다니고 있었다. 좀 더 적극적인 기대가 생겼다고 할까. 그 기대는 어느 정도는 환경의 소산이었을지도 모른다. 2002년도 입시 이후 광역화된 사회대의 학생 관리 체계는 '사회학과 학생'이라는 집단을 분리시켜 놓았다. 인정하기는 싫지만 엄연히 그것이 내게 영향을 미친 현실이었다. 전공이 없던 1학년 때 배치 받았던 '반'[14]이라는 과 이전의 단위에서 맺었던 인간관계가 나에게 매우 소중하고 버린다는 생각을 할 수 없는 사람들로 이루어져 있다는 것도 인정할 수밖에 없는 현실이었다. 과 학생회는 반 학생회로 바뀌어 사라졌고 사람들은 반에 계속 나가게 되는 현실은 엄격하여 과 내의 학생 활동 자체는 위축되었다. 수업을 들어도 아는 사람은 몇 명밖에 없다. 그것도 같은 동아리를 하거나 같은 반 출신이었던 사람들이 많다. 과에서 MT를 가도 많은 사람들이 오지 않는다. 그럼 대체 내가 사회학을 하는 사람으로서 사회학을 하는 여러 사람들과 함께 할 수 있는 것이 같은 강의실에 앉아 있는 것밖에 없단 말인가? 이런 의문은 저절로 생겨났다. 사회학을 하는 사람으로서 하지 않는 사람들과 어울리는 경험과 그 기쁨은 느끼고 있지만 동류와 어울리는 경험에 나는 목말라하고 있었나 보다.

찾는 것은 생각보다 어려웠다. 어디선가 주장하듯 시대가 바뀐 것인지(주로 상대편에 대한 비난조로 이야기된다.) 아니면 누군가 주장하듯 학생들의 의식이 저하된 것인지(역시 주로 상대편에 대한 비난조로 이

14) 현재 사회과학대학은 전공이 없는 1학년들을 11개의 '반'에 나누어 배속시킨다. 이는 과거 광역화 이전의 11개의 과 학생회의 연속이다. 02년 광영화 이후 사회학과 학생회는 '악 (惡)반'이라는 이름으로 11개로 나누어진 02학번 신입생들 중 한 그룹을 전담하게 되었다. 그 외에 외교학과 학생회는 나침반으로 정치학과 학생회는 일치단결반으로 심리학과 학생회는 알반으로 바뀌었다. 하지만 대학교 1학년 때 맺어지는 인간 관계가 중요한 만큼 이 반에서 맺어진 선후배 관계, 동기 관계가 과에 진입한 이후에도 없어지지 않고 이어져 '반'이란 단체가 공고화되어 지금까지 내려오고 있다.

야기 되지만) 그런 것은 상관없었다. 원인이야 그 둘 중 어쨌든 중요한 것은 1970 · 1980년대를 풍미하던 어떤 사회 비판 의식을 중심으로 한 과 정체성, 사회 변혁의 중심으로서의 사회학과에 소속되어 있단 정체성, 함께 투쟁하는 동지로서의 정체성이 찾아보기 힘들어졌단 것만은 엄연한 현실이다. 외부의 적은 내부를 단결시키는 효과를 갖는다든가? 실제로 외부의 눈에 보이는 거대한 독재 정권이 사라져 보이자 현실에 대한 진단은 갈래를 더욱 달리하였다. 더욱 다양한 현실 인식과 더욱 다양한 진단, 그리고 더욱 다양한 움직임이 나오기 시작했다. 대학생들의 인식과 흥미와 관심사가 다양하게 표출되기 시작했다. 사회학과에서 다루는 주제, 주장, 관심사, 분야도 점점 다양해졌다.(물론 원래부터 다양한 주제를 다루었지만 긴급한 시국 문제로 표출되지 않았을 것이라 생각한다.) 다양하단 것이 나쁜 것은 아니다. 다만 그로 인해 개인의 지는 짐의 무게는 늘어난 것이 아닐까? 앤서니 기든스는 근대로 들어가면서 많은 전통에서 인간이 벗어난 대신 스스로 성찰하고 결정해야 하는 부담이 인간에게 지워졌다고 말한다. 사회학이 다루는 이 수많은 분야, 수많은 주장, 수많은 관심사와 자신의 모호한(나를 확실히 알기가 얼마나 힘든가!) 관심사를 비교하면서 고민하고 질문하는 주변 친구들을 보면 기든스의 주장이 상당히 귀 기울여 줄 만하다고 생각하게 된다. 사회학과 학생치고 '사회학이 무엇인가?', '난 뭘 하려고 사회학과에 갔는가?', '사회학과를 나와서 뭘 하는 것일까?' 란 질문에 당황한 경험이 없다면 소외감 느낄 정도랄까. 덕분에 찾는 과정은 더욱 어려웠다.

기쁘게도 같은 걱정을 하는 것은 나뿐만이 아니었는지 사람들이 모여 '사회학과 학술 동아리 Co-Sociology' 를 구성하게 되었다. 사실 인원은 그리 많지는 않았고 또 각자 주장과 개성이 너무 뚜렷하였으며, 더욱이 동아리의 기조 자체가 개개인의 의견을 최대한적으로 존중하는 것이었기 때문에 큰 일체감을 느낄 것은 없었다. 하지만 여러 다른 사회학도들과 차이점을 발견하고 그것을 메우려고도 해 보며 인정하려고도 해 보고, 서로 배우려고도 해 보는 그 과정 자체가 '함께' 한다는 기분으로 다가왔다.

대강의 기대와 욕구는 여기서 채워졌다고 할 수 있겠지만 인간이 식욕 수면욕 성욕이 채워지면 다른 욕구가 머리를 내밀 듯, 나는 좀 더 큰 규모의 함께함을 기대할 만하였다. 하지만 실제 기대는 하지 않았다. 1차적으로 내 기대는 여기서 만족되었다. 이것이 고등학교 2학년 때부터 시작되었던 나의 기대가 일단 쉬어 간 지점이다. 소규모의 인원만으로도 함께 한다는 데 여러 가지 생각할 일이 있었고 그것이 충분히 기뻤다. 그리고 더 큰 일을 생각할 수조차 없는 게 더 큰 규모의 모임은 매번 실패한 것밖에 보지 못했으니 애초에 기대를 접었다.

⋮

다시 일어선 것은 제1회 사회학과 대학생 연합 세미나였다. 학과 교수님의 발안으로 이루어진 이 행사는 고려대, 서울대, 연세대에서 사회학을 공부하는 학부 학생들에게 상호 이해와 토론의 자리를 마련한다는 의미에서 계획된 행사로 각 학부에서 우수 레포트를 3~4개씩 뽑아 나를 정해서 발표, 논평, 그리고 토론을 진행시킨다는 것이었다. 주제는 자유로, 나와 동아리 사람들도 참가자로서 공동으로 한편의 레포트를 준비하고 있었다. 레포트 작성과 자료조사에 치여 허덕대었던 것도 이유였겠지만 사실 나는 그리 큰 기대를 하지 않고 있었다. 과연 얼마나 올까, 사람이 많이 오기나 할까, 그냥 레포트 주욱 읽는 거 읽고 자다가 끝나는 거 아닐까와 같은 걱정이 앞섰다. 사실 행사의 제안을 처음 듣고 기획에 착수한 것은 당시 동아리 회장이었던 나였지만 중간에 그것은 따로 만들어진 자리의 책임자에게로 넘어갔고(아직도 그 친구에겐 고맙게 생각한다.) 사실 이 넘어간 과정에서 내 불안이 작용했던 점이 없지 않았다.

⋮

하지만 당일 행사는 예상과는 달리(물론 여러 마찰과 짜증이 없진 않았지만) 성공적으로 진행되었다. 솔직히 학부생이 50여 명 이상 모인 사회학과 행사는 내게 있어 처음 보는 광경(이란 단어를 쓸 만큼의 풍경)이었다. 거기에 연세대 사회학과 학생회에서 2회 행사 준비에 대해 큰 관심을 보이고 접근해 온 것은 처음엔 당황스런 일이었지만 사실 쉬고 있던 내 기대를 다시 일으켰던 결정적인 한 방이었다. 이 정도라면 할 수 있지 않을까? 더 많은 사람들이 더 많이 함께 하는 사회학과를 기대할 수 있지 않을까? 그걸 내 손으로 다른 사람들과 함께 만들 수 있지 않을까?

결과적으로 나는 그 제안을 수락했고, 연세대학교 사회학과 사람들과 우리 동아리는 팀을 짜서 제2회 사회학과 학부 연합 세미나를 준비하게 되었다. 다시 생각하지만 바쁜 나날이었달까. 한국사회학회에 요청하여 자금을 지원받고, 행사를 계획하고, 논문을 모집하고(1회와 달리 모두 새로 쓴 논문이어야 했다.), 받은 논문을 검토하고, 자료집을 만들고, 홍보하고…. 그 기나긴 길 끝에 '세계화 시대의 이주'란 주제로 고려대, 북경대, 서울대, 연세대, 이화여대가 참여하는 행사를 만들 수 있었다. 솔직히 말해서 결과는 조금 기대 이하였다. 순수 학부생만으로 행사를 준비하다 보니 여러 가지 시행착오도 많았고 덕분에 참가한 사람 수도 1회보다 적었다. 하지만 결과가 어쨌든 그 준비하던 과정 자체가, 내가 사회학을 전공한 이래로 처음으로 내 손을 거쳐 큰 모임이 이루어졌다는 그 사실 자체가 너무 기뻤다고 할까. 아직도 좋기만 하다.

⋮

끝은 나지 않았다. 쉬다가 일어난 내 기대는 아직 충족되지 않고 있다. 살짝 기대치가 충족되지 않았다고 해서 앉을 거면 일어나질 않았다. 사회학을 처음 택해 외로웠지만 점점 더 큰 함께함을 경험하고 있는 지금, 많은 갈등과 요철이 있는 길이었기 때문에 힘들기도 했지만 나는 아직도 더 큰 것을 원하고 있다. 충족시키는 과정이 아직은 흐릿하지만 벌써 주저앉지 않을 터이니 어디까진가 가긴 갈 것이다. 여담이지만, 우선 그 전에 가장 큰 걱정거리는 눈앞에 닥친 군 입대가 아닐까 생각해 본다.

411 손준우 ◆ '함께' 라는 말을 찾아 헤매며

- 사회학과 대학생 연합 세미나 참가자의 토로 -

군인의 어떤 생각

염우선

훈련소. 서울에서 다섯 시간 거리인 진주시 금산면 속사리에서 난 3월의 봄을 보냈다. 아침 5시 45분에 일어나, 저녁 10시에 잠이 들 때까지의 생활의 반복. 벚꽃이 참 아름답게 피는 그 계절에 난 벚꽃처럼 아름답게 흩날리는 추억을 남겼다. 내게 훈련소 때 같은 내무실을 쓴 동기들은 정말 소중한 사람들이다. 그것은 그들이 나에게 벚꽃이 흩날리는 풍경을 안겨 주었기 때문이다. 다양한 사람들이 내 주변에 있었다. 부의 상징이라는 타워팰리스에 거주하는 녀석, 연예인의 머리를 만져주다가 군에 온 친구, 힙합과 흑인음악을 사랑하는 방송전공자, 정몽준의 서빙까지 들어주었다는 호텔에서 일하다 온 동생, 진한 전라도 사투리부터, 억센 대구 사투리, 은근한 부산 사투리까지. 서울대라는 위치에서부터, 실제 직업전선에 뛰어든 사람까지. 난 그 속에서 다

* 04학번, 재학생

양한 사람이 있음을 깨달았다. 그 속에서 내가 본 것은 다른 삶의 방식과 삶의 경험이었다. 마치 하나의 작은 사회를 만나는 것처럼. 그 시절의 좋은 추억부터 지금의 자대 생활까지 군대에서 내 학교와 학과를 말하면, 듣는 질문 중에 꼭 이런 것은 있기는 했다.

"근데, 사회학이 뭐 하는 학문이냐?"

불행히도 난 답을 제대로 하지 못했다. 대게는 얼버무리면서 답을 했었고, 그 답에 당연히 만족을 못했다. 학교에서야 농담 삼아 정치학, 경제학, 역사학, 기타 등등을 다 떼어주고 남은 것이 사회학이라고 했지만, 그게 다른 사람에게도 통할까? 어림도 없는 일이다. 사회학과 홈페이지에는 사회학이 인간생활의 사회적인 조직이 지니는 질서와 변화의 참 모습을 구조적으로, 역사적으로 그리고 과학적으로 이해하려는 학문이며, 미시적인 일상생활에서부터 거시적인 세계체계에 이르기까지 인간의 사회적 관계를 과학적인 방법으로 분석, 설명하고 성찰하는 것이고, 사회의 다양하고 특수한 분야들에 대한 전문적 연구들을 수행함은 물론, 현대 사회의 구조를 분석하고 미래의 변화상을 예측하는 일을 한다고 하지만, 난 이 말을 외우지는 못할 뿐더러, 그렇게 이야기했다가는 또 다른 질문이 나올 것이다. 너무 어려우니까 쉽게 설명하라는 질문이 아마도 나오겠지.

⋮

하긴, 쉽게 설명하려니 답이 나오지 않는다. 혹은 어렵게 설명하려니 답이 나오지 않는다. 이게 웬 창과 방패와 같은 답이냐고? 하지만 나도 어쩔 수가 없다. 도대체 사회학이라는 것이 무엇이기에, 이리도 설명하기 어려운지. 사실 사회학을 공부한다는 나에게도 사회학이 뭐냐고 물으면, 참 궁색한 답을 할 수밖에 없다. 내가 공부가 부족한 것이 한 원인일 것이고, 또 딱히 정의하기 어려운 것이 사회학이라는 생각을 한다. 쉽게 설명해서 "사회를 공부하는 학문이야."라고 답을 하면, 그게 사회학의 전부는 아니라는 생각이 들고, 그렇다고 뭔가 어렵고 고상하게 설명을 하자니, 결국 돌아오는 것은 그래서 사회학이라는 게 뭔가 하는 질문이다.

결국 이럴 때는 처음으로 돌아가라는 것이 해답이 아닐까? 내가 어떻게 사회학에 관심을 가지게 되었는가에 대해서 떠올리면, 사회학이라는 게 무엇인지에 대한 답이 나오지 않을까? 난 『축구 전쟁의 역사』라는 책을 읽으며, 사회학과에 가야겠다고 마음을 먹었다. 솔직히 하이버리의 거너스를 보기 위해서 이사를 다닐 정도의 축구광은 아니지만[15], 스포츠라면 다 좋아하는 나에게 이 책에서 말하는 축구란 새로운 것임에 분명했다. 정치와 역사를 연관 지으며 씨줄과 날줄이 얽힌 복잡한 판을 단숨에 정리하는 그 명쾌함이란! 이후에 나온 축구에 관한 책에서 이 책의 이름이 언급이 되고 있는 것을 보면, 난 이 책을 읽으면서 느낀 유쾌함이 결코 나만의 감정은 아니라는 것을 확신했다. 그리고 그 책을 읽었던 고등학교 2학년의 시점에서 난 이러한 책을 실컷 읽을 수 있는 학과가 무엇인지를 생각했고, 그 답이 바로 사회학이었다. 난 아직도 왜 부산의 롯데 팬들은 그렇게 열광적일까에 대해서 몹시 궁금하고, 광주의 타이거즈 팬과 비교하면, 어떤 차이가 있을까라는 생각을 하곤 한

15) 닉 혼비의 『피버 피치』에 나오는 이야기이다.

다. 그리고 그 답이 사회학 속에 담겨있지는 않을까 하고 혼자 생각을 한다.

사실, 사회학이라는 것은 그렇게 어려운 것은 아니다. 군대의 선임들이 토로하는 말, 여기는 어떻게 된 것이 고등학교의 내 모습하고 같으냐고 말할 때, 난 푸코라는 사람이 말한 감옥과 학교와 군대의 모습의 유사함을 깨닫는다. 결코 사회학이라고는 한 적이 없는 사람도 체험으로 느끼는 모습을 본다. 중요한 것은 이 같은 모습을 느끼는 것이 동시에 늘 같은 모습을 다른 모습으로 변화시키려는 노력이 아닐까? 항상 익숙했던 것들을 같은 모습이라 느끼는 것은 사회학이 우리에게 주는 중요한 지식이지만, 같은 모습을 더 나은 모습으로 변화시키는 것은 사회학이 세상에게 던지는 사자후라는 생각이 든다. 그렇다면, 내가 사회학을 한다는 것은 결국 내 의견을 세상에 던질 수 있다는 무한한 가능성을 가지고 있다는 뜻은 아닐지.

⋮

내가 처음 축구와 사회에 관한 책 한 권을 통해 사회학에 대한 관심을 가지고, 그에 따라 온갖 생각을 펼칠 수 있는 것은 그만큼 세상은 넓고, 넓은 만큼 내가 의견을 던질 수 있는 이른바 '거리' 도 많기 때문일 것이다. 상상의 학문, 그 자유로움의 향기는 축구와 정치라는 전혀 다른 주제의 것을 하나로 엮는 힘을 주었다. 다카의 사람들이 마라도나에 열광하는 것은 아마도 그들이 다른 삶, 다른 세계를 꿈꾸었기 때문일 것이다. 자유로운 마라도나가 그랬던 것처럼 그들도 자유로워지고 싶었기 때문은 아닐까? 심오하게 포장하지 않아도, 그들은 세상을 바꾸는, 그것이 좋던 나쁘던 간에 힘을 가지기를 원했기 때문일 것이다. 다카의 사람들이 그랬던 것처럼, 나도 세상을 향해 그렇게 사자후를 날리고 싶었는지도 모른다. 가깝게는 광주와 부산이라는 비슷한 도시의 두 팬을 통해서, 크게는 정말 많은 세상의 모든 것들을 내 언어로 표현하고 싶어서. 사이먼 쿠퍼는 작게 축구를 통해서 세상에 대한 자신의 사자후를 토했다. 나 역시 그런 욕망이 있음을 부정하고 싶지는 않다.

⋮

누구나 일상에서 사회학을 느낀다. 군대에서 물건을 싣고 온 트럭 기사 아저씨들의 말 속에서 그런 것을 느낀다. 아저씨들은 관물함을 내리면서, 차에 기스가 나지 않게 하기 위해 이불을 깐다. 그 모습에서 난 일의 효율을 그렇게까지 떨어뜨리면서 일을 할 가치가 있는가에 대해 다시금 생각을 하게 된다. 그리고 이어지는 말에서는 무언가 세상에 대한 어떤 생각을 가질 가치가 있다고 생각한다.

"고귀하신 차주님 차를 다치게 하면 안 되지."

그제야 나는 밖에서 본 소위 화물차 기사들의 생활에 대한 것을 떠올리고, 동시에 왜 이런 구조가 지속이 되는지를 한 번쯤은 생각해 보아야겠다고 마음먹는다. 다만, 그 마음먹음은 언제나 그것에서 끝날 뿐이다. 그게 세상을 향한 사자후로 변할 때, 내가 그간 공부한 것은 의미가 있는 것일 텐데. 사실, 제대한다고 해서 내가 당장 어디에 자리 잡고 어떤 길을 걸을지 명확하게 정해진 것은 아무 것도 없다. 여전히 난 아직 나의 길을 모색 중이고, 그 길에 대한 고민을 하는, 때로는 그 길의 앞에 무엇이 있을지를 고민하는 소심한 사람이다.

그러나 이제 확신할 수 있는 것은 사회학이 무엇인지에 대한 답이다. 세상을 읽는 눈을 주는, 그리고 내가 세상을 향하여 사자후를 토하게 할 수 있는 그런 학문이 아닐까. 적어도 난 세상을 향해 내 뜻을 마음껏 토하고 싶다. 원래 사자후란 부처님의 설법에서의 모습에서 나온 말이라던데, 나라고 부처가 되지 말라는 법은 없지 않은가. 어줍지 않는 지식 속에서 들은 바로는 누구나 부처가 될 수 있다고 했다. 부처가 되는 학문, 그게 바로 내가 느끼고 설명할 수 있는 사회학이다.[16)]

16) 앞으로는 이렇게 설명을 해야겠다. 그간은 왜 이렇게 설명하지 못했을까?

동아시아 평화인권캠프
- 교류와 운동의 사회학 -

박준규

"…동아시아 냉전구조하의 국가폭력의 현장이라는 점에서 공통점을 지닌 역사의 요지에서 이 캠프가 개최되어 왔다. 그런 현장에서 한국, 일본, 재일조선인 학생들이 같은 강의를 듣고, 같은 현장을 걷고, 의견을 나누어 같은 시간을 공유하면서 역사와 현장을 동시에 체험하는 것, 이와 함께 평화와 인권에 대해 함께 생각하고, 행동할 수 있는 계기를 만드는 것이 본 캠프의 목적이다." (제8회 동아시아 평화인권캠프 자료집 中)

동아시아 평화인권캠프는 남한의 서울대, 전남대, 제주대, 그리고 일본의 리츠메이칸대학, 오키나와대학, 류큐대학 등의 대학생들이 주축이 되어, 약 4박 5일의 시간 동안 함께 생활하면서 동아시아의 평화와

* 04학번, 재학생

인권에 대해 고민을 나누고 배우는 행사이다. 이 행사가 이루어지는 장소는 남한과 일본이며, 여름방학과 겨울방학 때 한다. 한 번은 남한에서, 그리고 그 다음 번은 일본에서 하는 식이다. 필드워크 장소와 캠프 주제는 깊게 연관되는데, 그래서 한 번의 캠프는 한 개의 지역에서 그 지역에 맞는 주제로 진행된다. 서울 · 경기지역과 광주지역, 제주지역, 간사이(關西)지역, 오키나와(沖繩)지역이 한 번씩 돌아가면서 캠프 대상지로 선정된다. 행사 내용은 강연회, 토론회, 필드워크(현장답사활동) 및 학생들 간 각종 친목도모 등으로 이루어진다. 왜 사회학과 문집에 이런 내용을 쓰냐라고 생각하시는 분들이 계실 것 같은데, 그 이유는 서울대 측 지도교수님이 사회학과의 정근식 교수님이시기 때문이다. 원래는 사회학과 학생들 차원의 행사였으며, 다른 학과 학생들도 많이 참가하게 된 지금도 서울대 측 참가단의 주축은 대개 사회학과 학생들이다.

2005년 여름, 한 선배[17]한테서 전화를 받았다. 동아시아 평화인권캠프라는 걸 하는데 같이 참가해 보지 않겠냐고. 그때는 마침 내가 하던 다른 일이 복잡하게 꼬여서 약간 노심초사를 하던 시기였기 때문에 대충 "생각해 보겠다."라고 말해 놓고는 가지 않았다. 하지만 이 캠프에 대한 호기심은 들었다. 그때 캠프 장소는 제주도였는데, 나의 관심분야였던 제주 4 · 3에 관한 내용들이 있었다는 말을 들었고, 필드워크 장소도 4 · 3 전적지 등등이었다는 말을 듣고 못 가서 아쉽다는 생각이

17) 참고로 이 선배는 내게 있어서, 같은 사회학과이면서 반까지 같은 '같은 학과 선배인 동시에 같은 반 선배'이다. 이분은 2006년 2월에 서울대 학사과정을 졸업하였으며, 현재는 일본 도쿄대학에서 석사과정을 밟고 있는 서울대 사회학과 02학번 남자영 학우이다. 필자에게 소중한 경험을 하게 해 준 남자영 학우에게, 이 자리를 빌어 감사의 말을 전한다.

들긴 했다.

나중에 2005년 겨울이 되고 겨울방학이 가까워 오자, 그 선배가 다시 연락을 해 왔다. 한 번 내가 안 갔음에도 불구하고 두 번째 나를 이 캠프에 참가시키려고 한 것이다. 이 선배는 2005년 겨울 동아시아 평화인권캠프의 서울대 측 대표자를 맡고 있었는데, 내가 확답을 주기 전까지 계속, 집요하게 "같이 하자."라고 연락을 하셨다. 몇 번을 튕기다가 결국 난 항복하고 말았다. 대체 얼마나 대단한 것이기에 계속 같이 가자고 노래를 부르시나 하는 심정으로. 그리고 내가 속해 있는 학과의 교수님(정근식 교수님)께서 지도교원이시니까.

⋮

2005년 겨울 캠프 장소는 일본의 교토(京都) · 오사카(大阪) 지역이었다. 주제는 재일코리안[18]의 인권문제와 일본의 우경화와 관련된 것이었고, 서울대 측 참가자들과 같이 사전세미나를 하였다. 캠프 장소인 리츠메이칸대학(立命館大學)으로 가서는 내 생에 처음으로 일본인 및 재일코리안들과 대화를 하는 기회를 가질 수 있었다. 필드워크를 하면서 조총련계 재일코리안 자치학교의 수업을 참관하고, 츠루하시(鶴橋) 지역의 코리아타운을 방문하기도 했으며, 마침 캠프 기간 내에 있었던 일본 건국기념일에는 '간사이 지방의 야스쿠니 신사'라 불리는 가시하

18) '재일한국인'이나 '재일조선인'이라는 명칭은 이들의 실제 정체성과는 무관하게 이들을 한반도 내의 정부 중심으로 개념화하는 사고방식을 내포하고 있는 명칭이다.

라 신궁을 방문하여 의례 과정과 일본 우익단체들의 모습을 지켜보기도 했다. 물론 그런 필드워크들이 인생의 한 소중한 경험이 될 수 있지만, 그보다 더 소중하다고 생각한 것은 이전까지 나와는 별 상관없는 사람들로 여겨졌던 일본인, 재일코리안 같은 사람들이 내 삶의 일부로 들어와 버렸다는 것이다.

2006년 여름 캠프는 서울 · 경기도 지역에서 진행되었으며, 따라서 서울대 참가단은 캠프의 전반적인 과정을 만들고 준비하는 역할을 맡았다. 주제는 동아시아의 주한미군, 군사주의와 한반도 통일문제 등이 적절히 혼합된 것이었다. 필드워크 장소는 평택 미군기지, 나눔의 집[19], 서울 서대문형무소, 도라산 전망대 등이었다. 또 북조선[20] 출신 청소년들의 남한생활에 대해서 캠프 참가자들과 북조선 출신 청소년들 간의 간담회도 있었다. 캠프의 강연자 섭외 및 필드워크 기획, 그리고 캠프 전반의 진행과 문화와 관련된 문제를 모두 서울대 사람들이 맡았는데, 당시의 감정과 경험들은 너무나 많고 복잡한 것이었다. 보람, 힘듦, 즐거움, 뭔가 배운다는 느낌, 그리고 갈등과 슬픔…. 그것들을 이 종이 한 장에 다 표현하기란 너무나도 어려운 일이다.

사람들이 "왜 사회학과에 가셨어요?"[21]라고 물어보면 나는 대충 생각나는 대로 말한다. 내가 사회학을 선택한 이유들 중에 가장 적합하다고 생각하는 것은, '사회를 보는 비판적 안목을 기르고 싶어서' 이다. 하지

19) 일본군 '위안부' 분들이 거주하고 계시며, 그녀들이 겪은 역사를 알리려는 역사관도 그 내부에 있다.
20) '북한' 이라는 명칭은 남과 북이 모두 같은 '대한민국 영토' 이어야 한다는 시각을 내포한 표현이기에, 필자는 '남한 · 북한' 이 아닌 '남한 · 북조선' 으로 쓰고자 한다.
21) 이 질문은 거의 대부분의 사회학도들이 한 번쯤은 듣게 되는 질문일 것이다. 이 문집에 글을 쓸 학부생 학우들과 마찬가지로, 나도 내 학과를 소개할 때 "사회학이 뭐 하는 학문이에요?" 라는 질문 다음으로 가장 많이 듣는 질문이 저 질문이다.

만 학과 수업만으로 그 욕구가 완벽히 다 채워지지는 않았다. 오히려 수업시간에 든 생각은, '사회학은 세상을 해석하긴 하지만 세상을 변혁하라고 말해 주지는 않는구나.' 라는 생각이었다. 그러던 차에 동아시아 평화인권캠프를 만났고, 사회학도로서 비록 미흡하지만 '변혁' 의 무기를 만들 수 있겠다는 생각을 다시금 할 수 있게 되었다. 세상을 바꾸는 힘은 강의실에서 배우는 것만으로는 길러지지 않는다. 나와는 다른 사람들 다시 말해 수억만의 타자(他者)들과 대화하고 부딪침으로써, 그리고 현장을 거닒으로써, 학문적인 언어와는 또 다른 언어를 통한 느낌으로써, 무엇이 문제라는 인식을 여러 사람들과 공유하고 같이 바꿔 나가자고 마음을 모음으로써, 진정한 변혁은 자란다. 대학에 들어오면서 꿈꾸었던 혁명, 그 길에 나의 사회학이, 나의 동아시아 평화인권캠프가, 나의 소중한 사람들이, 나의 '교류와 운동의 사회학' 이 함께할 수만 있다면.

전과라고 하는 것

신진이

애초에 동문집에 실을 글의 주제에 대해 논할 때 당시 나에게 주어진 주제는 전과생에 관한 것이었다. 그러나 나는 처음에는 그것을 거절했었다. 그러한 주제를 가짐이, 내가 아직도 사회학과생이 아닌, 사회학과로 전과한 전과생이라는 마치 이방인적 위치에 머물러 정체된 느낌을 주었기 때문이었다. 하루빨리 사회학과 학생으로 녹아 들어 가고 싶은 바람이 담긴 작은 투정이었는지도 모른다.

그러나 현실적으로 이제 사회학과 생활을 1년도 채 안한 내가 동문 선배님들 앞에서 할 수 있는 얘기란, 내가 사회학과의 길로 오게 된 노정을 설명하는 것 외에는 달리 없는 것이 사실이다. 그래서 7년간 미술을 전공한 미대생이 오래토록 걸어온 길을 버리고 사회학과로 전과하기까지의 어찌보면 지극히 개인적인 이야기지만 조금은 특수할 수도

* 04학번, 재학생

있는 이야기를 선배님들 앞에 풀어보고자 한다.

예고를 나와 미술을 전공한 나에게도, 사회란 사회현상 그 자체로서 보이기보다는, 그 현상의 이면에 담겨진 구조 혹은 매커니즘으로 재해석되어 항상 보여져 왔었다. 고등학교 때부터 막연히 우리사회에 계층구조가 존재함이 보이기 시작했고, 온갖 사람들 혹은 집단 간 또는 국가 간의 권력관계들이 보이기 시작했고, 그것이 얼마나 불평등함을 가지고 있는지, 얼마나 불합리한 것인지 등을 느껴왔었다. 그때부터 나는 그렇게 보이는 것들에 대해 조금 더 공부를 해 보고 싶었고, 나와 같은 생각을 가진 누군가와 얘기를 나누고 싶다는 생각을 가지기 시작했다. 그러나 내 주변상황은 그러한 나의 욕구를 충족시켜주지 못했다.

그리고 대학을 들어와 1학년 때 대학신문 기자로서 잠시 활동하였을 때, 신문사 안에 사회학과라는 학과를 다니는 사람들을 보게 되었다. 솔직히 그때 사회학과라는 것이 있는지 처음 알았는데, 그때부터 왜인지는 모르겠지만 막연히 내가 원하는 모든 관심사를 사회학과에서 공부해 볼 수 있을 것 같은 생각이 들었다.

그래서 나는 2학년 1학기에 처음 미대 전공이 아닌 '현대 사회와 사회학' 이란 사회학과 전공과목을 수강신청해서 들어보았다. 사회학에 대해서는 그저 막연한 호기심 또는 호감 정도만 가지고 있었던 나에게, 처음 듣게 된 사회학개론 강의는 신선한 충격이었다.

'현대 사회와 사회학' 강의는 사회 전반에 관한 폭넓은 주제를 다루었으며, 그 이면에 담긴 법칙과 비판점을 고민해 보는 일련의 노력이 존재하고 있었고 그것들은 내가 줄곧 머릿속으로만 해 오던 문제의식들과 일치했었다. 그때 나는 그간 혼자 담아 두고만 있었던 충족되지 못하고 있었던 나의 지적호기심을 해결해 줄 해방구를 바로 사회학에서 찾을 수 있을 것 같은 생각이 들었다. 그 수업을 열심히 끝마치고,

나는 전과를 결심하게 되었다.

사실 오래토록 해 온 전공을 버리고 전혀 다른 방향의 길을 선택한다는 것은 내게도 쉽지 않은 결정이었다. 그러나 사회학 강의를 들으며 느꼈던 희열이 그동안 내 전공인 미술을 할 때 느꼈던 기쁨을 훨씬 뛰어 넘어섰기 때문에 그것이 가능했다. 오래토록 간직해 왔던 학문에 대한 욕망과 생각이 그만큼 컸었는지, 내 모든 것을 움직이게 했다.

그렇게 사회학과로 전과하고서, 약 1년이 조금 모자란 기간 동안 숨가쁜 적응기를 보냈다. 박정언 학우가 광역화 이야기를 했듯이, 광역화의 폐단(?)은 전과생인 나에게도 발붙일 공간을 할애하지 않고 사회대 안을 그저 부유하게 만들기도 했다. 그러나 오히려 그것이 나를 '사회학과' 라는 과 집단에 더욱 집착하게 만들게 했다고 생각한다. 수업 때 만났던 사람들과 친해지고, 전공연수회도 챙겨가고 또 사회학과 내의 유일한 동아리인 co-sociology활동을 하면서 나는 어쩌면 여느 사회학과 학생보다 사회학과 사람들을 더 많이 알아버렸을지도 모른다는 뿌듯함을 가질 정도가 되어 버렸다.

전과를 하고 나서, 사람들에게 사회학으로 전공을 바꿨다는 말을 했을 때 제일 받았던 질문이 바로 "사회학이 뭐냐?"였다. 물론 사회학을 공부한 지 1년도 안 되는 나에게 있어 이 질문은 참으로 대답하기 어려운 것이다. 하지만 다시 생각해보면 다른 공부를 하다 사회학을 굳이 선택해서 방향을 바꾼 내가 사회학을 설명하라는 질문에 대답하지 못한다는 것 역시 부끄러운 일이다. 그래서 나는 공부를 하는 와중에도 틈틈이 나름대로 정의를 내려보고자 하는 시도를 해 보곤 했다.

짧은 소견으로 감히 추측해 보건대, 사회학이란 정치학 · 경제학 등을 아우르는, 그래서 그러한 사회에서 일어나는 모든 일들을 다 설명할 수 있는, 기초 학문적 위치에 자리한 학문이 아닐까 생각한다. 그것이 특정한 구체적 학문영역으로 넘어가는 징검다리 역할을 하기도 하고, 혹은 그 자체가 특정 학문이 될 수도 있는 것이다. 사회학은 그래서 여타 학문보다 유연함을 지닌 자유로운 학문일 수 있다는 생각이 들었다.

사실 나도 전과를 앞두고 외교학 등 여타 사회과학들과 사회학 사이에서 잠시 갈등을 한 적이 있었다. 사회에 대한 나의 문제의식이 특정 영역의 학문이라기보다는 사회과학 전반에 대한 관심에 가깝다고 할 수 있다는 판단이 들어서였다. 그러나 내가 특정 전공을 택할 수밖에 없다면, 바로 사회학의 그러한 자유로움이 내 모든 욕구를 충족시켜 줄 수 있을 것이라는 판단을 했다.

전공수업을 차근차근 들어나가며, 나는 나의 선택이 옳았음을 확인하고 있다. 사회계층론 수업을 통해 내가 생각해 왔던 계급에 관한 문제의식을 좀 더 명확히 짚어갈 수 있었고, 사회학사 수업을 통해 사회학의 역사적 변천과정을 배우며 그것을 내 개인적 사상의 발달과정과 병치시켜 보기도 한다. 모든 사회과학에 대한 호기심을 예상대로 다 사회학 안에서 충족할 수 있을지는 모르겠지만, 바로 옆 교실 혹은 근처의 널려있는 모든 기회들이 그것을 채워주고 있다고 생각하여 만족하고 있다.

앞으로 나의 진로가 구체적으로 정해진 것은 아니나, 조금 더 사회학을 비롯한 사회과학 전반에 관한 깊이 있는 공부를 통해 많은 것을 공부해 보고 싶다. 또 그것을 기회가 주어진다면, 현실에 풀어나가 보고도 싶다. 그러한 일련의 행보에 항상 사회학은 밑거름이 되어 나를 지지해 줄 수 있을 것이다. 그런 역할을 충분히 해 줄 수 있는 학문이라고 생각한다. 그런 의미에서 사회학은 세상을 향한 내 꿈의 첫 발판인 셈인 것이다.

설익은 사회학도의 7개월의 단상

금미경

1학년 겨울, 사회학과로 전공을 정했다. 그 이후로 전공과 관련해 내가 받는 질문은 딱 네 가지다. "사회학과에 왜 들어 '왔' 어?", "사회학과에 왜 들어 '갔' 어?", "사회학과 가면 뭐 배워?", "사회학과 나오면 뭐 해?" 이 네 가지. 머릿속으로는 하고 싶은 말들이 소용돌이치지만 이상하게 난 좀 우물쭈물 대면서 간단하게 대답한다. 첫 번째 "적성에 맞는 것 같고, 다른 것보다 재밌으니까요.", 두 번째 "전공으로 택하기 싫은 걸 하나하나 제해보니까 사회학과만 남더라.", 세 번째 "사실 나도 잘 몰라. 사회에 대해서 배워.", 네 번째 "사회에 진출해." 가장 성의 없어 보이는 네 번째 질문에 대한 답변은 다른 학교 사회학과를 다니는 언니가 가르쳐준(?) 말이다. 언니도 나만큼이나 네 번째 질문을 많이 받고는 이골이 났나 보다. 어느 전공을 택하든 앞으로의

* 05학번, 재학생

진로에 대한 고민은 다들 비슷하게 할 텐데, 왠지 내가 택한 길이 좀 실속없어 보인다는 의미 같아 반발심이 생기는 건 내 자격지심 때문일까.

서울대학교가 60주년을 맞이함과 동시에 사회학과도 60주년을 맞이했다. 기념 문집을 내는데 학부생의 입장으로 사회학과에 들어와 느낀 점을 쓰라는 문자메시지를 받고 잠시 멍하게 있었다. 그러고 보니 전공이 정해지고 어린 사회학도가 되어 1학기를 보냈는데 나는 얼만큼 배우고 느꼈는지 스스로 생각해 본 적이 한 번도 없구나 생각했다. 나는 어떻게 지금 이 자리에 있는 걸까. 시간을 거슬러 고3 때 대학입학원서를 준비하던 그때를 떠올렸다. 2005학년도 수능시험은 쉬운 편이었고 나는 그 덕을 많이 본 경우였다. 그리고 고등학교 때 배운 국사와 한국근현대사 과목에 매료당해 있었기 때문에 대입원서 제출전 날까지만 해도 우리학교 인문대를 낼 거라고 말했었다. 그런데 그날 술에 취한(!) 목소리로 밤에 전화가 와 미래를 생각해서 조금만 높여 지원할 수 없냐는 처음으로(!) 들어보는 친구의 진지한 목소리에 마음이 흔들렸고, 결국 사회과학대 사회과학계열을 지망했다. 갑작스런 결정이었지만 후회는 하지 않았다. 특히, 정시 면접과 논술을 대비하기 위해 학원을 다니다가 지금은 과 선배님이 된 논술 선생님 세 분을 뵌 이후로 그랬다. 세 분 다 '서울대학교 사회학과' 였다. 그분들은 정상적인 고등학교 수업만 받아 온 학생이 듣기엔 참으로 난해한 수업을 하시면서, 그전까지 학교를 다니며 삐딱한 시선을 종종 표출하며 선생님들을 곤란하게 만들던 나에게, 처음으로 별천지와 같은 사고의 지평을 열어주었다. 요즘도 사회대를 오가다 보면 박사논문을 준비하시는 한 분을 뵙기도 하는데 굉장히 반가우면서도 선생(선배님?)을 처음 뵈었던 그전보다 더 나아진 게 없는 내 모습에 한편 심란하다. 그분들의 가르침에 힘입어 무난히 사회대에 합격한 후 1학년을 낯선 도시와 낯선 생활과 낯선 사람들에 익숙해지려 발버둥 치며 보냈다. 그리고 2학년 1학기를 맞이했다.

⋮

1학기 때 반 행사에도 참여하고 학과에도 발붙이려 하면서 느낀 게 많았다. 작년 사회과학계열로 들어와 임의의 한 반에 배정받았고 그렇게 대학생활 처음으로 정체성을 부여받은 건 '불꽃반(경제A반)의 일원' 이었다. 그런데 지금은 '사회학과의 일원' 이다. 그럼에도 전공을 배정받은 2학년 이상을 이어주는 끈은 유야무야하다. 반에도 과에도 있지 않다. 1학년까지는 확고히 반의 일원으로 반 사람들과 관계를 맺었지만, 전공을 배정받은 이후로는 과 사람들이 누군지도 모르고 지내면서 자기 생활에 바빠 반에도 소홀해지다 보면 다같이 흐지부지한 관계로 자리매김한다. 반 사람들을 만나서 하는 인사는 "와, 오랜만이다. 언제 밥 한번 같이 먹자"가 되었다. 그나마 2학년 1학기 초반은 반의 신입생을 챙기느라 괜찮았지만 그것도 오래가지 않았다. 과 사람들은 각 반에 흩어져있고 반은 솔직히 있어도 그만, 없어도 그만인 큰 의미 없는 지지부진한 공간이 되어 가고 있다. 나의 가장 큰 불만은 현재 과방이 반방으로 쓰이기 때문에 과 사람들을 얼굴을 익히기조차 힘들다는 것이었다. 학부제가 시행되기 이전 학번에게는 과방이지만, 지금 그곳을 이용하고 구성하는 조직은 '반' 이다.

그렇게 2학년 1학기는 학부제의 문제점을 몸소 체험하면서 동아리와 친하게 지냈던 소수의 친구들 사이를 왔다갔다하는 생활만 반복했다. 그리고 처음으로 듣게 된 전공수업이 흥미에 맞지 않았고 아주 드물게 추진되는 과 행사의 매우(!!) 저조한 참석율에 같이 실망하면서 마음이 혼란스럽기도 했다. 대학이 학문하는 공간이 아닌, 졸업하고 직업을 갖기 위한 베이스를 갖는 공간으로서 자리매김한 현재의 추세를 모르는 바는 아니다. 그래서 더욱 공부를 파고들기엔 그만큼의 열정도 성실함도 없는 내가 서 있어야 할 위치를 잡느라 우왕좌왕했는지도 모른다. 그러나 2학기에 들어서 나는 또 조금 다른 생각을 하게 되었다. 작년 학기에는 겨우 전공 한 과목을 들으면서 그나마도 수업에 적응을 못 하고 기대에 못 미치는 과 생활에 입을 부루퉁하며 다녔다. 그러나 한 학기가 지난 지금, 과 생활에 대해서 이미 어느 정도 포기(!)한 것도 있고, 현재 듣고 있는 세 과목의 전공 수업이 모두 흥미진진해 이제는 좀 사회학을 제대로 배우는 것 같아 흥이 난다.

학부제가 아닌 애초에 사회학과 학생으로 입학해 생활했다면 지금보다는 더 대학생활에 빨리 적응하고 공부라든가 진로를 생각하는 게 나아지지 않았을까 생각이 든다. 글을 쓰다보니 학부제를 비판하는 논지의 이야기가 되어버렸지만 사실 전공에 진입해 3월부터 9월, 7개월간, '설익은 사회학도' 가 내가 한 생각 중의 대부분을 차지하고 있었기 때문에 어쩔 수 없다. 또 2학년이 되어 실망하고 고민했다는 것은 그만큼 과에 걸었던 기대가 컸다는 것의 반증이기 때문에 차라리 건전한 불만이었다고 생각하고 싶다. 그럼 지금은 어떤가, 하고 자문하면 또 할 말이 없어지지만, 현재로선 사회학에 대해, 사회학과에 대해 아는 게 없기 때문에 답을 미루고 앞으로 그 심층으로 쑤시고 들어가 보면서 차차 생각해 보아야겠다는 어설픈 이야기만 늘어놓을 수밖에 없을 것 같다.

사회학과는 어디에? 과/반 변천사

박정언

안녕하세요! 저는 사회학과 05학번 박정언입니다. 05학번이니 이제 햇수로 따지면 입학 네 번째 학기에 접어들고 있지만 사회학을 배운 지는 겨우 두 학기로 접어들고 있네요. 까마득한 선배님이 학교에 오셔서 사회학과 후배를 찾고 싶은 마음에, 신입생인 06학번에게 소속을 물어보면 아마도 '사회대' 라고만 대답할 겁니다. 올해 사회학과의 새내기들은 신입생인 06학번이 아니라 2학년인 05학번이기 때문이죠. 이렇게 학교 입학과 학과 진입 시기가 달라진 이유는 바로 광역화 모집 때문인데요, 지금의 사회학과 학생들은 입학을 사회과학대학 사회과학계열로 했으며 인문대나 사범대 그리고 자연대 등 다른 단과대 역시 신입생을 학과가 아닌 학부로 선발하고 있습니다. 이렇게 학부대학 체제로 개편된 것은 2002년도부터지만 서울대에 광역화 체제

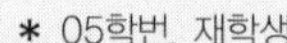

* 05학번, 재학생

가 도입된 것은 이번이 세 번째입니다.

대학신문을 참조하여 말한다면, 첫 번째 광역화는 1970년대에 이루어졌습니다. 1973년 문화교육부로부터 '대학교육 개선을 위한 실험대학'으로 지정된 서울대는 1974년에 '계열별 모집 제도'를 도입했다고 하네요. 계열별 모집이란 모집학과별로 나누어져 있던 모집단위를 인문 · 사회 · 자연 · 교육 · 가정 · 농학 계열로 통폐합해 신입생을 모집하는 제도였습니다. 하지만 시행 10년 만인 1984년 다시 계열별 모집에서 학과제로 전환하게 되었죠. 그리고 2002년 학생들에게 다양한 학문을 접하게 하고 전문교육은 대학원에서 담당한다는 취지로 모집단위 광역화가 다시 실시되어 지금까지 진행되고 있습니다.

⋮

이렇게 광역화 체제하에서는 학과와 반이 별개로 운영됩니다. 일단 신입생들이 사회과학대에 입학하면 사회대에서 임의로 배치한 반에 들어가게 되는데, 이것이 지금의 11개 반(불꽃반, 꼼반, 나침반, 악반 등등) 이며 각 반의 앞에 붙은 학과 명은 사실상 무의미하다고 볼 수 있습니다. 그러니까 사회학과/악반은 사회학과생으로 이루어져 있는 것이 아니라 다양한 과의 학생들과 아직 전공진입을 하지 않은 06 신입생으로 구성되어 있는 것이죠. 그러니 02학번 이후 학생들은 두 개의 소속공간을 가지게 됩니다. 신입생 때 배정받은 반과 1년 후 전공진입을 하게 되는 학과가 그것입니다. 하지만 대부분의 학생들은 1학년 때 배정받은 반에서 인간관계를 형성하다 보니 학과 사람들과 친분을 쌓을 기회가 없어 아쉬워하기도 하죠. 다른 학과도 그렇지만 사회학과 역시 따로 과방이 있는 것이 아니기 때문에 특별한 일이 없으면 만나기가 어렵다는 점이 광역화에 따른 아쉬움들 중 하나로 들 수 있겠습니다. 아마도 학과별 모집을 통해 학교를 다니신 선배님들은 사회학과와 악(惡)반을 떼놓고 생각하실 수 없겠지만, 저는 악반 과방에 한 번도 들어가 본 적이 없습니다. 사회학과 학생이라면 모두들 알고 있을 노래인 '불나비' 도 띄엄띄엄 알고 있죠. 저는 사회학과 학생이지만 악반 소속이 아니라 경제/C반 소속이기 때문입니다. 사회학과 과방은 악반에 배정받은 학생들이 쓰고 있구요.

서울대가 개교 60주년을 맞이함과 동시에 사회학과도 올해로 60주년을 맞았습니다. 초창기 문리대에서 시작해서 지금의 사회과학대학에 속하기까지 학과 체제는 여러 번 변해왔지만 사회학과는 여전히 건재하게 사회학의 큰 줄기를 이어가고 있으니 뿌듯한 일입니다. 새내기 사회학도로서, 서울대 사회학과의 60주년을 축하하며 앞으로도 열심히 그리고 꾸준하게 사회학에 매진할 것을 약속드립니다. 그럼 모두 안녕히!

저자소개

이만갑 | 서울대 명예교수, 학술원 회원
변시민 | 전 서울대 사회학과 교수, 전 제주대 학장
배용광 | 전 경북대학교, 전 서울대 사회학과 강사
이근수 | 46학번, 전 이화여대 교수
백종무 | 46학번, 변호사
주락원 | 46학번, 전 이화여대 교수
고병국 | 46학번
최홍기 | 48학번, 서울대학교 명예교수
고영복 | 48학번, 전 서울대 교수
김채윤 | 52학번, 서울대학교 명예교수
김낙중 | 52학번, 한반도 평화와 통일을 위한 시민단체 협의회 고문
이만우 | 53학번, 제일기획 대표이사 사장
김진현 | 54학번, 세계평화포럼 이사장, 전 사회학과 동창회 회장
오도광 | 55학번, 전 한국일보 논설위원
조남홍 | 55학번, 한국경영자총협회 고문
김경동 | 55학번, 서울대 명예교수, KDI국제정책대학원 초빙교수, 학술원 회원
이근무 | 56학번, 아주대학교 명예교수
유재천 | 57학번, 한림대 한림과학원 특임교수
이광찬 | 58학번, 동국대학교 초빙교수
도흥렬 | 59학번, 충북대 명예교수
이승렬 | 59학번, 전 서울신문 편집국장
신의항 | 60학번, University of South Carolina 사회학과 교수
이효선 | 60학번, 중앙대학교 사회학과 교수
조용직 | 60학번, 전 국회의원, 현 서울대학교 사회학과 동문회장
이영래 | 60학번, 전 청와대 행정수석, 인천시장
김재룡 | 61학번, (주)교원캠퍼스 대표이사, 현 사회학과 동창회 부회장
이수천 | 65학번, 시인
서상섭 | 68학번, 전 국회의원
양영진 | 70학번, 동국대 사회학과 교수

저자소개

김충일 ㅣ 71학번, 전 경향신문 사업본부장
이종구 ㅣ 72학번, 성공회대 교수
정삼봉 ㅣ 73학번, (주)한화자원 부사장
육강화 ㅣ 74학번, 홍치과의원 원장
권태욱 ㅣ 75학번, 변호사
김석준 ㅣ 75학번, 부산대 일반사회교육과 교수
김필동 ㅣ 75학번, 충남대학교 사회학과 교수
이기홍 ㅣ 76학번, 강원대학교 사회학과 교수
최영선 ㅣ 77학번, 한겨레신문사 문화교육사업단 단장
민병관 ㅣ 78학번, 중앙일보 경제담당 부국장
신형식 ㅣ 79학번, 민주화운동기념사업회 기획실장
최승욱 ㅣ 82학번, 한국경제신문 논설위원
정태석 ㅣ 83학번, 전북대 사범대학 사회교육학부 교수
이선태 ㅣ 83학번, (주)소피스트교육 대표, 현 총동문회 총무
박종화 ㅣ 83학번, 원윈컨설팅 대표/그랜드 편의점 대표
조영훈 ㅣ 85학번, 굿모닝증권(주) 애널리스트
강진구 ㅣ 86학번, 경향신문 기자
김백철 ㅣ 86학번, (주)CJ파워캐스트 사업팀 팀장
권기태 ㅣ 86학번, 작가
조인혜 ㅣ 88학번, 전자신문 기자
홍성창 ㅣ 89학번, (주)한국 IBM GBS 차장
김영수 ㅣ 03학번, 재학생
손준우 ㅣ 04학번, 재학생
염우선 ㅣ 04학번, 재학생
박준규 ㅣ 04학번, 재학생
신진이 ㅣ 04학번, 재학생
금미경 ㅣ 05학번, 재학생
박정언 ㅣ 05학번, 재학생